트렌드 코리아 2024

알려드립니다.

본서의 저작권은 저작권자와 출판사에 있습니다. 저작권법의 보호를 받는 저작물로, 무단 전재와 복제를 금합니다. 저자들이 그간 작명하거나 최초로 제안한 트렌드 키워드의 사용 시에도 출처 – 〈트렌드 코리아〉 – 를 밝혀주시기 바랍니다. 이 밖에 유튜브 동영상, 오디오북, 요약 자료 생성 및 유포 시에도 저작권자의 허락을 받으셔야 합니다. 이와 관련해 더 자세한 사항은 다음을 참조하시기 바랍니다.

미래의창 홈페이지: www.miraebook.co.kr
블로그: blog.naver.com/miraebookjoa
유튜브 채널: 미래북TV

2024 대한민국 소비트렌드 전망

트렌드
코리아
2024

김난도
전미영
최지혜
이수진
권정윤
한다혜
이준영
이향은
이혜원
추예린
전다현

DRAGON EYES

인공지능의 시대, 결국은 인간이다.

"챗GPT, 2024년 대한민국 소비트렌드를 알려줘."

17년 넘게 운영 중인 트렌드헌터 그룹 '트렌더스 날'과의 종합 워크숍과 〈트렌드 코리아〉 팀의 3주에 걸친 브레인스토밍을 통해, 본서의 10대 소비트렌드 키워드를 확정한 날 저녁이었다. AI(인공지능) 서비스 챗GPT에게 2024년 트렌드는 무엇이 될 것 같냐고 물었다. 우리 전망과 AI의 분석이 얼마나 다를지 궁금했다.

① 지속 가능한 소비, ② 디지털경험 강화, ③ 건강과 웰빙 관심 증대, ④ 맞춤형 제품과 개인화, ⑤ 로컬 및 지역적인 경험 강조, ⑥ 포스트 팬데믹 트렌드, ⑦ 소셜미디어 쇼핑 확대, ⑧ 로봇 및 자동화 기술 도입

챗GPT가 뽑은 8대 키워드다. 그럴듯하다. 질문을 심화시켜가면서 자체적인 프롬프트 엔지니어링을 실시해 좀 더 세련된 네이밍과 자세한 설명을 얻기는 했지만, 기본적으로 인공지능은 이 8대 키워드의 범주를 벗어나지 않았다. 이 키워드를 어떻게 평가할 수 있을까? 물론 틀린 말은 아니다. 모두 맞는 방향이다. 하지만 이런 생각을 해봤다. 인공지능은 이 8대 키워드를 중심으로 400페이지 가까운 책을 써나갈 수 있을까? 양은 채울 수 있을지 모른다. 하지만 독자들이 끝까지 재미있게 읽을 수 있는 사례와 논리적 설명을 펼쳐나갈 수 있을까? 혹은 우리 집필진이 위의 8대 키워드를 가지고 열심히 원고를 쓴다 한들, 독자들은 그 책을 여전히 사랑해주실까?

트렌드서의 저자로서 AI가 도출해낸 키워드를 본 첫 개인적 소감은 '안도'였다. 인공지능이 채울 수 없는 창의의 영역이 아직은 2%, 아니 20% 이상 존재한다는 것을 확인했기 때문이었다. 일러스트도 그랬다. 2024년이 용띠의 해라서, 도서 예약 구매 독자를 위한 굿즈를 디자인하는 데 용을 사용하기로 했다. 이미지 생성 AI인 'BlueWillow'를 활용해 매우 정교하게 잘 그려진 용 일러스트를 얻긴 했으나 느낌이 너무 무서워서 도저히 쓸 수 없는 수준이었다. 상서로운 영물로 여겨지는 동양과 달리, 서양에서 용은 대체로 흉포하고 사악한 존재로 묘사되므로 AI가 그렇게 학습했기 때문일 것이다. 결국 사람, 즉 전문 일러스트레이터가 우리 마음에 쏙 드는 용 그림을 완성해 청룡의 해 2024년을 대표하는 이미지를 얻을 수 있었다.

〈트렌드 코리아〉 시리즈는 2020년부터 〈Consumer Trend Insights〉라는 제목의 영문판으로도 발간되고 있다. 초벌 번역에 시간이 상당히 걸리는 까닭에 영문판이 나오는 데 적어도 2~3개월이 소요되어 국문판과 출간 시기를 맞추기가 어려웠다. 사실 트렌드서는 국문이든, 영문이든 출간 시기가 중요하다. 금년도의 초벌 번역은 AI와의 협업으로 이루어졌고, 이렇게 해서 꼬박 2~3개월 정도 소요되던 작업 시간이 크게 줄어들었다. 영어 번역 감수를 맡아온 미셸 램블린Michel Lamblin 교수도 AI 번역물에 높은 만족도를 보였다. 하지만 AI 번역은 문장의 이해도가 높고 번역 속도는 빠를지언정 그 자체로 독자에게 선보이기는 아직 많이 부족했다. 우리 책은 신조어가 많고, 한국적 뉘앙스(미묘한 차이)를 담은 사례와 유행어가 다양하게 담겨있기 때문이다. 예를 들어, '화룡점정'은 물론이고, '분초사회', '자시', '축시', '인시' 등의 단어를 전혀 이해하지 못해 엉뚱한 번역을 내놓았다. 결국은 사람의 손길이 아직은, 어쩌면 앞으로도 계속 필요하다는 얘기다.

이번 책을 내면서 AI를 활용한 개인적 경험을 통해, 나는 확신하게 됐다. 앞으로 상당한 기간 인공지능이 따라올 수 없는 사람만의 영역이 여전히 존재할 것이라는 사실을 말이다. AI가 기계적인 생산성은 월등히 높여줄 수 있겠지만, 소비자들의 까다로운 기대 수준을 맞추려면 인간의 역할은 여전히 필수적이다. 어쩌면 더 중요해졌는지도 모르겠다. 인공지능이 내놓은 비슷비슷한 결과물 속에서 어떤 '휴먼 터치'가 마지막에 더해졌느냐에 따라서 그 수준이 결정될 것이기 때문이다.

한마디로 '화룡점정畵龍點睛'이 필요하다. 이 말은 용 그림을 그린 뒤 눈동자에 점을 찍는다는 뜻으로서, 어떤 작업에서든 가장 결정적인 일을 마무리함으로써 그 작업을 끝낸다는 의미다. 아무리 잘 그린 용이라도 눈동자가 없으면 아직 제대로 된 용이 아니다. 아무리 인공지능이 근사치까지 작업을 완성해놓는다고 해도, 사람이 마무리해주지 않으면 제대로 된 수준을 갖추기 어렵다. 이런 취지에서 용띠 해에 어울리는 이번 책의 부제를 화룡점정의 의미를 담은 'DRAGON EYES'로 정했다.

우리 책은 매년 표지 색깔을 바꾸고 있는데, 금년에는 곤룡포의 색조를 사용했다. 곤룡포는 임금이 입는 옷으로 보통 붉은색이 많았는데, 조선의 시조 태조 이성계부터 청색 곤룡포를 입었다고 한다. 음양오행에 따르면 청색은 동쪽을 상징하는데, 동녘에서 떠오르는 태양처럼 새로운 왕조의 큰 시작을 알리기 위함이었다. 곤룡포에는 용이 새겨진다. 용은 천자나 국왕을 상징하는 동물이니 당연한 일일 것이다. 갑진년甲辰年, 푸른 청룡의 해를 맞아 곤룡포의 청색과 용 새김의 황금색을 어울러 책의 표지로 삼기로 했다. 백룡·적룡·황룡·흑룡 등 다른 색의 용이 많지만, 사람들은 유독 청룡에 의미 부여를 한다. 학생 야구에서 가장 오래된 대회는 '청룡기 전국고교야구 선수권대회'이고, 가장 권위 있는 영화제는 '청룡영화상'이며, 올드팬들은 아직도 프로야구단 'MBC 청룡'을 기억한다. 디지몬·포켓몬·메이플스토리·바람의 나라·원피스 등 수많은 게임과 애니메이션에서도 청룡은 중요한 캐릭터다. 요컨대 푸른 용은 여러 용 중에서도 가장 대표적인 용이다. 상서롭다는 용의 해, 그것도 가장 사랑받는 청룡의 해를 맞아, 독자 모두 자신만의 목표에 화룡점정할 수 있기를 기원한다.

한국 경제에 비치는 빛과 그림자

"내년엔 좀 나아지나요?"

2023년 경기가 워낙 좋지 않았기 때문일까? 2024년 경제에 대해 막연한 희망을 갖게 한다. 2024년은 어떨까? 정말 좀 나아질까?

요약해서 말하자면, 2023년 말부터 조금씩 숨통은 트이겠지만, 여전히 변수는 많다. 지속되는 저성장 기조 속에서 2010년 이후 경험한 저금리·저물가의 트렌드가 팬데믹 이후 고금리·고물가로 추세 전환하고 있다. 기본적인 여건은 여전히 좋지 않은 것이다. 하지만 2023년 연말부터 조금씩 긍정적인 지표들이 보이고 있다. 반등의 불빛이 비치고 있다.

한국 경제는 대외 의존도가 높기 때문에 외국, 특히 미국과 중국의 경제 전망을 함께 살펴야 정확한 진단을 할 수 있다. 먼저 미국은 양호하다. NH투자증권 백찬규 연구위원의 분석에 의하면, 2023년 하반기 현재, 경기후행지표인 성장률·실업률은 하향을 멈추고 안정적인 펀더멘털을 유지하고 있으며, 경기동행지표인 소매 판매·산업 생산은 전년 대비 반등하는 모습을 보이고, 경기선행지표인 종합 PMI(구매관리자지수)는 바닥을 딛고 우상향하고 있다. 모든 지표가 긍정적이다. 멀리 미국에서 서광이 비치는 형국이다.

안타까운 점은 다른 나라의 상황은 여전히 좋지 않다는 것이다. 특히 중국이 어렵다. 중국 굴지의 부동산 기업 '헝다그룹'이 달러화 표시 채권에 대해 디폴트(채무불이행) 상태에 놓인 이후, 중국 경제의 가장 강력한 성장 엔진이었던 부동산 부문이 급격히 위축되고 있다. 미-중 간의 갈등이 지속되는 가운데, 경제성장률, GDP 대비 부채비율, 상장 기업의 시가총액, 외국인 투자액, 항셍 부동산 지수, 위안화 환율 등 거의 모든 지표가 좋지 않다.[1] 특히 심각해지는 청년 실업률은 아예 통계의 집계를 당분간 중단한 상태. 중국이 나쁘면 중국과의 교역이 많은 EU나 우리나라에 좋지 않은 영향이 불가피하다.

2024년에는 지정학적 변수도 많다. 특히 연말에 미국 대통령 선거가 있다. 미국은 경제뿐만 아니라 세계의 외교와 군사정책을 좌우하는 나라인데, 국내 선거가 큰 변수가 된다. 특히 도널드 트럼프 전 대통령의 지지가 올라가면서, 선거 직전까지 국제 정세가 요동칠 가능성이 높다. 중국과 대만의 관계가 이목을 끄는 가운데 2024년에는 대만에서도 총통 선거가 치러진다. 중국과 대만의 관계는 우리에게도 적지 않은 영향을 주기에 그 추이에 관심의 끈을 놓기 쉽지 않다. 또한 최근 급성장을 보이는 인도도 총선을 앞두고 있으며, 멕시코는 여야 모두 여성을 대통령 후보로 내세울 가능성이 높아지면서 정부 수립 후 첫 여성 대통령이 나올 가능성을 세계가 주목하고 있다. 우리나라 역시 4월 총선의 결과에 따라 여러 정책적 변화가 예견된다.

종합하자면 모든 여건이 매우 불확실하다는 것이다. 영국의 경제 주간지 〈이코노미스트〉는 "포스트 팬데믹 글로벌 경제는 '모나리자' 같다"는 표현을 썼다. 레오나르도 다빈치의 그림 〈모나리자〉는 웃는지 슬픈지 찡그리는지 알 수 없는 오묘한 미소로 유명한데, 팬데믹 이후 세계 경제의 모습이 바로 이렇게 모호하다는 것이다. 〈매경이코노미〉는 우리 경제가 경기하강 국면에서도 서비스업을 중심으로 고용이 증가하고 증권시장도 활황을 보이지만, 소비 둔화 가능성과 부동산의 잠재 부실 문제점도 함께 보이는 '모나리자의 모호함'을 보이고 있다고 진단한다.[2]

이 불확실성의 허들을 어떻게 뛰어넘을 것인가가 관건이다. 위기와 기회가 교차하는 상황에서 가볍게 뛰어넘는 자와 걸려 넘어지는 자의 구분이 명확해질 것으로 보인다. 그 차이는 역시 변화에 대한 대응 역량에 달려있고, 그 첫출발은 지금 어떤 트렌드가 생성되고 있는가를 아는 것이다. 그렇다면 2024년에는 어떤 트렌드가 펼쳐질까?

분초를 다투는 속도 사회의 새로운 트렌드

〈트렌드 코리아〉 시리즈는 매년 10개의 소비트렌드 키워드를 발표하고 있는데, 키워드의 순서에 대해 하나의 원칙을 가지고 있다. 다른 키워드들은 그 해의 띠 동물을 포함하는 영문 첫 글자acronym에 맞춰 순서를 바꿀 수 있지만, 첫 키워드만큼은 해당 연도 우리 사회를 하나의 시점으로 조망할 수 있는, 그래서 나머지 키워드들을 이끌고 갈 수 있는, 변화의 근인이 되는 트렌드로 선정한다는 것이다. 지난 책들에서 첫 키워드로 제시했던 '평균 실종', '나노사회', '브이노믹스', '멀티 페르소나' 등이 그 예다. 그렇다면 2024년, 여러 트렌드 중에서 가장 중심에 서는 키워드는 무엇일까? 우리는 시간에 주목했다.

'분초사회'는 요즘 사람들이 극도로 '시간의 가성비'를 중요시하며 사용 시간의 밀도를 높이기 위해 노력하는 경향성을 지칭하는 키워드다. 시간이 돈만큼, 혹은 돈보다 중요한 희소자원이 되며 모두가 분초分秒를 다투며 살게 됐다는 의미에서, '분초사회'라고 명명했다.

이것은 단지 바빠서가 아니다. 소유 경제에서 경험 경제로 경제의 패러다임이 이행하면서 시간이 무엇보다 중요한 자원이 됐기 때문이다. 시간이 있어야 가능한 경험 경제에서 시간은 단연 가장 소중한 자원이고, 그것을 아껴 쓰고 그 가성비를 추구하는 것은 당연한 일이다. 돈은 대출받을 수 있지만 시간은 어디에서도 구해올 수 없다. 이 시간을 어떻게 사용하느냐가 이제 우리 생활의 가장 중요한 과제다.

'시간의 가성비'에 대한 생각 변화는 사람들의 행동에도 영향을 미친다. 대표적인 것이 **'디토소비'**다. 디토Ditto는 "나도"라는 뜻인데, 구매 의사결정에 따르는 복잡한 과정을 모두 생략하고 그냥 특정 인물·콘텐츠·커머스를 추종해 "나도" 하고 구매하는 소비 현상을 말한다. 상품의 종류와 유통 채널이 다양해지고 품질도 상향 평준화되며 선택의 어려움과 실패의 두려움FOBO이 크게 증가했는데, 1분 1초가 아까운 분초사회에서 되도록 빨리 실패 없는 선택을 하고 싶다는 열망이 디토소비에 반영되고 있다.

격변의 허들을 뛰어넘느냐의 여부는 새로운 시도를 통해 생각하지 못했던 가능성을 타진해내는 것에 달려있다. 시간의 기회비용이 커진 분초사회에서 실패 없는 모색을 하기 위해서는 **'스핀오프 프로젝트'**가 매우 유효한 전략이 된다. 스핀오프spin-off란 영화나 드라마에서 "어떤 특정한 주체로부터 파생되어 나온 것"을 의미하는데, 이제는 이 스핀오프 개념이 상품, 기술, 비즈니스, 그리고 개인의 경력 개발 영역으로 확대되고 있다. 특히 최근 직장인들 사이에서 '사이드 프로젝트'가 인기다. 지금 하고 있는 일의 연장선상에서 자신의 새로운 경력으로 발전시킬 수 있는, 자기계발과 적용의 시도도 경력의 스핀오프라고 부를 수 있다.

사회는 개인화되는데 그 각자의 시간마저 부족해지면, 인간 생존을 위해 필수적인 돌봄이 아주 중요한 이슈로 대두한다. **'돌봄경제'**는 예전에는 가족끼리, 혹은 고령자나 환자 같은 사회적 약자들에게 베풀어지던 돌봄 기능이 이제 단순한 배려가 아니라, 나라 경제의 중요한 한 축으로 자리 잡고 있다는 취지에서 명명한 키워드다. 엄마도 엄마가 필요한 세상이다. 날로 개인화하는 나노사회의 고독 속에서, 우리는 모두 서로의 돌봄을 필요로 하는 존재가 됐다. 그 기능을 혼자서 혹은 가족에게만 의지하는 것이 아니라, 기술과 공동체가 함께 나눠갈 수 있는 제도와 인식의 변화가 절실해졌다. 돌봄경제의 패러다임 변화는 각자의 안녕을 챙기기 어려운 분초사회의 상처를 어루만지는 중요한 기능으로 작용할 것으로 보인다.

젊은 세대의 변화는 사회 변화의 결과이면서 동시에 원인이 된다. 기성세대와는 완전히 다른 경제적·문화적·기술적 배경 속에서 태어나고 성장한 젊은 세대는 이전 세대와는 사뭇 다른 사고방식으로 새로운 트렌드를 만들고 이끌어나간다. 우리 책이 젊은이들에 대해 항상 관심을 기울이는 이유다.

금년에 주목하는 '젊은 트렌드'는 세 가지인데, 그중에서도 가장 흥미로운 것은 **'육각형인간'**이다. 우리가 어떤 대상의 여러 가지 특성을 비교분석할 때 사용하는 육각형 이미지를 '헥사곤 그래프'라고 한다. 모든 기준 축이 끝까지 꽉 차 완벽한 모습을 보이면 정육각형이 되기 때문에 육각형은 완벽이라는 의미로 종종 쓰인다. 요즘 젊은이들은 외모·학력·자산·직업·집안·성격·특기 등(여섯 가지가 넘을 수도 있다) 모든 측면에서 흠이 없는 '육각형인간'을 선망한다. 육각형인간 트렌드는 "나 오늘부터 '갓생god+生' 살 거야" 하는 하나의 놀이에 불과할 수도 있고, 현대 한국 사회가 가지고 있는 계층 고착화라는 사회적 문제를 보여주는 빙산의 일각일 수도 있다. 육각형인간 트렌드는 완벽을 지향하는 사회적 압박을 견뎌야 하는 젊은이들의 활력이자 절망이면서 하나의 놀이다.

'호모 루덴스Homo Ludens(놀이하는 인간)'라는 말이 의미하듯이, 재미있게 놀고자 하는 욕망이 어제오늘의 일은 아니지만, 요즘 젊은이들의 재미 추구 행동에는 과거 어느 때에도 보지 못했던 특별함이 있다. 새롭고 재미있는 것을 경험할 때 분비되는 신경전달물질인 도파민을 모으려는 요즘 사람들의 행동을 **'도파밍'**이라고 부르고자 한다. 도파밍은 도파민dopamine과 파밍farming을 결합한 말이다. 파밍이란 게임 용어로서 플레이어가 게임 캐릭터의 능력을 향상시키기 위해 농작물을 수확하듯 아이템을 모으는 행위를 말한다. 도파밍은 즐거움을 가져다주는 도파민이 분출될 수 있는 행동이라면 적극적으로 시도하고 모아보려는 노력을 의미한다. 물론 도파밍은 주의가 요구되는 키워드다. 도파민은 자칫 점점 더 자극적인 쾌락을 좇게 만들기 때문이다. 분주한 분초사회에서 짧고 쉬운 재미를 넘어 진정한 행복에 이를 수 있는 세로토닌과의 균형이 중요해지는 이유다.

가정은 소비가 이뤄지는 기본 단위이기 때문에 그것이 설령 1인가구라 할지라도, 소비자학자에게는 늘 중요한 주제다. 〈트렌드 코리아〉 시리즈에서도 '레이어드 홈', '밀레니얼 가족', '아키텍 키즈' 등 가족과 관련한 키워드를 주기적으로 선정해왔다. 과거에는 가정 경영의 주체가 주부였기에 그 관심이 주로 여성에게 머물렀었는데, 최근 작지 않은 변화가 감지된다. 젊은 남편·아빠들이 이전 세대와는 완전히 다른 방식으로 가사 노동과 육아를 포함한 가정 경영에 나서고 있다. **'요즘남편 없던아빠'** 키워드는 이러한 변화의 원인과 현상, 그리고 전망을 함께 짚는다. 국가적으로 가장 큰 화두인 저출산 문제의 해결에 절반의 역할을 하면서도 그동안 주목을 받지 못했던, 요즘 신랑들의 전에 없던 모습을 분석했다.

〈트렌드 코리아〉가 매년 발표하는 10개의 소비트렌드 키워드는 크게 두 종류로 나눌 수 있다. 하나는 오늘을 사는 우리 한국인들의 가치관과 생활의 변화, 그리고 기술·경제·정책 등 제도적 변화가 그것이다. 앞서 설명한 키워드들이 사람들의 변화에 관한 것이라면, 기업·정부·지방자치단체 등이 주목해야 할 전략적 트렌드에는 어떤 것이 있을까? 올해에는 가격과 지역의 문제가 중요하게 대두하고 있다.

'버라이어티 가격 전략'은 가격이 고정된 것이 아니라 매우 동적으로 책정될 수 있으며 공급·유통업자들은 가격을 전략적으로 설정할 수 있다는 점을 강조한 키워드다. 가격은 소비자의 수요 도출, 마케팅, 나아가서는 기업의 이윤 창출에 가장 직접적인 역할을 하는데, 그동안 '주어진 것'으로 생각하거나 원가와 경쟁사의 동향 등을 감안해 주먹구구로 결정되는 경우도 많았다. 이제 데이터 기술의 발전으로 소비자의 '지불 의향'을 정확하게 측정할 수 있게 되면서, 하나의 상품과 서비스에도 때에 따라, 시간에 따라, 소비 대상에 따라, 그때그때 변화무쌍한 가격이 가능해졌다. 다양해진 가격 차별화가 단지 생산·유통자의 이윤을 극대화하는 방편에 그치지 않고, 소비자가 납득 가능하고 지불 가능한 가격을 제시함으로써 기업 성장과 소비자 복지를 조화시킬 수 있기를 기대한다.

최근 지역과 도시도 급격하게 변화하고 있다. 지금까지는 이 문제를 대도시와 지방의 양극화라는 프레임 아래서, 정주인구의 증감에 일희일비하는 정책으로 대응해왔다. 하지만 서울 같은 대도시 안에서도 소외되는 곳이 나오고, 지방 소읍에도 사람이 몰리는 현상이 늘어나고 있다. 대중교통이 급속도로 발전하고 사람들의 가치관이 유목적으로 변화하는 사회에서, 지역은 이제 하나의 고정된 공간이 아니라, 물 같은 '흐름'이 중요한 공간으로 진화하고 있다. 이러한 트렌드를 도시politan가 액체liquid처럼 유동적이 되고 있다는 의미에서, **'리퀴드폴리탄'**이라는 용어로 파악해본다. 각 지역의 대표자를 뽑는 국회의원 선거를 치러야 하는 2024년, 새로운 패러다임의 지역 개념이 대한민국 지역 불균형 해소의 단초가 될 수 있기를 희망한다.

사회·경제적으로 가장 중요한 키워드로 꼽을 수 있는 것이 **'호모 프롬프트'**다. 근미래 인공지능의 발달과 그에 대한 트렌드 변화에 관한 키워드다. 인간 고유의 성역으로 여겨지던 창작의 영역에 도전장을 내민 '챗GPT'는 발표 시점부터 내내 큰 충격이었다. 그림·소설·코딩·PPT 등 거의 모든 영역에서 새로운 창작물을 만들어낼 수 있는 '생성형 AIGenerative Artificial Intelligence'의 등장은 "이제 내가 인공지능보다 잘할 수 있는 일이 있을까?" 하는 실존적인 문제를 제기하고 있다. 앞으로 어떻게 될까? 시장과 사회의 트렌드는 어떻게 변화할까? 인공지능 시대의 도래가 어쩔 수 없는 필연이라면, 우리는 무엇을 준비하고 어떻게 살아남아야 하는가? 인공지능 기술은 하루가 다르게 빨리 변화하기 때문에, "오늘 이런 것까지 할 수 있는 기술이 등장했다"는 경마 중계식의 서술로는 인공지능 시대를 맞이해 우리가 준비해야 할 일에 대한 통찰을 얻기 어렵다. 이 키워드가 사람을 뜻하는 '호모'로 시작한다는 점에 주목해야 한다. '호모 프롬프트' 키워드는 이 거대한 진보의 메가트렌드 속에서 우리 '인간'들이 무엇을 어떻게 해야 할 것인가를 모색한다. AI와의 공존, 나아가 경쟁 시대를 주도하기 위해서는 사색과 해석력을 겸비해야 한다. 인공지능의 기술적 결과물에 매몰되지 않고, 어떻게 변경邊境을 향해 스스로를 넘어설 수 있는가가 중요하다. 자기 자신을 돌아볼 수 있는 '메타인지' 능력을 갖춘 인간만이 AI가 작업한 용의 그림을 완성시키는 '화룡점정'의 자격을 얻게 될 것이다.

감사의 말씀

해를 거듭할수록 〈트렌드 코리아〉의 출간을 도와주는 분들이 늘어나고 있다. 각 분야의 전문가들이 빛나는 혜안을 나눠주셨고, 다양한 경험을 가진 일반 소비자들이 FGD(집단 면접)와 개별 인터뷰를 허락해주셨다. 깊은 감사의 말씀을 드린다. 책이 나오기까지 내부에서 도움을 주신 분도 많다. 여러 가지 행정일과 교정 작업을 도맡아준 김영미 연구원, 아름다운 프레젠테이션 파일을 제작해준 전다현 연구원, 원어민의 입장에서 영문 키워드의 적정성과 영문 책 〈Consumer

Trend Insights〉를 감수해주시는 미셸 램블린·나유리 교수에게 감사한다. 10대 트렌드 상품 조사 및 트렌드 분석 기초 자료 조사를 위해 헌신적 노력을 보여준 윤효원·박수현·박지현·백지훈·김나은 연구원, 중국 트렌드 관련 자료를 모으는 데 수고해준 고정·임은주 연구원에게 감사한다. 탄탄한 빅데이터 분석을 통해 키워드의 타당성을 높여주신 신한카드 문동권 사장님과 신한카드 빅데이터연구소, 온라인 버즈의 추세를 파악하는 소셜분석을 통해 트렌드 가설을 꼼꼼하게 분석해주신 코난테크놀로지 김영섬 대표님과 데이터 사이언스 사업부, 앱과 소매시장의 사용자 행태 분석 및 실시간 데이터를 제공해주신 와이즈앱·리테일·굿즈 차양명 대표님과 시장분석사업부의 이시내 연구원·신애림 매니저, 10대 트렌드 상품을 선정하는 과정에서 까다로운 조사를 신속하고 정확하게 실시해준 마크로밀엠브레인에 특별한 감사의 말씀을 드린다. 마지막으로 지난 16년간 변함없이 출간을 허락해주신 미래의창 성의현 사장님과 직원 여러분께도 한결같은 신뢰의 마음을 전하고 싶다.

• • •

독자 여러분은 느끼지 못하시겠지만, 금년도에는 집필하는 내부 과정을 상당히 바꿨으며, 자체적인 전문가 인터뷰와 FGD를 실시하고 내외의 피드백을 수렴하는 과정을 대폭 늘렸다. 책의 구성도 백지에서 재검토해 새로운 대안을 폭넓게 검토했다. 결과적으로 책의 전체적인 모습은 예년과 크게 다르지 않게 됐지만, 그 동일성은 모든 가능성을 열어두고 변화를 시도한 결과다.

이번이 16번째 〈트렌드 코리아〉다. 타성에 빠지지 않으려고 치열하게 노력한다. 최고의 책이 되기보다는 작년보다 나은 책이 되기 위해 최선을 다하고 있다. 부디 이 책이 불경기, 고물가, 극한기후, 심지어 AI와도 경쟁해야 하는 독자 여러분의 2024년 준비에 작년보다 더 큰 도움이 되기를 간곡히 소망한다.

2023년 가을, 저자들을 대표하여
김난도

CONTENTS

2 · 2024 트렌드

2024년 10대 소비트렌드 키워드

Don't Waste a Single Second: Time-Efficient Society 분초사회

1분 1초가 아까운 세상이다. 시간이 돈만큼 혹은 돈보다 중요한 자원으로 변모하면서 '시간의 가성비'가 중요해졌다. 단지 바빠서가 아니다. 소유 경제에서 경험 경제로 이행하면서 요즘 사람들은 볼 것, 할 것, 즐길 것이 너무 많아졌다. 초 단위로 움직이는 현대 플랫폼 경제에서 시간의 밀도가 높아지며, 우리는 가속의 시대로 빠르게 나아가고 있다.

Rise of 'Homo Promptus' 호모 프롬프트

프롬프트는 AI에게 원하는 답을 얻어내기 위해 인간이 던지는 질문을 뜻한다. "AI는 프롬프트만큼 똑똑하다." 인간이 어떤 질문을 하느냐에 따라 AI가 내놓는 결과물이 달라지기 때문이다. 이 키워드가 '호모', 즉 인간으로 시작한다는 점에 주목해야 한다. AI 기술이 아무리 뛰어나도, 결국 '화룡점정'의 역량은 사색과 해석력을 겸비한 인간만의 것이다.

Aspiring to Be a Hexagonal Human 육각형인간

완벽을 꿈꾸는 사람들이 늘어나고 있다. 외모, 학력, 자산, 직업, 집안, 성격 등등 모든 것에서 하나도 빠짐이 없는 사람을 뜻하는 '육각형인간'은 오늘날 우리 사회가 지향하는 강박적인 완벽함의 반향으로 작용한다. 어차피 닿을 수 없는 목표라면, 포기를 즐기는 놀이이자 타인을 줄 세우기 위한 잣대로 활용하는 것이다. 육각형인간 트렌드는 계층 이동의 사다리가 흔들리는 사회를 살아야 하는 젊은이들의 활력이자 절망이면서 하나의 놀이다.

Getting the Price Right: Variable Pricing 버라이어티 가격 전략

오늘날 '일물일가'의 법칙은 사라졌다. 소비자의 지불 의향을 정확히 파악하는 빅데이터의 활용과 실시간으로 모든 변수를 측정해내는 AI의 발달은 시간, 장소, 유통 채널에 따라 가격이 달라지는 '일물N가'의 세상을 열었다. 소비자도 이에 발 빠르게 대응한다. 이제 '최저가'가 아니라 '최적가'가 중요해지고 있다.

On Dopamine Farming 도파밍

도파민 도는 일 뭐 없나? 재미는 늘 인간의 화두였지만 요즘만큼 재미를 좇는 일이 일상이 된 적은 없었다. 게이머가 '파밍'하며 아이템을 모으듯, 사람들은 재미를 모은다. 엉뚱하고 기발하고 지극히 무의미한 일들이 주목을 끌고 '역대급 도파민'이 매번 기록을 경신한다. 자극적인 숏폼 콘텐츠가 범람하는 오늘날 도파밍은 피할 수 없는 추세다.

DRAGON EYES

Not Like Old Daddies, Millennial Hubbies 요즘남편 없던아빠

결혼이 인생의 가장 큰 선택이 된 오늘날, 결혼 후 남자에게 기대되는 역할이 전에 없이 달라졌다. 가사 노동과 육아, 가족 관계의 균형점이 이동하고 있다. 권위적 가장에서 평등한 동반자로 역할이 바뀌어가는 요즘남편, 자녀와 함께 시간을 보내기 위해 '6시 신데렐라'를 자처하는 없던아빠들이 가정과 기업, 나아가 소비의 풍경을 바꾸고 있다.

Expanding Your Horizons: Spin-off Projects 스핀오프 프로젝트

영화나 드라마에서 자주 쓰이던 스핀오프가 이제 산업 전반으로 확산되는 추세다. 비교적 저예산과 유동적인 전략으로 새로운 비즈니스를 시도해보는 스핀오프는 기업 입장에서 실패에 대한 부담이 적고, 또 성공할 경우 예상 밖의 성과를 기대할 수 있다. 개인들도 커리어 개발을 위해 사이드 프로젝트를 진행한다. 변화의 시대, 스핀오프는 새로운 성장동력이다.

You Choose, I'll Follow: Ditto Consumption 디토소비

"나도"라는 의미의 'Ditto'가 소비 현장에서 인기를 끌고 있다. 나의 가치관과 취향을 오롯이 반영하는 사람, 콘텐츠, 유통 채널의 선택을 따라 하는 디토소비는 구매 의사결정에 따르는 복잡한 과정과 시간을 건너뛰어 최적의 선택을 할 수 있는 방법이다. 수많은 선택지 속에서 FOBO, 즉 실패의 두려움을 줄이기 위한 손쉬운 방편, 디토소비가 뜬다.

ElastiCity. Liquidpolitan 리퀴드폴리탄

인구는 감소하고 광역 교통은 발달하는 현대사회에서 유목적 라이프스타일을 구가하는 소비자가 늘어나며, 지역은 이제 하나의 고정된 공간이 아니라 이동하고 흐르는 유연한 모습을 보인다. 정주인구보다 관계인구에 방점을 찍는 유연도시 리퀴드폴리탄이 주목받는다. 불균형 발전과 지역 소멸을 우려하는 이 시대에 리퀴드폴리탄은 새로운 해법을 제시할 것이다.

Supporting One Another: 'Care-based Economy' 돌봄경제

인간은 누구나 돌봄을 필요로 하는 존재다. 초개인화하는 나노사회, 1분 1초가 아쉬운 분초사회에서, 돌봄의 시스템화가 중요해졌다. 돌봄은 이제 단지 연민이 아닌 경제의 문제다. 나이와 건강 상태에 따른 사회적 약자들만이 그 대상이 아니라, 누구에게나 해당되는 서비스로 진화하고 있다. 엄마도 엄마가 필요한 세상이다. 돌봄경제는 바로 나의 문제인 동시에, 우리 조직과 사회의 경쟁력이다.

1

2023 대한민국

RABBIT JUMP

평균이
사라진 자리

예전에는 점심시간이면 부서 직원들이 다 함께 가서 식사하는 것이
보통이었다. 음식점은 부장님이 선호하는 곳으로 가고, 메뉴는 되도
록 '통일'했다. 식사가 끝나면 "다들 커피 한잔 어때?"가 이어지고,
다 같이 브랜드의 커피믹스를 타 마시는 것이 흔한 풍경이었다. 요즘
은 어떤가? 일단 함께 점심을 먹으러 가는 일이 드물다. 몇몇이 함께
가더라도 메뉴를 통일하기는커녕 각자 자기가 좋아하는 음식을 시키
는 것이 상식이다. 요즘 커피 전문점에서 "커피 주세요" 하고 주문하
면, 직원이 황당한 표정을 지을 것이다. 막내가 캐리어에 받아온 커
피 뚜껑마다 각자의 기호가 적혀있다. 아메리카노·카푸치노·라테·
마키아토 등등……. 열 사람이 주문하면 나오는 커피의 종류도 거의
열 종류에 가깝다.

TREND KEYWORD 2023 평균 실종

평균으로 표현될 수 있는 무난한 상품, 평범한 삶, 보통의 의견, 정상의 기준이 변화하는 현상을 말한다. 평균이 기준성을 상실하는 경우는 크게 ① 양극단으로 몰리는 '양극화', ② 개별값이 산재散在하는 '다극화', ③ 한쪽으로 쏠리는 '단극화'의 양상으로 나타난다.

『트렌드 코리아 2023』, pp. 142~169

다수가 함께하는 사회의 전형성이 사라지고 있다. 우리 삶의 모습 전반에서 일반화된 평균성을 가늠하는 일이 더욱 어려워졌다. 경제적 양극화는 물론이고, 정치적 이념도 양극화가 심해지고 있다. 점심 메뉴나 커피 정도가 아니라, 취직·결혼·출산에 대한 생각이 제각각 다른 다극화(N극화)가 빠른 속도로 진행 중이다. 나아가 다양한 서비스가 디지털화되면서 한쪽으로의 쏠림, 즉 단극화도 더욱 가속화하고 있다. 이처럼 사회의 전형성·기준성이 사라지는 평균 실종은 상품·서비스·소비 행태·조직문화 등 사회의 대부분 영역에서 두드러졌다. 2023년 한 해 동안 일어난 평균 실종의 양상을 양극화된 소비 시장과 새로운 세대의 등장으로 다극화하는 조직문화로 나누어 살펴본 후, 평균 실종 사회에 요구되는 새로운 사고의 방향에 대한 논의를 짚어보고자 한다.

양극화된 소비 시장

전 세계 곳곳의 소비 시장에서 희비가 엇갈린 한 해였다. 일본 오사

카에 위치한 한큐백화점은 100만 엔 이상의 고가품 매출이 2023년 6월 한 달간 전년 동기 대비 30% 증가했다.[1] 명품 브랜드를 찾는 소비자들 덕택에 코로나 이전 수준으로 매출을 회복한 것이다. 반면, 길 건너편에 위치한 한신백화점의 경우 매출을 아직 회복하지 못했다. 손님들의 발길이 뜸한 중간 가격대 매장의 비중이 높은 탓이다. 미국에서는 저가 중심 매장과 중간 가격대 매장의 희비가 엇갈린 소식도 보도됐다. 미국의 의류 할인 전문 매장 벌링턴Burlington의 2023년 1분기 매출은 전년 동기 대비 13.2% 증가할 것으로 추산된 반면, 중산층 타깃의 백화점인 메이시스Macy's의 1분기 매출은 오히려 2022년보다 4.2% 감소할 것이라 예상됐다.[2]

국내 경제도 다르지 않았다. '런치플레이션(런치+인플레이션)'이라는 말이 나올 만큼 물가가 가파르게 오르면서 직장인들이 점심을 해결하기 위해 구내식당과 편의점 도시락을 많이 찾았다. 이와 동시에

▲▲▲ 소비가 양극화되고 있다. 치솟는 물가에 평소에는 편의점에서 도시락이나 샐러드로 끼니를 때우다가도 외식을 하는 날에는 거리낌없이 고가의 오마카세를 즐기기도 한다.

한쪽에서는 고가 '오마카세'의 다양한 응용 버전이 등장하여 화제가 됐다. 커피를 코스 형태로 즐기는 일명 '커피 오마카세'가 1인당 7만 원에 이르는 곳이 있는가 하면, 반려견을 위한 일곱 가지 코스 요리를 선보이는 곳으로 견당 5~7만 원대에 이르는 '반려견 오마카세'가 나오기도 했다. 설 선물 매출에서도 양극화가 확인됐다. 현대백화점에 따르면 설날을 맞이해 판매한 신선식품 선물 세트(정육·생선·과일 등)의 경우, 20만 원대 이하와 30만 원 이상 가격대 상품은 각각 7%, 5% 이상 매출이 늘었던 반면, 중간 가격대인 20~30만 원 사이 가격대 상품은 매출이 10% 역신장한 것으로 보고됐다.[3]

이러한 시장의 양극화 속에서 소비자들의 소비 전략은 프리미엄 소비와 알뜰살뜰한 '체리슈머'형 소비로 양극화됐다. 이에 따라 기업들 역시 고물가·고금리의 영향에도 수요에 타격을 받지 않는 프리미엄층을 공략하거나 자원을 효율적·합리적으로 사용하고자 하는 체리슈머의 요구에 발맞춰 상품 및 서비스의 유연성을 강화하는 양자택일의 전략을 추구했다.

TREND KEYWORD 2023   체리슈머

구매는 하지 않으면서 혜택만 챙겨가는 소비자를 '체리피커cherry picker'라 부르는데, 여기서 진일보하여, 한정된 자원을 극대화하기 위해 다양한 알뜰 소비 전략을 펼치는 소비자를 말한다.

『트렌드 코리아 2023』, pp. 196~221

확실한 수요를 좇는 프리미엄 전략

등급에 따른 서비스 차별화가 명확한 산업 분야일수록 프리미엄화 전략이 유효했다. 항공 업계에서는 프리미엄 등급 좌석이 먼저 회복했다. 국제항공운송협회IATA에 따르면, 2023년 2월 항공 여객 수는 코로나19 팬데믹 이전인 2019년 2월의 81% 수준에 머무른 것에 반해 프리미엄 좌석 이용객 수는 86%까지 회복된 것으로 나타났다. 이에 독일 루프트한자는 프리미엄 좌석 비중을 늘리고, 미국의 델타항공은 프리미엄 좌석을 새로 마련할 것이라는 계획을 발표했다.[4]

카드 업계에서도 프리미엄이 키워드로 떠올랐다. 카드사마다 프리미엄 카드를 구분하는 정확한 기준은 다르지만, 대체로 프리미엄 카드란 일반 카드에 비하여 높은 연회비, 최소 10만 원부터 많게는 100만 원 이상을 요하며 그만큼 차별화된 바우처 혜택과 고급 편의 서비스를 제공하는 카드다. 최근 카드사들은 앞다투어 이러한 프리미엄 카드를 재출시했다. 일례로, 2023년 1월 KB국민카드는 5년 만에 프리미엄 시리즈 '헤리티지 스마트'를 선보였고, 하나카드 역시 2023년 7월, 4년 만에 하나은행의 자산관리본부와 협업하여 고액 자산가 고객층을 대상으로 한 '하나 클럽 H 아메리칸 익스프레스 리저브'를 출시했다. 현대카드는 더 레드·더 그린·더 핑크 등 색상을 세분화해 출시했던 기존 프리미엄 카드를 다시 차별화한 '스트라이프' 버전을 내놓았다. 예를 들어, '더 레드 스트라이프' 카드는 연회비를 30만 원에서 50만 원으로 상향하는 대신 바우처 혜택을 강화한 것이다. 소비자들은 여행·고메(레스토랑)·취미 활동 등 원하는 영역에서 혜택을 고를 수 있도록 했다. 현대카드에 따르면 지속적인 프리미엄화 전략에 따라 2022년 한 해 동안 연회비가 10만 원 이상인 카드 상품군의 가입자 수가 5만5천 명 이상 증가한 것으로 나타났다.[5]

실속 있게 챙기는 체리슈머 전략

프리미엄 시장과는 다르게 시장의 전체적인 분위기는 소비 심리 위축이 지배적이었다. 소비자들 사이에서는 일명 '거지방'이라 부르는 단체 채팅방이 유행하기도 했다. 지출을 아끼고자 하는 익명의 사람들이 채팅방에 모여 각자의 지출을 보고하고 피드백을 받는 것인데 극도로 지출을 아끼고자 일종의 '무지출 챌린지'를 함께하는 온라인 모임이다. 이러한 분위기 속에서 유통 업계는 알뜰형 상품 전략에 집중했다. 신세계그룹의 노브랜드에서 판매하는 PB 제품 '라면한그릇'은 2022년 한 해 동안 100만 개가 판매되고, 2023년 1월 한 달 동안 매출이 전년 동기 대비 89.7% 증가하는 호실적을 보였다.[6] 이마트에서 2023년 1분기 일반 봉지라면의 매출 신장률은 8.9%였지만, 이마트 PB 봉지라면은 37.8%를 기록한 것도 비슷한 맥락에서 이해할 수 있다.[7]

　나아가 필요한 곳에 필요한 만큼만 쪼개어 쓰고 싶은 체리슈머를 위한 상품들이 인기를 얻었다. '0.5인분' 메뉴가 대표적이다. 경기도 시흥에 위치한 중식당 '쩜오각'은 이름처럼 모든 메뉴를 0.5인분으로 판매한다. 짜장면 2,900원, 짬뽕 3,900원, 유산슬 9,900원 등 양을 줄이고 그에 맞는 합리적인 가격을 설정하면서, 한 가지 음식만 시켜야 했던 1인 방문객이나 음식을 추가 주문하고 싶지만 남기는 것이 아까운 소비자들의 욕구를 정확히 공략했다. 프랜차이즈 브랜드인 노브랜드버거에서는 0.5인분 샐러드를 출시했다. 기존에 판매하던 '그린샐러드' 메뉴를 절반 용량·절반 가격으로 판매하는 '그린샐러드 미니'라는 이름으로 출시한 것이다.

다극화된 조직문화

지난해 쿠팡플레이 〈SNL 코리아〉의 인기 코너인 'MZ오피스'에서 소개돼 많은 직장인들 사이에서 회자된 영상이 있다. 에어팟을 끼고 일하는 신입사원에게 선배가 업무 시간에는 에어팟을 빼고 일하라고 하자, 그는 "이걸 끼고 일해야 능률이 올라갑니다!"라며 당당하게 소신을 밝힌다. 이런 캐릭터를 일명 '맑눈광(맑은 눈의 광인)'이라고 하는데, 밝은 표정과 맑고 초롱초롱한 눈을 가지고 있지만, 어딘가 모르게 다소 엉뚱한 모습을 보이는 사람을 지칭하는 말이다. 'MZ오피스'는 이외에도 회식 가서 고기를 굽지 않는 신입사원, 젊은 사원들에게 꼰대로 보이지 않으려 애쓰는 차장 등 최근 사무실에서 벌어지는 풍경을 웃음 포인트로 삼아 큰 인기를 끌었다. 이 프로그램을 두고 한편에서는 '새로운 회사 생활 지침서'라는 호평을, 또 다른 한 편에서는 '과도한 MZ 일반화'라며 불편한 기색을 표하기도 했다.

오피스 내 젊은 직장인의 변화를 다룬 콘텐츠의 인기가 증명하듯, 여러 조직에서 기존의 관행이 무너지고 새로운 질서로 재편되는 **오피스 빅뱅**을 맞이하며 각기 다른 방식으로 변화에 적응하는, 조직문화도 다극화하는 양상을 보인 한 해였다. 국가에 따라, 조직에 따라,

혹은 하나의 조직 내에서도 구성원마다 일하는 방식이 다르게 나타나고 있다.

사무 공간의 변화

사무실 공간 활용의 변화는 해외와 국내의 차이가 컸다. 미국·중국·홍콩 등 해외에서는 2023년 상반기 주요 도시의 사무실 공실률이 2008년 금융 위기 직후에 버금갈 만큼 치솟았다. 글로벌 부동산 컨설팅 업체인 쿠시먼앤드웨이크필드Cushman & Wakefield에 따르면 미국 실리콘밸리의 2023년 2분기 사무실 공실률은 21.6%에 달했다. 이 수치는 2008년 글로벌 금융 위기 이후 최고치인 19.1%를 훌쩍 뛰어넘는 수준이다.[8] 실리콘밸리의 사무실에 사람들이 돌아오지 않게 된 것은 일명 '빅테크' 기업이라 불리는 거대 IT 기업들이 인원을 감축한 여파도 있지만, 사무실 출근에 강력하게 반발하는 노동자들의 변화도 한몫했다. 2023년 7월 글로벌 컨설팅 업체 맥킨지가 6개국 1만 3천여 명의 직장인을 대상으로 실시한 조사에 따르면, 재택근무를 강하게 선호한다고 말한 응답자 중 33%가 연봉 15만 달러 이상인 고액 연봉자로서 가장 큰 비중을 차지했으며, 이들은 매일 출근하지 않는 조건으로 연봉의 20%까지 감액할 의향이 있다고 답했다.[9] 그만큼 출퇴근에 사용하는 시간 대신 얻을 수 있는 여유에 큰 가치를 둔 것이다.

한국 사회의 상황은 달랐다. 대다수 기업이 사무실 출근으로 근무 형태를 빠르게 전환하면서 오피스에 활기가 돌았다. 글로벌 부동산 서비스 기업 세빌스코리아에 따르면 한국의 2023년 2분기 오피스 시장 공실률은 1.8%로 2008년 금융 위기 이후 역대 최저치를 기록했다.[10] 다만 완전히 팬데믹 이전으로 근무 방식이 돌아갔다기보다는, 필요에 따라 원격근무를 선택할 수 있는 하이브리드근무 방식을 유지하는 기업이 많았다.

오피스 공간에 대한 실험은 계속되고 있다. 대표적으로 휴양지에서 근무하는 '워케이션work+vacation'이 진화하고 있다. LG U+는 강릉에 'U+토피아'라는 워케이션 전용 공간을 마련했는데 창문 밖으로 바다가 보이는 공간을 새로 꾸며 창의성과 몰입을 돕는 업무 환경을 조성했다. 실제로 단기간 몰입이 필요한 신사업 태스크 포스팀TFT 위주로 이용할 수 있게 했는데, 사내 구성원의 긍정적인 호응을 얻고 있다. 현대백화점 역시 제주와 강릉에서 워케이션 제도를 지속해오고 있으며 구성원의 높은 만족도를 확인했다. 워케이션에 대한 직장인들의 높은 관심은 소셜미디어상의 데이터로도 확인된다. KPR 디지털커뮤니케이션연구소의 소셜 빅데이터 자료에 따르면 2022년 3분기부터 2023년 1분기까지 '워케이션' 언급량은 분기마다 5%씩 증가한 것으로 나타났다.[11]

출근부터 퇴근까지 책임지는 올라운드 복지

근무 형태뿐만 아니라 임직원을 위한 사내 복지도 다양한 요구에 부응하는 방향으로 진화했다. 먼저, 회사에서 구성원의 식사를 제공하는 방식이 세심해졌다. 아침을 거르고 출근한 직원을 위해 샌드위치·김밥·샐러드 등 간편하게 조식을 받아볼 수 있는 정기 구독 서비스가 인기를 끌었다. GS25에서 기업 고객을 대상으로 운영하는 조식 구독 서비스 '밀박스25'의 2023년 상반기 매출은 전년 동기 대비 5.3배 이상 증가했다.[12] 저녁 식사를 맞춤형으로 챙기는 기업도 생겨났다. '오늘의집'은 저녁 6시 전에 경영지원팀에 저녁을 신청하면 사옥 내 카페 앞에서 음식을 받을 수 있는 '오더디너O!rder Dinner' 서비스를 만들었다. 오후에 출근하는 유연근무제가 자리 잡자 늦은 저녁까지 근무하는 직원들이 저녁을 제대로 챙겨 먹지 못하는 일이 발생했기 때문이다.[13]

이에 따라 B2E Business to Employee(기업이 내부 구성원을 대상으로 제공하는 상품과 서비스)를 전문적으로 다루는 서비스들도 성장했다. 임직원을 위한 모바일 식권 서비스 '식권대장'은 2023년 상반기 거래액이 전년 동기 대비 80% 정도 성장했다.[14] 사무실 간식을 전문적으로 채워주는 구독 서비스 '스낵 24'는 엔데믹으로 사무실 근무가 활성화되면서 2023년 상반기 매출이 전년 동기 대비 2배 성장했다.[15]

직원들의 몸과 마음의 건강을 챙기는 방식도 가지각색이다. 본격적으로 사내 의료 시설을 확충한 기업이 있다. 엔씨소프트는 사내에 두 번째 의료 시설을 만들고 응급처치와 같은 본래 기능에 더해 심폐소생술 VR 체험존을 마련했다.[16] 영양 관리 서비스를 제공하는 곳도 있다. 헬스케어 스타트업인 알고케어는 기존의 개인 맞춤형 영양 관리 서비스를 기업에 적용한 '알고케어 앳 워크'를 출시했다. 신체적 건강뿐만 아니라 심리적 건강을 챙기는 방법도 있다. 기업의 임직원을 위한 무제한 멘탈케어 구독 서비스 '트로스트케어Trost Care'는 일대일 심리상담, AI 심리진단, ASMR 사운드테라피 등을 제공한다.

조직 구성원들의 라이프스타일이 다변화되면서 유연성은 조직문화에서 가장 중요한 속성이 됐다. 대표적인 것이 경조사 지원금과 관련한 사내 복지의 변화다. 결혼 및 출산이 필수가 아닌 선택이 되면서 결혼·출산·학자금 지원 등을 받지 못하는 임직원이 많아지자 이들을 차별하지 않기 위한 '비혼 지원금'도 등장했다. LG U+는 비혼을 선언한 직원에게 결혼 시 제공하는 혜택과 동일하게 기본급 100%와 특별 유급휴가 5일을 지급하기로 했다. 모든 구성원의 다원화된 라이프스타일을 존중하겠다는 의미다.

사회적 흐름에 따르기 위해 대기업도 스타트업의 젊은 조직문화를 수용하고 있다. 대표적으로 삼성전자는 인사 담당 부서의 이름을 '피플people 팀'으로 변경했다. 우아한형제들·비바리퍼블리카(토스)와 같은 IT 스타트업에서 사용하는 용어를 따른 것이다. 이는 '인사'가 내포한 인적자원 관리, 즉 조직 관점이 강조된 맥락을 지우고 구성원의 관점에서 유연함과 소통의 문화를 조성하고자 하는 새로운 지향성을 반영한 것이다.

투명한 연봉에 대한 관심

노동시장에서도 새로운 룰을 요구한다. 미국에서 지난 한 해 동안 큰 인기를 얻은 SNS 계정이 있다. 'Salary Transparent Street(연봉 공개 거리)'이라는 계정인데 2023년 9월 기준 인스타그램 팔로워 63만, 틱톡 팔로워 130만 명을 보유하고 있다. 이 계정에서는 길 가는 사람에게 인터뷰를 요청하며 다음의 두 가지 공통 질문을 한다. 바로 "무슨 일을 하세요?", "얼마나 버시나요?"이다. 계정을 운영하는 한나 윌리엄스Hannah Williams는 어느 날 자신이 정당하지 못한 임금을 받고 있다는 사실을 발견하고, 임금에 대해 공개적으로 이야기하는 문화를 만들고자 콘텐츠를 제작하기 시작했다고 한다. 이와 유사하게 소셜 미디어에서는 이직을 하는 사람이 자신의 후임자를 위해 그 회사에서 받았던 연봉을 기록하는 문화도 나타났다. 최소한 이 정도 이상의 연봉은 요구해도 정당하다는 지표를 남기는 것이다.

실제로 미국의 일부 주에서는 2022년 말부터 '급여투명화법'을 시행했다. 일정 인원 이상을 고용하는 기업이라면 채용 공고를 낼 때 파트타임 직원부터 고위 임원에 이르기까지 지급할 급여의 범주를 공개해야 한다는 내용이다. 캘리포니아주의 경우 100인 이상 사업장에서는 성별 및 인종 간 급여 격차 또한 공개할 것을 의무화했다. 이러한 정보공개 조치에 모든 정보가 포함되는 것은 아니기 때문에 형식적이라는 비판도 존재하나 업무에 대한 정당한 보상이 필요하다는 사회적 목소리가 커진 것은 분명하다.

이것은 외국만의 이야기가 아니다. 국내에서도 인사 부서에 직장 동료의 급여에 대해 묻는 문의가 많아졌다고 한다. 동일한 시기에 입사하여 동료와 비슷비슷한 속도로 진급해 나갔던 과거와 달리, 이직 및 개인별 연봉 협상이 잦아지면서 함께 일하는 동료 간에도 연봉 격차가 적지 않게 발생하기 때문에 타인의 연봉에 대한 궁금증이 커질 수밖에 없다. 공정한 보상을 중시하는 최근 직장인의 가치관 변화와 맞물려 급여의 산정과 정보공개에 대해서도 새로운 사회적 합의가 필요해졌다.

- - -
향후 전망
/

최근 10대 사이에서 관심 많은 콘텐츠가 있다. '자퇴 브이로그'다. 한 고등학생이 어머니에게 자퇴 의사를 밝히는 대화를 담은 영상은 조회 수가 140만 회에 이른다. 2023학년도 대학수학능력시험 지원 자 50만8,030명 중 검정고시 출신을 포함하는 기타 수험생은 1만 5,488명으로 전체의 3.1%였다. 이는 통계가 작성된 이래 가장 높은 수치라고 한다. 검정고시 출신으로 수능을 접수한 비율을 보면 2017년 1.9%부터 2022년 2.8%까지 지속적으로 증가하는 추세다.[17]

청소년들이 자퇴를 하는 이유는 크게 두 가지다. 하나는 대학 진학에 있어 고교 내신에서 좋은 점수를 얻는 것이 어려울 경우 일찍이 정시 전형 준비에 전념하려는 것이고, 다른 하나는 창업이나 개인 크리에이터 활동 등 현행 공교육 과정 안에서 병행하기 어려운 자신만의 진로를 개척하려는 것이다. 어느 쪽이 됐든 학생들이 자기 삶에 대한 선택으로 학교를 떠나는 현상은 마치 '퇴사 브이로그'가 다수 등장하고 '대퇴사시대The Great Resignation'라는 말이 나올 만큼 직장인

사이에서 퇴직 열풍이 불었던 현상을 떠올리게 한다. 해석하자면, 전형성에 대한 기존의 관념이 무너지는 현상이 전 세대로 번져가는 것이라 볼 수 있다. 평균적 사고가 무색해진 시대, 우리는 어떻게 미래에 대비해야 할까?

오피스 빅뱅의 시대를 맞이하여 조직은 외부 고객에 대한 브랜딩만이 아니라 내부 고객을 위한 브랜딩, 즉 '고용자 브랜드employer brand'에 대해서도 검토해볼 필요가 있다. 현시대의 근로자에게는 입사할 기업을 고르는 것이 마치 중요한 물건, 예를 들어 몇 년 동안 타고 다닐 자동차를 고르는 것과 같아졌기 때문이다. 몇 년간 나의 길을 책임질 것이므로 경제적·기능적 가치뿐만 아니라 심리적·사회적 가치 등을 꼼꼼하게 따져 선택하지만, 더 좋은 브랜드가 있으면 옮겨가기도 한다. 그렇기 때문에 기업은 단순히 경제적 보상의 관점에서만이 아니라, 다른 고용자 브랜드와 차별되는 조직문화 및 지향성을 구축해가야 하는 것이다.

고용자 브랜드가 채용 시점에서의 좋은 이미지만이 아니라 장기적인 경험의 총체가 되면서 요즘 기업들에게는 온보딩만큼이나 **'오프보딩'**의 과정도 중요해졌다. 아름답지 못한 이별은 향후 대내외적 평판에 해를 끼치고 좋은 인재와 다시 일할지 모르는 가능성도 닫아버리는 것이기 때문이다. 이 때문에 일부 기업들은 퇴사가 확정된 직원들이 원활하게 새 직장을 찾을 수 있게 돕는 것을 뜻

오프보딩 Off-boarding
온보딩On-boarding과 반대의 의미를 가진 단어로, 조직을 나가는 직원에 대한 퇴사 절차를 의미한다.[18] 법적 문제, 보안 문제 등 여러 리스크 관리 차원을 중시했으나 최근에는 기업의 평판 관리나 향후 인재 관리 측면에서 더욱 중요시된다.

하는 '아웃플레이스먼트outplacement'에 힘쓰기도 한다.

　　오피스 빅뱅 시대를 사는 개인에게도 그 어느 때보다 유연한 사고와 대응이 필요해졌다. 『유연함의 힘』의 저자인 수잔 애쉬포드Susan Ashford 미시간대 교수는 현시대와 같이 변화와 불안정함으로 가득한 세상을 헤쳐나가기 위해 필요한 것은 유연함이라고 말한다.[19] 유연함을 갖기 위해 필요한 마음가짐은 다음의 두 가지로 정리할 수 있다. 첫째는 변화를 피하지 말고 마주하는 마음가짐, 둘째는 변화를 마주한 경험 속에서 학습하려는 마음가짐이다. 누구도 예측할 수 없게 변화가 발생하는 상황에서 그저 안전지대에 머무르는 것은 퇴보를 의미한다. 그보다는 신속하게 경험하되 작은 성공과 실패를 축적하며 자신만의 역량을 학습해나가야 한다('스핀오프 프로젝트' 참조). 익숙함이 사라지고 오래된 기준이 흔들리는 상황 속에서도 자신만의 중심을 잡고 유연하게 대처할 수 있는 2024년을 맞이하기를 기대해본다.

새롭게 떠오르는 소비자들

2023년 6월 28일, 전 세계 주요 일간지는 한국의 한 정책 변화를 앞다투어 보도했다. 바로 '만 나이 통일법'이었다. 하룻밤 사이 기존 나이에서 최대 2살까지 어려질 수 있다는 사실이 외국인의 시선에서는 인상적이었던 것이다. 전 세계에서 유일하게 유지됐던 '세는 나이(매년 1월 1일 모든 국민이 똑같이 1살을 더 먹는 한국식 나이 계산법)'의 폐지는 역설적으로 그간 한국 사회에서 나이가 얼마나 중요한 요소였는지를 반증한다. 한국인에게 나이는 한 사람의 상대적 지위에 영향을 미치고, 어떤 호칭과 언어 표현을 사용해야 하는지를 결정한다. 개인보다 집단이 우선시되는 집단주의 문화에서 서열은 중요하기 때문이다.

나이가 많을수록 대접받는 한국에서 흥미로운 변화가 관찰된다. 자신을 실제보다 어리게 보이고자 하고 또 스스로 그렇게 인식하는 사람들이 늘고 있다. 소위 '네버랜드 신드롬'을 앓는 사람들이 증가하고 있다. 실제로 한국청소년정책연구원에 따르면 최근 한국 청년들은 과거에 비해 성인 이행기Emerging Adulthood를 더 길게 경험하고 있다고 한다. 성인 이행기란 청소년기에서 성인기로 급격히 전환하는 게 아니라 교육과 훈련을 받으며 안정된 직업을 위해 탐색하는 시기를 뜻한다. "얼마나 자주 성인이 됐다고 느끼는가?"에 대한 질문에 '자주 느낌', '항상 느낌'이 절반을 넘기는 지점은 만 28세(1994년생) 정도라고 설명했다.[1] 주관적인 성인 인식이 지연되고 있는 것이다.

사람들이 인식하는 자기 나이가 어려지면서, 산업 현장도 변화하고 있다. 기업이 나이를 기준으로 시장을 초점화하는 '타깃팅targeting'이 바뀌어야 하기 때문이다. 다시 말해서 그간 집중하지 않았던 새로운 연령 집단이 중요해지기도 하고, 다른 연령대의 소비자가 좋아할 법한 제품이나 서비스를 추종할 수도 있으며, 기존의 나이로 구획된 타깃 명명 기법이 퇴색되기도 한다. 소비자들이 실제 연령보다 젊은 '인지 연령'에 초점을 두게 되면서, 2023년의 소비트렌드는 예전과 다른 모습을 보였다. 새로운 소비자 집단의 부각을 '어린이', '어른이', '신중년'을 중심으로 살펴보자.

TREND KEYWORD 2023 　　네버랜드 신드롬

한국 사회에서 나이보다 어리게 사는 것이 하나의 미덕이 되고 있다. 영원히 아이의 모습으로 사는 피터팬과 그 친구들이 사는 곳, '네버랜드'처럼 우리 사회에도 나이 들기를 거부하는 피터팬들이 점점 많아지고 있다.

『트렌드 코리아 2023』, pp. 380~403

시장을 새롭게 한 '어린이'

새로운 수요 창출의 주역, 알파세대

'알파세대'가 전반적인 불경기 속에서도 중요한 소비자로 부상하고 있다. 고물가로 소비가 위축됐던 시기임에도 불구하고, 유·아동 시장은 선전했다. 백화점의 경우, 2023년 상반기 전체 매출 성장률은 한 자릿수에 그쳤었지만, 유·아동 부문의 실적은 예외였다. 현대백화점의 2023년 1~4월 아동 명품 매출은 전년 대비 28.5% 증가했고, 신세계백화점도 2023년 1분기 수입 아동 브랜드 매출이 전년 대비 22.7% 늘었다. 롯데백화점 역시 명품 아동 브랜드 매출이 2023년 들어 15% 증가했다.[2] 이러한 현상은 저출산 시대의 역설이다. 아이들 수가 줄어든 만큼, 집안의 '매우 중요한 아이Very Important Baby'로 길러지고 있다.

아직 경제력은 없지만, 알파세대는 한 해 동안 소비 시장에서 큰 영향력을 행사했다. 특히 알파세대의 니즈를 잘 파악한 기업은 성장 가도를 달렸다. 용돈 생활자들에게 '가성비 맛집'으로 꾸준히 언급됐

TREND KEYWORD 2023 　알파세대

진정한 디지털 원주민 소비자가 등장하고 있다. 1995~2009년생을 일컫는 Z세대의 다음 세대, 2010년 이후에 태어나 13세 이하인, 초등학교 5학년보다 어린 '알파세대'가 바로 그 주인공이다. A가 아닌 '알파'라는 이름이 붙은 것이 의미심장하다. 단순히 Z세대의 다음 세대가 아닌 완전히 새로운 종족의 탄생을 은유한다.

『트렌드 코리아 2023』, pp. 302~329

던 다이소가 대표적이다. 모든 상품을 500원·1,000원·1,500원·2,0
00원·3,000원·5,000원 등 총 여섯 가지 저가격대로만 판매하는 전
략은 지갑이 얇은 알파세대의 지지를 받기 충분했다. 여기에서 한층
더 나아가 알파세대의 트렌드에 기반한 기획력도 돋보였다. SNS와
온라인 커뮤니티 등에서 이들에게 반응이 좋은 제품이나 유행 트렌
드를 꾸준히 추적하고 이를 기반으로 신제품 출시를 기획했던 것이
다. '폴꾸(폴라로이드 꾸미기)'와 '다꾸(다이어리 꾸미기)' 상품이 대표적
이다. 이러한 노력은 가시적인 실적으로 나타났다. 아성다이소는 지
난 2년간 매출 2조 원대, 영업이익 2,000억 원대를 유지하고 있다.
영업이익률은 2022년 기준 8.13%로 2019년 767억 원 수준에서 3년
만에 212.0% 증가했다.[3] 알파세대의 마음을 휘어잡은 기업의 대표
적인 성공 사례다.

10대들의 대표적인 성지인 편의점도 주목할 만하다. 편의점 업계
는 알파세대의 니즈를 반영한 다양한 제품이나 서비스를 기획하는
데 주력했다. 예를 들어, '편의점 의자'를 경품으로 내건 CU의 '그르
르…각'이라는 독특한 이름의 이벤트가 주목을 받았다. '그르르…
각'은 편의점 의자를 끌어당길 때 나는 소리를 표현한 것이다. 편의
점 의자에 앉으면 시간 가는 줄 모르고 속 깊은 대화를 나누게 된다
는 1020세대의 놀이 문화를 반영해 기획된 것이다. GS25 역시 초등
학생부터 대학생을 대상으로 고객 참여형 아이디어 공모전인 '제1회
천하제일 갓생대회'를 열었다. 편의점 상상화(초등부), 편의점 숏폼 제
작(중고등부), 편의점 상품 및 마케팅 기획(대학생부)으로 나눠 개최된
행사에 700개 팀이 지원했다.[4] 모두 새로운 소비자로 떠오른 알파세

대에 친근하게 다가가기 위한 노력의 일환이었다.

디지털 원주민들을 위한 세상

2023년 7월, 네이버의 자회사인 사진 보정 앱 '스노우'에 접속 인원이 몰려 시스템 오류가 발생했다. 스노우의 'AI 프로필 서비스'를 이용하려는 사용자가 많아서 벌어진 일이었다. AI 프로필 서비스는 이용자가 본인의 얼굴 사진을 10~20장 입력하면 AI가 다양한 스타일의 프로필 사진 30장을 한꺼번에 만들어주는 서비스로, 3,300원을 결제하면 24시간, 6,600원을 결제하면 약 1시간 안에 AI가 생성한 근사한 프로필 사진을 받아볼 수 있다. 기성세대들은 별로 쓸데도 없는 사진에 돈을 쓰는 것이 이해가 되지 않는다는 반응을 보이기도 했지만, 이 AI 서비스에 1020 소비자들은 열광했다. 실제로 해당 서비스 이용자 중 약 60%는 10~29세로 집계됐다고 한다.[5]

AI 프로필 서비스의 쏠림 현상은 알파세대의 세대적 특성에 기인한다. 실제로 정보통신정책연구원KISDI의 분석에 따르면, 지난 1년간 유료 앱 구입경험과 앱 내 아이템·확장 기능 구입경험에 관한 질문에 알파세대는 각각 5.8%, 15.3%가 구입해본 적이 있다고 응답했다. 이는 Z세대(각각 1.0%, 0.5%)에 비해 월등히 높은 수치다.[6]

금융권에서도 디지털 원주민인 알파세대를 신소비자로 잡기 위한 각축전이 벌어졌다. 특히 인터넷뱅킹 서비스에서 두드러졌다. 카카오뱅크는 기존에는 만 14~18세였던 '카카오뱅크 미니mini'의 가입 연령을 2023년 8월부터 만 7~18세로 확대했다. 카카오뱅크 미니는 선불 충전 방식의 체크카드를 발급받을 수 있게 해 원하는 한도 내에서 결제는 물론이고 자동화기기ATM 출금, 자동 이체도 가능한 서비스다. 금융 서비스를 넘어, 카카오뱅크 미니가 제공하는 알파세대 생활 맞춤용 서비스도 인상적이다. 바로 '미니 생활' 서비스로, 10대인 소비자가 쉽게 일상을 기록할 수 있도록 도움을 준다. '우리학교 급식표/시간표' 서비스를 통해 학교, 학년, 반 정보를 입력하면 자동으로 급식표와 시간표를 확인할 수 있다. 경쟁사 토스는 그보다 앞서 알파세대를 공략해왔다. 토스의 선불카드인 '유스카드USS Card'는 누적 발급량 100만 장을 넘어섰다. 이는 지난 2021년 12월 출시 이후 단 1년 4개월 만의 성과로, 2023년 7월 기준 누적 발급량은 총 130만 장에 달한다. 유스카드 사용자의 증가로, 토스의 틴즈teens 가입자(만 7~18세 이하의 사용자)는 2023년 6월에 200만 명을 돌파했다.[7]

교육 업계에서도 알파세대가 주요 타깃으로 떠올랐다. AI 기술에 힘입은 맞춤식 교육은 에듀테크 시장의 핵심 키워드였다. 스타트업 아티피셜소사이어티는 국어와 영어 교육에 생성형 AI를 접목했다. 글 주제와 난이도를 입력하면 자동으로 지문을 만들어주고, AI가 학습자의 시선을 추적함으로써 문해력 수준을 진단해주는 기술을 통해

출처: 카카오뱅크, 비바리퍼블리카

▲▲▲ '엄빠 카드'가 아닌 '내 카드'를 긁는 10대가 늘어나고 있다. 각종 핀테크 기업들은 미래 소비를 이끌 신규 고객을 확보하기 위해 다양한 서비스를 내놓고 있다.

개인화된 학습 콘텐츠를 제공한다. 수학 문제 풀이 앱 '콴다QANDA'의 운영사인 매스프레소는 스마트폰 카메라로 문제를 촬영하면 AI가 풀이법을 찾아주는 기능으로 글로벌 가입자 8,000만 명을 끌어모았다. 또 다른 에듀테크 기업 클라썸은 AI가 학생의 질문에 맞는 답변을 제시하고, 이를 기반으로 맞춤형 수업 콘텐츠를 제공하는 기능을 무기로 내세웠다.[8] 모두 AI를 앞세워 알파세대 학습자의 개인별 환경을 최적화하는 데 기술적 진보를 이뤄낸 사례다.

알파세대라면 이제 학습을 넘어 입학 컨설팅도 AI를 통해 진행한다. 교육 기업 대교그룹의 자회사 노리코리아가 마련한 온라인 컨설팅 프로그램 '브릿지 프로젝트'가 대표적이다. 강남 대치동의 유명 입시 전문가와 협업해 최근 3년간 축적된 30만 건의 입시 데이터를 기반으로 개인별 맞춤형 공부 로드맵을 설계해주는 서비스다. 일대일 상담으로 이뤄지는 '공부시작 컨설팅'은 진단 결과를 토대로 전문 컨설턴트와 50분 동안 라이브로 상담하며 맞춤 학습법과 목표 설정 등을 제공한다.[9] AI 기술을 등에 업고 나날이 발전하고 있는 에듀테크의 단면이다.

유행을 되돌린 '어른이'

/

성공한 어른의 플렉스

"어른이 됐다는 건, 구슬 아이스크림을 사달라고 조르지 않아도 된다는 것"

온라인에서 화제가 됐던 밈 중 하나다. 어릴 적 부모님께 구슬 아이스크림을 사달라고 떼쓰던 어린아이가 이제 부모님 손을 벌리지 않고 자기 돈으로 사서 먹는 것은 '어른의 플렉스'다. 어린 시절 마음껏 먹거나 구매할 수 없었던 간식이나 장난감을 산 뒤 이를 SNS에 올려 자랑하는 이들이 늘고 있다. 이들은 성인이 됐어도 어린이가 좋아할 법한 제품이나 서비스를 구매하며 행복해하는 '어른이(어른+어린이)'들이다. 어른이들은 지난 한 해 동안 다양한 시장에서 소비 유행을 선도했다.

어른이들이 이끈 시장의 모습은 다채로웠다. 먼저 구슬 아이스크림처럼 아이들이 주로 구매할 법한 품목을 어른들이 적극적으로 소비하는 경우가 돋보였다. 대표적인 예가 과자다. 실제로 아이들만을 위한 과자보다 어른들을 타깃으로 한 과자가 더 주목받았던 한 해였다. 코로나19 이후 '홈술' 문화의 확대로 안주용 과자를 찾는 수요가 급증하며 '어른용 과자' 신제품 경쟁에 불이 붙었다. 농심의 '먹태깡'은 2023년 6월 출시돼 여전히 큰 인기를 끌고 있는 대표적인 어른 과자로, 출시 후 9주간 누적 424만 봉이 팔렸다. '노가리칩'의 인기도 상당했다. 이는 롯데웰푸드가 1999년 출시한 '오잉' 시리즈의 일곱

◀◀◀ 일명 '어른 과자'가 인기다. 단맛보다는 짭짤한 맛의 과자들이 안주용으로 어른이들에게 큰 사랑을 받으며 품절 사태를 빚고 있다.

번째 제품으로 청양마요맛을 첨가한 제품이다. 롯데웰푸드 온라인몰(스위트몰)에서 소량으로 신제품 사전 예약판매를 했는데, 시작한 지 1시간도 안 돼 준비한 물량이 모두 소진됐다고 한다.[10]

어른이들의 또 다른 2023년 잇템it-item은 '키링'이었다. 대체로 아이들이 좋아할 법한 인형 모양의 키링을 2030 소비자들이 경쟁적으로 구매했다. 키워드 분석 사이트 블랙키위에 따르면 네이버를 기준으로 '키링' 키워드의 2023년 5월 한 달 검색량은 12만 건에 달했다. 이는 전월 대비 10.15%, 전년 동기 대비 36.2% 늘어난 수치다. 심지어 희귀한 키링은 중고 마켓에서 웃돈으로 사고 팔렸다. 리셀 거래 플랫폼 크림에서 2022년 초에 발매된 포켓몬 키링은 정가에서 912%나 프리미엄이 붙은 가격인 44만9,000원에 거래되기도 했다. 최근 큰 인기를 얻고 있는 브랜드 모남희monamhee의 '블핑이' 인형 키링도 원래는 3만8,000원에 발매됐지만 2023년 9월 기준 리셀가는 10만 4,000원으로 약 3배 가까이 올랐다. 2022년 하반기 편의점 3사에서 출시한 캐릭터 키링(포켓몬 키링 젤리, 짱구 키링 젤리, 산리오 서프라이즈 마이키링)은 오픈런까지 일으킬 정도로 큰 인기를 끌었으며, 2023년 1월 기준으로 누적 판매량 1,000만 개를 돌파하기도 했다.[11] 어른이들의 소소하지만 확실한 플렉스는 이렇게 이루어졌다.

세기말의 유행을 되돌리다

새로운 복고라는 의미의 '뉴트로'는 이제 일시적 유행을 넘어 소비문화로 자리 잡고 있다. 특히 지난 한 해는 복고 수준을 넘어 세기말이 다시 한번 재현되는 수준이었다. 소비 지형에서 큰 축을 차지하는 어른이들의 과거에 대한 향수가 유행의 시계를 되돌렸다. 실제로 중고 거래 앱 번개장터가 발표한 자료도 이와 비슷하다. 2023년 상반기 '레트로' 검색량은 전년 동기 대비 18% 증가했으며, 'Y2K' 검색 증가량은 487% 늘었다.[12]

'그때 그 시절' 자동차도 어렵지 않게 도로 위에서 볼 수 있었던 한 해였다. 완성차 업계에도 복고 바람이 불었다. 부모님 세대가 몰던 '올드카'가 요즘 소비자들 사이에서 입소문을 타며 인기를 끌었던 것이다. 그중에서도 '갤로퍼'가 특히 인기 차종으로, 인스타그램에 '#갤로퍼'가 태그된 게시글은 2023년 9월 현재 3만5천여 개 이상이다. 중고차 거래 플랫폼 엔카닷컴에 따르면 2023년 상반기 신규 등록된 1980~1990년대 생산 올드카 중 가장 많은 매물이 등록된 차량은 현대자동차 갤로퍼였다고 한다. 국산 차 최초의 독자 생산 모델인 '포니'도 1980~1990년식 매물 등록 상위권에 오르며 꾸준히 중고차 거래가 이뤄졌다.[13] 직접 자신의 목적에 맞게 중고차를 복원하면 그 차는 세상에서 유일한 희소 아이템이 된다. 그와 동시에 그 시절의 감성을 고스란히 느낄 수 있다는 이유로 많은 사람들이 올드카에 빠져

TREND KEYWORD 2019 **뉴트로**

복고는 수시로 등장했다가 사라지는 트렌드지만, 이번 복고는 중장년층이 아닌 1020세대를 공략하는 새로운 복고라는 점에서 차별화된다. 돌아온 복고 레트로가 아니라, 새로운 복고 뉴트로라 명명한다. 뉴트로는 과거를 모르는 1020세대들에게 옛것에서 찾은 신선함으로 승부한다.

『트렌드 코리아 2019』, pp. 241~264

들었다.

의류도 빠질 수 없다. 신세계 인터내셔날이 수입·판매하는 '디스퀘어드2DSQUARED2'는 1980년대 오락실을 점령한 아케이드 게임 '팩맨'과 협업한 컬렉션을 출시했다. 남녀 티셔츠, 데님 재킷, 지퍼형 후드티, 청바지 등 일곱 가지 스타일로 구성됐다. 노란 팩맨 캐릭터를 비롯해 분홍·빨강·파랑 등 다채로운 색상을 지닌 유령 캐릭터, 과일 그래픽 등을 디자인에 녹여 1980년대 오락실 좀 다녀본 소비자를 제대로 겨냥했다. 중고 패션 플랫폼 콜렉티브에 따르면, 2023년 가장 많이 검색된 브랜드는 Y2K 대표 주자 '디젤Diesel'이다. 디젤·자크뮈스JACQUEMUS·헤레우HEREU·바이파BY FAR 등은 최근 연예인들이 착용하며 인기를 얻었던 대표적인 Y2K 스타일의 해외 패션 브랜드다 ('10대 트렌드 상품' 참조).

시간을 거스른 '신중년'

건강한 워킹 시니어의 등장

세월을 거스른 새로운 노년층인 '신중년'이 소비의 최전선에 등장했다. 이들은 기존 통념상 인식됐던 노인의 모습과는 상당히 다르다. '꼬부랑 할머니'는 이제 옛말이다. 실제로 2023년 6월 산업통상자원부 국가기술표준원이 발표한 한국인 고령 인구 인체 치수 조사 결과에 따르면, 20년 새 우리나라 고령층은 남성과 여성의 평균 키가 각각 2.9센티미터, 2.7센티미터 커진 것으로 나타났다. 체격이 좋아진 것 외에도 허리와 등이 곧은 '바른 체형'이 증가한 것으로 나타났다. 3차원 스캐너로 확인한 인체 형상 데이터를 보면 상반신 길이 비율을 나타내는 '앉은키 비율(앉은키를 키로 나눈 값)'이 증가했으며, 허리가 굽지 않고 바로 선 비율이 83.4%로 가장 높게 나타났다.[14] 그 누구보다 건강한 체격의 노년층이 나타난 셈이다.

신체 건강한 신중년들은 대체로 현업에서 일하고 있다. 통계청의 '2023년 3월 고용동향'을 보면 2022년 60세 이상 취업자는 585만 8,000명으로, 관련 통계가 작성되기 시작한 1963년 이래 가장 많은 것으로 집계됐다. 또 전체 취업자 중 60세 이상 비중은 20.9%로 확인됐다. 대한민국에서 일하는 사람 5명 중 1명 이상은 60세 이상일 정도로 이른바 '워킹 시니어Working Senior'가 일반화됐다는 의미다.[15] 정규직뿐만 아니라, 아르바이트 시장에서도 동일한 현상이 감지된다. 2023년 상반기 알바몬에 등록된 50대 이상 알바생 이력서가 2022년 동기 대비 69.9% 증가한 것으로 나타났다. 이는 알바몬 전체 이력서 증가율인 31.4%에 비해서도 약 2배 이상 높은 수준으로, 시니어 알바생 증가가 두드러짐을 나타낸다.[16]

상황이 이렇다 보니, 정부는 이들의 근로를 적극 지원하고 있다. 가령 정부가 운영하는 '시니어인턴십' 사업은 만 60세 이상 시니어들에게 일할 기회를 제공하고, 기업에게는 인건비를 지원해 신규 및 계속 고용을 촉진하고자 기획된 사업이다. 또 경기도 공모 사업으로 선정돼 시와 GS리테일이 함께 추진하는 '경기-GS시니어 동행 편의점'은 청장년과 어르신이 함께 근무하는 새로운 세대 통합형 일자리 창출 사업 모델이다.

새로운 비즈니스의 큰손

시니어는 이제 소비 지형을 바꿀 수 있는 '게임체인저game changer'다. 최근 2년 동안 소비 시장의 큰손으로 떠오른 세대가 바로 이들이기 때문이다. 2023년 5월 KB국민카드가 2,000만 명의 신용 및 체크카드 이용 데이터를 중심으로 분석한 결과, 다양한 영역에서 시니어들의 매출액 증가율이 2040세대를 앞섰던 것으로 나타났다. 오프라인 주요 업종 및 온라인과 배달 앱 업종에서 50세 이상 시니어의 전년 대비 2022년 매출액 증가율은 17%로 2040세대의 11% 대비 6%p 높았고, 특히 65~69세의 매출액 증가율은 23%, 70세 이상은 25%로 연령대가 높아질수록 매출 증가가 높게 나타났다. 50세 이상에서 온라인 쇼핑몰 매출액 증가율은 38%, 배달 앱 매출액 증가율은 37%로 2040세대 대비 각각 25%p, 30%p 높게 나타나, 시니어 세대가 온라인을 적극적으로 수용하고 있음을 확인할 수 있다.[17]

소비지출 여력이 높은 신중년을 타깃으로 하는 기업은 점점 늘고 있다. 학생들의 학습 방송에 특화되어 있던 EBS도 변화를 꾀했다. 2023년 4월 방송을 시작한 〈EBS 평생학교〉는 5080세대에게 유용한 정보를 제공하는 강의 형식의 방송 프로그램으로 매주 건강 심성, 레저 생활 스포츠, 생활 문화 예술, 기능적 소양 등 일곱 가지 영역의 강의를 선보이고 있다. 시니어의 정신적 성장을 지원하는 방향으로 진일보한 사례다.

여가 시장에서도 신중년의 영향력은 커졌다. 특히 이들이 즐기는 '파크골프'에 대한 관심이 높아졌다. 파크골프는 이름 그대로 '공원'에서 즐기는 '골프'다. 홀 간격이 100미터 이내로 골프보다 짧아 미니 골프라고도 할 수 있다. 경기 방식은 골프와 마찬가지로 코스를 돌며 최대한 적은 타수로 공을 홀에 넣으면 된다. 일반 골프보다 난이도가 낮고 비교적 가볍게 참가할 수 있어, 시니어에게 경제적·정신적·신체적으로 적합한 운동으로 꼽히면서 이를 즐기는 시니어의 수가 전국적으로 대폭 증가했다. 대한체육회 산하 '대한파크골프협회'의 전국 회원 수는 2022년 12월 기준 10만 6,505명이다. 회원 수가 3만 7,630명이었던 2019년도와 비교하면 3년 사이 183% 늘었다.[18]

문화생활에도 이들은 누구보다 진심이었다. KB국민카드가 가요 콘서트 부문의 신용·체크카드 온라인 티켓 결제 데이터를 분석한 결과에 따르면, 2023년 상반기 가요 콘서트 온라인 티켓 매출액과 이용 회원 수는 지난해 같은 기간보다 각각 34%, 40% 증가한 것에 반해, 트로트 콘서트 티켓의 경우 각각 134%, 91% 늘어 아이돌이나 일반 가요 콘서트 티켓 매출액 대비 증가 폭이 컸다. 트로트 콘서트 티켓의 매출 건수 비중은 30대 32%, 40대 25%, 50대 이상 시니어 세대가 27%로 나타났다. 트로트 콘서트 티켓의 건당 결제 금액은 30대가 22만 원으로 가장 높았는데, 부모님을 위해 콘서트 티켓을 구매하는 사례도 많을 것으로 추정되는 만큼, 50대 이상 시니어들의 티켓 구매 열기가 얼마나 뜨거운지 간접적으로 확인할 수 있다.[19] 시니어는 이제 온라인 쇼핑·교육·여가·문화 시장을 좌지우지하는 파급력이 센 소비자 집단으로 거듭난 셈이다.

향후 전망

그동안 상대적으로 주목받지 못했던 소비자 집단이 새롭게 떠올랐던 한 해였다. 이들은 고물가로 침체를 겪었던 시장에 신수요를 창출하며 활력을 불어넣었다. 너무 어리다는 이유로, 혹은 철이 없다는 이유로, 또 고루해졌다는 이유로 소외됐던 이들이 소비의 주역으로 새롭게 부상했다.

그럼에도 불구하고 여전히 갈 길은 멀다. 먼저 '디지털 전환DT'이라는 거대한 흐름 속에서 어린이와 노인에 대한 섬세한 배려가 더 필요하다. 세상을 스펀지처럼 받아들이고 학습해야 할 알파세대에게 '모든 것이 디지털'인 학습 환경이 도움이 되는지를 재고해야 한다. 인지심리학자 매리언 울프Maryanne Wolf는 저서 『다시, 책으로』에서 종이책을 읽을 때와 디지털 매체를 읽을 때 인간이 뇌를 사용하는 방식이 완전히 다르다고 지적한 바 있다. 종이 인쇄물을 읽을 때 인간은 '깊이 있는' 뇌의 회로를 사용하는 반면, 디지털 매체를 읽을 때는 '훑어보기' 식의 회로를 사용한다.[20] 각각의 읽기 방식 모두 나름의 장점을 지니고는 있지만, 디지털 읽기 방식에 치중될 때 균형 잡힌 사고의 기회를 놓칠 수 있다는 것이다. 태어나면서부터 스마트폰과 태블릿 등 전자 기기에 익숙하고 오히려 종이 매체와의 거리가 멀어진 알파세대에게 특히 더 '아날로그 역량'이 중요해지고 있다('호모 프롬프트' 참조).

둘째, 신중년들의 높아진 '디지털 리터러시literacy'에도 불구하고 고령층의 디지털 소외는 여전히 사회적 문제로 남아있다. '2021년 서울시민 디지털 역량 실태조사' 결과에 따르면, 55세 미만의 94.1%가 키오스크 이용경험이 있는 반면, 65~74세는 29.4%, 75세 이상은 13.8%로 연령이 높을수록 키오스크 이용경험이 급격하게 적어졌다.[21] 특히 기본적인 의식주를 해결하는 현장이 디지털화되면서, 이들이 마주하게 될 장벽은 단순한 일상의 불편함을 넘어 사회적 배제로도 이어질 수 있다는 점을 기억해야 한다.

이종 집단의 연결은 궁극적으로 사회적 가치를 확장한다. 집단을 구분하기보다, 우리는 서로가 연결될 때 더욱 의미 있는 가치를 창출할 수 있다. 특히 가족의 경계를 넘어 사회적으로 서로를 돌본다는 것의 개념이 확장되는 시대를 살고 있기 때문이다('돌봄경제' 참조). 2020년 3월 미국에서 서비스를 시작한 '엘더라eldera'라는 플랫폼이 하나의 사례가 될 수 있다. 어르신들의 시대era of the elders라는 뜻을 가진 엘더라는 전 세계의 5~18세 어린 세대들이 60세 이상의 시니어 멘토와 일대일로 연결되는 버추얼 빌리지다. 이 플랫폼의 이론적 기초를 제공한 컬럼비아 공중보건대학 린다 프리드Linda Fried 박사에 의하면, 세대를 연결하는 것은 어린이와 나이 든 어른들에게 모두 긍정적 영향을 미친다.[22] 우리는 구별되기보다, 연결될 때 더 큰 가치를 만든다. 미성숙 혹은 노년이라는 편견에 함몰되지 않고, 이 새로운 소비자에 대한 관심과 연결에 힘을 쏟아야 할 때다.

리오프닝 이후의 공간 전략

"이제 사람들은 물건을 사러 가지 않는다. 간 김에 물건도 사는 것이다."[1]

2023년은 일상으로의 복귀가 본격적으로 시작된 한 해였다. 코로나19라는 긴 터널을 지나면서 소비자들의 삶의 축은 온라인으로 빠르게 이동했고, 이후 온라인의 공세 속에서 오프라인이 얼마나 빨리 회복될 것인가에 관심이 쏠렸다. 2023년 한 해를 돌아보면 오프라인 공간은 생각보다 빠르게 회복됐다. 다만 구매 채널로서가 아니라 브랜드를 경험하는 '놀이터'로서 역할이 바뀌었던 한 해였다.

온라인으로 대체될 수 없는 오프라인만의 경험을 제공하기 위해 리테일은 달라졌다. 전통적인 유통업뿐만 아니라 박물관과 같은 공공 공간에서도 팬데믹 기간 동안 외출할 수 없었던 고객을 다시 불러들이기 위해 분주했다. 온라인을 기반으로 하던 모바일 커머스도 오프라인으로 진출하면서 오프라인 경쟁이 더욱 치열했다. 온·오프라인의 경계를 넘어 소비자경험을 확장하려는 시도가 다방면에서 관찰됐다.

공간의 변화는 데이터로도 관찰된다. 코난테크놀로지에 따르면,

'핫플레이스/핫플' 연관어 변화 비교

순위	2020.10~2021.09		2021.10~2022.09		2022.10~2023.06	
	연관어	언급량	연관어	언급량	연관어	언급량
1	분위기	104,253	분위기	166,907	분위기	234,465
2	인테리어	99,008	인테리어	123,024	인테리어	147,866
3	코로나	83,002	감성	107,046	감성	119,924
4	인스타	81,751	인스타	91,827	기억	101,744
5	감성	54,375	힐링	68,962	취향	75,677
6	서비스	53,071	제주	57,388	호텔	67,641
7	제주	52,957	골목	44,511	경험	56,740
8	파스타	43,274	호텔	41,750	골목	44,666
9	의자	43,096	투어	40,039	시그니처	44,017
10	가성비	42,245	한국	37,113	여행	43,355
11	베이커리	37,642	브레이크타임	31,943	제주	41,668
12	사진찍기	33,971	사진찍기	28,545	대구	40,076
13	브런치	27,126	여행지	27,264	일본	33,673
14	드라이브	23,850	볼거리	22,690	컨셉	33,415
15	크로플	23,335	경주	21,903	성수동	22,795
16	공원	22,953	도넛	21,093	하우스도산	19,451
17	인증샷	20,876	성수동	21,014	유럽	17,723
18	경주	20,019	컨셉	20,279	수원	16,466
19	방역	17,541	크로플	19,698	팝업스토어	15,786
20	가격대	16,677	비치	17,883	이국적	14,942
21	캠핑	15,662	수원	17,448	더현대	12,822
22	홍대	15,297	이국적	16,808	울산	12,750
23	성수	15,284	전망	16,397	압구정	12,189
24	행사	15,034	강릉	14,476	서울숲	11,911
25	거리두기	14,888	이태원	14,048	프랑스	10,715
26	이국적	13,451	압구정	13,383	쇼룸	10,675
27	유튜브	13,174	서울숲	12,532	용리단길	10,374
28	빵집	13,082	유럽	11,294	전시회	10,346
29	연남동	11,475	한남동	10,290	해외여행	8,941
30	강릉	11,416	더현대	9,914	신세계백화점	8,786

2020년에 비해 2023년 '핫플레이스/핫플' 연관 검색어에 '팝업스토어', '쇼룸' 등 소비자들의 경험을 강조하는 키워드가 새롭게 등장한 것으로 나타났다. 오프라인 매장의 역할이 판매에서 체험으로 바뀌고 있다는 뜻이다. 『트렌드 코리아 2023』에서는 사람을 머물게 하는 공간의 힘을 **'공간력'**으로 정의한 바 있다. 리오프닝이 본격화된 2023년, 공간은 어떻게 사람들을 불러 모았을까? 공간 전략의 다양한 변화를 살펴보고 향후 우리가 지향해야 할 방향을 예측해보자.

전략 1: 지루할 틈이 없는 콘텐츠 스트리밍 공간

바야흐로 '팝업의 시대'다. 2023년은 팝업스토어가 폭발적으로 성장한 한 해였다. 팝업스토어란 짧게는 며칠에서 최대 한두 달 정도 단기간 운영되는 오프라인 매장으로, 주로 패션·유통·식품 업계에서 주력 상품을 출시하거나 브랜드경험을 제고하기 위한 목적으로 사용된다. 국내에서는 2009년 무렵부터 확산되기 시작했는데, 2023년에는 여행·금융·엔터테인먼트 기업뿐만 아니라 웹툰·영화·아이

TREND KEYWORD 2023 공간력

사람을 머물게 하는 공간의 힘을 가리키는 말로 ① 공간 자체의 힘으로 사람을 끌어당기는 '인력引力', ② 가상의 공간과 연계되어 효율성을 강화하는 '연계력', ③ 메타버스와의 융합을 통해 그 지평을 넓히는 '확장력'의 세 가지로 구분된다.

『트렌드 코리아 2023』, pp. 352~379

돌 가수 등 영역의 구분 없이 팝업스토어가 하나의 관문으로 통했다 ('10대 트렌드 상품' 참조).

팝업스토어의 인기는 통계로도 확인된다. 2023년 5월 대학내일의 MZ세대 트렌드 분석 서비스인 캐릿이 진행한 설문조사에 따르면 Z세대의 97.2%가 팝업스토어를 방문한 경험이 있는 것으로 나타났다. 이중 81.6%는 "방문 후 브랜드 이미지가 긍정적으로 인식됐다"고 응답했고 52.7%는 "팝업스토어 방문 이후에도 해당 브랜드의 제품을 이용할 것"이라고 답하기도 했다.[2] 이노션 인사이트그룹에 따르면 2021~2022년 사이 팝업스토어에 대한 연령대별 검색량은 20~24세가 가장 많았는데, 이들은 팝업스토어와 함께 사진·공간·카페·경험·전시·포토존 등의 단어를 언급한 것으로 나타났다. 과거 팝업스토어가 '특정 기간 동안 제품을 판매하는 임시 매장'의 개념이었다면, 이제는 '한정된 기간 동안 특별한 브랜드경험을 제공하는 공간'으로 그 의미가 확장된 셈이다.[3]

"말은 제주로 보내고 팝업은 성수에 연다"는 말이 있다.[4] '한국의 브루클린'이라 불리는 성수동은 브랜드들이 팝업을 열기 위해 몰려드는 격전지로 자리 잡았다. '팝업 핫플'로 불리는 연무장길에서는 세 집 건너 한 집이 팝업이라는 말이 나올 정도. 성수동을 거쳐 간 브랜드들은 다 열거하기 어려울 만큼 그 업과 장르가 다양하다. 팝업스토어에 담기는 콘텐츠도 예술 작품 전시·워크숍·원데이클래스·공연 등 체험 콘텐츠로 진화해나갔다.

'더현대 서울'도 팝업스토어의 성지로 자리 잡았다. 더현대 서울은 2021년 2월 개점 이후로 2023년 2월까지 약 2년 동안 321개의 팝업스토어를 열며 사람들을 불러 모았다. 모든 팝업스토어의 운영 기간을 단순 계산으로 더하면 총 6,239일로, 17여 년에 달한다. 더현대 서울에서 진행한 팝업스토어에 방문한 고객들은 약 460만 명으로 서울 시민 2명 중 1명은 방문한 셈이다. 오프라인에서 구축한 공간의 힘은 온라인의 관심으로 이어졌다. 개점 이후 첫 달 1만4,000여 개였던 더현대 서울 및 팝업과 관련된 해시태그는 2021년 첫 해 33만 8,000개로 폭증한 데 이어 2022년에는 39만여 개로 늘어났다. 누적 해시태그 수는 73만 개를 훌쩍 넘겼다.[5]

팝업스토어로 증명한 성과는 백화점의 공간 구성에도 영향을 미쳤다. 기존의 팝업이 유휴 공간에서 하는 이벤트적 성격이었다면, 2023년의 팝업은 백화점에서 가장 좋은 위치를 차지했다. 약 1,000여명이 오픈런을 위해 줄을 선 〈더 퍼스트 슬램덩크〉 팝업스토어의 경우 지하 2층에 있는 일명 '아이코닉 팝업존' 자리에 배치됐는데, 해당 자리는 여의도역 지하철 5호선과 9호선의 연결 통로에서 백화점으로 들어올 때 제일 먼저 마주치는 곳으로, 유동 인구가 가장 많은 장소였다. 신세계백화점 역시 백화점의 얼굴이라 할 수 있는 1층 입구 일부를 팝업 공간 '더 스테이지'로 만들었다. 해당 공간에서는 샤넬·로저 비비에Roger Vivier·루이 비통 등 다양한 명품 브랜드와 협업한 단독 상품을 선보였다.

더 나아가 2023년에는 팝업의 주제가 더욱 다양해졌다. 특히 웹툰이나 웹소설의 지식재산권IP을 활용한 팝업스토어가 유통가에서 잇따라 좋은 성적을 거뒀다. 자신이 좋아하는 분야에 아낌없이 투자하고 몰입하는 디깅모멘텀을 즐기는 소비자들이 많아졌다는 증거다

('관계의 재해석' 참조). 일례로 웹소설 〈데뷔 못 하면 죽는 병 걸림(이하 데못죽)〉의 팝업스토어는 역대급 인기로 업계의 이슈가 된 바 있다. 오픈런에만 2,000명이 모였으며, 오픈 후 일주일간 누적 방문객은 1만여 명을 돌파했고, 1인당 평균 구매 금액도 50만 원으로 기대 이상의 성과를 보였다. 〈데못죽〉은 2021년 카카오페이지에서 서비스를 시작한 웹소설로, 2023년 9월 현재 누적 조회 수는 4억9,000만 회를 돌파했으며, 폭발적인 흥행으로 '활자돌(활자 아이돌)'이란 신조어를 만들어내기도 했다.[6]

팝업스토어에서 자사 제품을 판매하는 '스토어'의 역할을 뺀 체험 공간으로의 변화도 관찰된 한 해였다. 자사의 업과 전혀 관련이 없는 제품을 판매하거나 매장이지만 제품을 팔지 않는 오프라인 공간이 등장했다. '침대 없는 팝업스토어'라는 컨셉으로 시장에 신선한 바람을 불러일으킨 시몬스가 좋은 사례다. 성수동에서 선보인 '시몬스 하드웨어 스토어'를 시작으로 청담의 골목을 핫플로 만든 '시몬스 그로서리 스토어'까지 침대와 일견 상관없어 보이는 접시·문구류·쌀 등을 팔았는데 완판 행렬을 이어갈 정도로 소비자들의 주목을 받았다. 본업인 '침대'와는 직접적 관련이 없지만 생활 밀착형 프로젝트로 소비자와의 접점을 확대해나갔다.

MZ세대와의 소통을 강조하는 LG의 행보도 이슈였다. 2022년 10월 뉴트로 컨셉의 체험용 팝업스토어 '금성오락실'을 성공적으로 운영한 경험을 바탕으로 2022년 12월에는 경동시장에 1,200제곱미터 규모의 복합문화공간 '금성전파사 새로고침센터'를 오픈했다. LG전자가 최초로 선보인 흑백 TV부터 냉장고, 세탁기 등을 전시해 MZ

출처: LG전자

▲▲▲　환갑이 넘은 폐극장이 MZ세대의 놀이터가 됐다. LG전자의 '금성전파사 새로고침센터'는 레트로 공간과 이를 운영하는 '금성아저씨'의 캐릭터가 녹아든 독특한 스토리와 세계관이 돋보이는 팝업스토어.

세대의 레트로(복고) 취향을 공략했다. 또한 LG 그램 노트북을 가져올 경우 노트북 스킨을 선물로 준다거나 옷과 신발을 가져오면 스타일러 급속 20분 코스 기능을 체험할 수 있는 프로그램을 운영했다.[7] 직접적으로 제품을 판매하지는 않지만 MZ세대의 놀이터를 자처함으로써 '찐팬'을 만들겠다는 전략인 셈이다.

전략 2: 몰입 경험을 제공하는 특화 공간

온라인에서 대체할 수 없는 특별한 공간에 대한 니즈가 커지면서 2023년 기업들은 특화 공간 만들기에 분주했다. 대표적으로 F&B 업계의 컨셉 전략이 눈에 띄었다. 먹거리를 판매하는 데서 나아가 명소

名所를 만듦으로써 소비자가 매장에 올 수밖에 없는 이유를 제공하고자 했다. 뚜렷한 컨셉을 내세운 공간이나 브랜드 경험을 담은 특화 매장이 많아지면서 오프라인 경험이 다채로워졌다.

일례로 2023년 8월 스타벅스는 여수에 '더여수돌산DT점'을 오픈했다. 더여수돌산DT점은 지상 1~2층 및 루프탑을 포함해 총 290여 석 규모로, 여수의 유명 관광지인 만성리 검은모래해변, 하멜등대를 비롯해 동백꽃, 밤바다 등 여수를 상징하는 요소들을 인테리어에 반영했다. 스타벅스는 2020년 '더양평DTR점'을 시작으로 '더북한강R점', '더북한산점' 등 다양한 특화 매장을 잇달아 선보이고 있다. 지역의 특색을 매장에 구현함으로써 커피를 마시는 시간에 풍부한 공간 경험을 덧입힌다는 평가를 받았다. 스타벅스의 네 번째 특화 매장인 더여수돌산DT점은 오픈 후 한 달간 하루 평균 방문객 수 2,500여 명을 기록할 만큼 여수 관광의 명소로 떠올랐다.[8]

스타벅스가 해당 지역의 맥락을 매장에 담아 몰입감을 극대화했다면, 교촌은 보다 우회적으로 브랜드 경험을 제공하는 시도를 했다. 이태원역 근처에 자리한 교촌의 플래그십스토어 '교촌필방'은 교촌의 차별화된 조리 방식인 '붓질'을 모티브로 꾸며졌다. 치킨을 조리할 때 소스를 붓질로 도포하는 교촌만의 정성을 공간에 구현한 셈이다. 교촌필방의 백미는 매장 안으로 이어지는 복도다. '전이 공간'이라 불리는데, 필방이라는 이름처럼 다양한 붓과 서예 도구들로 가득 차 있다.[9] 전이 공간을 지나 벽장을 밀면 새하얀 한지로 장식된 공간에 거대한 붓 오브제가 놓여있다. 무형문화재 박경수 장인이 제작한 '자개 붓'으로, 교촌이 얼마나 '붓질'이라는 컨셉에 진심인지 알 수 있는 부분이다.

전이 공간으로 몰입감을 만든 대표적인 사례는 국립중앙박물관의 '사유의 방'이다. 사유의 방은 반가사유상 두 점을 독립 공간에 상설 전시한 것으로, 전시실로 들어가는 입구를 긴 복도 형식으로 만들고 조도를 낮췄으며 벽에 은은한 '향'을 입혀 절에 입장하는 듯한 느낌을 구현했다. 『트렌드 코리아 2023』에서 '공간력'을 극대화한 성공 사례 중 하나로 언급한 바 있다. 사유의 방이 성공하면서 박물관 및 미술관의 전시 트렌드에 변화의 바람이 불고 있다. 2022년 12월 국립경주박물관은 '불교조각실'을 재개관했는데, 정면 위주의 배치 방식에서 벗어나 관람객들이 숲을 걷듯 조각 사이사이를 자유롭게 거닐며 전시품을 다각도로 감상할 수 있도록 배치한 것이 특징이다.[10] 국립고궁박물관의 '과학문화실'도 몰입 공간의 문법을 적용한 사례다. 가로 11미터, 세로 10미터의 공간에 그간 상대적으로 주목받지 못했던 '천상열차분야지도 각석'과 '복각 천상열차분야지도 각석' 두 유물만을 전시함으로써 집중도를 높였다.[11]

전통적인 오프라인 비즈니스 강자들도 특화 매장에 힘을 쏟았다. 2023년 4월 CU는 자체 캐릭터 'CU프렌즈'의 세계관을 담은 플래그십스토어 '케이행성 1호점'을 오픈했다. 케이행성 1호점은 40여 일간의 공사 기간을 거쳐 기존의 올림픽광장점을 리뉴얼한 매장이다. CU프렌즈의 캥거루 캐릭터인 '케이루'가 지구의 CU를 벤치마킹해 고향인 케이행성에 편의점을 냈다는 컨셉으로, 매장 디자인부터 물건 구성까지 일반 매장과는 사뭇 다르다.[12] 점포 중앙에 컨트롤 타워를 형상화한 원형 계산대와 즉석조리 공간을 배치하고, 대형

스크린과 홀로그램 미디어를 설치해 브랜드 소통 채널 기능을 담았다. GS25 역시 미래형 편의점을 표방하는 공간을 선보였다. 성수동에 오픈한 플래그십스토어 '도어투성수DOOR to seongsu'는 고객이 오래 머물며 즐기는 편의점을 목표로 했다. 낮에는 카페, 밤에는 펍pub 형식으로 운영되는데, 스탠딩 테이블, 소형 테이블, 외부 테라스 등 30개가량의 취식 공간을 충분히 마련하고 시간에 따라 조절할 수 있는 특수 조명을 설치했다. 소비자들의 발길을 끄는 것은 주류 디스펜서dispenser(펌프식 리필용 용기)다. 카운터에서 테이스팅 카드를 수령한 뒤, 시음하고 싶은 와인 및 맥주 종류를 고른 후에 카드 키를 대고 버튼을 누르면 다양한 주류를 체험해볼 수 있다.[13]

식품 업계에서는 제조사들이 자사 제품에 특화된 매장을 직접 운영하는 방식이 화두였다. 성수동에서 MZ세대를 대상으로 팝업스토어를 열던 방식에서 나아가 오프라인 매장을 직접 운영하기 시작한 것이다. 제조사들의 오프라인 공간은 판매처·마케팅 채널·팝업스토어의 역할을 두루 아우르며 소비자들이 브랜드를 경험하고 소비하는 하나의 방식으로 자리 잡았다. 대표적인 사례로 풀무원이 운영하는 직영 무인 매장 '풀스마켓'을 꼽을 수 있다. 풀무원은 2023년 8월 경기 성남시 판교 지역에 풀스마켓을 선보였다. 채식 브랜드 '식물성지구식단', 반려동물 브랜드 '아미오' 등 약 340개의 풀무원 제품만을 판매한다.[14] '한국야구르트'라는 익숙한 이름까지 바꾸면서 유통 기업으로 변신을 시작한 hy 또한 무인 매장 '프레딧샵'을 열었다. 매장 안으로 들어가지 않아도 잠시 쉴 수 있는 의자 공간을 외부에 만들어놓은 점이 인상적이다. 제조에만 집중하던 브랜드가 오프라인

공간을 선보이는 이유는 매출 창출이 주목적이라기보다는 온라인에서만 팔던 제품을 오프라인에 선보임으로써 소비자와의 접점을 다변화하는 데 의미를 둔 것이라고 해석할 수 있다.[15]

전략 3: 온·오프라인을 연계하는 피지털 공간

2023년에는 온라인과 오프라인을 연계하는 공간 전략도 빛났다. 특히 기술에 기반으로 온·오프를 연결하는 '피지털physi-tal 공간'이 증가했다. 피지털이란 물리적 공간을 의미하는 피지컬physical과 디지털 digital의 합성어로, 디지털 기술이 접목돼 물리적 공간의 경험을 편리하고 다채롭게 만드는 것을 의미한다.

우선 온라인을 기반으로 성장한 패션 플랫폼들의 오프라인 진출이 두드러졌다. MZ세대의 니즈를 정확히 겨냥한 상품 큐레이션과 독특한 마케팅으로 모바일 쇼핑의 강자가 된 것처럼, 오프라인에서도 젊은 세대의 라이프스타일을 반영한 독특한 브랜드경험을 담은 공간들이 등장했다. 대표적으로 MZ세대에게 인기 있는 쇼핑 플랫폼 29CM는 갤러리 컨셉으로 오프라인에 진출했다. '이구갤러리'로 불리는 29CM의 매장은 미술관처럼 매월 한 곳의 전시 브랜드와 함께 주제를 선정하고, 이와 어울리는 3~4개의 브랜드를 함께 구성해 선보인다. 이는 온라인에서 하나의 브랜드를 깊이 있게 소개하는 29CM의 브랜디드 콘텐츠 '브랜드 PT'와 닮아있다. 온라인의 소비자경험을 오프라인으로 연계한 셈이다. 더현대 서울에 위치한 '이구

갤러리 서울'은 2022년 11월 기준 누적 방문객 수가 13만 명을 넘을 정도로 MZ세대의 핫플로 떠올랐다.[16]

명품 플랫폼 발란BALAAN의 오프라인 행보도 주목받았다. 특히 발란은 온라인에서 획득한 데이터를 오프라인 매장인 '발란 커넥티드 스토어'에 적용함으로써 피지털을 구현한 사례라는 평가를 받았다. 예를 들어 데이터에서 도출된 결과를 기반으로 오프라인 매장의 디스플레이를 주기적으로 교체했다. 또한 매장에서 옷에 부착된 상품 QR코드를 찍으면 발란 앱으로 연결되어 해당 옷의 매장 내 재고, 온라인 상품 후기까지 살펴볼 수 있도록 했다. 피팅룸 안에 있는 스마트 미러는 해당 소비자의 발란 계정과 연동되어 정보를 볼 수 있는 기능을 제공하기도 했다.[17]

반면, 물리적 공간이 디지털 공간으로 진출하는 모습도 보였다. 국립광주박물관의 온라인 놀이터 'MOP Museum on Play'는 국립광주박물관의 문화재를 온라인으로 만날 수 있는 체험형 가상 박물관이다. 2023년 8월 기준 '도자기 놀이터', '선사인의 하루', '별별 문화재' 등 총 3개의 큰 주제를 선보였다. 짧은 게임이나 인터랙티브 콘텐츠를 통해 관람객이 직접 참여하면서 배우고, 감상하고, 응용하고, 공유하게 만드는 것이 목표다. MOP는 '2023 레드닷 디자인 어워드' 브랜드&커뮤니케이션 디자인 부문에서 본상을 수상하며 박물관의 온라인 진출의 성공 사례로 회자됐다.[18]

자체 유통 채널을 강화하고 있는 농심은 제페토에서 '신라면 분식점'을 운영한 바 있다. 제페토는 네이버 자회사 네이버제트가 운영하는 글로벌 메타버스 플랫폼이다. 직접 라면을 만들고 레시피를 제안

출처: 농심

▲▲▲ 농심 신라면은 메타버스에 가상 분식 집을 열고, 이를 오프라인 팝업스토어 로 연결해 큰 호응을 얻었다.

해볼 수 있는 가상 분식점 은 40만 명이 넘는 이용자 가 방문할 정도로 큰 인기 를 끌었다. 흥미로운 점은 가상에 구현한 공간이 좋은 반응을 얻으면서 오프라인 으로 다시 진출했다는 점이 다. 농심은 제페토에서 만 들었던 공간을 '신라면 카페테리아'라는 이름으로 오프라인에 똑같 이 구현했다. 2023년 1월 성수동에서 열린 팝업스토어에도 많은 사 람들이 몰리면서 메타버스 공간에서의 소비자경험을 오프라인으로 확장했다는 평가를 받았다.[19]

• • •

향후 전망

앞으로 공간은 어떻게 진화해갈까? 첫째, 오프라인 채널은 소비자의 시간을 점유하는 역할을 강화해나갈 것이다. 지금까지 오프라인 채 널의 성패를 좌우한 건 입지와 상품이었다. 좋은 입지를 통해 집객을 하고 더 나은 상품으로 차별화를 꾀했다. 그런데 이제는 얼마나 오래 소비자를 '머무르게 하느냐'가 중요해졌다. 머무르게 하려면 매장에 서 시간을 소비할 수 있는 컨텐츠가 있어야 한다. 멋진 공간 디자인이나 체험 프로그램을 갖추는 것에서 더 나아가야 한다. 오프라인 공간에 방문하는 자체가 하나의 쇼를 관람하는 것과 같은 영감과 재미를 제공할 수 있느냐가 공간 전략의 핵심이 될 것이다.

이러한 관점에서 '리테일먼트Retailment'에 '항해적 경험Navigating Experience'이 결합될 가능성이 높다. 리테일먼트는 리테일Retail과 엔터테인먼트Entertainment를 합친 말로 단순한 상품 전시나 판매를 넘어 매장에 머무는 시간 동안 특별한 경험을 제공한다는 전략이다. 항해적 경험을 결합한다는 것은 공간에 진입하는 순간부터 계산을 마치고 나올 때까지의 총합적이고 연속적인 리듬까지 중요해졌다는 뜻이다.[20] 미국 뉴욕에 있는 '쇼필즈Showfields'가 대표적인 사례다. 일반적인 백화점과 달리 쇼필즈는 각 매장이 전혀 다른 느낌의 테마로 꾸며져 있다. 판매원들은 배우actor로 불린다. 리테일 공간이 하나의 공연장인 셈이다.

둘째, 온라인과 오프라인은 서로 연계되는 것에서 나아가, 소비자와의 모든 접점을 총체적으로 관리하게 될 것이다. 『기묘한 이커머스 이야기』의 저자 기묘한 씨는 "이제 온라인과 오프라인 커머스의 싸움은 단순한 연결과 유도를 넘어 소비경험의 진화로 확장되고 있다"고 말한다. 다양한 유통 채널과 고객 데이터를 통합함으로써, 온·오프라인의 물리적인 연결이 아니라 브랜드와 소비경험이 융합하는 레벨로 서비스 경쟁이 진화하고 있다는 것이다. 그런 맥락에서 온라인과 오프라인을 하나의 멤버십으로 통합한 '신세계 유니버스'의 시도를 주목해볼 필요가 있다. 신세계는 스타벅스·G마켓·옥션까지 묶어 진짜 '유니버스'를 구축했다. 이러한 전략은 '온라인 vs 오프라인'

의 프레임에서 벗어나 고객 여정에 집중했다는 데 의의가 있다.[21]

마지막으로 체험 공간으로서 오프라인의 역할 변화가 판매 채널로서의 중요성을 완전히 상실했음을 의미하는 것은 아니라는 점을 강조하고 싶다. 브랜드 전략 회사 '앤드류 와이어스'의 김해경 대표는 팝업스토어가 브랜딩을 목적으로 할 수도 있지만 N차 구매의 초석을 쌓을 수 있는, 브랜드와 소비자 간의 스킨십이 벌어지는 공간이 될 수 있다고 강조한다. 예를 들어, 2023년 1월부터 한 달간 더현대 서울에서 열린 '더잠'이라는 속옷 브랜드의 팝업스토어는 팝업 기간에 약 1억의 매출을 올렸다고 한다. 맞춤 속옷의 특성상 첫 구매가 어려운데, 그 심리적 장벽을 오프라인을 통해 풀어낸 것이다. 이러한 관점에서 김해경 대표는 소비자들이 팝업스토어에 방문해서 사진을 찍고 공유함으로써 게시물이 많이 회자되는 것도 중요하지만, SNS에 남겨진 이미지가 우리 브랜드가 하고자 하는 이야기가 맞는지 점검해볼 필요가 있다고 강조한다. 이미지로만 소비되는 팝업스토어가 아닌 본질에 집중해야 한다는 뜻이다.[22]

코로나19 이전과 이후 가장 큰 변화를 맞이한 것은 공간이었다. 온라인의 공세에 밀려 잠시 위기를 맞이했지만 공간은 여전히 필요하고, 중요하고, 또 강력하다. 물리적 환경에서 오감으로 느끼는 경험의 힘을 우리는 모두 알고 있다. 더 나아가 온라인과 오프라인의 이분법에서 벗어나 소비자는 더 다양한 형태의 공간을 찾아 나서게 될 것이다. 앞으로 소비자의 발길을 잡아둘 수 있는 공간의 무한 변신을 기대해본다.

관계의 재해석

2023년 5월 11일 정부는 코로나19 비상사태의 종식을 선언했다. 무려 3년 4개월 만에 일상을 되찾게 된 것이다. 모든 것이 정상화될 것이란 기대감이 커졌지만, 인간관계를 팬데믹 이전으로 완전히 되돌리기 위해서는 고민도 따랐다. 오랜만에 만나는 친구가 반갑지만 어색할까 두렵기도 한 '고슴도치 딜레마Hedgehog's Dilemma'를 경험했기 때문이다. 매서운 추위에 함께 떨고 있는 고슴도치들은 너무 가까이 다가서면 서로를 찌르고, 멀리 떨어지면 고립된 상태에서 혼자 추위의 고통을 견뎌야 하는 딜레마가 발생한다. 가시에 찔리지 않으면서도 온기를 나눌 수 있는 적당한 거리, '자유로운 친밀감'이 필요한 것이다.[1] 그 고민의 결과가 'ㅇ친'으로 불리는 다양한 친구 관계다. 예전에는 친구라면 그냥 친한 친구와 별로 친하지 않은 친구로 나누는 정도였다. 하지만 이제는 친구 관계가 매우 복잡해져서 '인덱스(색인)'를 붙여줘야 할 정도가 됐다. 최근 언급되는 친구의 종류는 매우 다양하다.

친분에 따른 호칭 구분: 겉친(겉으로만 친한 친구) → 찐친(진짜 친구) → 짱친(매우 친한 친구) → 평친(평생 친구)

목적에 따른 호칭 구분: 밥친(밥 같이 먹는 친구), 술친(술 마시는 친구), 러닝메이트(같이 뛰는 친구) 등

엔데믹을 맞아 사람들은 이제 관계에 대한 해석을 다시 하기 시작했다. 이를 방증하듯, 스스로를 둘러싼 인간관계의 호칭이 위에서 보는 것처럼 보다 세분화됐다. 사람들은 친분과 목적에 따라서 지인을 구분하는 호칭을 다르게 사용했고, 실제로 이들과 함께 시간을 보내는 행동도 구분 지었다. "어떤 관계가 스스로에게 중요한지", "언제 어떤 관계가 필요한지"에 대한 나름의 답을 내리게 된 것이다. 2023년 관계 맺기의 다양한 모습을 ① '익친(익명의 친구)'과 인연 맺기, ② '덕친(덕후 친구)'과 관계 맺기, ③ '기업'과 친구 맺기로 나눠 살펴본다.

익친과 인연 맺기

수년간 인간의 유대 관계에 대해 연구해온 사회심리학자 질리언 샌

드스트롬Gillian Sandstrom은 그의 연구 '낯선 사람과 대화하기Talking to Strangers'에서 "느슨한 관계weak-ties와 더 많이 상호작용해야 더 행복해질 수 있다"고 주장한다.[2] 느슨한 관계란 카페에서 만난 바리스타, 함께 버스를 기다리던 사람 등과 같이 우연히 만난 사람들과의 짧은 상호작용을 의미한다. 다시금 사람들과의 대면 관계를 이어가야 하는 엔데믹 시대에 일상의 즐거움을 되찾기 위해서는 '익친(익명의 친구)'과의 우연한 만남을 꺼리지 않는 **인덱스 관계**가 무엇보다 중요해진 것이다. 그렇다면 2023년, 사람들은 어떤 방식으로 익친들과의 관계를 만들어나갔을까?

검증을 보장받은 우연한 만남

코로나19 사태로 장기간의 사회적 거리두기를 경험하면서 타인과의 관계 맺기가 큰 고민으로 자리 잡았다. 이를 반영하듯, 팬데믹 이후 인간관계 분야의 도서 판매량이 급증했다.[3] 2019년 판매량은 전년 대비 29.5% 감소한 데 반해, 2020년에는 37.9%로 증가했고, 2022년에도 9.2%로 상승 추세를 이어갔다. 게다가 전 세계 누적 1억 부가 판매됐던 『데일 카네기의 인간관계론』이 베스트셀러로 재등극하기

TREND KEYWORD 2023 인덱스 관계

타인과의 관계에 색인을 붙여 전략적으로 관리하는 현대인의 관계 맺기 방식을 의미한다. 인덱스 관계는 ① 만들기, ② 분류하기, ③ 관리하기의 3단계로 나타난다.

『트렌드 코리아 2023』, pp. 222~247

도 했다. 코난테크놀로지에 따르면, 2020년부터 꾸준히 '인간관계'와 관련된 부정어로 '어렵다', '두렵다'가 급상승한 것으로 확인됐다. 다시 오프라인 공간에서 사람들을 만나게 된 것은 기쁜 일이지만 어떻게 다가가야 할지가 여전히 고민인 것이다.

코로나19 사태로 대면 관계가 제약되면서 남녀 간 만남의 풍속도도 크게 달라졌다. 요즘 젊은이들은 남녀의 만남을 자연스러운 만남을 추구하는 '자만추'와 인위적으로 만남을 추구하는 '인만추'로 구

'인간관계' 부정 감성어 변화 비교

순위	2020.10~2021.09		2021.10~2022.09		2022.10~2023.06	
	감성어	언급량	감성어	언급량	감성어	언급량
1	힘들다	16,645	힘들다	15,433	힘들다	11,739
2	잘못하다	13,679	잘못하다	11,390	잘못하다	9,706
3	죽다	11,422	문제다	10,292	문제다	8,920
4	문제다	11,324	안되다	9,427	어렵다	7,726
5	부정	10,690	고민	9,409	고민	7,722
6	싫다	10,097	죽다	9,353	고통	7,554
7	안되다	9,987	싫다	9,000	죽다	7,520
8	불안	9,733	스트레스	8,744	부정	7,410
9	고민	9,708	부정	8,512	불안	7,155
10	스트레스	9,697	불안	8,483	안되다	7,140
11	고통	9,659	고통	8,129	스트레스	7,086
12	어렵다	9,071	부족	7,887	부족	7,071
13	나쁘다	8,450	어렵다	7,829	싫다	6,395
14	부족	8,415	나쁘다	7,292	두렵다	5,874
15	두렵다	8,295	위험	7,097	미치다	5,746
16	미치다	6,907	두렵다	7,051	나쁘다	5,604
17	손해	6,501	미치다	6,241	심각	5,597
18	심각	6,376	심각	5,835	손해	5,108
19	심하다	6,339	심하다	5,552	복잡	4,801
20	버리다	6,227	손해	5,379	위험	4,778

출처: 코난테크놀로지

분하는데, 코로나로 '자만추'가 어려워지면서 '인만추'로 눈을 돌리게 된 것이다. 다만, 만남 앱 등을 통해 인위적 만남을 구하더라도, 모르는 사람과의 가볍고 즉흥적인 만남보다는 어느 정도 검증된 사람과의 운명 같은 만남을 선호한다. 취미 여가 플랫폼 '프립Frip'에서는 2023년 4월부터 단체 소개팅 프로그램인 '하트트래블'이 열렸다. LG U+의 사내벤처팀에서 주최한 이 행사에서는 1박 2일간 합숙하며 자기소개, 액티비티, 단체 게임, 일대일 데이트 등을 거쳐 최종 선택을 하는 방식으로 진행된다. 지원자는 사전에 본인의 신상 정보와 원하는 이상형의 요건을 전달해야 하고, 재직증명서나 사업자등록증 등 직장에 다닌다는 증거를 제출하는 추가 인증 절차까지 거쳐야 한다. 다소 까다로운 과정에도 불구하고 현재까지 진행된 소개팅의 누적 커플 매칭률이 58%에 달할 정도로 성공률이 높다.[4]

재직하고 있는 회사를 인증해야 가입이 가능한 데이팅 앱도 인기다. 철저한 검증 과정이 마련된 '앱만추(앱으로 만남 추구)'가 가능해지면서 기존의 소개팅에 비해서는 격식 없이 괜찮은 인연을 찾아 나서는 사람들이 많아진 것이다. 문화체육관광부가 3년 주기로 실시하고 있는 '한국인 의식, 가치관 조사' 결과에 따르면, 최근 배우자 선택 시 '직업'이 중요한 요인으로 꼽혔다. 1991년에는 직업을 선택한 비중이 6.1%에 불과했지만, 2022년에는 13.7%로 급증했다. 이처럼 인연을 맺을 상대의 검증된 장래성이 무엇보다 중요한 사람들을 위해 직장인 커뮤니티 운영사 '팀블라인드'가 나섰다. 이들이 2020년 11월에 출시한 데이팅 앱 '블릿'은 인연 찾기에 시간을 투자하기 어려운 직장인을 위해 언제든지 소통이 가능한 '라운지' 기능으로 자연스러운 만남을 지원한다. 검증된 사람들과의 다대다 대화가 이뤄지는 라운지 내에서는 다양한 주제로 매일 4천 건 이상의 게시글과 댓글이 작성되고 있으며, 매칭 성공률은 조건 기반 매칭 서비스 대비 3배 이상 높은 것으로 알려졌다.[5]

같은 관심사로 이어가는 인연

말 좀 통하는 익명의 사람들끼리도 뭉치기 시작했다. 모르는 사람들과 대규모로 같은 관심사에 대해 자유롭게 소통할 수 있는 카카오톡 '오픈채팅' 기능이 인기를 얻었다. 전화번호를 몰라도, 카카오톡 아이디 친구 추가를 하지 않아도 마음 편하게 공통의 취미에 대해 소통할 수 있다는 것이 오픈채팅의 가장 큰 장점이다. 카카오에 따르면 2022년 오픈채팅 사용자 수가 2019년 대비 76% 증가했고, 이는 전체 대화량의 40%를 차지하는 수준이라고 밝혔다.[6] 게임·재테크·취미·친목·IT 등 이용자들의 반응도가 높은 주제의 인기 오픈채팅방은 적게는 수십 명에서 많게는 수백 명의 사람들이 실시간 소통을 이어가고 있다.

오프라인 만남이 가능해지면서 같은 취향을 가진 사람들끼리는 더 많이, 더 자주 모임을 가졌다. 코로나19 기간 동안 내가 무엇을 좋아하는지 충분히 고민해보는 시간을 가짐으로써 세밀한 취향을 정할 수 있게 됐다. 단지 책을 좋아하는 독서 모임에 그치는 것이 아니라, 특정 작가의 소설을 함께 읽는 모임, 예를 들면 '무라카미 하루키를 좋아하는 사람들' 같은 모임이 생겨나는 것이다.[7] 이러한 모임은 주로 문토·트레바리·남의집(2023년 6월 서비스 종료) 등 온라인 플랫폼

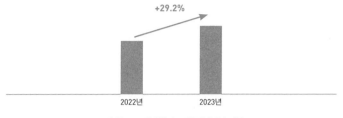

취향 기반 커뮤니티 플랫폼 이용 건수 변화

+29.2%

2022년   2023년

– 각 년도 1~5월 신한카드 이용 결제 건수 기준

을 통해 서비스되고 있는데, 신한카드 빅데이터연구소에 따르면 취향 기반 커뮤니티 플랫폼 결제 건수는 2023년 1~5월 기준으로 전년 대비 29.2%가 증가한 것으로 나타났다. 많은 사람들이 개인의 취향에 맞는 익친과의 만남을 적극적으로 이어가고 있는 셈이다.

주 52시간제가 시행되면서 저녁 시간을 활용한 동네 모임도 활성화됐다. 중고거래 플랫폼 당근마켓은 다양한 주제별로 동네 이웃들이 자유롭게 모일 수 있는 장을 마련했다. 2023년 7월 진행된 강남구 지역 중심의 시범 테스트 결과 서비스 오픈 4주 만에 약 400개의 모임이 만들어졌고, 3천여 명의 이웃이 가입하는 성과를 보였다.[8] 퇴근 후 가볍게 참여할 수 있는 러닝이나 배드민턴과 같은 운동 모임뿐만 아니라, 맛집 공유 모임, 아파트 주민 간 정보 공유 모임 등 지역 기반 플랫폼이라서 실현 가능한 여러 종류의 교류가 이어지고 있다. 가까운 이웃과 같은 관심사를 통해 공감대를 나누는 경험이 사람들의 환영을 받고 있는 것이다.

5070세대 시니어 전용 모임 앱도 등장했다. 2025년에는 65세 이상의 고령인구가 20%를 넘는 초고령 사회로의 진입을 맞이할 한국의 당연한 변화라고 볼 수 있다. 50대 이상이 가입 가능한 친구 만남 앱 '시놀'은 2023년 8월 기준 오픈 5개월 만에 가입자 1만 명을 돌파했다.[9] 복잡한 가입 절차를 사진 인증 방식으로 간소화하고, 여행, 와인, 산책, 봉사 활동 등 이용자가 모임을 만들고 주최하면 앱의 다른 이용자들과 교류할 수 있는 서비스를 제공하며 시니어 세대에게 특화된 소셜 플랫폼으로 인기를 얻었다. 은퇴 후 취미와 여가를 함께 즐길 수 있는 인연을 찾음으로써 외로움과 사회적 고립감을 해소할 수 있는 좋은 기회가 많아진 것이다.

덕친과 관계 맺기

"다들 덕친 어떻게 만나?"

연예인·드라마·뮤지컬 등 특정 분야를 열렬히 사랑하는 덕후라면 자주 하는 고민이다. 적극적인 소통을 통해 좋아하는 대상에 대한 마음을 함께 키우는 **디깅모멘텀**을 즐기는 소비자에게 친구는 매우 중요한 존재다. 코난테크놀로지에 따르면, '덕후' 관련 주요 이슈어 중에서 '친구'가 10만8,313건으로 가장 많이 언급됐고, '기억'이 7만 1,476건으로 2위를 차지했다. 온라인과 오프라인을 넘나들며 덕질 대상에 대한 소중한 추억을 함께 쌓는 덕친의 관계 맺기는 어떤 변화

'덕후' 연관어 언급량 비교

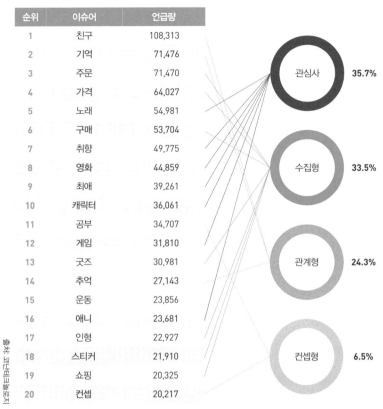

순위	이슈어	언급량
1	친구	108,313
2	기억	71,476
3	주문	71,470
4	가격	64,027
5	노래	54,981
6	구매	53,704
7	취향	49,775
8	영화	44,859
9	최애	39,261
10	캐릭터	36,061
11	공부	34,707
12	게임	31,810
13	굿즈	30,981
14	추억	27,143
15	운동	23,856
16	애니	23,681
17	인형	22,927
18	스티커	21,910
19	쇼핑	20,325
20	컨셉	20,217

관심사 **35.7%**

수집형 **33.5%**

관계형 **24.3%**

컨셉형 **6.5%**

출처: 코난테크놀로지

분석 키워드: 덕후 OR 오타쿠 OR 오덕, 분석 채널: 뉴스·커뮤니티·카페·트위터·블로그.
분석 기간: 2022.10.01~2023.06.30.

TREND KEYWORD 2023　디깅모멘텀

자신의 취향에 맞는 한 분야에 깊이 파고드는 행위를 하는 사람들이 늘어나는 현상을 말한다. 실존적 불안에 대처하기 위해 적극적으로 자신만의 행복 전환점을 찾으려는 디깅모멘텀은 ① 재미를 느끼기 위해 컨셉에 열중하는 '컨셉형', ② 같은 대상을 좋아하는 사람들끼리 적극적인 소통을 통해 몰두의 정도를 높이는 '관계형', ③ 특정 물건이나 경험의 수집을 통해 만족과 과시를 추구하는 '수집형'으로 나타난다.

『트렌드 코리아 2023』, pp. 276~301

를 맞이했을까?

온라인 덕질 상부상조

내 가수가 컴백을 미루면, 직접 신곡을 만들어 컴백시키는 능력자 덕후가 등장했다. 바로 AI 기술을 활용해 해당 가수의 목소리를 그대로 입힌 노래를 선보인 것인데, 거의 그 가수가 실제로 음원을 낸 것 같은 수준이다. 가수 빅뱅의 오랜 팬인 유튜버 'NEWPLE'은 직접 빅뱅 스타일의 곡을 작곡, 작사하고 부른 뒤 AI 기술로 빅뱅 멤버들의 목소리를 재현해냈다. '너에게로To You'라는 제목의 'AI 빅뱅'의 노래는 2023년 9월 기준 유튜브 조회 수가 80만 회를 넘었다. 사실상 해체한 것과 다름없는 아이돌 그룹의 신곡을 간절히 염원하는 팬들이 이 영상에 남긴 댓글은 3,500여 개에 달한다.

2명의 덕후가 협심해서 덕심이 가득 담긴 작품을 만들어내기도 했다. 가수 이승윤 씨의 무명 시절부터 팬이었던 권하정·김아현 감독은 '영웅 수집가' 뮤직비디오의 제작 과정이 담긴 〈듣보인간의 생존 신고〉라는 다큐멘터리를 제작했다. 좋아하는 대상에 대한 애정 어린 마음을 가득 담은 이 다큐멘터리는 제47회 서울독립영화제에서 관객상을 수상했다. 개봉을 앞두고 진행된 기자회견에서 두 감독은 덕업일치를 이뤄낸 것에 대한 뿌듯함과 함께 덕질의 긍정적 효과를 경험한 소감을 전했다. [10]

덕후가 직접 아이돌을 닮은 동물 모양의 도안을 만들어 제작한 '팬 메이드' 솜 인형도 온라인을 통해 공유되고 있다. 주로 SNS 공동구매 방식으로 판매되는 솜 인형은 개인 덕후가 소량만 제작하고 재

판매가 잘 일어나지 않기 때문에 희귀한 덕질 아이템으로 인기가 높다. 솜 인형을 어디든 데리고 다니면서 인증샷을 SNS 계정에 공유하는 것이 새로운 덕질 문화로 자리 잡으면서, 인형을 잘 관리하는 것도 중요해졌다.[11] 인형의 솜 모양을 바로잡고 털을 다듬어주는 '인형 경락 마사지' 서비스가 인기다. 2.2만 명의 팔로워를 보유한 트위터리안 '니니니 솜종합병원'은 인형 수선 병원을 운영하는 것으로 덕친들의 환영을 받았고, 온라인 클래스 플랫폼 '클래스 101'에 인형 관리 방법을 담은 유료 강의를 개설하기도 했다.[12]

모바일 SNS 플랫폼과 온라인 커뮤니티를 통해 '저축형 덕후 문화'가 활발히 확산되고 있다. 저축형 덕후 문화는 최애 연예인이 특정 행동을 할 때마다 일정 금액을 저축하는 것이다. 예컨대 좋아하는 아이돌이 예능에 출연하면 5천 원을 저축하고, 라이브 방송을 켜면 1만 원을 저축하는 식이다. 최근 카카오뱅크는 이러한 열성적인 팬 문화를 반영하여 '최애적금' 서비스를 출시했는데, 사전 출시 이벤트를 진행한 10일 동안 약 40만 명이 신청한 것으로 알려졌다.[13] 최애적금은 계좌 커버를 좋아하는 연예인 사진으로 직접 편집할 수도 있어 덕친들의 SNS 계정에서 인증 대란이 펼쳐지기도 했다.

오프라인에서 덕심 표현하기

좋아하는 아이돌의 생일이 되면 직접 '생일 카페'를 열기도 한다. 생일 카페는 실제 카페를 대관해 최애 연예인만을 위한 공간으로 꾸미고, 연예인의 모습이 담긴 음료와 디저트를 준비하는 이벤트를 말한다. 유명 연예인의 경우 여러 군데에서 생일 카페가 열리기 때문에,

생일 당일은 생일 카페 주최자뿐만 아니라 덕친들 모두 바쁜 일정을 소화해야 한다. 하루가 끝나기 전에 여러 군데의 생일 카페를 돌아다니면서 최대한 특전을 많이 모아야 하기 때문이다. 연예인의 사진을 담은 컵 홀더·스티커·키링 등 다양한 굿즈가 제작되는데 구매 수량에 따라 받을

▲▲▲ 금융과 덕질이 만났다. 최애 아이돌을 향한 마음이 저축으로 차곡차곡 쌓이는 상품인 '최애적금'은 출시 하루 만에 7만 명이 가입하며 화제를 모았다.

수 있는 종류가 달라져서 한 명의 덕후가 여러 잔의 음료를 구매해서 덕친들과 나누기도 한다. 생일 카페가 많을수록 연예인의 인기가 높다는 것을 의미하기 때문에 인기 연예인의 생일날은 동네 곳곳의 카페가 생일 카페로 변하는 모습도 보여줬다.

기업과 친구 맺기

우정을 과학적으로 풀어낸 리디아 덴워스Lydia Denworth의 저서 『우정의 과학』에서는 "우정은 서로 관계 맺는 '방식'을 통해 전달되는 것"이라고 지적한다.[14] 우정으로 맺어진 친구 관계에서 유대감을 형성하는 '방법'이 매우 중요하다는 점을 시사하는데, 이는 기업과 소

비자의 관계에서도 마찬가지다. 소비자가 기업에게 유대감을 느끼게 하기 위해서는 무조건적인 대규모 홍보보다 그 방식을 고민해야 한다. 기업은 첫째, 친근한 기업의 이미지를 만들기 위해 심리적 장벽을 허물고, 둘째, 그를 토대로 끊임없이 호감을 쌓아나가야 할 것이다.

캐릭터로 친근한 이미지를

말 높임 문화가 있는 한국에서 반말은 친근함의 척도다. 나이와 계급에 차이가 있음에도 서로 반말을 사용하는 관계는 비교적 친한 사이라는 의미다. 이렇듯 최근 여러 유통사들은 고객 커뮤니케이션에 반말을 활용하여 소비자와의 친근감을 높였다. 특히, 메타Meta의 새로운 SNS 플랫폼 '스레드Thread'는 반말 소통 문화를 적극 활용하는 것으로 나타났다.[15] 예컨대 신세계 인터내셔날 에스아이빌리지의 스레드 계정은 "핫한 언니들 룩 보고 카고 스타일링에 참고해~"라며 자연스러운 반말의 게시글을 올렸다. 재미있는 점은 같은 내용의 인스타그램 게시글은 "올여름 개성 넘치는 카고 스타일링 코디법을 만나보세요!"라며 높임 표현을 사용했다는 사실이다. 젊은 층의 이용자가 대부분인 스레드의 특성을 고려하여 친근한 이미지를 형성할 수 있는 최적의 소통 방법을 활용한 것이다.

　기업의 자체 캐릭터의 역할도 친밀감 형성에 매우 중요했다. 롯데홈쇼핑의 '벨리곰', 신세계백화점의 '푸빌라', 이마트24의 '원둥이' 등 유통 업계는 자체 캐릭터 개발에 열을 올렸다. 특유의 귀여운 외모를 내세워 소비자에게 친근하게 다가가기 용이했기 때문이다. 이에 금융 업계에서도 캐릭터 마케팅을 선보이기 시작했다. 증시 호황기였던 2021년부터 젊은 투자자가 증가하면서 이들을 사로잡기 위한 노력으로 마스코트 제작을 시작한 것이다.[16] 신한금융그룹은 '쏠익스플로러스'라는 캐릭터와 이를 활용한 굿즈를 만들었고, 우리은행도 위비뱅크를 출범시키면서 꿀벌 캐릭터인 '위비'를 선보였다. 이후 우리은행은 추가로 위비프렌즈 캐릭터 5종을 선보이며, 이모티콘과 인형을 제작하는 등 캐릭터 띄우기에 나섰다. 이 외에도 IBK기업은행은 스마트로봇 캐릭터인 '기은센'과 '기운찬 가족' 캐릭터를, NH농협은행은 '올리(아기 공룡)', '원이(어미새)', '단지(돼지)', '달리(강아지)', '코리(코끼리)' 등으로 구성된 '올원프렌즈'를 선보인 바 있다.

더 긴 접속으로 호감 쌓기

호감은 오래 볼 때 더 높아진다. 노출 횟수가 늘어날수록 그 대상에 대한 호감도가 올라가는 단순노출효과Mere Exposure Effect를 노려야 하는 것이다. 이에 커머스 플랫폼은 자사 앱 내 '커뮤니티' 공간을 마련해 고객의 체류 시간을 되도록 늘리려고 노력했다. 수시로 플랫폼을 방문할 수 있게 하는 재미 요소를 더한 것이다. 2023년 5월 무신사는 회원 전용 패션 커뮤니티 '패션톡' 서비스를 출시했다. 직접 코디한 착장을 게시하면 다른 이용자가 내린 평가를 투표 결과로 보여주는 식이다.[17] 컬리도 커뮤니티 기능을 강화했다. 2023년 5월, 레시피, 푸드 스타일링, 라이프스타일 꿀팁 등을 공유하는 커뮤니티 '컬리로그'를 출범했고, 시범 운영 결과 60만 명이 넘는 이용자가 방문한 것으로 확인됐다.[18]

플랫폼 방문 빈도와 체류 시간을 동시에 획기적으로 늘릴 수 있는 '보상형 미니 게임 전략'도 통했다. 특히 '사이버 농사'의 인기가 주효했다. 사이버 농사란 모바일 앱 내에서 게임을 통해 작물을 직접 키우고 수확한 작물을 실물로 배송해주는 서비스다. 이러한 사이버 농사 마케팅을 최초로 선보인 식품 공동구매 커머스 플랫폼 '올웨이즈'는 '올팜' 출시 이후, 1인당 하루 평균 앱 사용 시간 30분으로 국내 1위를 달성했고, 연이은 성과로 2023년 6월 기준 월간 거래액이 400억 원을 넘어섰다고 밝혔다.[19] 2023년 6월 '공구마켓'도 사이버 농사 미니게임 '공팜'을 출시하면서 누적 방문자 수 37만 명을 돌파했다.[20]

완성도 높은 **브랜디드 콘텐츠**를 제작해 소비자에게 재미 요소를 제공하는 기업도 늘었다. 스타벅스 코리아는 공식 유튜브 채널을 통해 〈안녕하세요! 스타벅스입니다〉라는 웹드라마를 제작했다. 매장 안에서 펼쳐지는 신입직원의 일상을 그대로 재현한 에피소드 13편은 2023년 9월 기준 누적 조회 수 375만 회를 기록했다. CJ ENM과 패션 전문 기업 한섬이 공동 제작한 웹드라마 〈어른애들〉도 큰 호응을 얻었다. 패션 업계에 종사하는 30대 여성의 리얼한 직장 생활을 담은 8부작 드라마는 4화 만에 누적 조회 수 300만 회를 돌파했고, 방영 기간 동안 쇼핑몰 '더한섬 닷컴'의 2030세대 고객 수가 전년 동기 대비 20% 이상 증가하기도 했다.[21]

브랜디드 콘텐츠

소비자에게 엔터테인먼트 혹은 교육적 부가가치 제공을 목적으로 브랜드에 의해 제작 또는 큐레이션되며, 상품과 서비스의 판매가 아닌 브랜드 선호도의 증가를 목적으로 디자인된 콘텐츠를 의미한다.[22]

향후 전망

"매체가 곧 메시지"라는 말이 시사하는 것처럼,[23] 어떤 매체를 통해 만났느냐가 만남의 본질을 좌우한다. 직접 만남 위주이던 과거와는 달리 이제 우리는 이메일·카톡·소셜미디어·메타버스 등 매우 다양한 만남의 도구를 갖게 됐다. 아주 어릴 때부터 이러한 다양한 매체들을 사용해온 젊은 세대와 차츰 이런 방식에 익숙해져 가고 있는 기성세대의 만남이 이전과는 크게 달라질 것이라는 점에는 이견이 없다. 특히 무려 3년여에 걸친 코로나19 팬데믹으로 비대면이 강제되면서 이러한 변화가 어느 정도 불가피해진 측면도 있다. 우리가 일상에서 수많은 문제에 부딪히지만, 인간관계처럼 어려운 것도 없다는 사실에 동의하는 사람이 많을 것이다. 인생의 가장 중요한 화두라고 할 수 있는 인간관계, 그리고 기업과 소비자 관계가 이 다매체 시대에 어떻게 우리 공동체 구성원의 행복에 기여할 수 있도록 하는가가 큰 질문으로 다가오고 있다.

불황을 극복하는 혁신의 힘

코로나19는 진정됐지만 경제의 회복은 더뎠다. 물가가 오르면서 소비가 위축되고 경기마저 얼어붙는 가운데 원화 가치까지 하락하는, 그야말로 '고환율·고물가·고금리'라는 '3고 현상'을 견뎌야만 했다. 한 치 앞도 내다보기 힘든 경제적 위기 속에서도 이를 극복하기 위한 혁신의 노력은 더욱 빛났다. 기업들은 소비자의 삶을 바꾸는 혁신 상품으로 세상에 없던 수요를 창출하는 '뉴디맨드 전략'을 경쟁적으로 선보였다. 챗GPT·로보틱스·차세대 모빌리티 등 급격한 기술 변혁의 시대를 맞아, 혁신에 대한 소비자들의 기대감 역시 한층 커졌다. 코난테크놀로지가 수행한 '신제품' 관련 연관어 분석을 살펴보면, 2021년도 하반기부터 2022년도 상반기까지는 '가성비(가성비·내구성·사용 기간)'에 대한 관심이 높았던 반면, 2022년 하반기부터

순위	2021.10~2022.06		2022.10~2023.06	
	이슈어	언급량	이슈어	언급량
1	디자인	185,272	포인트	221,540
2	포인트	139,118	결제방법	186,423
3	가성비	97,309	할인가	182,702
4	최저가	96,460	비교불가	177,222
5	인기순위	78,542	최저가	157,093
6	할인가	77,650	본품가격	117,671
7	경제방법	77,421	디자인	101,752
8	비교불가	68,192	기획상품	60,454
9	기획상품	37,699	저가제품	58,395
10	취향	34,186	신기술	43,707
11	저가제품	31,602	가성비	36,957
12	본품가격	26,925	취향	30,899
13	내구성	21,755	기존제품	13,361
14	인기아이템	17,670	국내최초	12,739
15	사용기간	11,368	세계최초	10,782

분석 채널: 커뮤니티·카페·블로그·뉴스

출처: 코난테크놀로지

2023년 상반기 들어서는 '혁신적인 기술(국내 최초·세계 최초·비교 불가)'에 대한 관심이 증가했다. 또, 신제품과 기존 제품의 차이점(기존 제품·신기술)에 집중하는 경향을 보이며 혁신에 대한 기대감을 나타냈다.

TREND KEYWORD 2023   **뉴디맨드 전략**

불황기 속에서도 새로운 수요를 창출하는 전략으로, 사지 않고는 배길 수 없는 대체 불가능한 상품을 개발해 새로운 수요를 창출하는 기업의 전략 방향성을 지칭한다. 기업들은 뉴디맨드 전략을 바탕으로 '교체 수요'와 '신규 수요'를 만들어나갈 수 있다.

『트렌드 코리아 2023』, pp. 248~275

2023년 한국 소비 시장에 새로운 반향을 일으킨 혁신은 크게 세 가지 방향으로 나타났다. 첫째, 새로운 카테고리·타깃·디자인을 제안함으로써 세상에 없던 수요를 만든 혁신이다. 둘째, 데이터 기반의 선제적 기술을 바탕으로 재난 재해와 안전사고를 예방하는 혁신이다. 셋째, 혁신 아이디어에 ESG 관점을 더해, 환경 위기를 극복하고 사회적 다양성을 증진시키는 혁신이다. 위기 속에서도 새로운 기회를 꽃피운 한국 기업의 활약상을 지금부터 하나씩 살펴보자.

신수요를 만드는 신상품 혁신

2023년 기업들은 새로운 수요를 만들어내고자 노력했다. ① 새로운 라이프스타일을 제안하는 신규 카테고리를 만들고, ② 새로운 타깃 고객을 발굴해 시장 포화에 대비했으며, ③ 기존 제품에 파격적인 디자인 아이디어를 더해 소비자의 구매 욕망을 자극함으로써 소비자 편의를 제고했다.

신규 카테고리 혁신

2023년 기업이 보유한 기존 기술을 바탕으로 '새로운 상품 카테고리'를 제안하는 사례가 대거 등장했다. 음료 부문에서는 '릴랙스 드링크'라는 새로운 카테고리가 소비자의 마음을 사로잡았다. 2023년 2월, hy가 출시한 '스트레스케어 쉼'은 스트레스로 인한 긴장 완화에 도움을 주는 '테아닌theanine' 성분을 포함한 릴랙스 유산균 음료다.

장에 좋은 발효유 시장에 '정신 건강'이라는 새로운 카테고리를 추가한 것이다. 출시 후 12주 만에 누적 판매량 1,000만 개를 기록하며, 코로나19 이후 스트레스와 정신적 피로를 호소하는 사람들의 니즈에 적절하게 대응했다는 평가를 받고 있다.[1]

가전 영역에서는 TV를 새로운 플랫폼으로 전환하려는 움직임도 활발하다. 삼성 TV에 '휴 싱크Hue Sync' 앱을 설치하면, TV를 통해 재생되는 음악·게임·영상 콘텐츠에 따라 집 안 조명 색상이 바뀐다. TV가 집 안의 조명을 컨트롤하는 플랫폼이 되는 것이다. 때로는 TV가 비대면 의료 플랫폼이 되기도 한다. 2023년 3월, 삼성전자는 헬스케어 플랫폼을 운영하는 스타트업 '굿닥'과 협업해 삼성 TV와 스마트모니터 전체 모델에 굿닥의 비대면 진료 플랫폼을 기본 앱으로 탑재했다.[2] 지난 코로나19 시기 동안 허용된 비대면 진료 시장에서, 스마트폰 사용이 익숙하지 않은 고령층이 상대적으로 소외됐다는 점에 TV를 플랫폼화한 것이다.

주거 영역에서도 초미니 하우스라는 새로운 카테고리가 등장했다.

출처: LIVE LG

▲▲▲ GS건설과 LG전자가 협업해 선보인 초미니 하우스 '스마트코티지'는 첨단 기술을 활용한 탄소중립, 넷제로 하우스를 표방한다.

2023년 9월, GS건설과 LG전자는 집 짓는 기술과 가전제품 네트워킹 기술을 집약해 가전·공간 복합 상품인 '스마트코티지'를 국제전자전시회IFA에 선보이며 큰 관심을 끌었다(가격 및 출시일 미정). 스마트코티지는 GS건설이 가진 모듈러 전문 기술과 LG전자의 프리미엄 가전과 에너지, 냉난방 공조 및 스마트홈 기술이 결합된 10평 남짓의 초소형 주택이다. 전기를 자체 생산하는 시스템, 에너지 저장 시스템, 내장된 전자제품의 에너지 사용을 효율화하는 기술을 집약해 탄소 중립을 실천하는 '넷 제로 하우스Net Zero House' 컨셉으로 차별화를 시도한다.

새로운 타깃 혁신

2023년 등장한 신상품 혁신의 두 번째 유형은 '새로운 타깃'에 집중한 전략이다. 주류 시장에서는 건강에 관심 많은 헬시플레저족을 타깃으로 하는 신제품이 속속 등장했다. 2022년 하반기 출시된 '처음처럼 새로'와 '진로 제로슈거'가 대표적인 상품이다. 이 두 소주는 '무설탕 소주'라는 컨셉을 앞세워 다이어트는 하고 싶지만 술도 마시고 싶은 사람들의 니즈를 파고들었다. 성과도 좋다. 두 제품 모두

TREND KEYWORD 2022　헬시플레저

건강health관리를 즐겁게 하는pleasure 소비자의 변화를 지칭하는 트렌드 키워드. 헬시플레저의 확산은 치료에서 예방으로 중점을 바꾸며 몸과 마음 그리고 일과 휴식의 조화를 도모한다는 의미에서, 건강관리 분야가 선진국형으로 이행하고 있음을 알린다.

『트렌드 코리아 2022』, pp. 274~299

출시 후 약 두 달 만에 1,000만 병을 판매를 돌파했다.[3] 새로운 타깃 설정으로 이미 포화 상태인 소주 시장에 새로운 활력을 선사하고 있다.

코로나19 이후 정체됐던 가구 시장과 모니터 시장 역시 새로운 타깃 설정으로 돌파구를 찾고 있다. 이들의 새로운 타깃은 바로 '게이머'다. 퍼시스그룹의 의자 전문 브랜드 시디즈가 2023년 2월 출시한 게임용 의자는 사전 판매 물량 200대가 2주 만에 완판될 정도로 반응이 뜨거웠다. 의자의 앉는 부분에는 주로 자동차에 설치되는 쿨링 시트가 장착되어 있고, 게임 종류에 따라 팔걸이도 쉽게 조절할 수 있다. 이러한 특화 기능 덕분에 100만 원이 훌쩍 넘는 가격에도 인기가 높다. 삼성전자와 LG전자 역시 2022년 10월, OLED 게이밍 모니터를 신규 출시하며 시장에 대응하고 있다. 2000년대 초반 PC방에서 '스타크래프트'를 즐겼던 세대가 구매력 있는 중년층이 되면서, 게임 시장의 성장과 함께 이를 지원하는 주변 산업도 함께 성장하고 있다.

파격적인 디자인 혁신

신상품 전략의 세 번째 유형은 '디자인 혁신'이다. 주류 시장에서는 작은 디자인 혁신만으로도 소비자의 마음을 사로잡는 인기 아이템이 등장했다. 2023년 5월, 롯데아사히주류가 한정판으로 판매한 '아사히 수퍼드라이 생맥주캔'은 업계 최초로 '풀오픈탭' 디자인을 선보였다. 풀오픈탭은 캔 뚜껑 부분 전체가 열리는 디자인을 뜻하는데, 맥주잔에 부어 마시는 느낌도 연출할 수 있고, 온도에 따라 맥주 거품이 발생하는 양을 눈으로 직접 확인할 수 있어 술을 마시는 데 재미를 더한다. CU 역시 2023년 7월, 풀오픈탭 하이볼을 출시했다. 뚜껑 전체가 열려 캔에다 바로 얼음을 넣어 마실 수 있어 편의성이 높다.

가전 시장에서도 파격적인 디자인의 신제품이 등장했다. 2023년 5월 출시된 LG전자의 'LG 스탠바이미 Go'는 기존 모델에 야외용 기능을 대폭 보강한 이동형 스크린 TV로, 거실이나 침실 등 실내 공간뿐만 아니라 공원이나 캠핑장 등 야외에서도 사용할 수 있다. 무엇보다도 스탠드·스피커·배터리 등을 탑재한 레디백ready bag 스타일의 여행 가방을 닮은 디자인이 인상적이다. 화면을 가로 또는 세로로 돌리거나 눕혀 사용하는 테이블 모드 등도 가능해 영상 시청 목적 이외에도 턴테이블, 게임판 등 다양한 방식으로 TV를 활용할 수 있다.

신시장을 이끄는 선제적 대응기술

2023년은 데이터 혁신에서 한 단계 더 나아가 소비자가 처할 상황을 미리 판단하고 대응하는 '선제적 대응기술'이 실현된 한 해였다. ① 자연재해, ② 안전사고, ③ 범죄와 같이 삶을 위협하는 요소로부터 사람들의 안전을 보장하는 데 선제적 대응기술이 적극적으로 적용됐다.

재난 재해에 대응하는 선제적 대응기술

2023년, 각종 재난 재해를 사전에 방지하고자 다양한 선제적 대응기술이 등장했다. 2023년 봄에 개최된 경남 진해 군항제에선 약 450만 명의 관광객이 몰렸지만, 부상자는 단순 경상을 입은 단 1명뿐이었다. 비결은 '이동식 대중 경보 장치'에 있었다. 관광객이 특정 장소에 밀집하는 순간, "앞사람과의 간격을 1미터 이상 유지하라"는 경고 방송을 송출해 주의를 환기한다.[4] 많은 사람이 특정 장소에 밀려들 때 발생하는 재난을 방지하고자 선제적 대응기술을 적용한 것이다

갑작스러운 집중호우 같은 이상기후에 대응하기 위해서도 선제적 대응기술을 활용했다. 2022년 겨울, 정부는 집중호우 때 주소만 검색하면 해당 지역의 침수 여부를 미리 알려주는 '도시 침수 예측 모델' 개발을 완료했다.[5] 도시는 지면 대부분이 콘크리트로 덮여있어 비가 내려도 빗물이 땅으로 흡수되지 않고 배수구로 빠져나가는데, 담배꽁초나 낙엽 등으로 배수구가 막히면 침수 피해가 발생하게 된다. 이에 환경부와 한국수자원공사는 도시와 하천 지형을 실제와 똑같이 디지털로 재현하는 이른바 '디지털 트윈digital twin' 기술을 적용해, 전국 홍수통제소의 총 9개 강우 레이더 데이터와 기상청 비 예보 등을 연동한 빗물길 예측 모델을 개발한 것이다.

TREND KEYWORD 2023 **선제적 대응기술**

사람이 필요를 느끼기 전에 미리 알아서 배려해주는 기술을 지칭한다. 삶의 각종 편의를 넘어서, 사회적 약자를 돕고 사고를 미리 예방하는 차원에서도 주목해야 할 기술 변화다.

『트렌드 코리아 2023』, pp. 330~351

안전사고를 방지하는 선제적 대응기술

자동차 업계에서도 선제적 대응기술을 활용한 혁신을 도입했다. 2022년 5월, 경기도 공공 버스 운전기사들은 졸음운전을 하는 등 주의력이 떨어질 때마다 목 주변에서 진동과 소리로 '경고'를 받는다. 현대모비스가 2021년 세계 최초로 개발한 뇌파 측정 기반의 헬스케어 기술 '엠브레인'이 적용됐기 때문이다.[6] 엠브레인은 운전자가 이어폰 형태의 센서를 착용하면, 귀 주변에 흐르는 뇌파를 확인하고 신체 상태를 실시간으로 측정하는 소프트웨어다. 이를 통해 운전자의 주의력·피로도·스트레스 정도를 사전에 파악해 경고를 보냄으로써 안전사고를 예방할 수 있다.

경북 경주시 종합 환경 기업 '에코비트'는 직원의 안전을 위해 LG U+의 '스마트 안전 관리 솔루션'을 사용하고 있다. 매일 장거리 노선을 반복해 운전해야 하는 화물차에 설치된 영상 안전 카메라가 운전자의 표정과 행동을 실시간 분석해 사고를 예방한다. 5분에 세 번 이상 하품을 하면 휴식을 권장하고, 휴대폰을 귀에 갖다 대면 "운전 중통화하지 말라"는 경고도 보낸다. 이외에도 직원들이 높은 곳에서 작업할 때, 지게차를 운송할 때 등 다양한 작업 환경에 적용되어 안전사고를 방지하고 있다.

범죄를 예방하는 선제적 대응기술

앞으로는 각종 범죄를 예방하기 위해서도 선제적 대응기술이 적용될 예정이다. 2023년 5월, 교육부는 교내에서 일어나는 폭력·범죄·안전사고 등을 막기 위해 초중고교에 지능형 CCTV·인공지능·사물

인터넷 등을 활용한 안전 관리 시스템을 구축하겠다고 발표했다. 시스템이 도입되면 학교 곳곳에 설치된 지능형 CCTV가 각종 위험 상황을 실시간으로 감지한다. 예컨대 교내 화장실에서 구타나 욕설 등이 발생하면 음성 감지 센서가 이를 감지해 학교 보안 담당자나 학교 전담 경찰관에게 알린다.[7]

피싱 범죄 예방에도 선제적 대응기술이 적용된다. 2023년 3월, 신한카드는 스타트업 '인피니그루'와 협업해 사기 범죄를 사전에 방지하는 '피싱아이즈' 앱을 공개했다. 이는 보이스피싱 피해 유형을 분석해 피싱 징후를 탐지하는 솔루션이다.[8] AI 기술을 활용해 문자메시지·통화 패턴·설치된 앱 목록 등을 실시간으로 분석함으로써 보이스피싱 의심 징후를 미리 찾아낸다. 실제로 거래가 발생하지 않더라도 피싱이 감지되는 시점에 즉각 고객에게 전화를 걸어, 타 금융사에서 발생할 수 있는 피싱 범죄까지도 예방할 수 있다.

환경과 사회를 생각하는 ESG 혁신

/

2023년 경영 활동의 핵심 목표로 부상하고 있는 ESG 전략은 새로운 혁신을 달성하기 위한 단초가 됐다. 이미 금융위원회에서는 자산 총액 2조 원 이상 상장 기업의 경우, 2019년 '기업지배구조보고서 공시 의무화', 2022년 '환경정보 공시 의무화'에 이어, 2025년부터는 단계적으로 '지속가능보고서 공시'를 의무화할 것을 권고한 바 있다.[9] 이에 대응하기 위해서는 혁신의 방향을 ESG 가치와 일치시키는 것이 중요하다. ESG의 환경적·사회적 가치를 혁신 아이디어와 접목한 사례를 살펴보며, 기업이 지향해야 할 혁신의 방향성을 모색해보자.

환경 위기에 대응하는 ESG 혁신

유난히 무덥고 비가 잦았던 2023년 여름은 환경문제가 우리 모두의 문제라는 인식을 만들어줬다. 이에 환경 위기를 극복하는 다양한 아이디어가 소비자의 구매로 이어진다는 확신이, 관련 제품의 혁신으로 이어졌다. 자원 순환 아이디어를 바탕으로 신시장을 개척한 사례도 주목을 끈다. CJ제일제당과 HDC현대EP의 합작법인 'CJHDC비오솔'은 2023년 1월, 충북 진천에 복합 생분해 소재 플라스틱 생산 공장의 준공식을 가졌다.[10] 폐기되는 데 최소 400년 이상 소요되는 기존 플라스틱과 달리, 생분해 플라스틱은 폐기 이후 단기간에 물과 이산화탄소로 분해된다. 폐기 단계에서도 탄소 배출 등 환경 파괴 우려가 덜하다.[11] ESG 가치를 바탕으로 기업의 미래 먹거리를 발굴하는 것이다.

디스플레이 기술혁신을 발판 삼아 ESG 가치를 실현하는 기업도 있다. GS샵·CJ온스타일·롯데홈쇼핑 등은 2022년 말부터 점차적으로 홈쇼핑 스튜디오의 배경 세트를 '미디어월'로 대체하고 있다. 기존에는 방송 주제에 따라 배경 세트를 설치하고 철거하는 일을 반복했다면, 미디어월은 배경 세트를 영상 스크린으로 대체하기 때문에 폐기물을 약 50톤 이상 줄일 수 있다. 방송 준비 시간을 단축할 수 있는 것은 물론이고, 시청자의 몰입감도 한층 높아져 성공적인 ESG 전략으로 평가받고 있다.

식품 및 유통 업계는 순환 경제에 집중하고 있다. 식품 제조 과정에서 발생한 부산물로 다른 식품이나 원료를 재생산하는 '푸드 업사이클링'이 대표적이다. 2023년 3월, CJ제일제당은 즉석밥을 만들 때 사용하지 못한 깨진 쌀과 두부를 만들 때 생긴 비지를 활용한 제품인 '익사이클 바삭칩'을 출시했다. 농심켈로그는 밀을 빻아 체로 걸러서 남는 껍질 부분인 '밀기울'을 넣어 만든 시리얼 '든든한 브랜 그래놀라'를 2023년 4월 신규 출시했다. 삼성웰스토리의 업사이클 푸드 브랜드인 '비요미' 역시 버려지던 비지를 활용해 단백질 스낵 '비요미 프로틴 검은약콩 오곡크런치'를 선보였다.[12]

사회적 가치를 더하는 ESG 혁신

다양성을 존중하는 사회적 가치 측면에서도 ESG 혁신이 활발하게 적용된 2023년이었다. 삼성전자는 저시력자와 시각장애인들이 TV를 좀 더 뚜렷하게 볼 수 있도록 지원하는 '릴루미노relumino' 기술을 개발해 TV에 탑재했다. 릴루미노 기술은 인공지능 알고리즘을 활용해 화면 속 이미지를 분석하여 외곽선을 또렷하게 만드는 기능이다. 명암비·밝기·색상·선명도 등을 조절해 저시력자와 시각장애인들이 뿌옇게 보이는 이미지를 더욱 선명하게 인지하도록 돕는다.[13]

구글 역시 인종 편향을 극복하고 다양성 가치를 높이는 혁신을 지속하고 있다. 2023년 5월, 구글은 엘리스 몽크Ellis Monk 하버드대 부교수와 협업해 모든 종류의 피부색을 판단할 수 있는 10단계 척도인 '몽크 스킨 톤Monk Skin Tone'을 개발했다.[14] 그동안 거대 미디어 기업들은 주로 '피츠패트릭Fitzpatrick' 척도를 사용해 피부색을 표현했다.

1975년에 개발된 이 척도는 백인이 햇볕에 그을린 정도를 표현하고자 만들어졌기 때문에 다양한 인종의 피부색을 표현하는 데 한계가 있었다. 몽크 스킨 톤은 이를 극복한다. 가령 '신부 화장'이라는 키워드를 검색한 뒤 피부 톤을 선택하면 이전보다 훨씬 다양한 톤의 결과가 도출되는 것이다.

신체적 약자를 배려하는 디자인 혁신 역시 실효성 있는 ESG 전략으로 자리 잡았다. 2023년 다수의 소비재 회사들이 자사 제품명과 용도 등을 점자로 표시하는 패키지 리뉴얼을 단행하고 있다. 가장 발빠르게 대응하고 있는 곳은 식품 회사다. 롯데칠성음료는 2021년부터 '아이시스', '칠성사이다' 제품의 상단에 브랜드명을 점자로 표기하고 있다. 삼양식품과 오뚜기 역시 2022년부터 제품에 브랜드 이름은 물론, 전자레인지 사용법 등을 점자로 표기하고 있다. 이런 변화는 차츰 다른 소비재 회사로 확산되고 있다. 2023년 3월, LG생활건강은 섬유 유연제 '샤프란 아우라'를 시작으로 생활·가정용품 전체에 점자 표시를 적용하기로 결정했다. 애경산업도 치약의 포장 뒷면에 품목·제품명·용도 등을 점자로 표시하고 있다.[15]

• • •

향후 전망

2023년, 기업들은 경기 불황 속에서도 혁신하기 위해 부단히 노력했다. 숨어있는 소비자의 니즈를 찾고 대응함으로써 저성장의 늪에서도 성장의 기회를 놓치지 않고자 했다. 안타까운 점은 2024년의 경제 상황도 2023년에 비해 크게 개선될 것 같지는 않다는 사실이다. 경제적 불확실성과 함께, 저출산·고령화라는 과제도 우리를 기다리고 있다. 기업은 이 위기의 파고를 어떻게 뛰어넘을 수 있을까?

첫째, 본질에 충실해야 한다. 시대를 관통하는 불변의 성공 법칙은 사람이 가진 기본 욕망에 집중하는 것이다. 고려대 글로벌비즈니스대학 송수진 교수는 불황에도 승리하는 제품을 만들려면, 시대와 시장을 관통하는 소비자의 욕망을 읽어야 한다고 주장한 바 있다.[16] 소비자의 삶 속에서 낭비와 불편함을 없애고, 소비자가 정체성과 취향을 드러낼 수 있도록 돕는 상품만이 살아남는다. 소비자가 느끼는 '페인 포인트'와 '열망 포인트'를 파악하고, 이를 제품과 브랜드로 해소하는 기업만이 존속할 수 있다.

둘째, 산업의 경계를 넘나들며 다양한 업종과 협업할 필요성이 커지고 있다. 미래의 혁신은 경쟁사 간 혹은 이업종 간 협업으로 새로운 생태계를 만들어내는 혁신이어야 한다. 2023년 11월, 삼성전자와 LG전자는 서로 손을 잡기로 합의했다. 두 기업의 핵심 제품을 서로 연동함으로써 새로운 산업 생태계를 선보일 예정이다. 삼성전자 '스마트싱스 앱'을 이용해 LG전자 에어컨의 풍량을 조절하거나, LG전자 '씽큐 앱'으로 삼성전자 세탁기의 전원을 켜고 끌 수 있다는 의미다.[17] 세계 가전 시장을 선도하는 두 기업의 협업이 시장에 미칠 파장은 생각보다 클 것으로 예상된다. 향후 소비자가 제품을 선택할 때, 이 새로운 생태계에 포함되느냐 여부가 의사결정에 중요한 영향을 미칠 수도 있기 때문이다.

마지막으로, 정부의 민첩한 규제 혁파가 절실하다. 기업들이 새로운 도전을 할 수 있도록 현시대에 맞지 않는 규제를 과감하게 개선해나가야 한다. 예컨대 디지털 헬스케어 시장은 정부 지원 없이 기술 혁신만으로는 성장을 기대하기 어렵다. 시장조사 기관 GIA에 따르면, 전 세계 디지털 헬스케어 시장의 41%를 차지하는 미국의 경우, 2020년 약 78조 원이었던 시장 규모가 2027년에는 약 268조 원 규모로 성장할 것으로 예상된다. 연평균 성장률도 약 19.3%에 달한다. 유럽의 성장률도 연 16% 정도다. 반면 한국의 경우, 미국과 유럽은 물론 중국에서도 보편화 단계에 접어든 원격 진료가 여전히 불법으로 취급되는 등 현저한 격차를 보이고 있다.[18]

흔히 혁신은 승자와 패자가 확실한 '제로섬 게임'으로 알려져 있다. 새로운 혁신으로 인해 기존 시장이 사라지는 '파괴적 혁신disruptive innovation'이 대표적이다. 하지만 미래의 혁신은 반드시 그러할 필요가 없다. 경쟁사와 함께 윈윈win-win하고, 사회에 새로운 일자리를 창출하며, 소비자의 삶을 획기적으로 향상시킬 '포지티브 게임'의 혁신도 얼마든지 가능하다. 『비욘드 디스럽션』의 저자인 김위찬 교수와 르네 마보안Renee Mauborgne 교수는 이를 '비파괴적 창조nondisruptive creation'라 명명한다. 액션 카메라 시장에 진출한 '고프로GoPro'가 기존 카메라 시장을 무너뜨리지 않고도 새로운 시장·제품·서비스를 창출했던 것이 좋은 예다.[19] 기업의 작은 혁신 노력이 동시대를 살아가는 우리는 물론, 미래 세대를 위한 디딤돌이 되는 비파괴적 창조로 이어지길 희망해본다.

〈트렌드 코리아〉 선정
2023년 대한민국 10대 트렌드 상품

2023년 대한민국 소비자를 열광시킨 10가지 제품과 배경 트렌드

2023년에는 어떤 상품이 인기 있었고, 또 그 배경이 된 트렌드는 무엇일까? 〈트렌드 코리아〉가 선정한 '2023년도 10대 트렌드 상품'을 통해 살펴보자.

선정 방법

후보군 선정

먼저 '트렌드 상품'의 후보를 단순히 물리적인 제품뿐만 아니라, 인물·이벤트·사건·서비스 등이 모두 포함되도록 정의했다. 또한 조사 시점이 7월 말이라는 점을 고려해, 2023년 트렌드 제품으로 선정되기 위한 기준 기간을 '2022년 10월부터 2023년 7월'로 조정했다.

후보 제품군은 주관적·객관적 자료를 모두 사용해 엄격하게 선정했다. 먼저 '주관적 자료'는 트렌드헌터 그룹인 '트렌더스 날' 멤버 148명이 개인별로 10개 제품을 추천하는 방식으로, 중복된 것을 제외하여 총 253개의 후보군을 확보했다. 다음으로 '객관적 자료'는 국내 유통사와 언론사에서 발표하는 판매량 순위와 히트 순위 등을 다수 수집해 작성했다.

이렇게 나열된 후보들을 한국표준산업분류의 대분류 및 산업중분류를 기준으로 하위 항목으로 분류하고, 분야마다 다양한 트렌드 상품 후보군이 등장하는지 확인했다. 최종적으로 식품, 패션, 뷰티, 헬스, 전기·전자, 스마트폰, 자동차, 애플리케이션, 유통·거리, 여가·여행, TV·OTT, 유튜브, 영화, 전시·공연, IT 기술, 출판, 인물, 금융, 정책, 사건, 기타 부문에 대해 30개의 후보 제품이 선정됐다.

설문조사

조사 전문 기관 마크로밀엠브레인에 의뢰하여, 나이·성별·지역에 대한 인구분포를 고려한 전국 단위의 대규모 온라인 설문조사를 실시했다. 응답 방식은 제시된 총 30개 후보 제품군 중 2023년을 대표하는 트렌드 제품 10개를 무순위로 선택하게 했고, 아울러 설문의 후보 상품 '보기' 순서를 무작위로 순환하도록 하여 예시의 순서가 선정에 미치는 영향을 최소화하도록 문항을 설계했다. 2023년 7월 19일부터 7월 25일까지 시행된 조사에 총 2,000명이 응답했으며, 표본 오차는 신뢰수준 95%에서 ±2.19%였다.

10대 트렌드 상품 선정

최종 마무리된 설문조사의 순위를 주된 기준으로, 〈트렌드 코리아〉 팀의 치열한 토론과 심사를 거쳐 '10대 트렌드 상품'을 최종 선정했다. 전년도와 마찬가지로, 트렌드 상품 선정의 가장 중요한 기준은 "해당 연도의 트렌드를 가장 잘 반영하는 상품인가" 혹은 "트렌드를 만들고 선도하는 의미가 높은 상품인가"다. 따라서 단지 최근에 발생해서 소비자의 기억 속에서 쉽게 회상되는 사례, 선거나 스포츠 행사처럼 반복되는 사건, 2023년이라는 특성을 반영하지 못하는 인물이나 스테디셀러 제품 등은 제외됐다. 다만 동일한 경우라 할지라도 '그 해의 특수한 현상'을 잘 반영하고, 후년 이것을 회상하는 것이 2023년 당시 우리 사회를 이해하는 데 도움이 된다고 판단된 경우에는 포함시켰다. 출시 시기 관련해서도 최초 출시된 시기에 초점을 두는 것이 아니라, 그것이 화제가 된 시기를 주요 기준으로 했다. 이러한 기준을 바탕으로 최종 선정된 '2023년 10대 트렌드 상품'을 응답률이 높았던 순서대로 서술한다.

10대 트렌드 상품의 소비가치

최종 선정된 2023년도 10대 트렌드 상품 리스트를 종합해보면, 우리 사회를 관통하는 2023년의 몇 가지 흐름을 발견할 수 있다.

응답자의 인구통계적 특성

분류		응답자 수(%)	분류		응답자 수(%)
성별	남자	1,019(50.9%)			
	여자	981(49.1%)			
연령	만 19세 이하(최소 18세)	142(7.1%)	**지역**	서울	380(19.0%)
	만 20~29세	334(16.7%)		부산	128(6.4%)
	만 30~39세	336(16.8%)		대구	92(4.6%)
	만 40~49세	413(20.7%)		인천	115(5.8%)
	만 50~59세	596(29.8%)		광주	55(2.8%)
	만 60~69세	167(8.4%)		대전	58(2.9%)
	만 70세 이상(최대 79세)	12(0.6%)		울산	46(2.3%)
직업	직장인	1,120(56.0%)		경기	531(26.6%)
	자영업	140(7.0%)		강원	58(2.9%)
	파트타임	75(3.8%)		충북	59(3.0%)
	학생	199(10.0%)		충남	79(4.0%)
	주부	248(12.4%)		전북	67(3.4%)
	무직	161(8.1%)		전남	66(3.3%)
	기타	57(2.9%)		경북	99(5.0%)
월평균 가계 총소득	200만 원 미만	149(7.5%)		경남	126(6.3%)
	200만 원 이상~300만 원 미만	228(11.4%)		제주	26(1.3%)
	300만 원 이상~400만 원 미만	306(15.3%)		세종	15(0.8%)
	400만 원 이상~500만 원 미만	252(12.6%)			
	500만 원 이상~600만 원 미만	341(17.1%)			
	600만 원 이상~700만 원 미만	206(10.3%)			
	700만 원 이상~800만 원 미만	160(8.0%)			
	800만 원 이상	358(17.9%)			
총 2,000명(100%)					

첫째, 기준이나 통상적인 것의 의미가 사라진 평균 실종이 가속화되고 있다. 팬데믹과 이후의 글로벌 저성장 등으로 인해 경제적 양극화가 심화되는 한편, 기술의 발전과 정보 원천의 증가로 인해 개인의 취향과 가치관이 다양화되고 있다. 이는 초저가·초대형 상품의 이슈몰이와 함께, 식당, 콘텐츠 상품, 패션 아이템 등에서도 각자의 즐거움을 추구하며 각 산업의 성장을 이끌고 있다.

둘째, 리오프닝으로 사람들은 실제 세계에서의 체험에 가치를 부여한다. 3년여의 기간 동안 이어진 팬데믹에 의해 차단됐던 오프라인에서의 경험을 다시 찾는 소비자들은, 여행 예능을 보며 대리 만족을 느끼고, 유명한 장소를 찾아다니며 자신의 경험 영역을 넓힌다.

셋째, 기술의 일상화로 소비자들의 행동이 바뀌고 있다. 지금까지 인공지능을 활용한 챗봇이나 그림 생성 프로그램 등은 일반인이 쓰기에는 비용이 높고 관련 서비스가 부족했다. 그러나 챗GPT ChatGPT가 검색을 대체할 수 있을 정도로 간단한 사용성을 보여주는 것을 시작으로, 일상생활에서도 기계와 인간이 협업할 수 있는 장이 열렸다.

마지막으로 인구구조의 변화가 산업에 큰 영향을 미치고 있다. 1인가구화·저출산·고령화는 우리 사회에서 앞으로의 변화를 일으킬 주요한 요인으로 여겨지고 있다. 원래의 시장이 축소되고 있다면, 동일한 자원으로 공략할 수 있는 새로운 타깃을 찾아 나서야 하기 때문이다. 무인점포의 확산과 단백질 식품의 진화는 이를 잘 보여준다.

〈트렌드 코리아〉 선정 2023년 10대 트렌드 상품(응답률 순)

	트렌드 상품	관련 키워드
무인점포	• 사람 없이 물건이나 서비스를 자동화 기계를 통해 판매하는 점포 • 인건비 상승과 인력 감소에 대한 대응	브이노믹스 편리미엄
여행 예능	• 팬데믹 이후 억눌렸던 여행 관심의 폭발 • 현지만의 체험을 다루는 콘텐츠 중심 • 날것 그대로의 '극사실주의'	디깅모멘텀 롤코라이프
챗GPT	• 생성형 인공지능의 일반화를 통해 데이터 기술의 새로운 패러다임을 불러온 기술	호모 프롬프트
편의점 초저가· 초대형 상품	• 편의점의 크고 저렴한 상품들 • 비용 대비 효용이 뛰어난 제품만 합리적으로 구매하는 소비자의 니즈 충족	평균 실종 체리슈머
단백질 식품	• 단백질이 포함된 식품의 진화 • 몸만들기 열풍과 고령화사회의 고영양 식품 수요 증가로 인함	스핀오프 프로젝트 헬시플레저 거침없이 피보팅
식당 예약· 줄 서기 앱	• 긴 줄 서기의 수고로움을 앱의 버튼 하나로 덜어주는 서비스 • 전 연령대로의 사용자 저변 확대 중	편리미엄 언택트 기술
웹툰·웹소설	• 인터넷과 모바일 기기로 즐기는 여가 • 콘텐츠 상품 IP의 원형으로서의 파급력 증대	디깅모멘텀
Y2K· 복고 아이템	• 세기말 유행 스타일의 귀환 • 신선한 자극을 주는 새로운 과거	요즘옛날, 뉴트로
팝업스토어	• 특정 장소에서 짧은 기간 동안 운영되는 오프라인 소매점 • 트렌디하고 차별화된 매장 경험을 선사	공간력 득템력
고향사랑기부제	• 원하는 지역에 기부하고 세액공제와 답례품을 받는 제도 • 지역을 자주 방문하고 소비 활동을 행하는 '관계인구'에 주목	리퀴드폴리탄 러스틱 라이프

10대 트렌드 상품의 의미

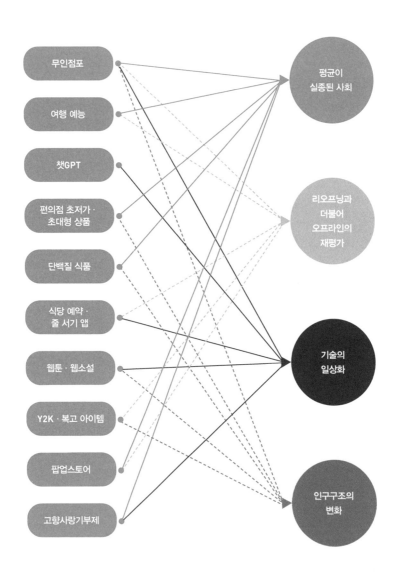

무인점포

여행 예능

챗GPT

편의점 초저가 · 초대형 상품

단백질 식품

식당 예약 · 줄 서기 앱

웹툰 · 웹소설

Y2K · 복고 아이템

팝업스토어

고향사랑기부제

평균이
실종된 사회

리오프닝과
더불어
오프라인의
재평가

기술의
일상화

인구구조의
변화

2022년 말 기준, 국내 무인점포 수가 전년 대비 55.8% 증가해 3,300개를 돌파했다.[1] 무인점포란 사람 없이 물건이나 서비스 따위를 자동화 기계를 통해 판매하는 점포를 일컫는다. 산업의 무인화는 상당히 빠른 속도로 진행되고 있으며, 이러한 변화를 일상에서 체감하는 것이 어렵지 않게 됐다. 음식점에서 직원이 아닌 '키오스크'에 주문하는 것이 일반화됐으며 기차역·영화관·공항 등 곳곳에서 키오스크를 찾아볼 수 있다. 한국지능정보사회진흥원NIA은 2022년 기준 국내 키오스크 수를 약 45만 대로 추정했다.[2] 지금까지는 유인 서비스와 무인 서비스를 복합 운영하는 부분 무인화가 중심이었는데, 최근 완전 무인화가 가능한 수준으로 빠르게 진화하고 있다. 고객의 얼굴 인식, 물품 관리, 매장 내 돌발 상황에 대응할 정도의 기술력을 갖춰가고 있다. 국내에서는 편의점을 비롯해, 아이스크림 할인점·인형 뽑기방·PC방·세탁소 등의 업종에서 무인점포를 도입하는 모습을 보이고 있다.

배경 트렌드 및 향후 전망

높은 물가의 타격 속에서 급격한 인건비 상승으로 자영업자들의 부담이 가중되고 있다. '최저임금 1만 원 시대'가 임박한 가운데 자영업자는 무인 시스템을 적용해 인건비를 줄이겠다는 취지에서 점원 없이 24시간 운영되는 무인점포를 선택하고 있다. 무인점포는 대인 접

촉 없이 상품이나 서비스를 구매할 수 있으며 공간·인력·비용 측면에서 강점을 갖는다. 실제 안면 인식 기술을 이용해 사전에 등록한 고객 얼굴을 인식한 후 출입을 허용하는 무인 PC방을 운영할 경우 무인 시스템 월 사용료는 50만 원인 반면, 아르바이트생을 한 명 고용하면 180만 원이 나간다고 한다.[3]

글로벌 유통 업체들이 무인점포 시장을 확장하는 것은 인건비 절감은 물론 장기적으로 인력 부족 문제가 예상되기 때문이라고 밝히고 있다. 전 세계가 고령화사회로 진입함에 따라 생산가능인구는 필연적으로 감소할 것으로 예측되며 한국의 경우에도 2020년부터 본격화되고 있는 베이비부머 세대의 은퇴와 출산율 저하 등이 겹쳐 향후 인력 부족 문제가 충분히 대두될 수 있는 상황이다. 무인점포는 인건비 상승, 인력 부족 문제를 극복할 수 있는 솔루션으로 유통 업계의 관심을 끌고 있다.

이러한 무인점포의 이면에는 아직 해결해야 하는 문제들이 남아있다. 무인점포에서 발생하는 크고 작은 절도 문제는 여전히 해결되지 못하고 있다. 2022년 무인점포에서 전체적으로 6,018건의 절도가 발생했으며, 이는 전년 대비 2배 가까이 늘어난 수준이다.[4] 그럼에도 불구하고 도난으로 인한 손실보다 인건비 절감액이 더 크다는 판단이 유효한 한, 무인점포의 확대는 계속될 전망이다.

관련 키워드: 「트렌드 코리아 2021」 브이노믹스, 「트렌드 코리아 2020」 편리미엄

여행 예능 프로그램이 돌아왔다. 팬데믹으로 인해 잠정 중단됐던 여행 예능이 재개됐을 뿐만 아니라, 이전과 차별화되는 새로운 방송 포맷이 속속 등장하고 있다. MBC의 간판 예능으로 부상한 〈태어난 김에 세계일주2〉는 힐링과 쉼을 주제로 한 기존 여행 예능의 주된 포맷과 달리, 인도에서 맞닥뜨리는 크고 작은 사건들을 날것 그대로 담아내 많은 시청자의 관심을 얻었다. 단순히 구경거리에만 집중하기보다는 현지인의 결혼식에 참석해 새로운 문화를 경험하고 워킹 홀리데이나 장사를 통해 돈을 버는 등 '현지 체험'을 다루는 콘텐츠에 방점을 찍고 있다.

본격적으로 여행을 다루는 프로그램이 아니더라도, 최근 예능 프로그램 중 여행 요소를 가미하지 않은 경우를 찾아보기 어려울 정도다. 독신 연예인들의 생활을 관찰하는 MBC 〈나 혼자 산다〉에서는 멤버들이 함께 몽골 여행을 떠나는 모습을 그렸으며, 매주 새로운 게스트가 등장하는 토크쇼 중심의 JTBC 〈아는 형님〉에서도 고정 출연진이 베트남의 휴양지 다낭을 방문하는 내용을 보여줬다. 2023년 7월 갤럽이 조사한 '한국인이 좋아하는 방송영상프로그램'에서도 여행 예능의 인기를 엿볼 수 있다. 핀란드와 인도네시아 발리에서의 미션과 게임을 다루는 〈뿅뿅 지구오락실2〉가 예능 순위 1위를 차지했으며 〈태어난 김에 세계일주2〉 또한 5위를 차지했다.

배경 트렌드 및 향후 전망

여행 예능의 전성시대가 열린 배경에는 엔데믹의 영향이 크다. 팬데믹으로 막혔던 여행길이 다시 열리고 위축됐던 소비자의 여행 욕구가 살아나면서 각 방송사에서는 여행을 소재로 한 예능프로그램 촬영이 가능해졌다. 잇따라 나오는 여행 예능의 홍수 속에서 콘텐츠의 차별성은 출연자의 '활동'으로부터 비롯된다. 기존에는 '어디로 가는지'인 목적지가 여행 예능의 핵심이었다면 이제는 '무엇을 하는지'가 그 무엇보다 중요해졌다.

한편, 최근 새롭게 편성되는 여행 예능의 경우 주로 여행지에서의 경험을 가감 없이 담아내는 경향을 보인다. 이러한 예능은 여행지에서 경험하는 우여곡절을 날것 그대로 방영한다는 점에서 '극사실주의' 여행 예능이라고까지 일컬어지고 있다. 이는 계획 없이 떠나 현지에서 부딪치는 이야기를 사실적으로 담아낸 콘텐츠로 인기를 끌었던 빠니보틀이나 곽튜브 등 여행 크리에이터들이 만들어낸 새로운 경향이다. 팬데믹이 마무리되면서 여행길은 열렸지만 여전히 경기가 회복되고 있지 않은 지금, 여행 예능은 시청자에게 대리 만족을 선사해주고 있다.

출처: MBC

관련 키워드: 「**트렌드 코리아 2023**」 디깅모멘텀, 「**트렌드 코리아 2021**」 롤코라이프

챗GPT는 특정 개념에 대한 설명, 자료 요약, 아이데이션, 프로그래밍 오류 확인 등을 대화 형태로 명령하고 구현하는 생성형 인공지능 챗봇이다. 2022년 11월 말 공개된 후 5일 만에 100만 명이 이용하면서 이슈의 중심이 됐고, 6개월간 총 방문자 수는 9억 명으로, 전 세계 인구의 10% 이상이 한 번 이상 이용한 서비스로 자리 잡았다.

상상만 하던 인공지능의 쓰임새가 우리의 삶 속으로 한 걸음 훌쩍 가까워지는 결정적 전환이 펼쳐졌다. 효율적으로 일하고 효과적으로 정보를 찾아내는 일을 '○○GPT'라고 부를 정도로 신드롬을 불러일으키고 있다.

비슷한 서비스들이 줄지어 등장했다. 구글의 바드Bard는 2023년 5월부터 한국어도 지원하고 있으며, 특히 구글 검색 및 지메일 등과 결합해 그 쓸모를 증명하고 있다. 마이크로소프트는 검색 엔진 빙Bing을 인공지능 기반으로 업그레이드했으며, 미드저니, 달리2 등 이미지 생성형 인공지능 역시 인간의 창작 영역을 넘보고 있다. 국내의 경우 2023년 8월 말 네이버가 하이퍼클로바X를 공개하면서 멀티모달 챗봇·기업 생산성 향상 툴·글쓰기 도구 ·광고 등으로의 확장성을 제안했으며, 카카오의 코GPT 2.0, SKT의 에이닷 등이 2023년 하반기에 정식으로 출시 될 예정이다.

배경 트렌드 및 향후 전망

챗GPT 등의 생성형 AI는 이미 고객 서비스·의료·교육·제조 등 다양한 산업에서 기존의 방식을 대체하거나 개선하고 있다. 무엇보다 인공지능과 인간의 협업을 통해 더 창의적이고 생산적인 작업이 가능해졌다.

그럼에도 불구하고 맥락과 관련 없거나 사실이 아닌 내용을 마치 옳은 답처럼 내놓는 할루시네이션 현상, 인공지능의 학습을 위해 사용된 데이터들에 대한 대가 산정, 편향된 데이터로부터의 학습에 의한 결과물의 차별과 편견의 무분별한 표출, 데이터의 무작위적 수집에 의한 개인의 사생활과 저작권 침해 등의 문제는 반드시 풀어야 할 과제로 꾸준히 제기되고 있다.

전 세계적으로 인공지능에 대한 투자액은 상당해, 2022년 919억 달러(약 123조 원)에서 2023년에는 1,102억 달러(약 147조 원)에 달할 것으로 추정된다.[5] 우리 정부 역시 2023년 4월 '초거대 AI 경쟁력 강화방안'을 발표하며 올해에만 약 4,000억 원의 예산을 투입할 예정이다. 이제 막 시작된 인공지능의 본격 상용화 시대에 인공지능이 보여줄 수 있는 가치에 대한 기대치를 반영한 금액이라 할 수 있다. 인공지능을 사용함으로써 추가적인 가치를 창출해낼 수 있을지, 그리고 그 가치는 무엇일지에 관해, 개인의 삶의 변화에 대한 방향성이 주목된다.

관련 키워드: 「**트렌드 코리아 2024**」 호모 프롬프트

2023년, 식품유통 업계 마케팅의 핵심 전략은 '초저가·초대형 상품' 이었다. 편의점 GS25에서는 용량을 4~8배 키운 '점보' 상품들을 선보이면서 소비자에게 큰 호응을 얻었다. 젊은 세대 사이에서 가격에 비해 양과 질이 매우 뛰어난 상품을 묘사할 때 사용되는 '혜자롭다' 라는 유행어를 활용한 '혜자로운 맘모스빵', 시리즈물 정주행(콘텐츠를 처음부터 끝까지 몰아보는 문화)에 최적화된 '넷플릭스 콤보팝콘', 기존 '팔도 도시락'을 8.5배 키운 초대형 컵라면 '점보 도시락'이 카테고리별 1위 상품에 올랐다. 특히 '점보 도시락'은 없어서 못 파는 제품으로 등극하여 웃돈을 주고 거래하는 모습까지 목격할 수 있었다.

초저가 상품 경쟁도 격화됐다. 세븐일레븐의 경우 '2천 원의 행복' 시리즈를 통해 일반 제품보다 저렴한 가격의 김밥, 버거, 샌드위치를 선보였으며, CU는 '득템' 시리즈로 2천 원대 냉동 피자를 출시했다. 이마트24는 1,500원짜리 도시락 '원더밥'을 출시했는데, 해당 도시락은 이마트24의 다른 도시락보다 약 2배 더 판매되는 성과를 보이기도 했다.[6]

이러한 편의점 업계의 초저가 경쟁은 식품에만 국한되지 않는다. CU에 따르면 주요 생활용품의 전년 대비 매출 신장률은 생리용품 27.5%, 샴푸·린스 26.3%, 비누·바디워시 16.3%, 치약·칫솔 12.2%, 티슈

출처: GS리테일

11.3% 등으로 나타났으며, 특히 PB 상품에 대한 소비자의 선호가 뚜렷했다.[7] 각 편의점들은 단가를 낮춘 PB 상품을 확대하거나 다양한 세일 행사를 진행하는 등 가격에 민감한 고객을 잡기 위해 총력을 다하는 모습을 보였다.

배경 트렌드 및 향후 전망

밥값과 커피값을 더하면 '2만 원인 시대'가 왔다. 외식비가 크게 오르면서 점심 한 끼 비용도 부담스러워진 직장인들이 식사를 해결하기 위해 편의점을 찾고 있다. 경기 침체, 금리 인상, 고물가가 겹치면서 소비자는 비용 대비 효용이 뛰어난 제품만 합리적으로 구매하려는 경향을 보인다. 이러한 소비자들의 실속 있는 소비를 위해 편의점 업계에서는 대용량 혹은 초저가를 경쟁력으로 내세운 제품으로 고객들의 매장 방문을 늘리고 있다. 같은 가격이라면 양이 많고, 같은 양이라면 가격이 낮은 가성비 먹거리를 찾아 나서는 소비자가 많아진 것이다. 이러한 편의점 업계의 발 빠른 대응으로 소비자에게는 편의점이 고물가 시대를 견디는 창구로 주목받고 있으며 '편의점은 비싸게 구매하는 곳'에서 '저렴한 구매가 가능한 곳'으로 인식이 변화하고 있다. 특히 편의점이 생활필수품 등 대형마트의 주력 품목을 선보이면서 편의점과 마트의 경계가 허물어지고 있다. 시의적절한 상품군을 기획하고 선보이는 편의점은 앞으로 유통 업계 내의 포지션을 새롭게 정립해나갈 것으로 보인다.

관련 키워드: 「트렌드 코리아 2023」 평균 실종, 「트렌드 코리아 2023」 체리슈머

단백질 식품의 진화가 흥미롭다. 단백질 식품은 더 이상 운동을 하는 이들이 근육량을 늘리기 위해 섭취하는 제품만을 의미하지는 않는다. 단백질 보충제나 조리된 닭가슴살 제품들은 이미 시장에서 흔해졌다. 제형이 다양하고 식감을 중시하며 맛까지 놓치지 않은 제품이 속속 등장 중이다. 삶은 계란 3개 분량의 단백질을 섭취할 수 있는 농심켈로그의 '프로틴 그래놀라 다크초코볼', 요거트에 단백질을 더한 hy의 '프로닉 데일리그릭', 즉석밥에 곡물 기반 단백질을 담은 CJ제일제당의 '플랜테이블 그레인보울', BHC의 '스파이시 닭가슴살 떡볶이', 허벌라이프 뉴트리션의 '하이 프로틴 아이스 커피', 탐앤탐스의 '프로틴 도넛' 등 일일이 열거하지 못할 만큼 신제품 출시가 봇물 터지듯 이어지고 있다.

이에 시장 규모도 꾸준히 증가하고 있다. 단백질 식품 시장은 2018년 813억 원에서 연평균 78.4%씩 규모가 급증해 2022년에는 4,000억 원대에 올라섰으며,[8] 2023년에는 4,500억 원에 달할 것으로 추산된다.[9] 일동후디스의 단백질 음료 '하이뮨'은 2022년 1,650억 원의 매출을 기록하며, 일동후디스 전체 매출의 절반 이상을 차지했다. 이는 처음으로 단백질 부문이 분유와 유

출처: 일동후디스, 농심켈로그

아식 부문을 넘어선 것이라고 한다.[10] 매일유업의 경우 흰 우유 매출은 2020년 3,140억 원에서 2022년 3,400억 원으로 8% 늘어난 반면, 같은 기간 단백질 건강기능식품 브랜드 '셀렉스'의 매출은 500억 원에서 1,000억 원으로 2배 성장했다.[11]

배경 트렌드 및 향후 전망

단백질 식품의 인기에는 건강에 대한 관심 증가가 배경으로 자리 잡고 있다. 기초 체력 증진, 면역력 강화, 다이어트, 식사 대용 등 다양한 목적으로 전 연령대가 즐기는 단백질 식품의 수요가 증가한 것이다.[12]

또 하나의 배경은 고령화다. 저출산 등으로 성장기 인구가 줄어 우유가 팔리지 않는 시대에, 남아도는 원유를 활용해 새로운 시장을 공략하려는 전략으로서 단백질 제품 라인업이 식품 회사들의 미래 성장 동력이 되고 있다.

한편 식물성 단백질 혹은 푸드테크가 적용된 대체 단백질 제품에 대한 연구도 활발하다.[13] 신소재 단백질은 동물성 단백질 제품에 비해 환경친화적이고 윤리적이라는 장점이 있어, 보다 많은 소비자들의 관심을 끌고 있다. 따라서 단백질 제품 시장의 성장은 앞으로도 계속 이어지리라 전망된다. 갖가지 형태와 재료로 만들어질 신제품은 소비자들의 풍부한 식생활은 물론 관련 업계에도 큰 기회가 될 것이다.

관련 키워드: 『트렌드 코리아 2024』 스핀오프 프로젝트, 『트렌드 코리아 2022』 헬시플레저, 『트렌드 코리아 2021』 거침없이 피보팅

식당 예약·줄 서기 앱의 이용이 일상화되고 있다. 맛집에서 식사하기 위해 긴 시간 기다리는 대신 스마트폰 앱에서 버튼 하나로 수고로움을 덜 수 있게 됐다. 원격 줄 서기 서비스의 도입으로 외식 문화에도 변화가 생기고 있다. 기존 소비자들은 맛집 방문 시 줄을 서서 기다리는 것을 일종의 통과의례처럼 여겼지만 요즘 소비자는 앱을 통해 대기 현황을 확인할 수 있는 식당만을 방문하는 모습을 보인다. 맛집 대기를 걸어두고 남는 시간에 다른 곳에서 시간을 보내는 '0차 문화'라는 신조어도 생겨났다.[14]

원격 줄 서기 서비스 외에도 앱에서는 지역별·메뉴별 식당 정보와 예약까지 한 번에 해결할 수 있는 기능을 지원한다. 차별화 경쟁이 한창인 식당 예약·줄 서기 앱에서는 계속해서 소비자의 외식 문화를 편리하게 해줄 신규 서비스들을 선보이고 있다. 한편 식당 예약·줄 서기 앱의 또 다른 활용법은 여행객의 맛집 가이드다. 실제 국내 여행지로 많이 찾는 제주도와 부산 지역의 레스토랑의 평균 예약률은 2023년 6월 대비 7월에는 36.82%, 8월에는 85.2% 증가해, 여행지에서도 식당 예약·줄 서기 앱이 활발하게 이용되고 있음을 알 수 있다.[15]

이미 소비자의 일상 속에 스며들어 새로운 문화를 만들어내고 있는 식당 예약·줄 서기 앱의 사용자 수는 매년 폭발적으로 증가하고 있다. 특히 점유율 1위인 '캐치테이블'의 경우 2023년 6월 기준 웨이팅 서비스의 누적 이용 건수는 65만 건을 넘어섰으며, 처음 론칭했을 때와 비교해 2023년 7월의 이용 건수는 1,500% 증가한 것으로 나타났다.[16]

배경 트렌드 및 향후 전망

디지털 환경에 익숙한 2030세대는 외식 업계 큰손으로 떠올랐다. 식당을 찾고 예약하며 기다리고 먹는 식사의 총체적인 과정을 중시하는 이들에게 제대로 된 한 끼를 경험하는 것은 그 무엇보다 중요하다. 이러한 식문화의 변화로 식당 예약·줄 서기 앱은 뚜렷한 성장세를 보이고 있다. 와이즈앱에서 공개한 웨이팅 앱 사용자의 연령대별 비중을 살펴보면 '캐치테이블' 사용자의 65.4%와 '테이블링' 사용자의 63.6%를 2030세대가 차지하고 있어 젊은 세대를 중심으로 식당 예약·줄 서기 앱이 빠르게 확산되고 있음을 확인할 수 있다.[17] 40대가 20% 이상의 비중을 차지하고 있으며, 디지털 환경이 생소한 50대, 60대의 사용자들 역시 존재한다는 점을 고려할 때 식당 예약·줄 서기 앱은 앞으로도 모든 연령의 외식 필수 앱으로 그 저변을 확대해갈 것으로 보인다.

관련 키워드: 「**트렌드 코리아 2020**」 편리미엄, 「**트렌드 코리아 2018**」 언택트 기술

웹툰·웹소설은 최근 콘텐츠 영역에서 가장 빠르게 성장하는 분야다. 2022년 기준 15~49세 남녀의 51.6%가 최근 1개월 내 웹툰을, 21.4%가 웹소설을 본 적이 있다고 한다.[18] 1회당 소비 시간은 웹툰 29분, 웹소설 43.5분이며, 월평균 지출액도 웹툰이 1만2,150원, 웹소설은 1만7,370원으로 OTT 서비스의 한 달 구독료나 책 한 권 값과 비슷하다.

당연히 시장 규모도 성장 일로다. '2022년 출판시장 통계'에 따르면, 웹툰·웹소설 시장은 2021년 대비 30.3%가 성장했다. 카카오엔터테인먼트의 스토리 부문(웹툰·웹소설 부문 포함) 매출이 5,589억 원, 네이버 웹툰이 5,489억 원, 리디가 2,157억 원을 기록하는 등 총 시장 규모는 1조 8,178억 원으로 추산된다.[19]

배경 트렌드 및 향후 전망

웹툰·웹소설의 성장은 다양한 요인에 의해 촉진되고 있다. 먼저 인터넷과 모바일 기기의 보급 확대로 인한 접근성의 증가이다. 웹툰·웹소설은 그 이름대로 '웹'을 기반으로 시작된 만화 및 소설이다. 형식이 실질을 좌우한다는 측면에서, 세로 스크롤과 한 화면의 글자 수 한계는 그림의 배치 방식이나 문장 호흡에 있어 스토리 전개의 혁신을 이뤄냈다.

또 한 가지는 IP Intellectual Property(지식재산)의 활용이 활발해지고 있

다는 점이다. 최근 1년만 해도 웹툰·웹소설을 원작으로 하는 영상 콘텐츠는 〈재벌집 막내아들〉(드라마), 〈사내맞선〉(드라마), 〈무빙〉(드라마), 〈마스크걸〉(드라마), 〈시맨틱 에러〉(드라마, 영화), 〈콘크리트 유토피아〉(영화) 등 일일이 나열하기 어려울 정도다. 또 형식도 확대되어, 웹툰 〈좋아하면 울리는〉을 원작으로 한 예능 〈좋아하면 울리는 짝!짝!짝!〉이 웨이브에서 공개됐고, 웹툰 〈머니게임〉은 미국에서 웹예능으로 만들어지기도 했다. [20]

마지막은 글로벌 시장의 팽창이다. 'K-콘텐츠'의 인기는 원작 웹툰·웹소설을 주목하게 했다. 이에 네이버는 2021년 캐나다 웹소설 업체 '왓패드Wattpad'를 인수했고, 카카오는 2018년 인도네시아의 웹툰 플랫폼 '네오바자르Neo Bazar'와 2021년 북미 웹툰 플랫폼 '타파스Tapas'를, 북미 웹소설 플랫폼 '래디쉬Radish'와 이를 통해 또 다른 북미 웹소설 플랫폼 '우시아월드Wuxiaworld'도 인수했다. [21]

앞으로 불법 공유 다운로드 사이트와 IP 보호 문제, 창작자와 플랫폼 간의 수익 배분 문제, AI를 활용한 결과물의 독창성과 작품성 인정 문제 등 더 빠른 성장을 제약하는 요소들을 어떻게 해결해나가느냐에 웹툰·웹소설의 도약이 달려있다고 볼 수 있다.

관련 키워드: 『트렌드 코리아 2023』 디깅모멘텀

최근 MZ세대의 패션을 설명할 때 빼놓을 수 없는 단어는 'Y2K'이다. Y2K란 세기말을 일컫는 단어로, Y는 연도year, K는 1,000kilo을 의미하기에 Y2K는 곧 2,000년이라는 뜻이다. 전반적으로 밝고 키치한 분위기를 풍기는 Y2K 패션은 크롭티·로우라이즈·볼레로 등의 아이템으로 대표된다. 세기말에 유행하던 스타일이 20여 년이 지난 2023년 Z세대 소비자들 사이에서 '힙한' 스타일로 주목받았다. 중고거래 플랫폼 번개장터가 공개한 바에 따르면, 2023년 상반기의 Y2K 관련 검색량은 전년 동기 대비 약 486% 증가한 것으로 나타났다.[22]

Y2K 열풍에 힘입어 소비자가 찾는 브랜드에도 변화가 생겼다. 최근 몇 년간 미니멀한 디자인과 로고가 특징적인 메종키츠네, 아미, 메종 마르지엘라 등의 신명품이 대세였다면, 이제는 Y2K를 앞세운 브랜드인 디젤, 쿠레주, 자크뮈스 등이 급격한 성장세를 보였다. 패션 플랫폼 캐치패션에 의하면, Y2K 패션의 대표 주자가 된 디젤의 경우 전년 대비 제품 판매량이 700% 성장했다고 한다.[23]

Y2K는 의류 시장뿐만 아니라 가전·디지털 카테고리에도 큰 영향을 미치고 있다. 헤드폰을 착용하거나 목에 걸치는 Y2K 패션의 일종인 헤드폰 코디가 부상하면서 소니코리아의 헤드폰 구매자 중 15~34세 비중이 2019년 31%에서 2022년 81%로 수직 상승했다.[24] 세기말 감성을 담을 수 있는 아이템으로 재조명받은 디지털카메라와 캠코더의 인기도 이어지고 있다. 2023년 상반기의 디지털카메라 검

색량은 전년 동기 대비 94%, 캠코더 검색량은 81% 증가해 전자기기 시장에 반향을 일으켰다.[25]

배경 트렌드 및 향후 전망

2000년 전후를 경험해본 세대에게 Y2K는 지난 시절의 향수를 자극하는 반가운 문화다. 그러나 역설적으로 Y2K 문화를 주도하고 있는 세대는 그 시절에 대한 추억이 없는 Z세대다. 1990년대 중반에서 2000년대 초반에 태어난 Z세대에게 Y2K는 익숙한 옛것이 아닌 신선한 자극을 주는 '새로운 과거'다. 과거와 새로움이라는 2개의 상충하는 가치가 만나 젊은 세대의 호기심을 자극한 것이다. Y2K가 유행하던 시기는 20세기에서 21세기로 넘어가는 시기였다. 당시 문화를 선도했던 X세대는 공동체보다도 개인의 삶에 더 큰 가치를 둔 첫 세대로 회자된다. 이전 세대와의 다름과 개성을 중시했던 X세대의 특성이 반영된 Y2K 패션은 Z세대가 추구하는 감성과도 부합한다는 특징을 갖는다. 최근 대세 굳히기에 나선 Y2K 열풍의 무한 변주가 당분간 계속될 것으로 보인다.

출처: 블링크스타즈

관련 키워드: **「트렌드 코리아 2019」** 요즘옛날, 뉴트로

팝업스토어의 인기가 뜨거웠던 한 해였다. 팝업스토어란 사람들이 붐비는 특정 장소에 짧은 기간 운영되는 오프라인 소매점을 뜻한다. 팝업스토어는 단순 제품 판매에서 벗어나 브랜드 인지도 제고, 신제품 테스트, 고객과의 접점 확대 등을 목적으로 하는 마케팅 수단으로서 제 역할을 톡톡히 해내고 있다. 특히 팝업스토어에 전시되는 상품은 주로 일반 유통 채널에서는 판매되지 않는 상품이거나 한정판인 경우가 많기 때문에 소비자의 이목을 집중시킨다. 브랜드의 이미지를 극대화한 이색적인 분위기의 매장 인테리어도 팝업스토어의 또 다른 매력 포인트다. 최근에는 브랜드의 가치나 지향점을 반영한 팝업스토어 내의 다양한 체험 요소들이 소비자의 발길을 끈다.

도넛 브랜드 노티드의 팝업스토어 '노티드 월드', 롯데백화점의 테니스 팝업스토어 '더 코트', 수영복 및 수영용품 브랜드 아레나의 팝업스토어 '아레나 풀 서울' 등 업종을 불문하고 수백 개의 팝업스토어가 문을 열고 닫았다. 브랜드뿐만 아니라 최근에는 콘텐츠 업계에서도 팝업스토어를 적극 활용하고 있는 모습을 확인할 수 있다. 2023년 1월 말 더현대 서울에서 진행한 일본 애니메이션 영화 〈더 퍼스트 슬램덩크〉 팝업스토어에는 관련 상품을 구매하기 위해 매일 오픈런하는 소비자를 목격할 수 있었으며, 아이돌 그룹 '르세라핌'의 앨범 발매를 기념해 진행한 성수동 팝업스토어에는 1만6,000여 명의 소비자가 방문하는 모습을 보였다.[26]

배경 트렌드 및 향후 전망

엔데믹이 본격화되면서 오프라인 매장이 부활했다. 그러나 온라인 쇼핑의 성장과 팬데믹으로 인한 비대면 소비의 일상화로 오프라인 매장이 수행하는 역할은 코로나19 이전과는 다른 양상을 보인다. 최근 오프라인 매장들은 소비자의 체험에 방점을 찍고 있다. 이에 따라 브랜드는 소비자에게 차별화된 매장 경험을 선사할 방안을 모색했으며, 대표적인 방법으로 팝업스토어가 주목받게 됐다.

특히 팝업스토어는 요즘 젊은 세대의 놀이터로 거듭나고 있다. 재미와 새로운 자극을 추구하는 젊은 세대에게 팝업스토어는 더할 나위 없이 특별한 경험을 즐길 수 있는 공간이다. 소비자뿐만 아니라 기업에게도 팝업스토어는 최소한의 리스크를 지고 고객의 반응을 시험해볼 수 있는 효율적인 도구다. 단기간 운영으로 부담이 적을 뿐만 아니라, 브랜드의 문화와 철학을 소비자에게 짧은 시간 안에 효율적으로 전달하기 용이하다. 이처럼 기업의 니즈와 소비자의 니즈가 맞물린 팝업스토어는 앞으로도 리테일의 한 축을 이어나갈 것으로 전망된다.

출처: 현대백화점 공식 블로그, 쓰스뮤직

관련 키워드: 『트렌드 코리아 2023』 공간력, 『트렌드 코리아 2022』 득템력

"고향과 국민을 잇는다"는 메시지를 내세워 2023년 1월부터 시작된 '고향사랑기부제'는 개인이 주소지가 아닌 다른 지자체에 연간 500만 원까지 현금을 기부하고, 해당 지자체는 기부금을 기금으로 조성해 주민 복리 증진에 사용하는 제도다. 현재 우리나라는 수도권 인구 비중이 해마다 커지며 2022년에는 50%를 넘어섰다. 그러다 보니 비수도권의 경우 세수가 줄어 자치단체별 재정 여건이 악화되고 있다. 이에 지방재정을 확충하고 지역 경제를 활성화해 국가 균형 발전에 기여하기 위한 목적으로 고향사랑기부제가 도입됐다.

기부자는 세액공제도 받을 수 있고, 지자체로부터 기부금의 30% 범위에서 지역 특색을 담은 답례품을 받을 수도 있다. 속초의 요트 투어, 김제·달성·경주의 캠핑장 이용권 등 지방별 독특한 답례품은 도입 전부터 많은 관심을 받았으며, 아이돌이나 운동선수 등 유명인들의 동참도 계속되고 있다. 이는 30~40대 젊은 층의 참여로 이어졌고, 일부 지자체에는 한 달 만에 수억 원의 기부금이 쌓이는 등 초반 홍행몰이에 성공했다.[27]

배경 트렌드 및 향후 전망

일본은 2008년부터 '고향ふるさと 납세제'를 시행하고 있다. 도입 의도와 주민세 공제 혜택도 동일하다. 법인 기부가 가능해 기업의 참여를 유도하고 있고, 기부 시스템을 민간이 운영한다. 지방의 독특한 답례

품들이 점차 알려지며 해당 상품의 일반 판매도 늘어나고 관광객도 많이 찾고 있다고 한다. 2021년 한 해에만 기부자 740만 명, 기부 금액은 8,300억 엔으로[28] 긍정적 반응을 보이고 있다.

우리나라의 고향사랑기부제도 이슈몰이에 나서고 있다. 2023년 9월 초 일산 킨텍스에서는 제1회 고향사랑의 날 박람회가 열렸다. 전국 지방자치단체가 모여 답례품을 선보이고, 상반기 동안 모인 고향사랑기부금을 어떻게 활용할지, 다른 지역은 어떤 답례품을 준비했는지에 대한 정보 교류도 활발히 이루어졌다.[29]

특히 이 제도는 '관계인구' 증가와 관련해 이야기된다. 관계인구란 주민등록을 갖거나 상주하지 않더라도 해당 지역을 자주 방문하고 소비 활동을 행하는 사람들을 뜻한다. 지역 내 경제순환의 주체가 되기에 지방 소멸에 대응하는 중요한 개념으로 주목받고 있다.

현재 제한이 많은 기부 권유나 독려를 자유롭게 하고, 기부금 상한액을 높이자는 논의가 지속되고 있다. 또 답례품 역시 분야 및 종류가 더욱 다양해지고 있다. 고향사랑기부제에 대한 인지도가 매우 높은 상황이고 '로컬', '고향', '지역'에 대한 관심이 높아지고 있기에, 기부자와 기부액도 차차 늘어나리라 기대된다.

관련 키워드: 『트렌드 코리아 2024』 리퀴드폴리탄, 『트렌드 코리아 2022』 러스틱 라이프

2

2024 트렌드

Don't Waste a Single Second:
Time-Efficient Society

분초사회

당신은 TV를 보면서 잡지를 뒤적이고 동시에 스마트폰으로 검색을 한 적이 있는가? 16부작 인기 드라마를 차분히 정주행하지 않고, 유튜브의 요약 영상을 찾아본 후 그 드라마를 본 것처럼 동료들의 대화에 낀 적은 없는가? 지하철을 탈 때도 환승 통로나 출구와 가까운 차량 위치에 미리 가 있지는 않는가?

여러 가지 일을 저글링하듯 돌려 막는 생활이 이제는 일상이 되어버렸다. 이러한 변화에는 공통점이 하나 있다. 바로 시간을 매우 효율적으로 쓰게 됐다는 것이다. '빨리빨리 문화'에 익숙한 한국 사람들이 늘 바쁘다고는 하지만, 요즘 사람들의 시간관념은 예전과 확연히 다르다. '시간의 가성비'를 극도로 중요시하며 사용 시간의 밀도가 매우 높아졌다. 이것은 단지 바빠서가 아니다. 소유 경제에서 경험 경제로 경제의 패러다임이 이행하면서 시간이 돈만큼이나 중요한 자원이 됐기 때문이다. 예전에는 비싼 소유물을 과시하는 것이 중요했다면, 이제는 여행지·맛집·핫플레이스의 인증샷으로 자랑을 하는 시대다. 예전에는 일주일에 한 편 정도 '주말의 명화'를 즐겼다면, 다양한 OTT 플랫폼이 넘쳐나는 지금은 하루에도 몇 시간씩 '콘텐츠'를 시청한다. 모두 엄청난 시간을 요구하는 일이다. 현대사회에서 시간은 단연 가장 소중한 자원이고, 그것을 아껴 쓰고 그 가성비를 추구하는 것은 당연한 일이 됐다.

『트렌드 코리아 2024』에서는 이처럼 시간이 희소자원이 되면서 시간 효율성을 극도로 높이려는 트렌드를, 모두가 분초分秒를 다투며 살게 됐다는 의미에서, '분초사회'라고 명명한다. 분초사회에서 우리는 '시간지상주의'를 떠받들며 시간의 가성비를 높이기 위해 ① 돈보다 시간을 중시하고, ② 사용 시간 단위를 조각내며, ③ 여러 일을 함께 처리하고, ④ 일단 결론부터 확인한 후 일을 진행하며, ⑤ 실패 없는 쇼핑을 바라면서 극한의 시간 효율을 추구한다. 하지만 이렇게 분주하게 살면서, AI 시대에 반드시 필요해진 사색을 위한 여백을 놓치는 것은 아닌지 돌아볼 필요도 있다. "시간이 돈이다Time is money"라는 격언이 그 어느 때보다 절실하게 다가온다. 이제 시간이 돈만큼, 아니 돈보다 귀해졌다.

"9시 1분은 9시가 아니다."

'배달의민족' 운영사 '우아한형제들'의 "송파구에서 일을 더 잘하는 11가지 방법"에 있는 첫 번째 원칙이다. 당연한 언명이지만 우리의 시간관념에 경종을 울린다. 이제 이런 1분 단위의 시간 개념이 일반화되고 있다. "부서 회의가 5시에 끝나니까, 줌 미팅은 5시 17분에 개시하겠습니다" 하는 식의 약속이 늘고 있다고 한다.[1] 과거 '코리안 타임'이라는 말이 있었다. 한 20~30분 정도는 늦어도 양해할 수 있는 시간이었다. 그러나 요즘 20~30분을 아무 기약 없이 기다려줄 수 있는 사람은 많지 않을 것이다. 코리안 타임은 사라진 지 오래고, 삶을 운용하는 시간의 단위가 분分 단위로 쪼개지고 있다. 이것은 글로벌한 현상이다. 『도둑맞은 집중력』의 저자 요한 하리Johann Hari에 따르면, 미국인들은 1950년대보다 훨씬 더 빠르게 말하고, 덜 자고, 심지어 도시인들은 20년 전보다 걸음을 10% 더 빠르게 걷게 됐다고 한다.[2] 우리는 가속의 시대로 나아가고 있다.

당신은 어떤가? TV를 보면서 잡지책을 뒤적이고 동시에 스마트폰으로 검색을 한 적이 있는가? 16부작 인기 드라마를 차분히 정주행하지 않고, 유튜브의 요약 영상을 찾아본 후 그 드라마를 본 것처럼 동료들의 대화에 낀 적은 없는가? 지하철을 탈 때도 환승 통로나 출구와 가까운 차량 위치에 미리 가 있지는 않는가?

이러한 변화에는 공통점이 하나 있다. 시간을 매우 효율적으로 쓰게 됐다는 것이다. 극도로 '시간의 가성비'를 중요시하며 사용 시간의 밀도가 매우 높아졌다. 『트렌드 코리아 2024』에서는 이처럼 시간 효율성을 극도로 높이려는 사회의 경향성을, 구성원 모두가 분초分秒를 다투며 살게 됐다는 의미에서, '분초사회'라고 명명한다.

외국인들이 한국에 와서 제일 먼저 배우는 말이 "빨리빨리"라는 농담이 있을 만큼 우리는 언제나 바빴지만, 2024년에 새삼스럽게 시간을 트렌드로, 그것도 책의 첫 번째 키워드로 선정한 것은 그만큼 중대한 변화가 감지되기 때문이다. 이제 시간은 한국 사회에서 가장 중요한 자원이다. 1분 1초가 귀해진 분초사회에서 소비자들은 어떻게 시간을 사용하고 있으며, 이렇게 시간이 중요해진 원인은 무엇이며, 산업적으로는 어떻게 대응해야 하는지, 빨리빨리 살펴보자.

분초사회의 여러 모습

"지하철 최단 거리인 24번 코스로 가야 하니까 3번에서 내려야 바로 계단으로 연결되고, 환승하러 뛰어가면 바로 15분 도착하는 지하철 탈 수 있으니까 운동화 끈을 단디 매야겠지? 딱히 정해진 약속이 있는 것도 아니요, 누가 쫓아오는 것도 아니지만, 무조건 1분이라도 빨리 가고 싶다."[3]

개그우먼 강유미 씨의 유튜브 채널에 올라온 인기 영상에 등장하는 대사다. MBTI 유형 중 계획형인 ESTJ가 분 단위로 자신의 이동 경로와 활동 계획을 세워두는 특성을 부각한 이 영상은 113만 회가 넘는 조회 수를 기록하며(2023년 9월 기준) 많은 이들의 공감을 얻었다. 모든 사람이 계획적이고 체계적인 'J형(판단형) 라이프스타일' 대로 살아가는 것은 아니겠지만, 이런 식으로 시간을 아껴야 한다는 강박관념에 빠져있는 모습에 공감하는 이가 많을 것이다. 이처럼 시간을 아끼기 위해 고군분투하는 우리 일상의 몇 장면들을 살펴보자.

'가성비'보다 '시성비'

현대인에게 중요한 자원은 돈과 시간인데, 과거에는 돈이 시간보다 중요했다. 그러니까 시간을 들여서 돈을 절약하는 것은 당연한 행동이었다. 하지만 요즘에는 돈과 시간이 동등하게, 어쩌면 시간이 돈보다 더 소중해지면서, 돈을 쓰더라도 내 시간을 더 갖고자 하는 사람이 늘었다. 이처럼 돈뿐만 아니라 시간 역시 효율적으로 사용하고자 하는 욕구는 다양한 영역에 변화를 초래하고 있다.

> "예전에는 최저가로 구매하려고 엄청나게 검색했어요. 왠지 모르게 최저가를 사야만 만족스러운 기분이었어요. 그런데 요즘은 그 과정이 너무 피곤하기도 하고, 차라리 그 시간에 아이들하고 얘기도 하고, 쉬고 싶다는 마음으로 변했어요."
>
> – 〈트렌드 코리아〉 팀 FGD 소비자 발화 중

소비자에게 최저가를 탐색하는 일은 권리이자 의무다. 하지만 발품을 팔아 절약해 얻는 효용utility보다 그 시간을 절약해 새로운 경험을 하는 효용이 더 크다면, 최저가 탐색을 포기하는 것이 합리적이다. 요즘엔 발품을 포기하고 확보한 자투리 시간으로 할 수 있는 일이 무궁무진하다. 가격 대비 성능의 효율을 의미하는 '가성비'만큼이나 시간 대비 성능의 효율, 즉 '시성비'가 중요해지는 이유다.

시성비가 중요해지면서 사람들은 시간을 조금이라도 아껴주는 서비스에 지갑을 열고 있다. 중고거래 플랫폼인 당근마켓에는 중고상품 거래뿐 아니라 이색 알바 자리가 거래 아이템으로 자주 올라오고 있다. 동네 유명 맛집 줄 서기, 자녀 등하교 라이딩, 강아지 산책시켜주기 등 시간을 아껴주는 대행 업무다. 다급하게 다른 사람의 도움이 필요한 일들이 점차 늘어나고, 자투리 시간에 부업을 하려는 욕구도 늘어나는 상황이 맞물린 결과다.

요즘 젊은 세대 직장인은 '직주 근접'을 매우 중요하게 생각한다. 예전에는 내 집 마련이 우선이었기에 일단 집값이 저렴한 교외에 내 집을 마련하고 1시간 이상의 출근을 감내하는 것이 당연한 일이었다. 하지만 이제는 내 집이 아니더라도 거주지와 직장의 거리를 줄여 불필요한 출퇴근 시간을 아끼고자 하는 사람들이 늘고 있다. 직장을 구할 때 보수·평판·성장 가능성과 더불어 '회사의 위치'를 따지는 구직자가 늘고 있는 것도 이러한 맥락에서 이해할 수 있다.

코로나19의 진정 이후에도 여전히 이슈로 남아있는 재택근무·유연근무제의 존속 문제도 사실은 변화된 시간 개념과 밀접한 관계가 있다. 팬데믹 때 시행됐던 재택근무는 많은 직장인들에게 출퇴근 시간 및 직장에서 무의미하게 흘러가는 회의·회식 등의 시간을 절약할 수 있음을 알게 해줬다. 단순한 시간의 절약이 아니라 스스로가 주체가 되어 일상의 흐름을 결정할 수 있는 가능성을 발견한 것이다. 이제 타인이 정해준 삶의 흐름이 아닌, 자신이 적극적으로 자기 시간을 지키고 관리해야 하는 시간의 초개인화 사회가 도래했다. 서로 다른

스케줄로 일하고, 먹고, 생활하는 개인이 늘어나는 중이다. 최근 직장인들 사이에서 화두가 되고 있는 '사이드 프로젝트'도 같은 맥락에서 이해할 수 있다. 자신에게 주어진 시간을 회사에 올인하는 것이 아니라, 스스로의 성장을 위해 나눠 쓰고자 하는 열망이 강해지고 있는 것이다('스핀오프 프로젝트' 참조).

조각나는 시간 단위

"은행 업무를 보기 위해 '반반반차'를 쓰고 나왔어요."

분초사회의 직장인들은 업무 시간을 조각내 철저하게 모듈화한다. 시간 단위를 조밀하게 나누어 관리하는 것이다. 최근에는 반차를 넘어 '반반차', '반반반차'를 도입하거나, 도입을 검토하는 기업들이 늘고 있다. 보통 하루를 통으로, 또는 반으로 나눠(반차) 쓰는 연차를 아예 시간 단위로 쪼개 쓸 수 있게 한 것이다. 근무 중 은행 업무를 처리하거나, 병원을 다녀오는 등 자신의 필요에 따라 휴무를 유연하게 사용한다. 혹은 아예 '짬PT', '틈새PT', '세미PT' 등 점심시간에 30분에서 50분가량 운동을 즐길 수 있는 프로그램을 활용하기도 한다.[4] 시간을 촘촘한 모듈로 구성하여 효율을 높이는 것이다.

단위는 사고를 결정한다. 우리가 사용하는 시간의 단위가 쪼개진다는 것은 시간을 그만큼 세밀하고 소중하게 사용한다는 의미다. 자시子時, 축시丑時, 인시寅時…… 과거의 시간은 2시간 단위였다. 사회의 이동 속도가 느리고 계절에 맞춰 농사를 짓는 사회에서는 충분한 시간의 단위였을 것이다. 하지만 산업혁명이 시작돼 경제가 공업화·서비스화되고, 자동차와 철도의 등장으로 이동의 속도가 빨라지며, 시계가 발명돼 시간 개념이 정확해지면서, 사람들은 분초 단위로 시간을 셀 수 있게 됐다. 급여를 흔히 '월급'이라고 불렀는데, 이제는 "시급이 얼마" 하는 식의 표현을 더 자주 쓴다. 시급 개념은 자연스럽게 "시간은 곧 돈"이라는 생각을 강화시키고, 딱히 바쁜 일이 없어도 시간을 아껴야 된다는 강박에 사로잡히게 만든다.

　서로서로 시간이 없다 보니 약속 시간을 잡는 것도 쉽지 않은 일이 됐다. 모임마다 핸드폰을 꺼내 들고 다음에는 언제 만날지 약속 날짜를 맞추는 풍경이 흔하다. 이에 여러 사람의 일정 조율을 도와주는 서비스도 등장했다. 비즈니스 일정 조율 서비스 '되는시간'은 개인 간 미팅 일정을 조율하는 무료 서비스부터 예약 페이지와 캘린더 연결을 무제한으로 할 수 있는 기업용 프리미엄 서비스까지 다양한 기능을 제공한다. 출시 2년 만에 기업 고객 1,400개 사와 개인 고객 2만2,000명을 달성할 만큼 빠른 성장세를 이어가고 있다.[5]

　분초사회의 도래가 단순히 시간의 양적 흐름만 단축시킨 것은 아니다. 시간의 질도 중요해지며, 시간 사용의 밀도를 높이고자 한다. 시간의 단위를 쪼개면, 숨겨져 있던 사각지대를 확보하게 된다. 시간 사용의 틈을 확보하는 것이다. 예를 들어, 한 통에 큰 돌을 넣고 그다음에 작은 자갈, 그리고 모래순으로 채울 때, 모래가 돌과 자갈 사이의 공간을 찾아 통을 촘촘히 메우는 것과 같은 원리다. 큰 시간과 작은 시간이 공존하는 현상은 자연스럽게 여러 일을 한꺼번에 수행하는 '시간의 저글링'으로 이어진다.

시간의 저글링

"식사하기, 화장하기, 게임하기, 문자메시지 보내기, 깜빡 졸기……"

'반자율주행'이라고 일컫는 첨단 운전자보조시스템ADAS이 자동차에 장착되고 나서 운전자들이 하고 있는 '딴짓'이다. 미국 고속도로 안전보험협회는 캐딜락 '슈퍼크루즈' 사용자의 53%, 테슬라 '오토파일럿' 사용자의 42%가 반자율주행 모드를 오용誤用하고 있다고 밝혔다. 실제 운전자들의 생각은 어떨까? 슈퍼크루즈 사용자의 약 절반과 오토파일럿 사용자의 42%가 반자율주행 모드 중 '딴짓'을 하는 것을 괜찮다고 여긴다. 요즘 사람들은 진득하게 한 가지 일에만 몰두하지 못한다. 반자율주행 자동차는 핸들에서 손을 떼면 계속 경고가 뜨고 주행 모드가 해제되는데도 불구하고, 사람들은 운전대에 마치 손을 대고 있는 것처럼 센서를 속이는 보조 기구까지 구매해가며 딴짓을 한다.[6]

생명과 직결되는 운전이 이 정도라면 다른 경우는 말할 것도 없다. 그 대표적인 예가 바로 듣는 책, 오디오북이다. 오디오북은 대체로 운전이나 가사일 등 다른 일을 하면서도 들을 수 있는 매체라서 멀티태스킹이 얼마나 늘어나고 있는가에 대한 간접적인 지표가 된다.

모바일 환경에서도 여러 개의 탭을 열어 동시에 여러 작업을 수행하는 것이 일반화됐다. 이에 스마트폰들도 이러한 멀티태스킹을 쉽게 할 수 있도록 지원하고 있다. 삼성전자의 갤럭시 Z 폴드5는 한 화면에 최대 3개의 창을 한 번에 띄울 수 있는 '멀티 윈도우' 기능을 선

출처: 삼성전자

◀ ◀ ◀ 한 화면에 여러 개의 창을 띄울 수 있
는 스마트폰 갤럭시 Z 폴드5. 동영상
재생, 쇼핑, 검색, 게임 등 다양한 작
업을 동시에 할 수 있다.

보였다. 사용자는 여러 개의 모니터 화면이 있는 책상에서 일하는 것
처럼 2개의 브라우저를 보면서 동시에 이메일을 보내는 등의 작업을
할 수 있다. 또 PC와 같이 멀티태스킹을 지원하는 '태스크바' 기능은
최근 사용한 앱 4개를 포함해 최대 12개의 앱을 화면 하단 바에 저장
할 수 있어, 사용자가 하던 작업을 중단하지 않고도 앱 간 전환, 관리,
실행을 가능하게 한다.[7]

두괄식 사회, 결론부터 미리 보기

시간 개념이 달라지면서 콘텐츠를 소비하는 방식도 예전 같지 않다.
일단 결론을 빨리 알고 싶어한다. 예전에는 영화나 책을 리뷰하면서
'스포 금지'라는 표현을 많이 썼다. '스포'란 스포일러spoiler의 준말
로서 결론을 미리 알게 해 김이 빠지게 하는 행위를 말하는데, 지금
까지는 콘텐츠 소비에서 하나의 금기로 여겨졌다. 그런데 요즘 유튜
브에서는 '스포 포함' 혹은 '결말 포함'을 명시한 요약본 영상을 찾는

사람들이 많아졌다. 이들은 많게는 줄거리의 80% 이상을 소개하거나 결말까지 알려줘 그 자체로 완결된 콘텐츠로 볼 수 있는데, 이런 요약본 영상이 본편 못지않은 인기를 끌고 있다. 인기 있는 몰아보기 영상 한 편은 OTT 한 달 이용자 수와 어깨를 견줄 만큼 높은 조회 수를 기록하기도 한다. 빅데이터 분석 플랫폼 모바일인덱스에 따르면 한국 넷플릭스의 2023년 1월 월간 순 방문자 수MAU는 1,258만 명이었는데, 한 유튜브 채널에서 편집한 넷플릭스 오리지널 드라마 〈더 글로리〉의 몰아보기 영상 조회 수가 무려 1,381만 회였다(2023년 2월 기준). 요약 영상 하나를 본 사람들의 수가 넷플릭스 한 달 이용자보다 120만 명 더 많았다는 의미다.[8]

더 빨리 내용을 알고 싶어 하는 이용자의 욕구를 반영해, 넷플릭스는 2019년 재생속도를 선택할 수 있는 기능을 추가했다. 0.5배, 0.75배, 1배(표준), 1.25배, 1.5배의 속도 중 선택할 수 있으며, '10초 앞으로', '10초 뒤로'도 돌릴 수 있다. 이제 우리는 재생속도를 조절하며 영화를 보는 것에 익숙해졌다. LG U+가 자사 IPTV 가입자 중 VOD를 시청한 고객을 조사한 결과, 영화나 드라마를 정상 속도보다 빠르게 보는 고객의 비율이 39%에 달했다. 10명 중 4명은 몇 배속으로 보고 있다는 얘기다. 특히 29%는 무려 2배속이 넘는 속도로 서비스를 이용했다.[9]

빨리 돌려 보는 것이 가능한 것은 사실 자막 덕분이다. 인물의 감정이나 영상 언어를 건너뛰고 대사만 봐도 줄거리를 알 수 있기 때문이다. 그래서인지 요즘 국내물, 해외물 가릴 것 없이 자막이 재조명받고 있다. 최근에는 극장에 걸리는 한국 영화들도 자막을 통해 관람

▲▲▲ 드라마나 영화의 요약본 영상이 인기다. 예전에는 스포를 금기시했지만 요즘엔 오히려 '결말 포함' 영상을 찾는 사람들이 많다. 유튜브와 넷플릭스를 비롯한 각종 OTT는 시청 속도를 높일 수 있는 배속 기능을 제공한다.

할 수 있게 됐다. 영화진흥위원회는 2023년 7월 개봉한 영화 〈밀수〉를 시작으로 한글 자막이 나오는 한국 영화를 극장에서 상영한다고 밝혔다. 분초사회가 불러온 영화 관람 행태의 변화다.

실패 없는 쇼핑

시간이 무엇보다도 소중한 자원이라고 할 때, 가장 아까운 시간은 '실패한 시간'일 것이다. 어떤 16부작 드라마를 끝까지 보게 됐는데 어정쩡한 결말로 재미없게 끝난다면 그보다 허무한 일은 없다. 무엇보다 16시간 넘게 들인 시간이 너무 아깝다. 그렇기 때문에 일단 유튜브에서 결말까지 확인한 후, 본격적인 드라마 시청을 '각 잡고(진지하게)' 시작하는 것이다.

쇼핑도 마찬가지다. 각종 정보가 넘쳐나는 오늘날, 쇼핑에는 돈뿐만 아니라 시간도 많이 드는데, 실패한 쇼핑은 돈과 시간이 함께 낭비되니 아깝기 그지없다. 형편없는 제품 때문에 시간을 낭비하는 일을 피하고 싶다. 다년간 축적된 온라인 쇼핑 경험을 지닌 요즘 소비자 사전에 '실패 소비'란 없다. 그러다 보니 실패를 줄이기 위한 여러가지 시도가 속출한다. 〈트렌드 코리아〉 팀의 자체 인터뷰에 의하면, 그 노하우는 매우 치밀하다.

- 착용샷보다 동료 구매자들의 실제 리뷰 사진을 참고할 것.
- 제품 상세 사진으로 소재·원단·마감 처리를 직접 확인할 것.
- 구매 후기를 검색할 때에도 '낮은 평점'순으로 읽어가며 광고성 '알바 리뷰'를 걸러낼 것.
- 심하게 저렴한 제품은 오히려 구매하지 말 것.
- 같은 제품의 사이즈와 컬러를 모두 한꺼번에 주문한 뒤 맞는 것만 남기고 환불해 실패 확률을 낮출 것.

선물에 대한 생각도 바뀌고 있다. 예전에는 생일이 돌아오면 어떤 선물을 받게 될지 기대하며 설레곤 했었다. 요즘엔 이것도 매우 직설적이다. 자기가 받고 싶은 선물 리스트를 업로드하여, 친구들에게 알리는 카카오톡의 '위시리스트'를 사용한다. 대학내일20대연구소가만 15~41세 남녀 900명을 대상으로 2022년 6월 설문조사를 진행한결과, MZ세대의 56.7%가 친구의 위시리스트를 확인하고, 35.1%가

위시리스트에 있는 상품을 선물했다고 응답했다. 이러한 성향은 Z세대로 갈수록 뚜렷해진다. 20대 초중반의 응답자 중에서 친구의 위시리스트에 있는 상품을 확인하는 경우는 66.2%, 위시리스트에 있는 상품을 선물한 적이 있는 경우는 42.8%로 나타났다.[10] 소위 "뚜껑을 열어봐야 아는 상품"은 이들에게 환영받지 못한다. 이전 세대가 체험해보지 않은 것에 가치를 두었다면 요즘 Z세대는 알 수 없는 앞날이나 예상하지 못한 일을 스트레스로 받아들이는 경향이 강하다. 가급적 힘을 덜 들이고 실패는 피하고 싶은 것이다.

그래서 '믿고 사는' 쇼핑몰은 경쟁력이 된다. 이제는 상품보다 쇼핑몰이 그 자체로 선택의 기준이 된다. "식품류는 A몰이 잘하고, 의류는 B몰이, 여행 상품은 C몰에서 사면 실패 없다"고 생각하는 소비자는 자신의 인지적 쇼핑 지도가 이미 머릿속에 형성되어 있기 때문이다. 이러한 소비자들에게는 자신의 취향을 정확히 읽어주는 서비스가 더욱 중요하다. '잘나가는' 쇼핑몰들은 공통적으로 인공지능에 기반한 '개인 맞춤형 제품 추천 기술'을 실적의 1등 공신으로 꼽는다. 플랫폼 내 구매 이력과 검색 데이터, 선호 상품 표시와 리뷰, 특정 상품의 화면 체류 시간을 학습한 인공지능이 개인의 취향에 맞는 제품으로만 화면을 구성해 더 많은 구매를 끌어낸다.

후술하는 '디토소비'가 등장하는 것도 같은 맥락에서 이해할 수 있다. 먼저 믿을 만하다고 검증된 사람, 콘텐츠, 유통 채널을 따라함으로써 실패를 걸러주는 필터를 하나 확보할 수 있기 때문이다. 자신이 선택한, '그 분야에 대해 잘 아는 사람'이 추천하는 것을 시도하고 따름으로써 리스크를 줄이는 것이다('디토소비' 참조).

왜 이렇게 시간이 소중해졌을까?

"시간은 돈이다Time is money"는 아주 오래된 격언이다. 항상 시간은 중요했다. 그러나 2024년도를 맞이하는 이 시점에서 시간이 과거 어느 때와도 비교할 수 없을 만큼 소중한 자원이 된 이유는 무엇일까? 단지 더 바빠져서가 아니다. 먼저 소유 경제에서 경험 경제로, 경제의 패러다임이 이행하면서 시간이 돈만큼이나 중요한 자원이 됐기 때문이다. 예전에는 비싼 소유물을 과시하는 것이 중요했다면, 이제는 여행지·맛집·핫플레이스의 인증샷으로 자랑을 하는 시대다. 모두 시간이 있어야 가능한 일이다. 예전에는 일주일에 한 편 정도 '주말의 명화'를 즐겼다면, 다양한 OTT 플랫폼이 넘쳐나는 지금은 하루에도 몇 시간씩 '콘텐츠'를 시청한다. 엄청난 시간을 요구하는 일이다. 현대사회에서 시간은 단연 가장 소중한 자원이고, 그것을 아껴 쓰고 그 가성비를 추구하는 것은 당연한 일이 됐다.

두 번째로는 분초 단위로 돌아가는 IT 기술에도 원인이 있다. 예를 들어, 카카오맵에서는 초정밀 버스 동선을 확인할 수 있다. 위성항법 시스템을 활용해 지도상에 실시간 버스 위치를 나타내는데, 버스 위치를 초 단위로 갱신하며, 신호 대기 상태나 도로 상황에 따른 이동 속도까지도 확인이 가능하다.[11] 이러한 여건에서 사람들이 자신의 24시간을 주도적으로 분초 단위로 활용하고 싶어진 것은 당연하다.

세 번째로는 시간을 들여 '봐줘야' 하는 볼거리가 많아졌다는 점을 들 수 있다. 최근 넷플릭스, 밀리의 서재, 윌라 등 폭발적 증가세를 보이고 있는 구독형 콘텐츠 서비스와 유튜브를 비롯한 각종 SNS는 사람들의 시간을 블랙홀처럼 빨아들인다. 우리는 전례 없이 수많은 양의 정보에 노출되어 있다. 봐도 봐도 끝이 없는 콘텐츠의 바다에서 사람들은 정속의 삶을 포기하고 2배속, 3배속의 삶을 살게 된다. 음악을 듣고 책을 읽고 영화를 감상하는 것이 아니라 그저 콘텐츠를 소비할 뿐이다.

마지막으로 코로나19 팬데믹이 시간에 대한 우리의 고정관념을 흔들어놓았다. 유연근무·재택근무 등이 강제되며 시간 사용이 개인마다 상당히 다를 수 있다는 것을 경험한 것이다. 붐비지 않는 러시아워를 피해 출근하고, 가장 집중할 수 있는 시간대를 선택하여 근무할 수 있게 됐다. 이 과정에서 개인마다 시간을 활용하는 방법이 다각화됐고, 획일적인 시간의 의미는 옅어졌다. 이러한 시간의 탈대중화·초개인화 현상 앞에서 자신의 시간 사용에 관심이 높아진 것은 당연하다. 평범한 일상 시간의 밀도를 높여, 효율적으로, 응축하여 보내는 것이 매우 중요해진 것이다.

분초사회에 대한 산업적 대응

이러한 분초사회 소비자들의 변화하는 시간 개념에 산업계는 어떻게 대응하고 있을까?

플랫폼의 시간 쟁탈전
분초사회에서 소비자의 시간이 핵심자원이 되면서, 이제 유통의 핵심적인 경쟁력은 소비자를 얼마나 오래 머무르게 하는지, 즉 어떻게 점유 시간을 늘리는지에 달려있다. 인스타그램은 수백만 명의 사용자들에게 하루에도 몇 번씩 앱 방문을 유도하기 위해 다양한 장치를 고안하고, 쇼핑 앱들은 다운로드를 유도하기 위해 소비자에게 여러 혜택을 준다. 구경거리가 다양할수록 시간이 빨리 흐르는 것처럼 느끼기 때문에, 온라인 공간에 다양한 체험적 요소를 구현하는 것이 일반화되고 있다. 분초사회의 소비자들은 특별한 목적 없이 시간 때우기 식으로 플랫폼에 머무르지 않는다. 그래서 간단하지만 중독성 있는 게임이나 즉각적으로 리워드를 제공하는 혜택성 이벤트, 또는 커뮤니티 활동 등을 적극 활용해 소비자들을 붙잡아두는 것이다. 병원 예약 앱인 '굿닥', 금융 앱 '토스', 헬스케어 플랫폼 '캐시워크' 등이 대표적인 예다. 당근마켓은 게임 요소를 차용해 사용자의 칭찬, 후기, 비매너 평가 제재 등을 기반으로 사용자 신뢰도를 '매너온도'로 표시한다. 첫 온도는 사람의 체온인 36.5도로, 좋은 평가를 받으면 온도가 올라간다. 활동 배지 시스템도 전형적인 게임 요소다.

오프라인 쇼핑몰은 대형화로 분초사회 트렌드에 맞서고 있다. 소비자들이 한곳에서 여러 쇼핑을 동시에 해결하는 것을 선호하면서, 다시 쇼핑몰이 대형화되고 있다. 이러한 성향은 코로나19 팬데믹 이후 극대화됐다. 미국부동산중개인협회NAR에 따르면 일반몰general retail은 2017년 대비 2023년 **순흡수면적**이 줄었지만, 대형몰Power center은 넓어졌다.[12] 한곳에서 모든 것을 사고

순흡수면적Net Absorption
신규 임차 면적에서 신규 공실을 뺀 값을 의미하며, 순흡수면적이 크다는 것은 신규 임차가 활발했고 공실이 적었다는 뜻이다. 즉, 수치가 높을수록 시장이 긍정적이라는 의미다.

싶어하는 소비자들의 욕구가 증가했기 때문이다.

이러한 분위기에 맞춰 프랜차이즈 업계도 발 빠른 대응을 하고 있다. 복합 쇼핑몰에 적극 입점함으로써 분초사회 소비자들의 유입을 증대하려는 것이다. 복합 쇼핑몰 중심의 새로운 출점 전략인 '리로케이션relocation'이 대표적이다. 최근 아웃백은 총 15곳의 매장을 신규 오픈했는데, 대부분 쇼핑몰이나 백화점, 아울렛 등 복합 쇼핑몰에 입점했다고 한다. 리로케이션 출점 전략은 가시적인 성과를 내고 있다. 아웃백에 따르면 2022년에 오픈한 리로케이션 매장 4곳의 월평균 매출은 이전 대비 평균 70% 증가한 것으로 집계됐다.[13]

대기 시간 줄이기

시간에 대한 관념이 이처럼 변화하면서, 소비자의 시간을 아껴주는 것이 굉장히 중요한 과제가 됐다. 특히 서비스 업계는 고객이 시간을 효율적으로 쓸 수 있도록 돕는 것이 중요한 경쟁력이 된다. 단지 기다리는 시간을 줄이는 것이 아니라, 서비스가 준비되는 시간과 소비자가 도착하는 시간의 간극을 최소화하는 것이 중요하다. 예컨대 '원격 줄 서기 서비스'는 이용자들이 식당 앞에 줄을 서지 않고 사전에 예약한 시간에 맞춰 방문할 수 있도록 돕는다. 코로나19 팬데믹 시기, 거리두기의 일환으로 확대됐던 이 서비스는 팬데믹 종식 이후에도 자신의 시간을 아낄 희망하는 소비자들의 호평을 받고 있다. 국내의 데이터 분석 플랫폼 NHN 데이터에 따르면 2022년 상반기와 비교해 하반기에 음식점 예약 앱 설치 수가 크게 늘어, '캐치테이블'이 65%, '테이블링'이 44%의 상승률을 보였다.[14]

식당에서 손님이 움직이는 동선도 관리 대상이다. 메뉴를 확인하고 주문을 한 뒤, 자리로 이동해 식사를 하고, 다시 계산대로 가는 과정을 줄이기 위한 노력이다. 예를 들어 현대백화점 압구정본점 지하 1층에 위치한 '가스트로 테이블'은 자리에서 메뉴 확인은 물론 주문 및 계산까지 원스톱으로 해결할 수 있는 '테이블 오더 서비스'를 운영하고 있다. 고객이 스마트폰으로 테이블에 비치된 QR코드를 스캔하면 간편하게 이용할 수 있다.[15] 테이블에 비치된 소형 패드로 메뉴 검색과 주문, 결제까지 할 수 있는 이 같은 서비스의 확대는 숨겨진 시간 손실을 방지하기 위한 세심한 배려인 셈이다.

외식업 중심으로 운영되던 스마트 웨이팅 서비스가 이제 다른 업계로도 확장되고 있다. 대다수 은행은 자사 앱을 통해 영업점 대기 인원을 확인하고 방문·상담 예약 등 대기 시간 단축 시스템을 운영하고 있다. 엔터테인먼트 영역에서도 빅히트 뮤직은 방탄소년단 팝업스토어 'BTS POP-UP : HOUSE OF BTS'를 개장하면서, 입장을 기다리는 팬들이 좁은 골목에서 줄 서지 않고 자유로운 시간을 보낼 수 있도록 약 두 달간 카카오톡 기반 웨이팅 서비스인 '나우 웨이팅'을 도입해 대기 인원 관리를 지원했다. 팬들은 팝업스토어 인근 웨이팅 서비스 존에서 연락처를 등록하고 자유롭게 기다리다가 입장 안내 알림톡이 오면 약 150명씩 모여 단체로 입장했다. 이 서비스의 도입으로 BTS 팬들은 총 1,092만여 분, 즉 18만2,000여 시간 동안 우천과 추위를 견뎌야하는 줄 서기에서 해방된 것으로 집계됐다. 웨이팅 서비스를 이용한 고객 1인당 136분을 아껴준 셈이다.[16]

기다리는 시간을 지루하지 않게

기다리는 시간을 줄일 수 없다면 그 시간이 지루하지 않게 '느끼도록' 하는 것도 한 방법이다. 공항이 좋은 예다. 국제선 비행기를 탈 때 출발하기 2~3시간 전에는 공항에 도착하는 것이 일반적이다. 그래서 공항에서는 기다림이 필수인데, 이런 경우에는 그 시간이 지루하지 않도록 만들어야 한다. 예를 들어 싱가포르의 창이공항은 여행객들을 위해 다양한 투어를 운영하고 있는데, 그중 '쥬얼 투어Jewel Tour'는 공항 밖으로 나가지 않고 공항에 있는 다양한 볼거리와 즐길 거리를 경험할 수 있는 프로그램이다. 2023년 세계 최고의 공항에 선정된 창이공항은 세계 최장 실내 인공폭포인 'HSBC 레인 보어텍스', 푸른 정원과 놀이기구를 갖춘 '캐노피 파크' 등이 있어 이미 그 자체로 관광 명소라는 평가를 받는다. 두바이 국제공항에는 'DXB&more'라는 이름의 딜리버리 서비스가 있다. 공항 곳곳에 부착된 QR코드를 스캔하거나 홈페이지에 들어가면 딜리버리로 시간을 절약해 식사와 쇼핑을 즐길 수 있다.[17] 틈새 시간을 즐거운 경험으로 채워주는 사례들이다.

전망 및 시사점

분초사회의 새로운 비즈니스 모델

그렇다면 시간 개념을 새로운 비즈니스 모델에 적용하고자 할 때는 어떤 점을 염두에 둬야 할까?

첫째, 고객의 틈새 시간을 찾아내 새로운 비즈니스를 개척하는 것이다. 시간을 쪼갠 뒤, 시간의 가치 및 가격을 다르게 책정하여 신상품 혹은 신서비스를 만들거나 가격을 조정할 수 있다('버라이어티 가격 정책' 참조). 예를 들어 맥도날드는 2006년 전까지는 점심 때 오픈해 점심과 저녁 식사 고객을 대상으로만 사업을 했다. 하지만 식사는 점심과 저녁에만 하는 것이 아니라 아침에도 이뤄진다. 이 점에 착안해 맥도날드는 소비자의 시간을 기준으로 빈 영역을 찾아, 아침 식사 세트인 '맥모닝'을 개발했고, 이는 엄청난 성공을 가져다줬다. 포화된 시장에서 혁신적인 제품과 서비스의 기회를 모색할 때 소비자의 틈새 시간은 새로운 관점을 제공해줄 수 있다.

둘째, 필요의 저시성 단위를 분초로 줄여야 한다. 소비자 니즈에 즉각적으로 제품 및 서비스를 제공하는 시스템을 '온디맨드On-Demand'라고 하는데, 이 즉각성이 점차 중요한 요소가 되고 있다. 소비자는 자신의 니즈가 발생했을 때 원하는 시간과 재고를 확보해두는 것을 선호하기 때문이다. 그러기 위해서는 소비자의 행동을 분초 단위로 관찰하여 필요needs가 발생하는 미세한 순간을 포착해야 한다. 예를 들어, 아이폰의 사진 촬영 기능이 대표적이다. 사진을 촬영하고 싶은 순간에 만약 카메라 조작이 번거롭다면, 사진을 찍을 수 없고 그 순간을 놓치게 될 것이다. 그래서 애플은 사진 촬영의 용이성을 높였다. 잠금 상태에서 암호를 입력하지 않아도 초기 화면에 있는 카메라 아이콘을 위로 혹은 옆으로 살짝 올리기만 하면 바로 사진 촬영이 가능하게 만든 것이다. 잠시도 기다리지 못하는 분초사회 소비자에게는 열광의 포인트가 될 수밖에 없다.

셋째, 시간을 빨리 돌리는 것보다 중요한 것은 소비자에게 '정시 punctuality'를 약속해주는 것이다. 분초사회의 소비자에게 제품이나 서비스 제공 시간을 정확히 알려주는 것은 이제 기본이 됐다. 내가 기다리는 버스가 몇 분 후에 도착하는지 알려주는 시설이 설치된 버스 정류장과 그렇지 않은 곳에서는 같은 시간을 기다리더라도 그 느낌이 매우 다르다. '배달의민족'이나 '카카오T'가 주문한 음식이나 호출한 택시가 언제 도착할지 예상 시간을 분초 단위로 알려주는 것도 이 때문이다. 자신의 시간을 편집하며 계획적으로 생활하는 것을 선호하는 요즘 소비자를 위해 서비스 개시 및 종료 시점을 정확하게 알려줘야 하는 것이다.

그럼에도 우리에게는 여백이 필요하다

바쁘게 살면 뭔가 뿌듯한 게 있다. 생산성이 높고 삶에 적극적으로 임하고 있다는 자부심을 느끼기도 한다. 하지만 유의할 점도 적지 않다. 노출되는 정보량의 엄청난 팽창성과 정보가 들이닥치는 속도를 아무 대가 없이 얻는 것이 아니기 때문이다. 『도둑맞은 집중력』의 저자 요한 하리는 우리는 모든 차원에서 '깊이'를 희생하고 있다고 진단한다.[18] 책의 제목대로 우리는 집중력을 도둑맞고 있다. 모든 것을 다 따라잡아야 하고, 늘 이메일에 답을 해야 하는 상황에서 우리는 깊이를 가질 시간이 없다. 그는 깊이를 요구하는 모든 것이 약화되고 있다고 경고한다. 침잠하지 못하고 점점 더 표면 위에서 부유하고 있다는 것이다.

영국 런던의 '테이트 갤러리Tate Gallery'에서 사람들이 작품 앞에 멈

취있는 시간은 얼마나 될까? 2019년 조사에 따르면 8초였다. 바쁜 시간을 내서 명화를 감상하기 위해 미술관까지 찾아가 작품당 소비한 시간이 고작 8초라니. 사실 8초는 오늘날 우리가 평소에 관심을 기울이는 평균 시간이다. 기사를 읽을 때, 음악을 들을 때, 영화를 볼 때, 다른 사람들과 이야기를 나눌 때, 이 시간이 지나면 우리는 집중력을 잃는다. 8초! 금붕어의 집중력보다 짧은 시간이라고 한다. 지구를 점령했다고 자부하는 호모 사피엔스의 집중력이 금붕어보다 못한 수준으로 떨어진 것이 분초를 다투어 바쁘게 살며 치러야 하는 대가인 것이다. 단연 스마트폰이 주된 원인의 하나다. 마이크로소프트 캐나다의 연구에 의하면 스마트폰이 등장하기 전인 2000년에는 12초였던 우리의 주의력은, 불과 몇 년 사이에 3분의 1이 줄어 8초로 떨

▲▲▲ 사람들이 갤러리에서 작품을 감상하는 데 들이는 시간은 얼마나 될까? 주의를 기울여 진중하게 살펴볼 것이라는 예상과 달리, 한 작품에 머무는 시간은 평균 8초로 나타났다.

어졌다.[19] 그렇다면 2023년인 지금은 8초보다 훨씬 짧아졌을 가능성이 높다.

잠시 SNS를 확인한다는 것이 1시간이 지나도록 스마트폰을 놓지 못하고 계속 보고 있는 자신을 발견한 경험이 있는가? 그것이 바로 시간 저글링의 대가다. 끊임없는 전환은 우리의 집중력을 떨어뜨린다. 전환 비용 효과가 뇌에서도 작용하는 것이다. 뇌는 한 작업에서 다른 작업으로 이동하면서 재설정되어야 한다. 방금 무엇을 하고 있었는지 떠올려야 하고, 무슨 생각을 하고 있었는지 떠올려야 한다. 약간의 시간이 필요하다. 이렇게 발생한 지체 시간으로 결국 멀티플레이는 생산성을 저해한다. 미국 미시간대학교에서 2015년에 발표한 병원의 응급 상황에 대한 연구에 따르면, 응급실에서 지속적인 방해가 일어나면 239건의 처방 중 208개의 오류가 발생한다고 집계됐다. 의사들이 방해를 받아 일이 중단되면 오류 발생률은 282% 증가했고, 일하는 도중에 멀티태스킹을 수행하면 186% 증가했다.[20]

그렇다. 분초사회 속 빠른 속도의 혜택 뒤로 우리가 잃고 있는 것을 항상 기억할 필요가 있다. 특히 생성형 AI 시대를 살아야 하는 우리 '호모 프롬프트'에게는 차분히 사색하고 자신을 지켜볼 수 있는 '아날로그 역량'이 더 중요한데('호모 프롬프트' 참조), 이는 멈춤과 기다림의 미덕을 실천할 수 있을 때 가능한 역량이다. 지나친 속도와 전환, 강한 자극에서 벗어나 생각이 배회할 공간을 마련해야 한다. 우리에게는 여백이 필요하다.

Rise of
'Homo Promptus'

호모 프롬프트

그림·소설·코딩·PPT 등 거의 모든 영역에서 새로운 창작물을 만들어낼 수 있는 '생성형 AIGenerative Artificial Intelligence'가 등장한 이후 우리는 모두 큰 충격을 받았다. 가사를 짓고 작곡을 하는 챗GPT의 등장은 "이제 내가 인공지능보다 잘할 수 있는 일이 있을까?" 하는 실존적인 문제를 제기하고 있다. 앞으로는 어떻게 될까? 시장과 사회의 트렌드는 어떻게 변화할까? 인공지능 시대의 도래가 어쩔 수 없는 필연이라면, 우리는 무엇을 준비하고 어떻게 살아남아야 할까?

『트렌드 코리아 2024』에서는 '호모 프롬프트Homo Prompt'라는 키워드를 통해 이러한 질문에 대답해보고자 한다. 프롬프트란 인공지능과 소통하는 채널이자 방식, 그리고 AI와 말을 주고받는 연속적인 질문과 대답의 과정을 지칭하는데, 생성형 AI를 어떻게 사용할 것인가에 대한 전체적인 방향성을 포괄한다. 호모 프롬프트는 자신만이 보유한 인간 고유의 창의성을 더욱 고양시키는 방향으로 각종 AI와의 '티키타카'를 통해 인공지능 서비스를 적재적소에 사용할 수 있는 사람을 말한다.

인공지능의 혜택은 우리가 각 영역에서 사용하는 기존의 다양한 서비스와 애플리케이션에 접목된, 이른바 '버티컬 서비스'에서 진가를 발휘할 것으로 보인다. 유통·여행·금융 등 다양한 영역에서 인공지능을 활용해 기존의 서비스를 고도화하고, 우리가 일상적으로 수행하는 업무의 생산성 또한 크게 높여줄 것이다. 하지만 인공지능으로 인해 단순 반복형의 일자리가 감소하고 국가 간·계층 간 양극화가 심화될 우려가 크다.

생성형 AI 시대를 주도하려면 사색과 해석력을 겸비해야 한다. 파괴적 혁신을 주도하던 앙터프리너Enterpreneur에게 도전 정신과 행동력이 필수였다면 자유자재로 인공지능을 활용하며 성취를 극대화하는 'AI프리너AI-preneur'에게는 인본주의적 비판 능력이 필요하다. 가장 인간적인 아날로그 역량이 오히려 중요해지는 것이다. 인공지능의 기술적 결과물에 매몰되지 않고, 어떻게 변경邊境을 향해 스스로를 넘어설 수 있는가가 중요하다. 자기 자신을 돌아볼 수 있는 '메타인지' 능력을 갖춘 인간만이, AI가 작업한 용의 그림을 완성시키는 '화룡점정'의 자격을 얻게 될 것이다.

〈해리 포터〉의 다니엘 래드클리프가 파업 피켓을 들었다. 〈미션 임파서블〉의 톰 크루즈와 〈바비〉의 마고 로비도 파업에 동참해 영화 홍보 행사를 보이콧하고 있다. 메릴 스트립, 조지 클루니, 레오나르도 디카프리오 등 수많은 할리우드 스타들이 파업 중인 동료 무명 배우들을 위해 거액의 기부금을 내놓고 있다. 파업의 주요한 원인은 바로 인공지능 때문이다. 2023년 5월 미국 할리우드의 작가조합이 파업을 발동하고 곧이어 7월에 배우 노동조합이 이를 뒤따랐다. 두 노조가 동반 파업을 벌인 것은 1960년 후 63년 만인데, '생성형 AI Generative Artificial Intelligence'에 의한 생존의 위협이 주된 계기가 됐다. 미국 작가조합은 AI가 쓴 대본을 작가가 손보거나, 그 반대도 허용해서는 안 된다고 주장하고 있다. 배우들 역시 하루 일당만으로 얼굴을 360도 촬영한 후 AI 작업물을 만들어 해당 배우의 얼굴을 영원히 사용할 수 있게 하자는 제안에 격렬하게 반대하고 있다.[1]

인공지능의 발전이 인간만의 성역으로 여겨졌던 '창작'의 영역에서도 얼마나 큰 영향을 미치게 될지 단적으로 보여주는 장면이다. 이 사건은 작가와 배우의 반발이라는 점에서 눈길을 끈다. 증기기관이나 컴퓨터와 같은 새로운 기술의 등장이 일자리를 위협한다는 우려는 자주 있었지만, 그동안 작가나 배우처럼 창작의 영역은 결국 '인간 고유의 성역'이라는 믿음이 있었기 때문이다.

기존 데이터와의 비교 학습을 통해 새로운 창작물을 만들어낼 수 있는 '생성형 AI'의 등장은, 창작의 영역이야말로 인간 이외의 것으로 대체될 수 없는 마지막 보루라고 굳게 믿어왔던 우리에게 큰 충격으로 다가왔다. 지금도 많은 생성형 AI들이 작사·작곡은 물론이고,

기사 작성이나 그림 그리기 등 언론, 예술, 문학, 개발, 디자인 등 거의 모든 영역에서 창작 활동을 수행하고 있다. 이에 생성형 AI의 선두 주자라고 할 수 있는 오픈AI의 챗GPT를 시작으로, 애플·마이크로소프트·구글·아마존·엔비디아·테슬라·메타 등 미국의 7대 빅테크 기업이 모두 인공지능 대전★戰에 엄청난 투자를 하고 있다.

할리우드 스타들의 고민은 통계로도 입증되고 있다. 2023년 5월, 미국에서 기업의 직원 해고 통계의 사유로 '인공지능'이 처음으로 추가됐다. 미국의 인사관리 컨설팅 기업 챌린저그레이앤크리스마스 CG&C는 2023년 미국 기업들의 감원 계획은 8만89명이라고 밝히면서 해고의 사유로 여러 가지를 들었는데, 이중 "AI 때문"이라고 명시된 사람이 3,900명에 달했다. 오픈AI의 CEO인 샘 올트먼Sam Altman 역시 AI가 일자리에 영향을 주는 만큼 피해를 줄이기 위해 민간과 정부 간 협력이 필요하다고 강조한 바 있다.[2]

기술 발달의 속도는 선형적線形的이 아니라 가속적이다. 마이크로칩의 용량은 2년마다 2배씩 증가한다는 '무어의 법칙'이 대표적이다. 하지만 인공지능의 발전 속도는 이를 훨씬 넘어선다. 챗봇의 계산 능력이 2년마다 100배 향상되고 있다는 점을 감안할 때, 엔비디아의 CEO 젠슨 황이 10년 후 챗봇의 성능은 지금의 100만 배가 될 것이라 예측한 것도 충분히 가능해 보인다.[3] 아찔하다. '챗GPT'가 선보인 지 1년이 지난 지금도 충분히 놀라운 변화를 겪고 있는데, 2년마다 100배라니!

앞으로 어떻게 될까? 이제 인간이 할 수 있는 일은 무엇일까? 내 직업이 없어지는 것은 아닐까? 시장과 사회의 트렌드는 어떻게 변화할까? 인공지능 시대의 도래가 어쩔 수 없는 필연이라면, 어떻게 잘 활용할 수 있을까? 도대체 우리는 무엇을 준비하고 어떻게 살아남아야 할까?

『트렌드 코리아 2024』에서는 '호모 프롬프트Homo Promptus'라는 키워드를 통해 이러한 질문에 대답해보고자 한다. 먼저 '프롬프트'의 개념부터 설명해보자. 프롬프트prompt란 원래 컴퓨터가 명령어를 받아들일 준비가 됐다는 단말기의 신호를 뜻한다. 윈도우Windows 이전에 도스DOS 운영체제로 컴퓨터를 사용해본 사람은 "C:_" 기호를 기억할 것이다. 명령어를 입력하는 이 반짝이는 밑줄(_)을 프롬프트라고 한다. 쉽게 말해 프롬프트는 인공지능과 소통하는 채널이자 방식이며, AI와 말을 주고받는 질문과 대답의 '티키타카(탁구공이 왔다 갔다 하는 모습처럼 빠르게 주고받는 대화)'다.

AI는 프롬프트만큼만 똑똑해질 수 있다

생성형 AI 서비스를 잘 활용하기 위해서 가장 중요한 점은 질문을 잘해야 한다는 것이다. 같은 내용이더라도 어떻게 질문했느냐에 따라 결과의 수준이 크게 달라진다. 그래서 정교하게 질문하고 AI와 상호작용하는 작업을 뜻하는 '프롬프트 엔지니어링'이라는 영역도 생겼다. 프롬프트 엔지니어는 'AI 조련사', 'AI 위스퍼러Whisperer'라고 불리기도 하는데, 이는 데이터 사이언티스트나 머신러닝 전문가에게만 붙이는 호칭은 아니다. 누구나 프롬프트를 활용해 AI와 소통할 수 있는 시대가 됐기 때문에 생성형 AI를 활용하는 사람들은 모두 프롬프트 엔지니어링을 직간접적으로 하고 있는 셈이다.

"AI는 프롬프트만큼만 똑똑해질 수 있다"는 말이 있다. AI에게 말을 걸 때 프롬프트를 어떻게 작성했는지가 답변의 퀄리티를 좌우하기 때문이다. 오픈AI의 챗GPT, 구글의 바드, 마이크로소프트의 빙 등 현재 주목받고 있는 AI들은 모두 '언어 모델' 기반으로서, 수천억 개의 단어를 익히게 한 뒤 학습된 데이터를 바탕으로 답변을 '예측'하는 원리다. 여기서는 사용자의 질문, 즉 프롬프트에 따라 예측을 위한 데이터 탐색력이 달라지며 나오는 답변의 수준 역시 천차만별이다. AI 명령어인 프롬프트가 직관적이고 구체적일수록 원하는 고품질의 답변을 쉽게 얻을 수 있다. 프롬프트 엔지니어인 사이먼 윌리슨Simon Willison은 프롬프트 엔지니어링을 '마법 주문'에 빗대어 설명한다. "주문을 외우는데, 주문이 어떤 방식으로 작동하는지 제대로 이해하지 못하거나 발음을 잘못하면, 악마를 불러올 수도 있다"는 것이다.[4]

그렇다면 프롬프트 엔지니어링은 단지 질문 방법에 관한 것이 아니라, 생성형 AI를 어떻게 사용할 것인가에 대한 전체적인 방향성을 의미한다고 할 수 있다. 이에 『트렌드 코리아 2024』에서는 생성형 AI의 등장 이후 AI와의 조화로운 상호작용을 통해 인공지능 시대를 선도할 수 있는 인간형으로 '호모 프롬프트'를 제안한다. 호모 프롬프트는 자신만이 보유한 인간 고유의 창의성을 더욱 고양시키는 방향으로 각종 AI와의 '티키타카'를 통해 인공지능 서비스를 적재적소에 사용할 수 있는 사용자를 말한다.

신기술이 등장하면 언제나 그에 대한 이해력 혹은 문해력literacy이 필요해지는데, 호모 프롬프트는 바로 'AI 리터러시' 혹은 '인공지능 문해력'을 갖춘 인간에 관한 트렌드 키워드다. 이 문해력은 비단 AI 사용 방법에 관한 것만은 아니다. 후술하는 바와 같이 생성형 AI 를 능숙하게 사용하면서도, 인공지능에게 미흡한 부분을 창의적으로 보완해나갈 수 있는 인문학적 문해력을 포함한다. 그런 의미에서, 이 키워드가 인간을 뜻하는 '호모'로 시작한다는 점에 주목할 필요가 있다. 하루가 멀다 하고 생성형 AI 관련 신기술과 서비스가 등장하는 이 시점에서 단지 기술의 변화를 쫓아가는 것이 아니라, 이 거대한 진보의 메가트렌드 속에서 우리 '인간'들이 무엇을 어떻게 해야 할 것인가를 생각해보는 키워드이기 때문이다.

인공지능의 사회·경제적 발전 방향

우리가 호모 프롬프트로서 다가올 인공지능 시대에 어떻게 대처할 것인가를 논의하기 위해서는 먼저 생성형 AI 사회와 경제의 근미래 발전 방향을 살펴보는 것이 필요하다. 여기서 우선적으로 강조해야 하는 부분은 인공지능 '기술'이 아니라 '사회·경제'에 관한 전망이어야 한다는 것이다. 물론 기술적 발전 방향을 이해하는 것도 필요하지만, 정말 중요한 것은 그러한 기술이 어떻게 우리 비즈니스에 적용되고 그것이 시장을 어떻게 바꿀 것인가에 대한 사회·경제적 함의다. 둘째로 여기서는 먼 미래가 아니라 3년 내외의 가까운 미래의 변화 방향을 다루고자 한다. 이것은 현재 인공지능 기술이 사회에 선보인 지 얼마 되지 않았고 그 발전 속도가 아찔할 정도로 빠르기 때문이다. 이런 상황에서는 매우 불확실한 미래를 멀리 내다보기보다는 시시각각 움직이는 기술적·사회적·제도적 변화들을 따라잡으며 유연하게 스핀오프와 방향 전환을 할 필요가 있다. 그래서 10년 이상의 원遠미래보다는 3년 정도의 근近미래적 시각이 유용하다.

인공지능 사회의 도래를 이야기할 때 가장 궁금해하는 부분은 "인간 수준으로 사고하는 인공지능이 등장할 수 있는가, 그렇다면 그 시점은 언제인가?" 하는 점이다. 많은 사람들이 이 점을 막연하게 가장 두려워하는 듯하다. 이런 수준의 인공지능을 '범용 인공지능AGI, Artificial General Intelligence'이라고 하는데 영화 〈아이언맨〉의 '자비스'나 〈2001 스페이스 오디세이〉의 '할 9000'처럼 주어진 모든 상황에서 학습·판단·창작할 수 있는 인공지능을 말한다. 전문가들은 인간 수준의 생성형 AI가 2061년 이전에 등장할 가능성은 50%, 100년 이내에 등장할 가능성은 90%에 이른다고 전망한다.[5]

다른 기술과 달리, 많은 사람들이 인공지능을 두려워하는 까닭은 "언젠가는 기술이 인간을 압도하게 되지 않을까?"라는 염려 때문이다. 일부 SF영화에서처럼 인공지능이 전쟁을 일으키거나 인간을 절멸하려는 시도까지 상상하지는 않더라도, "결국 인간이 기계에 의해 대체되는 것은 아닐까?", "인간다움의 가치가 사라지는 것은 아닐까?" 하는 막연한 두려움이 그 어느 때보다도 큰 것처럼 느껴진다. 생성형 AI의 등장은 "이제 내가 인공지능보다 잘할 수 있는 일이 있을까?" 하는 발등의 불처럼 실존적인 문제를 제기하고 있는 것이다.

하지만 우리가 두려워하든 두려워하지 않든, 빗물이 대지를 적시듯 새로운 기술은 세상을 적셔나간다. 일부 인공지능 기술에 대한 규제의 필요성이 제기되고 있지만, 이는 단지 시기를 늦출 뿐이다. 자동차가 나오고 나서 많은 사람들이 사고를 우려했고, 영국에서는 마차가 붉은 깃발을 꽂고 달리면 자동차는 그 뒤를 따라가도록 하는 '붉은깃발법'을 만들었지만, 이는 결국 자동차 발명국인 영국의 자동차산업이 독일이나 미국에 뒤처지는 결과를 초래했을 뿐이다. 지금 우리가 할 일은 앞으로 인공지능 기술의 진행 방향을 예상하고 그에 맞춰 '호모 프롬프트'로서의 사회적·조직적·개인적 대비책을 마련해가는 것이다.

그렇다면 가까운 미래, 특히 2024년 경제에 생성형 AI는 어떤 영향을 주게 될까? 챗GPT의 등장 이후, 많은 사람들이 사이트에 접속해 "○○을 해줘"라는 명령어를 입력해보며 챗GPT가 생성해내는 결과물에 놀라기도 하고 실망하기도 했다. 하지만 인공지능 서비스의

▲▲▲ 생성형 AI의 답은 당신이 무슨 질문을 어떻게 하느냐에 따라 달라진다. 이제 질문, 즉 프롬프트가 더 중요해졌다.

진가는 우리가 각 영역에서 사용하는 기존의 다양한 서비스와 애플리케이션에 접목된, 이른바 '버티컬 서비스'에서 발휘될 것으로 보인다. 다시 말해 유통·여행·금융 등 다양한 영역에서 인공지능을 활용해 기존의 서비스를 고도화하는 것이다.

오픈AI는 일반화된 챗GPT 서비스를 선보이는 동시에, 해당 기능의 'API Application Programming Interface'를 공개했다. API란 각 분야의 개발자들이 자신의 서비스나 앱에서 해당 기능을 쉽게 사용할 수 있도록 모아놓은 함수들을 말하는데, 오픈AI가 API를 공개했다는 것은 모든 서비스에 챗GPT 기능을 가져다 쓸 수 있게 됐다는 의미다. 한편 챗GPT에 특정 소프트웨어나 웹사이트를 연결한 뒤 이를 통해 공급받은 데이터로 정보를 검색할 수 있도록 한 서비스를 '챗GPT 플러그인Plug-In'이라고 한다. 플러그인이란 마치 콘센트에 꽂고 뺄 수 있는 플러그처럼 부가 기능을 제공한다는 뜻에서 붙여진 이름인데, 소비자가 사용하는 웹브라우저 안에서 추가 기능을 쉽게 사용할 수 있게 해준다.[6] 2023년 7월 기준 챗GPT 플러그인을 사용하는 기업은 823곳에 이르며, 업무 자동화, 효율성 향상, 고객경험의 개선 등을 통해 서비스산업을 혁신하는 데 중요한 역할을 하고 있다.

종합하면 기존에 제공되던 다양한 서비스가 생성형 AI 기술을 사용해 더욱 사용하기 편리한 방향으로 진화하리라는 점이다. 다시 말해서 우리가 직접 챗GPT나 바드 같은 서비스에 접속하지 않더라도, 컴퓨터나 스마트폰의 앱을 쓰는 도중 나도 모르는 사이에 인공지능 서비스를 사용하게 될 것이다. 지금 이 순간에도 인공지능을 적용한 새로운 비즈니스 모델들이 소개되고 있다.

우리에게는 무엇이 필요한가?

쉬운 일상어로 대체되는 컴퓨터 언어

인공지능 서비스가 대중의 폭발적 관심과 사회적 파급력을 함께 불러일으킨 중요한 이유는 바로 사용이 쉽기 때문이다. 테슬라의 AI 책임자였다가 오픈AI에 합류한 인공지능 전문가 안드레이 카파시Andrej Karpathy는 트위터에서 "가장 인기 있는 새로운 프로그래밍 언어는 영어"라고 언급했다. 여기서 말하는 '영어'는 외국어로서의 영어가 아니라 우리가 일상적으로 사용하는 모든 '생활 언어'를 통칭한다. 즉, 컴퓨터 언어가 인간의 언어로 대체되고 있다는 뜻이다. 이제 컴퓨터 언어를 몰라도 일상 언어만으로 컴퓨터를 활용해 지식 노동이나 창작 행위를 할 수 있게 됐다. 챗GPT의 파급효과가 컸던 또 하나의 이유는 바로 '채팅'이라는 사용자에게 매우 간편하고 익숙한 소통 방식을 사용했기 때문이다. 소소하게 잡담을 나누는 것을 의미하는 채팅chatting은 PC통신 시절부터 이어온 친숙한 습관이다. 채팅이라는 지극히 자연스러운 행위로, 그것도 자연어로 작동되는 프롬프트는 챗GPT가 단숨에 인공지능의 판도를 바꿀 수 있었던 핵심 요인이다.

머지않은 미래에 자연어를 넘어 다양한 감각을 동원하는 소통이 가능한 인공지능이 등장할 것으로 보인다. AI에 눈과 귀가

멀티모달Multi-modal
생성형 AI의 중요한 화두로 시각, 청각을 비롯한 여러 인터페이스를 통해 정보를 주고받는 것을 말한다. 쉽게 말해 인간이 사물을 받아들이는 다양한 방식과 동일하게 학습하는 AI의 진화된 인터페이스다.[7] 이미지뿐 아니라 음성 데이터 등 다양한 형식의 데이터를 인식하기에 '멀티모달'이라 부른다. 멀티모달은 챗GPT의 다음 단계로 주목받고 있다.

생기고, 우리는 다양한 언어를 채용해 다채롭게 대화할 수 있게 되는 것이다. 챗GPT는 'GPT-4'를 공개하며 이미 시각·청각·텍스트 외에 다양한 방식으로 정보를 습득할 수 있는 **'멀티모달'** 기능을 탑재했다. 생성형 AI의 감각 소통 기능은 더 발전할 것이고 인간을 모사하는 능력은 훨씬 고도화될 것이다.

창작 과정의 방점은 인공지능이 아니라 프롬프트에 있다

이처럼 인공지능이 일반인도 무리 없이 사용할 수 있을 만큼 쉬워지면서 더욱 중요해지는 것이 바로 서두에서 설명한 '프롬프트 엔지니어링'과 그 일을 하는 사람인 '프롬프트 엔지니어'다. 실제로 최근 프롬프트 엔지니어 선호 현상이 짙어지며 해외에서는 4억 원이라는 거대 연봉을 약속하는 곳까지 등장했다. 오픈AI 출신들이 나와 차린 AI 스타트업 앤스로픽Anthropic은 3~4억 원 수준의 연봉을 내걸고 프롬프트 엔지니어·데이터 라이브러리 관리자 채용 공고를 낸 바 있다. 국내에서는 AI 콘텐츠 생성 플랫폼 스타트업인 뤼튼테크놀로지스가 최초로 프롬프트 엔지니어를 공개 채용했는데, 공고에 기재된 최대 연봉은 1억 원대였다.[8]

2022년 8월 미국 콜로라도 주립 박람회 미술대회 디지털아트 부문의 우승 작품은 화가가 아닌 게임 기획자 제이슨 앨런Jason Allen이 생성형 AI '미드저니Midjourney'로 만든 그림으로 알려져 화제가 됐다. 그는 900번이 넘는 지시어, 즉 프롬프트를 입력한 끝에 우승작인 〈스페이스 오페라 극장Theatre D'opéra Spatial〉을 완성했다고 한다. 이 그림의 저작권은 누구에게 있을까? 앨런은 미국 저작권 기관에 이 그림의 저작권을 인정해달라고 요청했다. 대회에서 1등을 할 정도로 예술성이 있으니 저작권도 달라는 취지였다. 하지만 이 요구는 기각당했다. 미국 법원도 한 발명가가 AI로 만든 예술품의 저작권을 인정해달라고 제기한 소송에서 "저작권을 부인한다"는 판결을 내렸다.[9]

미국 저작권 기관과 법원의 법리는 "인간의 개입 없이 이뤄진 작품에 대해 저작권을 인정할 수 없다"는 것이다. 더구나 생성형 AI는 인간이 만들어놓은, 이미 존재하는 데이터를 학습한 결과를 내놓기 때문에 순수한 창작으로 여겨지지 않는다. 하지만 프롬프트의 측면에서 보면, 조금 다른 이야기를 할 수 있다. 일부 프롬프트 엔지니어는 자신의 프롬프트를 판매한다. '프롬프트베이스PromptBase' 같은 마켓에서는 명령어를 판매하고 구매하는 일이 흔하다. 2021년 이

▲▲▲ 제이슨 앨런이 출품한 작품 〈스페이스 오페라 극장〉. 생성형 AI인 '미드저니'로 제작한 이 작품은 미술대회에서 1등을 차지해 화제와 논란을 동시에 낳았다.

후 2만5,000명 이상이 프롬프트를 사고팔았으며, 2023년 2월 기준 700명의 프롬프트 엔지니어가 전자책용 프롬프트를 판매 중이라고 한다.[10] 〈스페이스 오페라 극장〉을 그린 앨런 역시 자신이 입력한 프롬프트의 공개를 거부했다. 그림 자체는 사람의 창작물이 아니지만 그 결과물을 만들어내기까지의 과정은 자기만의 창작품이라는 논리다.

그림 하나를 그리기 위해 900번 넘는 프롬프트를 줘야 한다면, "차라리 직접 그리고 말지" 하고 생각하는 사람이 있을지도 모르겠다. 이것이 핵심이다. 인공지능이 아니라 앨런이 프롬프트를 통해 그림을 그린 것이다. 비유하자면 인공지능이 캔버스라면, 프롬프트는 붓이고 물감이다. 창작 과정의 방점은 인공지능이 아니라 프롬프트에 찍힌다. 우리가 '프롬프트 엔지니어'라는 직업을 목표로 삼지 않더라도, '호모 프롬프트'로서 새로운 인공지능 시대의 파도에 휩쓸리지 않고 노 저어나가려면, 프롬프트에 대한 이해가 반드시 필요하다.

최근 프롬프트 엔지니어에 대한 사람들의 뜨거운 관심은 마치 인터넷이 처음 등장한 시기 '정보검색사' 열풍이 불었던 당시를 연상시킨다. 인터넷을 통해 정확한 정보를 빠르게 제공하는 직군에 대한 수요가 클 것이라고 여겨졌지만, 인터넷이 대중화되면서 역설적이게도 정보검색사라는 직업은 설 자리를 잃었다. 사용자 모두가 정보검색사의 도움이 필요 없는 검색 전문가가 됐기 때문이다.[11] 프롬프트 엔지니어도 비슷한 길을 걷게 될지 모른다. 지금은 어수룩한 인공지능 초보자들이지만 차츰 능숙하게 질문할 수 있는 역량을 갖추게 되면, 다시 말해 모두가 '호모 프롬프트'의 역량을 갖추면, 별도의 프롬프트 엔지니어라는 직업은 불필요할지도 모른다는 뜻이다.

'인간적 능력'이 중요해지는 시대

그렇다면 호모 프롬프트의 새로운 역량이란 어떤 능력을 의미하는 것일까? 이 질문에 답을 얻기 위해서는 '인간적인 것'에 대한 성찰이 다시 필요하다. 하민회 이미지21 대표는 프롬프트 엔지니어에게 코딩 능력보다는 생성형 AI의 사용경험과 논리적·언어적 대화 능력이 중요하다고 지적한다. 물론 기본적인 프로그래밍 언어와 머신러닝에 대한 지식은 어느 정도 필요하겠지만, 역사학·철학·법학·언어학 등의 인본주의적인 이해도 필요하다. 나아가 갈수록 세분화하는 인공지능 서비스의 특성을 감안할 때 공공·금융·유통·의료·법률·제조 등 해당 분야의 전문적인 지식도 아울러 갖출 필요가 있다.[12]

흔히 "인간에게 쉬운 것은 컴퓨터에게 어렵고, 인간에게 어려운 것은 컴퓨터에게 쉽다"고 하는데, 이를 '모라벡의 역설Moravec's Paradox'이라고 한다. 뒤집어 말하면 컴퓨터와 인간이 힘을 제대로 합칠 수 있다면 엄청난 성과를 이룰 수 있다는 뜻도 된다. 따라서 인공지능 시대를 선도하기 위해서는 인공지능이 이룰 수 없는 영역에 대해 인간적 역량을 집중하는 것이 필요하다.

인공지능이 어려워하는 인간적 역량은 어떤 것일까? 인공지능에게 이런저런 질문을 하고 답을 읽다 보면 느끼게 되는 점이 있다. "그럴듯한데, 뭔가 부족하다"는 느낌이다. 그래서 다시 질문을 반복해가며 그 부족함을 채워나가지만, 마지막까지 채울 수 없는 미묘한 부분이 여전히 존재한다. 그렇다. 호모 프롬프트, 인공지능 시대를 선도할

인간의 역량은 그 '미묘한 뭔가'에 달려있다. 인공지능을 업무에 활용하면 평소 노력의 20% 정도만으로도 기존 결과물의 70~80% 수준에 해당하는 결과물을 얻어낼 수 있다고 한다.[13] 결국 호모 프롬프트의 역량이란 그 남은 80%의 노력으로 인공지능이 어려워하는 20~30%의 미묘한 여백을 메꾸는 것에 달려있다. 인공지능 결과물에 대한 인간의 선택이 중요해지고 있다는 뜻이다.

같은 맥락에서 인공지능이 '검색'을 완전히 대체하지는 않을 것이라는 주장과 그 논리에 주목할 필요가 있다. 마이크로소프트의 빙, 구글의 바드, 네이버의 하이퍼클로바X 같은 주도적 검색 엔진들이 인공지능을 장착한다면, 앞으로 우리가 해왔던 방식의 '검색'은 완전히 사라지게 될까? 생성형 AI는 서비스 이용자의 질문을 이해하고 분석하여 수많은 정보 중 답이 될 만한 필요 정보를 '스스로 찾아서' 이를 '적절히 요약정리해 제공'하는 것이기 때문에, 여러 결과를 줄줄이 늘어놓는 검색 서비스와는 차원이 다르다고 자랑한다. 여러 개의 링크를 보여주며 답을 줬던 기존 검색과는 다르게, 인공지능은 링크 없이 바로 원하는 답을 제시함으로써 사용자가 정보를 얻는 뎁스

기존 검색과 생성형 AI 비교

진화 단계	검색	생성형 AI
대표 서비스	구글, 네이버	챗GPT
결과 제공	관련 링크의 나열	대화형 즉답 제공
사용자 역할	링크 확인, 유효 정보 정리	진위 확인, 반복 질문을 통한 정제

depth(사용자가 거쳐야 하는 단계)를 크게 줄여줄 수 있다는 것이다. 앞의 표는 기존의 검색과 생성형 AI를 비교한 것이다.

하지만 사용자는 답을 구하는 과정에서 수많은 질문을 거듭해 인공지능에게 전적으로 맡기기보다는, 검색에 의해 나열된 결과를 직접 보고 자신에게 필요한 하이퍼링크를 클릭하며 원하는 정보에 접근하고자 하는 니즈도 가지고 있다. 인공지능이 답을 찾는 뎁스가 줄어든다고 하지만, 이는 원하는 답을 얻기까지 해야 하는 질문의 수에 달려있다. 아마도 사용자는 검색과 인공지능을 그때그때 상황에 맞게 선택해 사용할 확률이 높다. "챗GPT는 검색에서 구글에 큰 위협이 되지 않을 것이며, AI에 투자했던 회사들은 이를 활용한 다른 응용 서비스를 적극 발굴해야 할 것"이라는 CNBC의 보도가 이를 뒷받침한다.[14]

최종 판단과 선택은 결국 인간의 몫

이것은 비단 검색만의 문제가 아니라, 인공지능이 앞으로 소비자들에게 어떻게 사용될 것인가에 대한 해답과도 관련이 있다. 사람들은 인공지능의 도움이 필요한 영역과 그렇지 않은 영역을 구분해가며 인공지능을 강력한 보조 수단으로 함께 사용할 가능성이 높다.

이것은 어쩌면 당연한 일이다. 인공지능의 작동 원리가 엄청난 양의 '기존 데이터'를 학습한 후, 질문에 대해 확률적으로 가장 답에 근접한 근삿값을 구성해내는 것이므로 기존 데이터의 범위 밖에 있는 사항은 학습을 통해 습득할 수 없고 대답할 수도 없기 때문이다. 오히려 **'할루시네이션'**이라고 부르는 오류를 보여주기도 한다. '세종대왕 맥북 프로 사건'이 대표적인 사례다. 챗GPT 초기 모델에 '세종대왕 맥북 프로 사건'을 묻자 "『조선왕조실록』에 기록된 일화로 세종대왕이 훈민정음 초고를 작성하던 중 분노해 맥북 프로를 던졌다"는 답변을 내놔 온라인상에서 조롱의 '밈'이 됐다.[15] 할루시네이션 문제는 합성 데이터의 활용을 통해 차차 개선될 것으로 보이지만, 인공지능의 결과물에 대해 인간의 판단이 여전히 중요한 역할을 한다는 점

할루시네이션Hallucination
'환각', '환영', '환청'이라는 뜻의 단어로 인공지능이 정보를 처리하는 과정에서 발생하는 그럴듯함의 오류 또는 그럴싸한 오답을 내놓는 현상을 말한다. AI 모델은 학습한 데이터에 없는 정보를 기반으로 잘못된 결과를 만들어낼 수 있으며, 연관성이 낮거나 편향된 정보를 생성할 수도 있기 때문에, 주로 학습된 데이터가 부족하거나 불완전한 경우 할루시네이션이 발생한다.

에는 변함이 없다. 인공지능은 자신의 결과물을 스스로 평가하지 못한다. 최종적인 판단과 선택은 결국 인간의 몫이다.

인공지능 결과물에 대한 판단은 결국 '비판적 사고'를 할 수 있는 역량에 달려있다. 퓰리처상 수상 작가 조지 앤더스George Anders는 기업에서 요구하는 비판적 사고 능력을 ① 경계를 넘나들며 일하는 능력, ② 통찰하는 능력, ③ 올바른 접근법을 선택하는 능력, ④ 타인의 감정을 파악하는 능력, ⑤ 타인에게 영향을 미치는 능력으로 정리했다. 모두 인공지능이 '생성'할 수 없는 역량이다. 그렇다면 이러한 역량은 어떻게 배양할 수 있을까? 앤더스는 '쓸모없는 인문학Useless Liberal Arts'이 이러한 내공을 길러줄 수 있다고 역설한다.[16]

결국 쓸모없어 보이는 인문학적 소양, 즉 인간과 사회에 대한 본질을 탐구할 수 있는 지적 능력을 기름으로써 우리는 인공지능을 통제할 수 있는 창의력을 갖출 수 있는 것이다. 그렇다면 창의력이란 무

엇일까? 연세대 이준기 교수에 의하면 창의력은 크게 ① 기존의 것을 조합해 새로운 것을 만들어내는 '조합하는 창의력', ② 잘 성립된 구조에 바탕을 두고 그 경계에서 새로운 아이디어를 만드는 '탐구적 창의력', ③ 완전히 새로운 구조를 만드는 '변화적 창의력'의 세 종류가 있다고 한다. 인공지능은 이 중에서 기존의 정보와 구조에 바탕을 둔 조합하는 창의력과 탐구적 창의력을 발휘했다고 볼 수 있다.[17]

인공지능이 창의의 영역에 도전하고 있다고 하지만, 세 번째 창의력, 즉 새로운 구조와 틀을 만들어가는 변화적 창의력은 여전히 인간의 영역에 해당한다. 이 영역에 대한 계발을 통해 인공지능을 자유자재로 부릴 수 있는 인재가 진정한 호모 프롬프트인 것이다. 이 세 번째 창의력을 발휘하기 위해서는 성찰이 필요하다. 파괴적 혁신을 주도하던 앙터프리너Enterpreneur에게 도전 정신과 행동력이 필수였다면 자유자재로 인공지능을 활용하며 성취를 극대화하는 'AI프리너AI-preneur'들에게는 아이러니하게도 인본주의적 사색 능력이 필요하다. 가장 인간적인 아날로그 역량이 오히려 중요해지는 것이다.

전망 및 시사점

신기술은 늘 갈등을 빚어왔다. 19세기 영국에서 일어난 러다이트 운동은 방직기가 발명되면서 일자리를 잃을 위기에 놓인 노동자들이 기계를 파괴했던 과격한 집단행동이자 극단적인 기술 혐오론이었다. 반대의 낙관적 견해도 있다. 지금까지 컴퓨터·인터넷·스마트폰 등 새로운 기술이 등장할 때마다 일자리가 없어질 것이라고 우려했지만, 관련 산업에서 만들어내는 신규 일자리의 수가 더 많아서 궁극적으로는 일자리가 늘어나고 인류 복지가 증진돼왔다는 것이다.

물론 답은 이 두 극단적 견해의 중간 어디쯤에 자리 잡고 있을 텐데, 인공지능의 경우는 어느 쪽에 가까울까? "이번에는 다르다. 정말로 일자리가 없어질 것"이라는 주장과 "기술은 항상 새로운 일자리를 더 많이 창출해왔다"는 주장이 엇갈리고 있다.[18] 굳이 말하자면 논의는 다소 비관론 쪽으로 기우는 듯하다. 2023년 5월, 세계경제포럼은 향후 5년간 전 세계에서 6,900만 개의 일자리가 새로 생기지만, 8,300만 개는 사라질 것이라고 전망했다. 골드만삭스의 전망은 더 암울하다. 전체 일자리의 69%가 AI의 충격에 노출돼 있고 최대 50%가 AI에 의해 대체될 수 있어, 세계적으로 3억 개 정도의 정규직 일자리가 자동화될 수 있다고 본 것이다.[19]

설령 낙관론에 의거한다 할지라도 인공지능에 의한 일자리의 재편은 불균형한 구조적 변화를 가속화하며 국가 간·계층 간·인재 간의 격차를 더욱 벌릴 것이다. 인공지능 경쟁력을 갖춘 일부 선진국의 일자리는 증가하지만 단순 반복형의 일자리가 많은 중진국과 개발도상국의 상황은 크게 나빠질 것이기 때문이다. 한 나라 안에서도 그렇다. 호모 프롬프트의 역량을 보유한 계층과 그렇지 못한 계층의 격차가 더욱 벌어질 것이다.

그렇다면 이러한 변화에 대응해 어떤 준비가 필요한가? 사회적 대응과 조직적·개인적 준비에 대해 살펴보자.

'책임 있는 AI' 활용부터 새로운 사회시스템 마련까지

변화의 파급력이 크다 보니 '책임 있는 AI'에 대한 목소리가 높다. 지금도 사회적 문제가 되고 있는 '디지털 디바이드digital divide(디지털 양극화)'에 이어 'AI 디바이드' 문제도 심화될 것이며, 일자리·저작권·개인정보보호 문제도 큰 이슈로 떠오른다. 유럽연합EU은 2021년부터 AI 규제를 위한 법안의 초안 작업을 진행했고 2023년 6월 세계 최초의 인공지능 기술 규제법 도입을 위한 법안의 협상안을 가결시켰다. 이렇게 되면 생성형 AI를 운영하는 기업들은 인공지능 학습에 사용한 원데이터의 저작권을 공시해야 한다. 2023년 내 법안 협상이 타결된다면 2026년부터 실제로 규제가 적용될 것으로 예상된다. 우리나라의 경우는 어떨까? 2023년 5월 과학기술정보통신부는 인공지능과 관련해 '인공지능 산업 육성 및 신뢰 기반 조성에 관한 법률(인공지능 기본법)' 제정을 지원할 것이라고 밝혔는데, 여기에는 세계 최초로 인공지능법을 마련할 수 있도록 노력하겠다는 의미가 담겨있다. 연이어 7월에는 기획재정부가 인공지능 학습 목적의 데이터 활용에 저작권 침해를 면책해주는 요건 및 근거를 마련하기 위해 저작권법 개정 의사를 밝히기도 했다.[20] 불안함에 기인한 예방책과 규제를 검토하는 만큼 적극적인 수용책도 동시에 준비되어야 한다. 결국 고려대 김동원 초빙교수의 표현대로, '인공지능과 사회시스템의 속도 경쟁'이 인공지능의 사회·경제적 충격을 어떻게 완화할 수 있을지의 관건이 될 것으로 보인다.[21]

보다 근원적인 대응책도 논의된다. 인공지능 시대에 맞는 새로운 사회시스템이 필요하다는 것이다. 세계적인 역사학자 유발 하라리는

미래의창

도서목록

홈페이지 **miraebook.co.kr**
페이스북 **facebook.com/miraebook**
인스타그램 **@miraebook**

미래의창

"금리를 알면 경제가 보인다"
책 한 권으로 마스터하는 금리의 모든 것

경제와 금융이 손에 잡히는
세상 친절한 금리수업

조경엽·노영우 지음 | 280쪽 | 18,000원

금리는 어떻게 결정되는 걸까? 미국의 금리 결정을 세계가 울며 겨자 먹기로 따라가는 이유는 뭘까? 금리가 오를 때는 채권 투자가 좋을까, 주식 투자가 좋을까? 금리는 세계 경제, 국가 경제 그리고 개개인의 생활 경제 깊숙이 들어와 있다. 우리가 몰랐던 금리의 모든 것을 이 책을 통해 알아보자.

뉴스가 들리고 기사가 읽히는
세상 친절한 경제상식

토리텔러 지음 | 296쪽 | 17,000원

이 정도는 알아야 경제 기사를 읽을 수 있다!
세상을 읽는 힘이 되어주는
가장 친절한 경제 이야기

분초사회를 살아가는 호모 프롬프트와
육각형인간, 그리고 요즘남편까지
2024 대한민국의 소비 풍경을 이끌 10대 키워드

트렌드 코리아 2024
2024 대한민국 소비트렌드 전망

김난도 외 10명 지음 | 416쪽 | 19,000원

기회와 위험이 상존하는 격변의 시장 속에서 대한민국 소비자들은 언제나 현명한
선택의 방법들을 모색해왔다. 전례 없는 고물가와 인간을 넘어서는 AI와의 경쟁 등
불확실성이 지배하는 오늘날, 이를 뛰어넘기 위해 가장 필요한 것은 변화에 대한
대응 능력이다. 《트렌드 코리아 2024》를 통해 모든 어려운 상황을 뚫고, 용 그림의
마지막을 완성하는 '화룡점정'의 역량을 키워보자.

대한민국 외식업 트렌드 Vol.1
금쪽같은 내 한 끼

김난도 외 9명 지음 | 216쪽 | 17,000원

〈트렌드 코리아〉 연구진 X 배달의민족
7가지 키워드에서 찾는 외식업 성공 전략
"고객이 먼저 찾는 식당은 무엇이 다른가?"

하버드대학 미-중 특강
54인의 석학, 46개의 질문으로 알아보는 미중관계
그리고 한국과 세계의 미래

마리아 에이들 캐러이 · 제니퍼 루돌프 · 마이클 스조니 지음
| 함규진 옮김 | 520쪽 | 23,000원

어디에서도 볼 수 없었던 시각
미중관계의 실상을 파악하는 46가지 관전포인트

중국은 왜 미국의 최대 위협인가?
새로운 세계 질서에 중국을 위한 자리는 있는가?
세계 최고의 석학들이 말하는 미중관계의 모든 것

식량위기, 이미 시작된 미래
굶주린 지구와 식량 자원을 위한 새로운 생존 전쟁의 시작

루안 웨이 지음 | 정지영 옮김 | 248쪽 | 17,000원

기후, 에너지에 이어 세계를 뒤흔들 세 번째 위기
"이제부터 인류는 식량을 두고 싸우게 될 것이다"

직면한 식량문제를 진단하고
앞으로의 위기를 예측해서
미래를 대비할 수 있는 발판을 마련하자.

수소 자원 혁명
지구를 위한 마지막 선택, 수소가 바꾸는 미래

마르코 알베라 지음 | 김종명 옮김 | 368쪽 | 19,000원

수소가 재편하는 부와 권력의 미래
이제 '수소'를 알아야 '세계 경제'를 알 수 있다

수소가 어떻게 미래의 답이 되는지,
전 세계는 왜 수소 기술에 집중할 수밖에 없는지,
'세계적인 에너지 리더'가 그 답을 제시한다.

"회사는 싫어도 일은 잘하고 싶어"
내 노력이 헛수고가 되지 않게
센스 있는 일머리 키우기

일타 사수의 업무력 노트
회사는 '절대' 가르쳐주지 않는 일 잘하는 법

장은영 지음 | 248쪽 | 16,000원

"회사는 왜 일하는 법을 가르쳐주지 않을까?"
14년 차 직장인인 저자는 공부 잘하는 비법이
있듯 회사 일도 '일 잘하는 기술'이 따로 있다
고 말한다. 이 책은 나의 커리어와 정신건강을
위해 덜 스트레스 받고 더 효율적으로 일하고
싶은 이 시대의 모든 직장인들에게 완벽한 사
수가 되어줄 것이다.

지식의 경계가 흐려지는 시대,
논리력을 갖춘 자만이 살아남는다

맥킨지 논리력 수업
문제의 핵심을 꿰뚫는 5단계 구조화 전략 사고법

저우궈위안 지음 | 차혜정 옮김 | 320쪽 | 16,000원

모든 것이 빠르게 변하는 불확실성의 시대에는
경계를 뛰어넘는 크로스오버 능력과 문제 해결
력이 필요하다. 끊임없이 새로운 것을 학습하고
업데이트해야만 살아남을 수 있다. 이런 문제를
해결하기 위해 세계 최고의 기업들이 찾는 곳이
바로 '맥킨지'다. 강력한 논리력으로 문제의 핵
심을 꿰뚫는 맥킨지의 사고법을 배워보자.

"내 마음, 오늘은 어땠나요?"
계속 묻는 이 의사, 대체 뭐지?
지나치게 솔직하다, 하지만 따뜻하다

나는 왜 내 마음이 버거울까?
정신과 의사 캘선생의 상담소

유영서 글그림 | 288쪽 | 18,000원

인스타그램에 콘텐츠를 업로드할 때마다 수천 개의 '좋아요'를 받는 정신과 의사 캘선생의 첫 번째 책. 내 마음이 내 마음대로 되지 않을 때, 홀로 감당하기 힘든 일 때문에 내 마음이 힘들고 나도 나를 감당하기 버거울 때, 책의 페이지를 따라 유머 가득한 툰과 따뜻하고 사려 깊은 상담을 만나보자.

피곤한 내향인, 불리한 내향인,
억울한 내향인은 안녕!

내향인을 위한 심리학 수업
오늘도 나를 숨기고 외향인인 척 살아가는
내향형 인간의 해방일지

최재훈 지음 | 288쪽 | 16,000원

"혼자 있는 시간이 좋은데 사회성이 부족해 보이진 않을까", "묵묵히 최선을 다한다고 해도 회사에서는 티 내지 않으면 바보가 되는 것 같아" 그동안 내향인이라는 이유로 감당해왔던 고민들을 떨쳐내고, 외향성이 기본값인 세상에서 행복한 내향인으로 살아가기 위한 첫걸음을 내디뎌보자.

아트토크 머니토크
갤러리에서 아트페어까지 미술 시장에서 만난 그림값의 비밀

이지혜 지음 | 312쪽 | 18,000원

**돈의 감각과 예술의 숨결을 느낄 수 있는
아트 컬렉팅의 세계**

"당신에게 좋은 작품이란 무엇인가?"
영혼을 위로하고 감각을 자극하는
궁극의 미술품을 찾기 위한 완벽한 안내서

엔터주 머니전략
좋아하면 투자해! 미디어·연예·콘텐츠주 완벽 분석

이현지 지음 | 248쪽 | 17,000원

**글로벌 머니를 집어삼킨 K-콘텐츠,
투자의 신세계로 떠올랐다!**

엔터 산업 투자, 어떻게 시작해야 할지 고민된다면?
성덕 애널리스트가 전하는 엔터 산업 투자 가이드
성장주가 만드는 거대한 기회를 잡아라!

보통 사람 부자 수업
평범한 월급쟁이에게 경제적 자유를 안겨준

박완규 지음 | 232쪽 | 15,000원

**"우리는 모두 나만의 부의 씨앗을 가지고 있습니다!"
16년 차 직장인이 '지속 가능한 수익'을 창출한 비결**

회사생활 N년차, 지속 가능한 부를 위해
마인드셋으로 시작하고 습관으로 완성하는
부의 축적 5 STEP!

그렇게 진짜 마케터가 된다
일과 커리어의 빈틈을 채워줄 실전 마케터 로드맵

고현숙 지음 | 280쪽 | 17,000원

"마케터가 광고만 만드는 건 아니니까요"
당신이 미처 몰랐던 마케터의 진짜 '일' 이야기

마케터로서 첫걸음을 내딛는 법부터
팀 리더가 되었을 때 발휘해야 하는 역량까지
커리어패스를 잘 그려나가기 위한 단계별 가이드

원소주: 더 비기닝
원하는 것을 원 없이 즐기는 사람들의 한계 없는 도전

김희준 지음 | 248쪽 | 17,000원

소주런, 완판 행진, 품절 대란…
그들의 '힙'한 비법이 통했다

원소주는 어떻게 주류 트렌드를 바꾸고
시장의 판도를 뒤흔들었을까?
원스피리츠 브랜드 총괄이 이야기하는
원소주 비하인드 스토리

뉴그레이
마케터들을 위한 시니어 탐구 리포트

정지원·유지은·염선형 지음 | 248쪽 | 17,000원

그레이 이즈 더 뉴 핑크
시니어, 트렌드를 이끄는 주인공이 되다

완전히 새롭고 지금까지와는 전혀 다른
'요즘 어른'들이 등장했다!
5070의 욕망에서 찾은 마케팅 코드 4

"이제 모든 비즈니스는 IP로 통한다"
무신사, 하이브, 그리고 슈퍼 마리오까지
무한 지식 재산 시장을 여는 IP

IP 유니버스
무한대로 확장하는 지식 재산의 세계

이한솔 지음 | 272쪽 | 19,000원

IP란 무엇이고, IP 비즈니스는 어떤 것일까? 이 책을 통해 우리 삶에 깊숙이 파고든 IP의 개념과 정체성을 이해하고, 무한대로 확장하는 지식 재산의 세계에서 수익을 창출할 수 있는 나만의 비즈니스 경쟁력을 만들어보자. 오늘날 거스를 수 없는 메가 트렌드로 떠오른 IP 비즈니스를 향한 첫걸음이 시작된다.

오픈런과 품절 대란을 부르는
희소성 마케팅의 기술

한정판의 심리학
소비자의 구매 심리를 자극하는 희소성의 법칙

민디 와인스타인 지음 | 도지영 옮김 | 292쪽 | 18,000원

"당신의 뇌가 그 물건을 사고 싶어 합니다!" 인간은 구하기 힘들수록 더 갖고 싶어 한다. 이는 희소한 자원을 두고 경쟁했던 인류의 본능에서 나온 것이다. 이 책은 우리 뇌가 왜 희소성에 끌리는지, 그리고 이를 어떻게 마케팅에 활용할 수 있는지 풀어냈다. 소비자의 뇌와 마음을 매혹하는 희소성의 비밀을 파헤쳐보자.

인간이 일자리에서 퇴출당한 대신 로봇과 AI가 일하며 세금을 내고 그 세금으로 기본 소득을 받는 시대를 주장하기도 했다. 한 걸음 더 나아가, 오픈AI의 창시자 샘 올트먼도 보편적 기본 소득Universal Basic Income을 위한 '월드코인WLD'을 발표했다. 보편적 기본 소득이란 경제적 약자를 선별해 차등 지급하는 선별적 복지와 달리 세계 시민 모두에게 일정량의 현금이나 이에 준하는 재화를 제공하는 제도다. 그는 홍채 인식을 하는 누구에게나 가상자산(암호화폐)인 월드코인을 보편적 기본 소득으로 지급하겠다고 밝혔으며, 이미 세계적으로 180만여 명이 월드 ID를 발급받았다. 챗GPT를 만든 주역으로서 인공지능이 초래하는 일자리 손실에 대한 사회적 지원을 마련하고 인공지능으로 창출된 가치를 재분배하겠다는 것이 샘 올트먼의 주장이지만, 반론도 만만치 않다. 전 인류의 홍채 정보를 수집해 뭔가 다른 비즈니스 모델을 만들려는 기초 작업이 아니냐는 것이다.

홍채 정보의 가격이 월드코인 하나의 가치에 상응하느냐, 거대한 음모가 있느냐 없느냐는 보편적 기본 소득의 핵심이 아니다. 보편적 기본 소득은 느껴지는 것과는 달리 재분배 정책이라기보다는 극도로 시장주의적인 발상이다. 인터넷·스마트폰·인공지능 등 새로운 기술로 인해 부의 격차는 과거와 비교할 수 없이 커질 테니, 최소한의 보편적인 소득을 나눠줌으로써 해당 영역의 구매력 있는 소비자를 유지하고자 하는 것이다. 이러한 전제를 인정한다면, 인공지능 비즈니스의 수장이 보편적 기본 소득을 주장한다는 사실 자체가, 앞으로 부의 격차가 얼마나 벌어질지 짐작해보게 한다.

기업·학교·공공기관을 비롯한 여러 조직에서도 적극적인 대응이 필요하다. 특히 기업들에게는 자체 데이터 보유 여부와 주력 서비스 경쟁력, 제품 포트폴리오의 다양성, 저작권 이슈 등 리스크 요인 해결이 향후 성패를 판가름하는 요인이 될 것이다.

인공지능 활용의 핵심은 민첩성

최근 국내에서도 대기업을 중심으로 생성형 AI를 활용한 사례가 쏟아져 나오고 있다. 현대백화점은 인공지능 카피라이팅 시스템인 '루이스'를 도입해 광고 카피를 작성했다. 네이버의 하이퍼클로바X를 기본 엔진으로 사용해, 현대백화점이 최근 3년 동안 사용한 광고 카피와 판촉 행사에서 쓴 문구 중 소비자 호응이 컸던 데이터 1만여 건을 집중적으로 학습시켜 광고 문안을 작성하게 만든 것이다. 루이스는 타깃별로 다른 문안을 내놓는다. '아트페어' 타깃을 20대로 설정하면 "인싸가 되고 싶다면 현백으로 모여라"라는 문구를, 50대로 설정하면 "예술이 흐르는 백화점으로 여러분을 초대합니다"라는 문구를 내놓는 식이다.[22] 그 외에도 LG U+, 삼성생명, 롯데리아, 배스킨

▲▲▲ 생성형 AI를 활용한 기업들의 도전도 이어지고 있다. 롯데리아는 AI를 통해 불고기버거의 이미지를 변환한 뒤 광고 음악으로 만들었고, 삼성생명은 배경음악과 이미지를 전부 AI로 제작한 영상 광고를 선보였다.

라빈스 등이 인공지능이 제작한 광고를 선보인 바 있다.[23]

> **AI 인디시전** AI Indicision
> AI가 만든 결과물이 내 것인지 아닌지 고민이 되어 머뭇거리며 AI가 준 결과를 사용할지 말지 망설이는 현상, 또는 도출 결과를 믿을지 말지 망설이는 심리를 뜻한다.

"AI 광고가 대중에게 불쾌감을 주고 부정확한 시각 자료와 문구를 생산할 수 있다"는 우려가 없는 건 아니다. 그런 이유로 AI의 결과물을 활용할지 여부를 고민하는 **'AI 인디시전'** 현상도 종종 관찰된다. 일부 회사에서는 보안 리스크를 우려해 생성형 AI의 사용을 금지하고 있다는 점도 주목할 만하다. 인공지능의 도움을 받으려면 정보를 먼저 내줘야 하는데, 이에 대한 리스크를 어디까지 얼마나 감수할 수 있느냐가 민감한 문제로 대두하기 때문이다.

인공지능 활용의 핵심은 완성도가 아니라 민첩성에 달려있다. 물론 완성도는 전술한 바와 같이 인간과 AI의 협업을 통해 해결해나가겠지만, 그 과정에서 지금까지 소요되던 시간을 극적으로 줄일 수 있다는 것이 중요하다. 현대백화점의 경우 루이스를 테스트해본 결과 통상 2주가량 소요되던 카피라이팅 업무 시간이 평균 3~4시간으로 줄었다고 한다.[24] 컴퓨터가 등장하고 나서 작업의 효율성이 혁명적으로 증대했고, 인터넷과 스마트폰이 등장하고 나서는 인간의 이동성과 커뮤니케이션에 폭발적인 변화가 있었다. 생성형 AI는 그동안 단순하고 반복적인 단계를 거쳐야 했던 업무를 극적으로 짧은 시간에 수행할 수 있는 '속도'의 혁명을 가져올 것으로 예상된다. '분초사회' 키워드에서 설명한 바와 같이 이제 시간과 속도는 무엇과도 비교할 수 없는 중요한 자원이 됐다. 비즈니스의 거의 모든 영역에서 생성형 AI의 도입은 시간과 비용 절감을 위해 필수 불가결한 선택이 될 것으로 보인다('분초사회' 참조).

여러 사례에서 보듯 현재까지는 자금력이 탄탄한 대기업이 생성형 AI 활용에 적극적이고, 상대적으로 작은 규모의 조직이나 자영업에서는 아직 엄두를 내지 못하는 것으로 보인다. 하지만 호모 프롬프트의 등장은 곧 인공지능 기술의 대중화와 민주화를 의미한다. 늘 사용하는 워드 프로세서·엑셀·파워포인트 작업에서 인공지능의 도움으로 생산성을 향상시킬 수 있고, 비정형의 정돈되지 않은 데이터도 쉽게 처리할 수 있다. 과거에는 인공지능이 머신러닝을 하기 위해서 막대한 데이터와 자금이 필요했지만, 생성형 AI는 비정형 데이터를 처리하고 관리하기 위한 최소한의 데이터베이스를 만드는 데서 그치기 때문에 비용을 현저히 줄일 수 있다.[25] 오히려 작은 조직에게도 생성형 AI 서비스를 활용할 수 있는 기회가 열리고 있는 것이다.

인공지능은 인간이 자기 자신을 넘어서는 도구여야 한다

한 대학의 교수는 학생들이 챗GPT에 의존해 리포트를 쓰는 것을 막을 방법이 없다는 것을 직시하고 챗GPT가 쓴 리포트와 본인이 쓴 리포트 2개를 모두 가지고 오라고 했다고 한다. 두 리포트를 비교해보면서 "AI가 이렇게 잘하는데 그것보단 인간이 나아야 하지 않을까?"라는 자정작용 혹은 "더 잘 쓰거나 다르게 쓰기 위해서는 어떤 부분을 보강하거나 준비해야 할까?"에 대해 깊게 생각해볼 수 있는 기회를 주고자 했을 것이다. 물론 인공지능이 쓴 것을 자기가 쓴 것이라고 우긴다면 어쩔 수 없겠지만, 자신이 쓴 것과 인공지능의 리포트를 비교해본 학생이라면 통찰의 기회를 가졌을 것이다.

스마트폰 없이 생활하는 것이 불가능해졌듯 이제 인공지능의 혜택 없이는 살아가기 어려운 세상이 될 것이다. 이에 따라 소비 방식과 소비 세력의 교체는 물론 소비 생태계와 지형도의 변화 역시 급물살을 탈 것으로 보인다. 몇 년 사이 코딩이 기본 교육이 됐듯 프롬프트 엔지니어링이 당연해지는 근미래에는 인공지능 생태계를 이해하고 활용하며 체계적으로 인공지능과 소통할 수 있는 능력을 갖춘 'AI 프리너'로의 호모 프롬프트 역량이 요구된다.

경희대 김재인 교수는 저서 『AI 빅뱅』에서 인간이 인간다울 수 있는 것은 '넘어섬' 때문이라는 니체의 말을 소개한다. 니체는 초인超人, Ubermensch 개념을 통해 인간은 '자신을 초월하고 넘어서는 존재'라는 점을 강조했다. 인간은 평균 지대에만 머무르지 않고 바깥쪽으로 가서 뭔가 새로운 것, 창조적인 내용물을 계속 보태나가는 존재라는 것이다.[26]

바로 여기에 해답이 있다. 인공지능의 기술적 결과물에 매몰되지 않고, 어떻게 자기 자신을 돌아보며 변경을 향해 스스로를 넘어설 수 있는가가 중요하다. 앞에서 인공지능은 자신이 얼마나 수준 높은 결과를 내놓았는지 스스로 평가하지 못한다고 지적했다. 스스로를 돌아볼 줄 아는 능력을 '메타인지'라고 부르는데, 이는 성찰하는 인간만이 가지고 있는 능력이다. 결국 스스로를 성찰할 수 있는 인간만이, AI가 작업한 용의 그림을 완성시키는 '화룡점정'의 자격을 얻게 될 것이다.

Aspiring to Be
a **Hexagonal Human**

육각형인간

"ㅇㅇㅇ 씨는 외모, 패션 센스, 운동신경, 인성 등 정말 뭐 하나 빠지는 것이 없는 '육각형' 연예인이에요" 하는 식의 표현이 자주 들린다. 육각형? 무슨 말일까? 어떤 대상이 가지고 있는 여러 가지 특성을 비교분석하고자 할 때 사용하는 육각형 이미지를 '헥사곤 그래프'라고 하는데, 여기서 모든 기준 축이 끝까지 꽉 차 완벽한 모습을 보이면 정육각형이 된다. 그래서 육각형은 종종 완벽이라는 의미로 쓰인다. 요즘 사람들, 특히 젊은이들은 완벽을 추구한다. 외모·학력·자산·직업·집안·성격·특기 등(여섯 가지가 넘을 수도 있다) 모든 측면에서 약점 없는 사람을 선망한다. 『트렌드 코리아 2024』에서는 이런 인간형을 '육각형인간'이라고 이름 붙이고자 한다.

완벽한 '최고의 자아'를 선망하는 육각형인간들은 ① 아무나 육각형인간으로 인정하지 않으며 노력으로는 이루기 힘든 기준을 내세우는 '담쌓기', ② 육각형인간임을 증명하고자 모든 가치를 돈과 숫자로 평가하는 '수치화하기', ③ 육각형인간이 되기 어렵다는 불편한 현실을 게임처럼 희화화해 가볍게 웃어넘기는 '육각형놀이'에 몰두한다. 요즘 젊은 세대가 즐기는 콘텐츠를 살펴보면 '고진감래의 서사', '개천에서 용 나는 흙수저 신화'는 그다지 인기가 없다. 그냥 날 때부터 완벽한 주인공이 바로 등장하고, 데뷔 때부터 모든 것을 다 갖춘 '완성형 아이돌'을 더 좋아한다.

이러한 육각형 신드롬은 널리 확산된 소셜미디어의 영향이 크다. 완벽한 라이프스타일을 뽐내는 전 세계의 동년배들과 자신을 비교하면서 나도 그처럼 완벽한 모습을 갖춰야 한다는 유형무형의 압박이 강해진 것이다. 예전에는 "누가 공부를 더 잘하나" 하는 단일 차원의 경쟁이었다면, 이제는 외모·패션·특기·부모 등 비교하는 기준이 많아지면서 그 경쟁이 훨씬 더 복잡하고 치열해졌다.

육각형인간 트렌드는 "나 오늘부터 '갓생god+生' 살 거야" 하는 하나의 놀이에 불과할 수도 있고, 현대 한국 사회가 가지고 있는 계층 고착화라는 사회적 문제를 보여주는 빙산의 일각일 수도 있다. 육각형인간 트렌드는 완벽을 지향하는 사회적 압박을 견뎌야 하는 젊은이들의 활력이자 절망이면서 하나의 놀이다.

제목: ㅇㅁㅎ의 찐 과거를 폭로합니다.

금수저에 엄친딸은 쥐뿔. 고딩 때 무존재감 쩔었어요.

아버지가 축산 가공업하는 사업자라고요?

4차산업 시대엔 정육점도 축산업이라고 하나요.ㅋ

– 넷플릭스 오리지널 드라마 〈셀러브리티〉 중

2023년 상반기 넷플릭스에서 공개된 인기 드라마 〈셀러브리티〉에는 인상적인 장면이 등장한다. 주인공 서아리의 학창 시절 친구인 오민혜와 관련된 에피소드다. 오민혜는 SNS 최고의 셀럽이면서, 연매출이 수십억 원에 달하는 유명 패션 브랜드를 운영하는 사업가다. 그런데 웬일인지 평범한 가정에서 자라난 사실을 숨기고, 마치 부잣집 딸이었던 것처럼 과거를 포장한다. 그러다 우연히 주인공을 만나 거짓말이 들통날 지경에 이르러 곤란을 겪는다는 내용이다.

뭔가 이상하지 않은가? 중산층 가정 출신이라는 것이 숨기고 싶은 과거가 됐다는 이 설정은 지금 우리 사회의 '유명인 담론'이 변화하고 있음을 보여준다. 예전에는 "어려운 가정환경을 딛고 가진 것 하나 없이 맨손으로 출발했지만 보란 듯이 성공한" 인간 승리형의 서사를 선호했다. 그렇다면 오민혜는 본인이 평범한 가정 출신이라는 것을 오히려 자랑했어야 맞는데, 왜 그 사실이 폭로될까 봐 전전긍긍하는 것일까?

#육각형연예인, #육각형아이돌, #육각형여자, #육각형남자, #육각형브랜드, #육각형운동선수, #육각형미드필더…… 최근 SNS 인기 검색어 중에는 '#육각형○○'이란 표현이 자주 등장한다. 2023년 7월,

아이돌 그룹 아이브의 안유진 씨가 대전하나시티즌 구장에 시축자로 등장했을 때, 장내 캐스터는 그를 "보컬·댄스·비주얼·예능·리더십·축구 사랑까지 못하는 것이 없는 육각형 연예인, 안유진"이라고 소개했다. 소개팅 대상자를 남들에게 소개할 때 "○○○ 씨는 외모·패션 센스·운동신경·인성 등 정말 뭐 하나 빠지는 것이 없는 '육각형' 남자입니다"라고 표현하기도 한다. 최근에는 『육각형 개발자』라는 책도 나왔는데, 여기서 저자는 코드 개발과 기본 IT 기술은 물론이고 팀을 이끄는 리더십과 소통을 위한 글쓰기 역량 등을 두루 갖춰야 진정한 개발자로 성공할 수 있다고 말한다.[1] 이렇듯, '육각형'이라는 단어가 거의 모든 직군에서 자연스럽게 쓰이는 모양새다.

어떤 대상의 여러 가지 특성을 비교분석할 때, 그 기준을 축으로 하는 육각형 이미지를 그리곤 하는데, 이를 '헥사곤 그래프'라고 한다. 여기서 모든 기준 축이 끝까지 꽉 차 완벽한 모습을 보이면 정육각형이 되기 때문에, 육각형은 종종 '완벽'이라는 의미로 쓰인다. 요

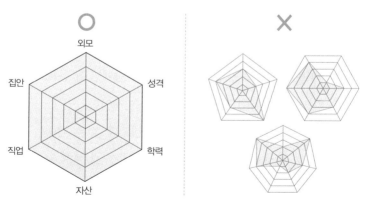

완벽한 육각형인간

즘 사람들, 특히 20~30대 젊은이들은 이 육각형의 완벽을 추구한다. 가수라면 가창력만 좋아서는 안 되고 인성도 좋고, 부유한 집안에서 사랑받으며 잘 자라난 티가 나야 한다. 부자라도 단지 돈만 많으면 안 되고, 생계가 아닌 자기 발전에 기여하는 일을 하면서 부를 창출해야 남들의 부러움을 산다. 『트렌드 코리아 2024』에서는 이처럼 외모·학력·자산·직업·집안·성격·특기 등(여섯 가지가 넘을 수도 있다), 모든 측면에서 완벽하기를 선망하는 사람들의 경향성을 일컬어 '육각형인간'이라 이름 붙이고자 한다.

육각형인간 트렌드는 구체적으로 몇 가지 흥미로운 모습으로 나타난다. 첫째, 육각형인간은 아무나 될 수 없는 것이라며, 달성하기 힘든 엄격한 기준을 제시함으로써 일종의 '담쌓기'를 시도한다. 예컨대 노력으로 성취할 수 있는 요소보다 운명처럼 타고나야 하는 요소를 더 높게 산다. 요즘 젊은 세대의 관심을 끄는 웹툰이나 드라마를 보면 '고진감래의 서사'는 그다지 인기가 없다. 그냥 날 때부터 완벽한 주인공이 바로 등장하는 이야기가 더 선호된다. 둘째, 육각형에 얼마나 가까운지 그 가치를 '숫자'로 계량화하고 그것을 서로 비교해 서열을 매긴다. 출신 학교·주거지·직장의 등급을 세밀하게 나누며 매 순간 서로를 평가하며 줄을 세운다. 마지막으로 육각형인간 되기를 희화화해 놀이처럼 즐긴다. 이른바 '육각형게임'을 통해, 어차피 이룰 수 없는 선망이라면 가볍게 가지고 노는 것이다.

육각형인간은 양면적이고 논쟁적인 트렌드다. 젊은 세대는 바로 공감하겠지만, 기성세대는 고개를 갸우뚱할지도 모른다. 젊은 세대에서도 전부가 추종하는 메가트렌드라기보다는 일부에서 관찰되는

'서브트렌드sub-trend'이기도 하다. 완벽한 자아를 추구하는 열정을 불어넣는다는 긍정적 측면도 있지만, 노력으로 해결되지 않는 완벽함의 추구에 절망할 수 있는 부정적 측면도 함께 존재한다. 어쩌면 "나 오늘부터 '갓생god+生' 살 거야"식의 놀이에 불과할 수도 있고, 현대 한국 사회가 가지고 있는 계층 고착화라는 사회적 문제를 보여주는 빙산의 일각일 수도 있다.

현재 대한민국 20~30대는 단군 이래 가장 높은 소득과 교육 수준을 갖춘 행운의 세대라고 말한다. 하지만 인간은 비교하는 존재다. 경제성장 속도의 둔화로 눈높이에 맞는 기회가 줄어들고 있는 가운데, 각종 소셜미디어를 통해 '만인이 만인과 비교되는' 시대를 그들은 살고 있다. 언제 어디서 나를 지켜볼지 모르는 익명의 타자들과 무한 경쟁을 벌여야 하는 젊은이들의 삶의 무게는 그 어느 때보다도 무겁다. 완벽해 보이는 타인과의 끊임없는 비교를 통해 육각형의 자아를 추구하는, 적어도 육각형으로 보이고자 노력하는 육각형인간 트렌드는 그 압박을 견뎌야 하는 일부 젊은이들의 활력이자 절망이면서 하나의 놀이다.

육각형인간을 꿈꾸는 사람들

1. 담쌓기: 아무나 육각형인간이 될 순 없어

많은 직장인의 솔직한 얘기가 오가는 '블라인드' 같은 커뮤니티 플랫폼에서 요즘 자주 보이는 대화 패턴이 있다. "드디어 월급 600만 원을 넘겼어요"라는 게시글에, 예전처럼 "잘했다"는 축하 댓글이 바로 달리지 않는다. 그보다는, 집은 자가인지, 모아놓은 자산은 얼마인지, 부모님을 위해 매달 지출해야 하는 돈은 없는지를 따지듯 묻는다. "의사라는 직업을 가지고 있다"는 고백에도 "대단하다"는 칭찬보다는, 집안은 부자인지, 키는 큰지, 외모는 평균인지를 묻는 댓글이 더 많이 달린다. 고소득의 안정된 전문직만으로는 부족하고, 다른 것들도 완벽하게 갖춰야 하는 것이다.

한때 미국에서는 "아무 노력 없이도 완벽한effortlessly perfect"이란 표현이 유행했다. 2003년 듀크대학교에서 처음 만들어진 이 표현은 "겉으로 보기에는 아무런 노력도 하지 않는데, 똑똑하고, 성적 잘 나오고, 몸매 좋고, 아름다운 데다가 인기까지 좋은 사람"처럼 보이고 싶어하는 학생들, 특히 여학생들의 강박증을 지칭했다.[2] 지금 한국에서도 비슷한 현상이 관찰된다. 겉으로 보기에 별 노력을 기울이지 않아도 완벽해 보이는 것을 육각형인간으로 인정하고 또 선망한다. 외모·학력·자산·직업·집안·성격·특기 등 모든 면에서 완벽함을 추구하는 것은 한두 영역의 성취만으로는 육각형인간으로 인정하지 않겠다는 일종의 '담쌓기'다. 노력으로 얻을 수 있는 좋은 직업이나 높은 월급은 더 이상 육각형인간의 충분조건이 아니다. 아무나 쉽게 가질 수 없는 것, 어쩌면 운명처럼 타고나야 하는 것까지 완벽히 갖춰야 육각형인간으로 인정받을 수 있다.

타고난 집안
'집안'은 육각형인간이 되기 위해 갖춰야 할 대표적인 덕목이다. 예전 어른들이 어려운 집안 환경을 극복하고 성공한 '자수성가형 부자'를 높게 평가했다면, 요즘 세대는 태어날 때부터 부유한 '금수저형 부자'를 선망한다. 연예인 팬덤도 그렇다. 지금도 기성세대는 고난과 인고의 시간을 버티고 마침내 성공의 자락에 오른 고진감래형 스토리를 가진 인물에 열광한다. 생활고에 시달리던 임영웅 씨가 가수 선발 오디션에서 우승해 할머니와 어머니에게 트로피를 건네는 영상은 공개되자마자 유튜브에서 100만 조회 수를 달성했다.[3] 가난을 함께 경험한 중년 이후의 세대에게 인기 연예인의 고생담은 그를 빛내는 후광이 된다.

하지만 젊은 세대는 그 반대다. "○○은 역시 좋은 집안 출신으로 곱게 자라서 그런지 성격도 좋다"는 식으로 좋아하는 아이돌 멤버를 칭찬한다. 『우리는 중독을 사랑해』의 저자 도우리 씨는 "'강남 8학군 출신', '가정교육 잘 받은', '아빠가 교수' 등이 요즘 아이돌 앞에 붙는 수식어가 되고, 풍요로운 집안에서 구김 없이 자라난 이미지가 이들의 셀링 포인트가 된다"고 지적한다.[4]

사람들이 동경하는 인플루언서도 어느새 연예인에서 재벌가 3, 4세 자녀로 옮겨가고 있다. 대림그룹 명예회장의 손녀로 알려진 이주영 씨는 일명 '대림 손녀'라는 이름으로 유명한데, 10만이 넘는 인스타그램 팔로워를 가진 인플루언서다. 미국 유수의 대학에 다니고 있는 그녀는 출중한 외모와 뛰어난 패션 센스, 적극적인 사회 활동 등을 유튜브 채널로 공개해 인기를 얻고 있다. 이재용 삼성전자 회장의 딸 이원주 양은 언론에 노출되기만 해도 화제가 된다. 어머니인 임세령 대상그룹 부회장과 함께 패션쇼에 참석하면 언론에서는 사진을 찍고 그가 입은 옷이 무슨 브랜드인지, 얼마인지까지 샅샅이 보도한다.[5] 재벌가 사람들의 일상이 궁금한 사람들은 이들의 SNS 계정으로 몰려가 사생활을 관찰한다. 예를 들어 전술한 이주영 씨가 고급식당에서 오마카세를 즐기는 영상에는 "이런 게 평범해 보이네요. 소박하네요" 하는 식으로, 질시보다는 선망의 댓글이 주로 달린다.

최근 유행하는 '올드머니룩'도 타고난 집안에 대한 사람들의 선망을 담고 있다. 올드머니Old Money는 집안 대대로 부자인 기득권 상류층을 일컫는 단어로, 신흥 부자를 뜻하는 뉴머니New Money와 구별된다. 뉴머니가 부를 겉으로 과시하기 위해 고가 브랜드의 로고가 크게 드러나거나 화려한 스타일의 패션을 선호한다면, 전통 부자인 올드머니는 로고가 겉으로 드러나지 않아 아는 사람만 아는 브랜드, 캐시미어처럼 고가의 소재를 사용한 단정하고 고상한 분위기의 패션

▲▲▲ 타고난 부(그것도 대대로)와 외모는 육각형인간이 갖춰야 할 필수 덕목이다. 피땀 흘려 노력해서 얻는 것이 아니라 그냥 갖고 태어나야 한다.

을 선호한다. 2023년 3월 법정에 출두한 유명 여배우 귀네스 팰트로의 평범한 듯 세련된 패션이 전형적인 올드머니룩으로 당시 큰 화제가 됐다.[6] 올드머니룩의 특성은 그들만의 라이프스타일을 담아낸다는 점이다. 승마나 요트처럼 부유층이 즐기는 스포츠와 결합된 룩이나 미국 명문 사립학교 교복에서 유래한 프레피룩이 올드머니룩의 범주에 포함된다.[7] 진짜 금수저는 아니더라도 그렇게 보이기를 원하는 선망이, Z세대가 올드머니룩에 관심을 보이는 배경이라고 해석할 수 있다.

타고난 외모

"외모 상위 20%에 연봉 6천만 원인 남자 vs. 외모 하위 20%에 연봉 1억 5천만 원인 남자"

이 중 누가 더 인기가 많을까? 2020년 2월, 남성 회원 중심의 온라인 커뮤니티인 네이버 카페 '디젤매니아'에서 '외모 vs. 능력'으로 투표를 진행한 결과, 절반이 넘는 약 52.1%의 응답자가 '외모'를 선택했다.[8] 과거에는 "남자에게 외모는 잠깐이고 능력은 영원하다"는 생각이 우선시됐다면, 요즘 사람들은 "공부를 잘하는 것보다 빼어난 외모를 갖는 편이 더 낫다"고 생각하는 경향이 강해졌다. 외모는 유전적인 속성이다. 성형이나 화장으로 어느 정도 극복할 수는 있지만 노력에는 한계가 있다.

물론 외모를 중요시하는 경향이 새로운 현상은 아니다. 2000년

8월, 〈뉴욕타임스〉의 칼럼니스트 윌리엄 새파이어William Safire는 외모가 스펙spec이 되어 개인 간의 우열뿐 아니라 인생의 성패까지 좌우한다고 믿으며 외모에 지나치게 집착하는 경향성을 일컬어 '루키즘Lookism'이라 표현하기도 했다. 그런데 최근 루키즘의 정도가 심해지기도 했지만, 특히 주목할 점은 외모에 관한 남성들의 관심이 커졌다는 사실이다.

요즘 온라인 커뮤니티에서는 외모 고민을 토로하는 남성들이 부쩍 늘었다. 패션 및 뷰티 시장에서도 남성들이 큰손으로 부상한다. 시장분석 서비스 와이즈앱·리테일·굿즈의 분석에 따르면, '무신사'와 '크림' 같은 패션 앱을 이용하는 남성의 수가 지속적으로 증가하고 있다. 특히 20대 남성의 비중과 증가 속도가 다른 연령대와 비교해 월등히 높다. 화장품 시장에서도 남성 소비자가 늘고 있다. 국내의 대표적인 헬스·뷰티 스토어인 올리브영이 2023년 8월 발표한 자료에 따르면, 최근 3년간 올리브영을 처음 이용한 고객 중 남성의 비중이 1.5배 늘었다. 남성이 구매한 상품도 스킨케어, 면도 관련 상품과 같은 필수재에서 관리용 스킨케어 상품, 톤업 선크림, 컬러 립밤, 헤어 트리트먼트 등으로 다양해지는 추세다.[9]

외모 중에서도 타고난 영향을 특히 많이 받는 속성은 바로 '키'다. 키 1센티미터의 가치를 연봉 'ㅇ천만 원'의 가치로 환산하는 조사가 온라인 커뮤니티에 종종 올라올 정도다. 그 금액에 근거도 없고 액수도 천차만별인데, 블라인드에 올라온 한 설문에서는 전체 응답자의 38%가 1센티미터당 1천만 원, 29%가 1~5천만 원의 가치에 해당한다고 답했고, 심지어는 1억 원 이상이라고 응답한 사람도 20%나

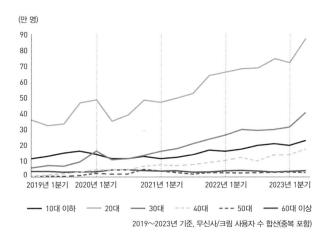

무신사/크림 앱 분기별 월평균 남성 사용자 추이

(만 명)

10대 이하 — 20대 — 30대 — 40대 — 50대 — 60대 이상
2019~2023년 기준, 무신사/크림 사용자 수 합산(중복 포함)

출처: 와이즈앱·리테일·굿즈

됐다. 미국 오하이오주립대의 연구에 따르면 10~13센티미터의 신장 차이마다 연봉이 최대 15% 차이 난다는 발표도 있었다. 키를 육각형의 중요 속성으로 생각하는 사람들이 늘면서, 이를 어릴 때부터 관리하는 사람들도 많아졌다. 건강보험심사평가원에 의하면 2021년 저신장으로 병원을 찾은 어린이가 2016년에 비해서 약 50% 증가했다.[10] 매년 출생률이 줄어드는 추세를 감안하면 이는 엄청난 증가율이다. 병원을 찾는 이들이 모두 성장호르몬에 문제가 있거나 저신장증을 앓고 있지는 않다. 환자 중에는 의료보험이 되지 않는 비급여 처방을 받는 사람들이 다수다. 건강상 별다른 문제가 없는데도 불구하고 자녀의 키를 염려하는 부모들이 성장판이 닫히기 전에 성장호르몬 주사제를 처방받고자 하는 것이다.

타고난 완성형 캐릭터

때로는 '집안'이나 '외모' 같은 타고난 속성을 대리인을 통해 추구하기도 한다. 내가 직접 육각형인간이 되기 어렵다면, 이를 대신 달성해주는 연예인이나 브랜드를 추종하며 대리 만족하는 것이다. 코난테크놀로지가 '아이돌'과 관련된 이슈어를 소셜분석한 결과를 살펴보면, 노래·연기·댄스 실력처럼 아이돌로서 기본적으로 갖춰야 할 '능력'에 대한 언급량은 줄어드는 반면, 외모·성격·집안에 대한 언급량은 점차 늘고 있다. 아이돌 역시 대중으로부터 사랑받기 위해서는 능력만 출중해서는 부족하다. 팬들은 내가 사랑하는 아이돌이 착한 성격에 공부도 잘해야 하고, 학폭 문제도 없는 데다, 작사와 작곡은 기본이고, 2~3개 정도의 외국어를 구사하며, 좋은 집안까지 모두 갖춘, 이른바 '완성형 아이돌'이길 바란다.[11]

'아이돌' 이슈어 분류 비중 변화

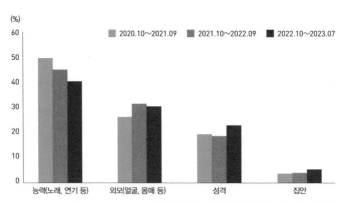

분석 키워드: 아이돌, 분석 채널: 뉴스·트위터·커뮤니티·카페

출처: 코난테크놀로지

타고난 부와 지위에 대한 사람들의 열망은 콘텐츠 시장에서도 발견된다. 과거 인기가 높았던 웹툰과 만화를 살펴보면, 초반에는 약한 주인공이 등장한 다음, 노력을 통해 성장하는 서사가 주류였다. 〈드래곤볼〉이나 〈원피스〉 같은 일본 만화에서부터 국내 웹툰인 〈신의 탑〉과 〈노블레스〉까지 모두 약한 주인공이 점점 강한 모습으로 거듭나 계속해서 무시무시한 적을 물리치는 성장 서사가 기둥 줄거리다. 반면, 요즘 웹툰 플랫폼의 인기 랭킹 상위에 포진한 〈나 혼자 만렙 뉴비〉 같은 작품을 보면 '고생의 과정'이 축약되거나 아예 존재하지 않는다. 줄거리 초반에 주인공이 트럭에 치인 후 초능력자로 환생하거나, 현실을 비관해 자살을 시도한 주인공이 다른 시대로 타임슬립해왕으로 다시 태어나는 것처럼, 노력 없이 무언가를 이루는 환상적인 스토리가 인기를 얻고 있다.[12] 콘텐츠에서조차 사람들은 노력형 캐릭터가 아닌, 애초부터 최강자로 타고난 주인공에 열광하는 것이다.

2. 수치화하기: 네가 육각형인간인지 증거를 대봐

하트시그널, 나는 솔로, 환승연애, 러브캐처, 솔로지옥, 돌싱글즈, 체인지 데이즈…… 일반인이 출연하는 연애 예능 프로그램이 수년째 인기다. 평범한 사람이 등장해 자신의 매력을 어필하며 짝을 찾아가는 이들 프로그램의 특징은 방송에 출연한 사람뿐만 아니라 방송을 보는 시청자까지도 매 순간 등장인물을 평가한다는 점이다. 각 프로그램의 댓글 창이나 관련 커뮤니티에서는 출연자들의 직업은 무엇인지, 학교는 어디를 졸업했는지, 외모는 준수한지, 성격은 무난한지 등 마치 평가표를 채우듯 각 요소에 점수를 부여하고, 이를 종합해 순위

프랑스와 한국의 중산층 기준

프랑스	한국
1. 1개 이상 자유롭게 외국어를 구사할 수 있을 것	1. 부채 없는 아파트 30평 이상 소유
2. 직접 즐길 수 있는 스포츠 하나가 있을 것	2. 월 급여 500만 원 이상
3. 다룰 줄 아는 악기 한 가지가 있을 것	3. 2,000CC급 중형차 이상 소유
4. 남들과 다른 맛을 낼 수 있는 요리 하나가 있을 것	4. 통장 잔고 1억 원 이상 보유
5. 공분에 의연히 참여할 것	5. 해외여행 1년에 1회 이상 다니는 정도
6. 약자를 도우며 봉사를 꾸준히 할 것	

출처: 임익진, 「숫자 사회」, 웨일북, 2023.

가 매겨진다. 모든 면이 완벽한 육각형인간으로 인정받기 위해서는 그 가치를 '숫자'로 환산해 증거를 댈 수 있어야 한다.

점수로 줄 세우기

위의 표는 프랑스와 한국에서 중산층을 정의하는 기준을 비교한 것이다. 한눈에도 한국의 기준이 '숫자'로 돼있음을 알 수 있다. 반면 조르주 퐁피두 전 프랑스 대통령이 제시한 프랑스의 중산층 정의에는 숫자가 보이지 않는다. 대신 자신만의 삶의 태도와 교양이 중요하다. 하지만 한국에서는 점수와 등수가 결정적이다. 예컨대 커뮤니티 게시판마다 "35살인데 현재 자산은 ○○○만 원이고, 월급은 ○○만 원, 집은 ○○평 전세, 자동차는 ○○ 브랜드를 타고 있으면 상위 몇 %에 해당될까요?"란 질문이 수시로 올라온다. 내가 이 사회에서 어느 정도 점수이고 몇 등 정도 하는지에 대한 확인을 통해 "잘살고 있다"는 사실을 인정받고자 하는 것이다.

이렇게 순위에 민감하다 보니, 남들보다 뛰어난 육각형인간임을 증명하기 위해서는 서로를 비교해 일렬로 줄을 세우는 '랭킹화'가 필수다. 가령 내가 살고 있는 마을을 자랑하고 싶을 때에는, "우리 동네는 생활 여건과 자연환경이 모두 좋다"라는 식으로 자랑하기보다는, "평당 가격이 얼마다"라고 등급을 매긴다. 집뿐만이 아니다. "연봉이 ○○○만 원인데, 이 정도 수준의 차를 구매해도 될까요?"처럼 소득에 따라 타야 하는 자동차 등급도 은근히 정해져 있다. 지갑·벨트·핸드백 브랜드에 대해서도 출처를 알 수 없는 '브랜드 등급도'가 흔하게 검색된다. 마치 학원에서 레벨 테스트를 하듯, 모든 것을 숫자로 평가해 순위를 부여하는 것이다.

육각형인간의 줄 세우기 욕망은 좋아하는 최애 아이돌에게까지 투영된다. 최근 럭셔리 브랜드에서 한국 아이돌 멤버를 각종 브랜드의 앰배서더로 앞다퉈 선정하면서, 팬들 사이에선 때아닌 계급론 논쟁이 벌어졌다. 예전에는 인기 예능 프로그램의 출연 여부가 해당 아이돌의 경쟁력을 판별하는 기준이었다면, 요즘은 어떤 유명 브랜드의 앰배서더로 선정되느냐가 인기를 가늠하는 척도가 된다.[13] 단지 선정된다고 해서 끝나는 것이 아니다. 담당한 브랜드의 서열에 따라, 그 안에서 다시 서열이 생긴다. 가령 내 아이돌이 샤넬이나 루이 비통 같은 특급 브랜드의 앰배서더가 되면 어깨에 힘이 잔뜩 들어간다. 여기서도 끝이 아니다. 글로벌 시장에서 앰배서더로 활동하는지 혹은 국내 한정인지, 화장품 부문만 담당하는지 혹은 패션 부문까지 담

당하는지, 해외 유명 패션쇼에 초대받았는지 등에 따라서도 계급이
나뉜다.

돈으로 환산하기

자본주의 사회에서 가장 확실하고 중요한 숫자는 바로 '돈'이다. 인
류의 역사가 시작된 이래로 돈이 중요하지 않은 때는 없었지만, 요즘
은 그야말로 모든 가치가 돈으로 환산되어 사람을 평가하는 기준이
된다. 이런 변화가 극명하게 나타나는 영역이 바로 직업 선호 트렌드
다. 의사나 변호사처럼 자격증을 보유한 전문가, 선생님과 공무원처
럼 안정성이 보장된 직업군, 대기업 임원이나 스타트업 대표처럼 시
장에서 영향력을 발휘하는 직업들은 지금까지 한국 사회에서 충분히
선망받는 직업군이었다. 2000년대 이전만 해도 학력고사 전국 수석
들이 전자공학과나 물리학과에 진학하는 일이 흔했는데, 요즘엔 '의
대' 하나로 귀결된다. 초등학생 때부터 의대 입시반이 꾸려지고, 우수
한 성적의 학생들은 모두 의대로 몰린다. 의사가 되려고 다니던 회사
를 그만두고 수능을 다시 치르는 사람도 늘고 있다. 인구가 줄어들고
경제성장이 둔화되며 미래 불확실성이 커지는 상황에서 '의사'라는
직업이 가장 안정적이고 평균 수입이 높은 직업으로 평가되기 때문
이다.[14]

사람을 돈의 가치로 평가하는 행동은 부자의 삶을 동경하는 모습
으로도 나타난다. 요즘 젊은 세대가 부자를 동경하는 모습은 그 어느
때보다도 강렬하다. 미국의 유명 틱톡 인플루언서 다니엘 맥Daniel Mac
은 길을 가다 슈퍼카를 모는 사람을 만나 직업을 물어보는 영상만으

로 약 1,430만 명의 팔로워를 거느리고 있다(2023년 9월 기준).[15] 슈퍼카 소유주의 직업은 대기업의 CEO나 배우를 비롯해 심지어 조 바이든 전 미국 대통령과 같은 유명 인사부터 일반인들에게 잘 알려지지 않은 부유층에 이르기까지 매우 다양하다. 영상에서는 슈퍼카의 가격과 함께 차를 소유한 사람들의 직업, 연봉, 성공하는 팁을 가볍게 물어보는데 그것만으로도 시청자들의 호기심과 부러움을 자극한다.

부자의 삶을 대리 체험하는 예능도 인기다. 멀티 콘텐츠 제작사인 오오티비가 2023년 6월 새롭게 선보인 유튜브 콘텐츠 '상팔자'는 개그우먼 엄지윤 씨가 평소 사람들이 경험하기 힘든 다양한 VIP 서비스를 직접 체험해보는 웹예능이다. 예능 속에서 백화점 VIP 고객들이 이용하는 라운지에 들어가 보기도 하고, 1박 요금이 2천만 원에 육박하는 호텔 스위트룸을 체험해보기도 한다. 구독자들은 "지윤 씨에겐 정말 미안하지만, 이런 거 평소에는 안 해봤을 일반인이 리뷰하는 것 같아서 너무 재밌다"는 반응이다. 매회차별 조회 수도 100만

▲▲▲ 부자들의 삶을 엿보는 것만으로 대리 만족을 느끼는 사람들이 많다. 슈퍼카를 모는 사람들의 직업을 물어보고, 억만장자의 삶을 대리 체험하는 콘텐츠가 인기를 끄는 이유다.

뷰를 훌쩍 넘는다. B급 감성이 더하는 재미와 함께, 그동안 일반인들이 접하기 어려웠거나 몰랐던 서비스를 대중에게 공개함으로써 육각형 삶의 대리 만족을 선사한다.

요즘 유행하는 데이팅 앱도 사람을 점수로 평가하고 줄 세우는 도구가 된다. 심지어는 데이트에 별로 관심이 없으면서도 내가 남들에게 몇 점으로 평가받는지가 궁금해 앱을 설치하는 사람들도 있다. 뉴욕대 스턴경영대학원의 스콧 갤러웨이Scott Galloway 겸임교수에 따르면, 사람들은 외모와 능력, 똑똑함(지성), 친절함(성격)이라는 세 가지 속성으로 이성에게 본인의 매력을 어필하는데, 데이팅 앱에서는 지성과 친절함을 표현하기 어렵기 때문에, 오직 외모와 경제력만으로 서로를 평가하게 된다. 결국 부유하고 신체적으로 매력적인 사람들만 높은 점수를 독차지하게 되고, 이들에게만 관심이 집중되어 오히려 앱 내에서의 불평등성이 증가한다. 이와 같은 '인싸'들의 이성 교제 독점 현상을 두고 "포르쉐를 소유한 사람들이 여러 배우자를 거느린다"는 의미로 '포르쉐 일부다처제Porsche Polygamy'라는 말이 나오기도 했다.[16]

3. 육각형놀이: 놀이로 욕망을 희화화하다

요즘 '핵인싸(무리에서 다른 사람들과 잘 어울리는 사람)' 사이에서 유행하는 셀카 찍는 법이 있다. 주인공이 포즈를 취하고, 주변 사람들이 각자 스마트폰을 꺼내 주인공을 촬영하는 척하면, 그 전체 모습을 하나의 컷에 담아내는 것이다. 마치 유명한 연예인이 레드 카펫에 등장했을 때 카메라 플래시 세례를 받는 것과 유사한 모습을 연출한다. 평생 레드 카펫에 설 일 없는 평범한 사람이라 할지라도 가끔은 영화 속 주인공이 되고 싶다는 꿈을 꾼다. 공주님 재질, 순정 만화 재질, 첫사랑 재질처럼 특정한 상황과 캐릭터에 '재질'을 붙이는 요즘 20대들의 표현을 빌자면, '주인공 재질' 정도 되겠다. 하지만 소설 속 주인공이 한 명인 것처럼, 사회 모든 구성원이 매 순간 주인공일 수는 없다. 마찬가지로 모두가 육각형인간이 되길 꿈꾸지만, 실제로 이를 달성할 수 있는 사람은 많지 않다. 세상에 그렇게 완벽한 존재가 어디 있겠는가? 그렇다고 해서 무조건 포기할 수도 없다. 그렇다면 이 딜레마를 어떻게 해결해야 좋을까? 하나의 방법은 "피할 수 없다면 즐기는 것"이다. 이 불편한 현실을 게임처럼 희화화해 가볍게 웃어넘긴다.

> "난 먼저 이를 닦아. 그리고 뱉어내지. 다 닦고 나면 앞으로 몸을 기대. 여기서 잠깐 정지. 이제 나 자신에게 말해. 요·이·쁜·것."

육각형게임 중에서도 가장 쉬운 방법은 의도적으로 현실을 과장하는 것이다. 최근 인기 있는 유튜브 쇼츠 중 '아침 양치하면서 자존감을 높이는 방법'이라는 제목의 콘텐츠는 양치하는 단계를 세세하게 나누고, 단계별로 본인의 성취를 감탄하며 자랑스러워하는 영상이다.[17] 고작 매일 아침 반복하는 양치질일 뿐인데, 영상 속 주인공은 이를 마치 엄청난 성공이라도 해낸 것처럼 오글거리기 짝이 없는 거드름을 피운다. 모든 면에서 완벽함을 추구하는 육각형인간을 놀리기라도 하듯, 별것 아닌 일상 행동을 완벽하게 해내는 자신에게 찬사를 보내는 것이다.

평범한 현실을 과장해 대단한 인물이라도 된 것처럼 행동하는 것도 유행이다. 최근 중·고등학교 여학생들 사이에서 '공주 드레스'를 입고 졸업식 사진을 찍는 것이 인기다. '로맨스 판타지' 장르의 웹소설과 웹툰이 인기를 끌면서, 콘텐츠 속 주인공을 따라 하는 것이다. 2023년 8월 기준, 네이버웹소설에서 통합 랭킹 상위 작품 15개 중 6개가, 카카오웹툰에서 인기 순위 10위권 내 4개 작품이 로맨스 판타지 장르에 해당한다.[18] 로맨스 판타지 작품의 배경이 중세 시대인 경우가 많아 이들 주인공은 대체로 귀족이나 왕족으로 설정된다. 하인이 높은 신분의 여자 주인공을 대개 '영애令愛'라고 부르기 때문에 여자 주인공이 입는 의상은 종종 '영애 컨셉 드레스'라 불리기도 한다. 영애 드레스를 입는다고 해서 실제로 공주님이 될 일은 없겠지만, 학생들은 잠깐이라도 공주가 된 기분을 만끽하며 즐거워한다.

때로는 육각형인간인 척 과장하는 행동이 예상치 못한 성과로 이어지기도 한다. 평범한 초등학생들이 아이돌인 척하다가 결국 진짜 아이돌이 된 '걸걸오렌씨'가 바로 그러한 사례다. 2023년 7월 데뷔한 3인조 걸그룹 '걸걸오렌씨'는 인터넷 뉴스에 검색해도 이름조차 나오지 않는다. 당연히 멜론 같은 음원 사이트에서도 음원이 검색되지 않는다. 그런데 아이돌이라고? 사실 이들은 제작사를 통해 정식으로 데뷔한 아이돌은 아니다. 평범한 초등학생들이 자칭 아이돌 놀이하듯 인스타그램에 영상을 올린 것이 이들의 데뷔였다. 자칫하면 재미있는 밈 정도로 끝났을 텐데, 인스타그램에 사진과 릴스를 꾸준히 업로드한 덕분에 제법 아이돌 흉내도 낼 수 있게 됐다.[19] 2023년 9월 기준, 인스타그램 팔로워는 1.9만 명에 육박하며, 최근에는 '오아'라는 이름의 팬덤까지 생겼다. 심지어는 이들을 패러디한 일반인 아저씨 그룹 '걸걸아저씨'도 등장했다. 육각형인간이 되고자 하는 열망은 이렇듯 사회 곳곳에서 남녀노소의 구분 없이 나타나고 있다.

"나는 무조건 잘된다!"를 외치는 무한 긍정 태도도 육각형인간이 되어야 한다는 압박을 극복하기 위한 방편이 된다. 2023년 상반기 틱톡에서 '#luckygirlsyndrome' 해시태그가 들어간 영상은 1억 회가 넘는 조회 수를 기록했다. '럭키걸 신드롬'은 구체적인 근거가 없어도 내가 얼마나 운이 좋은 사람인지를 반복적으로 외치면 좋은 일이 생긴다고 믿는 일종의 자기 설득 열풍이다.[20] 국내에서도 좋아하는 캐릭터를 활용해 긍정 확언positive affirmation을 일상화하는 움직임이 나타난다. 최고심 작가의 캐릭터들은 대충 그린 것 같은 그림체에 "나는 성공한다"라거나 "오케이! 해보자고!" 같은 파이팅 넘치는 말풍선이 인상적이다. 넷마블에서 서비스하는 게임 '야채부락리'에 등장하는 캐릭터 '쿵야'는 요즘 Z세대가 좋아하는 '맑눈광(맑은 눈의 광인)'의 모습을 가지고 있다. "노력 없이 성과를 이루고 싶다"는 대사처럼 사람들의 마음속 바람을 진지한 표정으로 전달해 인기다. 별로 힘도 세 보이지 않고, 특별히 예쁘지도 않은 캐릭터들이 전달하는 '무한 긍정 말투'를 보고 있노라면, 왠지 나도 성공할 수 있을 것 같은 기분마저 든다.[21]

육각형인간의 등장 배경

/

심리학자 토머스 커런Thomas Curran 박사팀이 미국·영국·캐나다 등지에서 약 4만 명 이상의 학생을 대상으로 수행한 연구에 따르면, 특히 젊은 세대 사이에서 남들에게 완벽함을 보여줘야 인정받을 수 있다고 생각하고 타인을 이겨야 한다는 압박감을 느끼는 '사회적 완벽주의'가 일반화되고 있는 것으로 나타났다.[22] 이에 대해 연구자들은 "젊은이들이 자신이 처한 사회적 상황을 점점 더 부담스럽게 받아들이고 있으며, 타인이 자신을 더 가혹하게 평가하기 때문에 더욱 완벽한 모습을 보여줘야만 인정을 받을 수 있다고 생각한다"고 설명한다.

과거 부모님 세대와 비교하면 지금의 청년들은 훨씬 높은 경제적 수준을 누리며 성장했다. 본인을 소중히 여기는 자존감 교육도 충분히 받았다. 그럼에도 불구하고 완벽함에서 하나라도 부족하면 힘들어한다. 그 이유는 무엇일까?

첫째, 기준을 엄격하게 설정해 아무나 육각형인간이 되지 못하도록 '담을 쌓아가는' 특성은 우리 사회의 '계층 사다리'가 약해지는 것과 관련이 있다. 2008년 세계 금융 위기, 2020년 코로나19 팬데믹을 겪는 동안 부의 양극화가 극심해지면서 '노력 신화'가 무너지고 있다. 그동안 한국 사회는 "모든 성패는 개인의 노력에 달렸다"를 강조하는 개인주의와 능력주의를 근간으로 성장했다. 하지만 요즘은 개인의 노력으로 성공을 달성할 수 있다는 믿음이 갈수록 옅어진다. 코난테크놀로지의 소셜분석에 따르면, 한국의 2030세대는 성공을 '타고난' 자산(머리·공부·재능)으로 간주하는 경향이 강하다. 신분의 상

세대별 '성공' 연관어 비교

순위	2030세대		3040세대	
	연관어	언급 횟수	연관어	언급 횟수
1	인생	5,965	가능성	1,246
2	마음	5,105	개인	1,210
3	친구	3,955	회사	1,080
4	개인	3,348	친구	1,031
5	회사	3,040	투자	901
6	투자	2,984	목표	897
7	결혼	2,740	기술	894
8	유튜브	2,673	**도전**	871
9	**머리**	2,618	경제	702
10	**공부**	2,616	**관계**	628
11	발전	2,204	행동	621
12	**재능**	2,053	아들	484
13	대학	1,538	자랑	439
14	직업	1,256	운동	371
15	열등감	555	**건강**	319

분석 채널: 커뮤니티(2030세대: 디시인사이드·에펨코리아·인벤·더쿠·인스티즈·웃긴대학, 3040세대: 뽐뿌·루리웹·클리앙·MLB파크·보배드림·이토랜드·오늘의유머·가생이·Pgr21·홍차넷)
분석 기간: 2023.03.01~2023.07.31

출처: 코난테크놀로지

향 이동이 어려워지면서 노력의 가치가 흔들리고 있는 것이다. 노력 신화가 사라진 자리는 집안·외모·재능처럼 타고나야 하는 것, 누구나 쉽게 가지지 못하는 것으로 대체된다.

▲ ▲ ▲ 아무리 노력해도 닿을 수 없는 수준의 부를 가진 이들과의 격차는 노력의 신화를 쉽게 무너뜨리고, 타고난 부같이 노력으로 얻을 수 없는 요소를 더 부각시킨다.

현대사회에서 노력의 신화가 무력해지는 것은 요즘 부자가 노력하면 닿을 수 있는 수준이 아니라 도저히 닿을 수 없는 소위 '넘사벽(넘을 수 없는 사차원의 벽)'의 부를 쌓은 경우가 많아지는 것과도 관계가 있다. 하나의 기술이나 플랫폼이 세계시장을 독점하는 시대의 '테크 거부土富'들은 부자가 되어가는 속도나 부의 규모가 가히 천문학적이어서, 일반인으로서는 노력은커녕 상상조차 하기 어렵다. 비교 정도가 아니라 선망도 쉽지 않은 것이다. 이러한 상황이 지속되면 나의 노력이라는 것이 참 보잘것없게 느껴질 수 있다.

둘째, 비교를 통해 서로에게 '등급'을 매기고, 나의 가치를 '숫자'로 증명하는 현상은 소셜미디어의 발달과 관계 깊다. 소셜미디어의 등장은 타인과의 비교를 한층 더 쉽게 하는 걸 넘어 비교의 일상화를 가져왔다. 미국의 사회심리학자 레온 페스팅거Leon Festinger가 주장한 사회 비교 이론Social comparison theory에 따르면, 사람은 타인과의 비교를 통해 스스로의 가치를 가늠한다.[23] 소셜미디어는 이런 비교를 극대화한다. 밝고 예쁘게 과장되어 표현된 남들의 SNS 피드를 분 단위,

초 단위로 확인하며 끝없이 나와 타인을 비교해간다. 비교 대상도 확장된다. 과거에는 친구와 이웃 사이에서 펼쳐지던 비교가 이제는 나와 전혀 상관없는 유명 인플루언서로 확대된다. 타인의 삶을 엿보며 우리가 꿈꾸는 욕망의 크기는 점점 더 커진다. 더 많은 기준으로, 더 많은 타인과 비교해야 하는 사람들은 자연스럽게 서로에게 점수를 매기며 등급을 나눠간다.[24]

"제가 입학 허가를 받은 대학원은 저희 전공에서 세계 랭킹 1위여서 당연히 그곳으로 유학을 가기로 마음을 굳혔어요. 그런데 그 대학이 우리나라에서는 다소 생소한 학교라서…… 추가로 한국인에게 유명한 대학원에 동시 지원해 합격증을 여럿 받았고요. 제가 가려는 대학원을 잘 모르는 사람들에게 제 능력을 인정받고 싶었어요. 또 한 곳에만 합격한 경우엔 사람들이 '운이 좋았다'고 평가할 수도 있는데, 여러 곳에 합격했다는 건 제 실력이 진짜라는 걸 증명한다고 생각해요. 특히 제 분야의 사람들은 링크드인이나 인스타그램으로 소통하기 때문에, 여러 대학원 합격증을 SNS에 올리는 것이 중요했거든요."

– 〈트렌드 코리아〉 팀 자체 인터뷰 중

육각형인간에게 자신의 '점수와 순위'가 SNS에 어떻게 올라가는가는 매우 중요한 문제다. 위의 인터뷰에서 해외 유학을 준비 중인 20대 남학생은 자신의 전공 분야에서 세계 순위 1위인 대학원에 진학하기로 이미 결정했음에도 불구하고, 입학하지도 않을 다른 대학원에 군이 추가 비용을 지불하면서까지 입학원서를 내고 합격증을 받아 이를 SNS에 게시했다. 그 이유는 바로 남들에게 나를 제대로 평가받고 싶어서였다. 매일 SNS에 업로드하는 게시글이 곧 나의 성취를 남들에게 공유하고 평가받는 일종의 개인 포트폴리오가 되는 것이다.

마지막으로 자아와 현실을 과장해 가며 '육각형놀이'에 몰두하는 이유는 내면에 존재하는 다양한 '나'의 충돌을 막는 일종의 방어기제이기도 하다. 심리학자이자 미국 컬럼비아대 교수인 에드워드 토리 히긴스Edward Tory Higgins가 1987년에 제안한 자기 불일치 이론Self-discrepancy theory에서는 사람이 인식하는 자기개념을 세 가지로 분류한다. 내가 가지고 있다고 인식하는 실제적 자기Actual self, 개인이 소유하기를 희망하는 이상적 자기Ideal self, 그리고 반드시 가져야 할 책임이 있는 의무적 자기Ought self다.[25] 이론에 따르면, 인간은 이러한 자기개념 사이에 격차가 없을 때 조화로운 상태에 이른다. 반대로 자기인식 간에 격차가 벌어지면 부정적 심리 상황을 경험하게 된다. 가령 실제적 자기와 이상적 자기가 불일치할 때, 실망·불만족·슬픔과 관련된 정서에 취약하다. 실제적 자기와 의무적 자기가 불일치할 때는 두려움·긴장감 같은 정서에 취약하다. 비싼 가방, 비싼 식사 등의 행복한 순간을 소셜미디어에서 과시하는 행위는 남들에게 부러움을 사기도 하지만, 한편으로는 스스로 인정할 수 있는 '멀티 페르소나'를 만들어내는 일이기도 하다. 삶의 모든 순간이 SNS 속 사진처럼 행복하지는 않기 때문이다. 따라서 실제 자아와 이상적 자아 사이의 격차가 벌어지는 순간, 불편한 마음을 해소하기 위해 사람들은 현실을 놀이화함으로써 격차를 줄여나가는 것이다.

전망 및 시사점

육각형인간은 요즘 젊은이들이 선망하는 욕망의 목표 지점이다. 프랑스의 정신의학자 자크 라캉Jacques Lacan은 인간이란 타인의 욕망을 욕망하는 존재라고 했다. 인간은 '타인의 욕망'을 '나의 욕망'인 듯 착각하며 살아간다. 프랑스 철학자 르네 지라르Rene Girard는 소설 속 주인공의 욕망 구조를 분석한 그의 저서 『낭만적 거짓과 소설적 진실』에서 인간의 욕망이 '모방'에서 출발한다는 것을 밝혔다. 지라르는 타인의 지위를 차지하려는 욕망을 '모방적 욕망'이라 부른다.[26] 우리도 마찬가지다. 지금 당장 사고 싶어 죽을 것 같은 물건도, 어쩌면 나에게 꼭 필요한 물건이라기보다는 다른 사람이 그것을 사고자 하기에 나도 덩달아 갖고 싶은 경우가 많다. 우리의 욕망은 사회적으로 구성된다.

나다운 것이 행복한 것이다

육각형인간을 꿈꾸는 모습도 이와 유사하다. 육각형인간의 모습은 내가 꿈꾸는 이상적 모습이라기보다는 우리 사회가 제시하는 이상형일지도 모른다. 우리나라에서 육각형인간들이 가장 많이 사는 곳은 어디일까? 아마도 서울 강남을 꼽을 것이다. 하지만 막상 강남을 오랫동안 분석한 정신의학과 의사의 생각은 좀 다른 것 같다. 28년째 서울 강남에서 정신과 의원을 운영 중인 김정일 박사가 펴낸 책의 제목은 『강남은 거대한 정신병동이다』다. 김 박사가 이렇게 제목을 지은 이유는 과도한 경쟁에 따른 열등감, 배금주의, 계급의식, 비정상적인 교육열 등 한국 사회의 문제점이 가장 극명하게 드러나는 곳이 바로 강남이라는 인식 때문이다.[27] 강남 지역이 유독 문제라는 말이 아니다. 타인들이 육각형일 것이라고 선망하는 대표적인 곳조차도 여전히 우리 사회의 아픔에서 자유롭지 못하다는 점에 주목해야 한다.

과도한 비교와 줄 세우기가 심각한 문제를 드러내고 있는 가운데, 본연의 자신을 찾고 타인의 시선과 욕망에서 자유롭고자 하는 움직임도 감지된다. 이들은 우선 무한 비교를 일상으로 만들어 자괴감과 왜곡을 불러일으키는 소셜미디어의 보이지 않는 횡포를 차단하고 자신을 제대로 표현하는 유용한 도구로 만들고자 한다.

최근 Z세대 사이에서는 불특정 다수에게 자신의 일상을 공개하는 것을 꺼리는 현상이 관찰된다. 자기 포스팅을 '전체 공개'로 하지 않고 비공개로 전환해서 친구들과만 교류하고, 가장 많은 시간을 포스팅이 아니라 DM Direct Message(개인 간 메시지)에 쓴다.[28] 또한 최근 SNS에서는 사진을 업로드하는 방식도 변화의 조짐을 보인다. '포토덤프 Photo dump'라고 해서, 공들여서 완성한 '인생샷' 한 장이 아니라, 나의 일상을 날것으로 담은 사진 여러 장을 무더기로 올리는 게 힙하다는 인식이 확산되고 있다.[29] 이는 소위 '각 잡고' 찍은 사진이 아닌 편한 분위기와 자연스러운 상황을 보여주는 이미지들로서, 초점이 흔들린 사진, 인터넷에서 다운받은 밈이나 짤 등도 포토덤프 게시물에 자주 포함된다. 2023년 9월 기준, 인스타그램에 '#photodump' 해시태그를 달고 올라온 게시물 수는 350만 개가 넘고, 같은 해시태그가 달린 틱톡 영상의 전체 조회 수는 30억 회 이상이다.[30]

나아가서는 보이는 것을 중시하는 SNS의 위력에 맞서려는 움직임도 주목할 만하다. 미국 펜실베이니아대를 비롯한 몇몇 대학교에서는 '못생긴 셀카 올리기 캠페인Ugly Selfies'을 시행하고 있다. 소셜미디어에 흠잡을 데 없이 완벽한 모습만 올리는 세태를 풍자해 더 솔직하게 있는 모습 그대로를 드러내자는 취지에서 시작된 캠페인이다.[31]

비공개 소셜미디어, 포토덤프의 등장이 의미하는 것은 그간의 소셜미디어가 일종의 피로를 불러오고 있다는 방증일 것이다. 최근 페이스북·X(옛 트위터) 등 소셜미디어의 활용자 수가 차츰 줄고 있다. 전년 대비 사용자 증가폭이 2010년 후반에는 매년 4~5억 명에 달했는데, 2024년부터는 2억 명대로 줄어들 것이라고 전망된다. 이는 광고가 넘쳐나고, 정치적으로 오염되며, 인플루언서의 영향력이 과도해지는 것에 대한 반작용으로 해석된다.[32] 육각형 타인과 나를 비교하며, 완전한 모습을 추구하고 나아가 놀이로 삼는 것은 재미있는 현상이지만, 사회가 요구하고 있는 육각형인간에 동조하기 위해 힘겨운 부담도 함께 져야 하는 것도 사실이다. 어려운 시기를 살았던 부모 세대는 젊은이들에게 "네가 뭐가 부족하니?" 하는 식의 질문을 많이 한다. 하지만 그들 세대 내부에서는 치열한 경쟁과 자기 검열의 스트레스가 진행되고 있으며, 그 끝에 육각형인간 같은 완벽한 모습이 있다는 점 역시 이해해야 한다.

사람들이 육각형인간을 부러워하는 궁극적인 이유는 '육각형인간이 되면 행복할 것'이라는 가정을 전제로 하기 때문이다. 우리는 언제 가장 행복할까? 상투적이지만 가장 나다울 때 행복한 것이 아닐까? 비록 그것이 육각형의 완벽한 모습은 아니더라도 말이다.

Getting the Price Right:
Variable Pricing

버라이어티 가격 전략

이제 가격은 하나가 아니다. 영국의 경제학자 윌리엄 제번스William Jevons는 동일한 상품에는 동일한 가격이 존재할 뿐, 가격 차별은 있을 수 없다는 '일물일가一物一價의 법칙'을 주장했다. 우리는 그동안 엄밀한 일물일가까지는 아니더라도, "하나의 물건에는 하나의 정해진 가격이 있다"는 전제를 가지고 생산하고, 판매하고, 또 구매해왔다. '정가' 또는 '권장소비자가격' 등의 개념이 그 예다. 그런데 오늘날 이 대전제가 무너지고 있다. 시장에서의 가격정책이 복잡해지면서 가격이 수요 촉진과 마케팅의 새로운 도구가 되고 있다. 『트렌드 코리아 2024』에서는 같은 상품이라 할지라도 언제, 어디서, 누가, 어떻게 사느냐에 따라 가격이 천차만별로 '버라이어티'하게 달라질 수 있으며, 공급자와 유통자는 가격 책정을 '전략적'으로 고려할 수 있다는 취지에서 '버라이어티 가격 전략'이라는 키워드를 제안한다.

가격을 한마디로 정의하면 '고객이 느끼는 가치'다. 똑같은 제품도 상황마다, 사람마다 느끼는 가치는 다르다. 그렇다면 소비자는 언제 같은 물건이라도 가치를 다르게 인식할까? ① 상품을 구매하는 '시간', ② 상품을 구매하는 '채널', ③ 상품을 구매하는 '소비자 특성', ④ 상품을 판매하는 방식인 '옵션'을 기준으로 살펴본 후, ⑤ 이상의 다양한 요소를 종합적으로 고려하는 넓은 의미의 버라이어티 가격 전략, 이른바 '다이내믹 프라이싱dynamic pricing'에 대해 살펴본다.

성공적인 버라이어티 가격 전략을 선보이기 위해서는 다양한 시장 변화에 민첩하게 반응할 수 있는 가격 컨트롤 타워를 구축해야 한다. 나아가 가격 전략의 힘과 한계를 모두 인지하면서 소비자가 납득할 만한 가격 차별화를 선보이는 것이 중요하다. 다양한 가격 차별화가 단지 생산자·유통자의 이윤을 극대화하는 방편에 그치지 않고, 소비자의 구매 가치를 증진시킴으로써 기업 성장과 소비자 복지를 조화시킬 수 있기를 기대한다.

1999년 코카콜라는 자판기에 온도 감지 센서를 설치해 날씨가 더운 날은 평소보다 가격을 더 올려 받고 추운 날은 가격을 내려 받는 가격정책을 발표했다.[1] 매출액이 20% 이상 증대할 것이라는 기대 아래 야심차게 시작한 이 자판기 프로젝트는 소비자들의 강력한 반발에 부딪혀 곧 자취를 감추고 말았다. 하지만 이 해프닝은 생각할 거리를 남긴다. 언제 어디서 구매하든 콜라 한 캔의 가격은 동일하다는 고정관념을 깨고, 같은 자판기 안에서도 다른 가격으로 판매할 수 있다는 사실을 보여준 것이다.

'일물일가一物一價의 법칙.' 19세기 영국의 경제학자 윌리엄 제번스William Jevons는 동일한 상품에는 동일한 가격이 존재할 뿐, 가격 차별은 있을 수 없다고 주장했다. 우리는 그동안 엄격한 일물일가까지는 아니더라도 "하나의 물건에는 하나의 정해진 가격이 있다"는 전제하에 물건을 생산하고, 판매하고, 또 구매해왔다. '정가' 또는 '권장소비자가격' 등의 개념이 그 예다. 그런데 오늘날 이 대전제가 무너지고 있다. 항공 시장에는 "같은 비행기라도 좌석마다 가격이 다 다르다"는 말이 있다. 마치 사다리 타기 게임을 하듯 소비자가 언제 어느 경로를 선택하느냐에 따라 똑같은 제품과 서비스라 할지라도 서로 다른 가격을 지불할 가능성이 높아진 것이다.

『트렌드 코리아 2024』에서는 이처럼 같은 상품이라 할지라도 언제, 어디서, 누가, 어떻게 사느냐에 따라 가격이 천차만별로 '버라이어티'하게 달라질 수 있으며, 공급자와 유통자는 가격 책정을 '전략적'으로 고려할 수 있다는 취지에서 이를 '버라이어티 가격 전략'이라 명명한다. 버라이어티variety의 사전적 의미는 '여러 가지', '각양각색' 등을 뜻한다. 예컨대 '버라이어티쇼'라고 하면 하나의 형식에 연연하지 않는 다채로운 포맷의 쇼를 말한다. 즉, 버라이어티 가격 전략은 하나의 고정 가격이 아닌 다양한 N개의 가격들을 제안해 기존에 없던 수요를 창출할 수 있는 방법론이다. 이제 시장은 기존의 '일물일가' 패러다임에서 '일물N가' 패러다임으로 변화하고 있다.

우리에게 익숙한 조조할인이나 학생 할인처럼 가격 차별화 정책은 어제오늘의 일이 아니다. 그러나 지난 몇 년간 행동경제학과 빅데이터에 기반해 혁신적인 가격 전략을 실행하는 것이 가능해지면서, 가격정책은 이제 완전히 새로운 국면을 맞게 됐다. 마케팅의 대가 필립 코틀러는 자신의 저서 『필립 코틀러의 마켓 4.0』에서 "4P 중 가격 Price이 디지털 시대에 이르러 매우 유동적으로 변하고 있다"고 지적한 바 있다.[2] 기존의 표준화되고 고정된 가격 책정이 점차 역동적 방식으로 진화하면서, 시장에서 탁월한 마케팅 도구로 작동할 수 있다는 것이다.

가격이 새로운 화두로 등장하고 있다. 최근 기록적인 인플레이션으로 비용은 증가하고 이익률은 떨어지는 상황에서 생산자와 유통자는 새로운 돌파구가 필요해졌다. 소비자는 소비자대로 한정된 자원을 효과적으로 분배하기 위해 자신만의 지출 전략을 마련해야 한다. 이러한 환경 속에서 가격을 일률적으로 책정하기보다는, 기업에게도 소비자에게도 더욱 매력적인 대안이 될 수 있는 다양한 가격 전략 수립이 절실해진 것이다. 물가는 오르고 소비는 위축되는 위기의 2024년, 소비자와 기업이 함께 웃을 수 있는 현명한 가격 전략을 다양한 사례를 통해 모색해보자.

단일 가격에서 버라이어티 가격으로

근대경제학의 아버지라 불리는 애덤 스미스는 가격이 시장경제에서 중심적인 역할을 한다며, 이를 '보이지 않는 손Invisible Hand'에 비유했다. 보이지 않는 손이 작동하면, 가격은 수요와 공급이 일치하는 지점에서 자동적으로 결정되는 것이기에 한 물건의 가격이 하나인 것은 자연스러운 현상이었다. 생산자와 판매자는 이 하나의 가격을 주어진 것으로 전제하고, 이윤을 극대화할 수 있는 방안을 모색했다. 그래서인지 제품Product · 가격Price · 판촉Promotion · 유통Place으로 일컬어지는 4P 전략 중에서, 가격 전략은 상대적으로 마케터의 관심을 적게 받은 것도 사실이다. 그런데 이제 빅데이터와 인공지능 등 정보기술이 발전하면서 그동안 블랙박스처럼 여겨졌던 개인의 **'지불 용의'**를 측정할 수 있는 기술적 가능성이 열리고 있다. 가격이 주요한 마케팅 도구이자 수익 창출의 원천으로 작용하게 된 것이다. 그 결과 하나의 상품에도 다양하게 매겨진 N개의 가격이 존재하게 됐다. 구체적으로 단일 가격과 버라이어티 가격이 가격 결정의 기준과 그 결과에서 어떠한 차이를 보이는지 정리하면 옆의 표와 같다.

지금까지는 주로 공급자 관점에서 가격이 결정됐다. 제품 원가에 적정 수준의 마진을 더하여 원가와 목표 이익을 중심으로 가격을 책정하고, 경쟁사들의 가격 움

지불 용의

WTP, Willingness to pay

지불 용의란 소비자가 제품이나 서비스를 구입하기 위해 지불하고자 하는 최고 금액을 뜻한다. 사람마다 상품을 지각하는 효용의 가치가 다르기 때문에 지불 용의도 달라진다. 소비자는 지불 용의보다 낮은 가격의 상품은 구매하지만, 지불 용의를 초과하는 가격의 상품은 구매하지 않는다.

구분		단일 가격	버라이어티 가격
개념		한 상품에는 이익을 극대화하는 하나의 고정된 가격	한 상품에도 개인의 지불 용의에 따른 다양한 가격
가격 결정의 기준		주로 원가 가산·시장 기반 가격 책정	주로 가치·수요 기반 가격 결정
결과	소비자	소비자 선택권 한정	소비자 선택권 증가
	기업	잠재 이익 포기	잠재 이익 확보

직임을 비교분석하여 한 상품에서 이익을 극대화할 수 있는 하나의 가격을 설정했던 것이다. 한편 버라이어티 가격은 공급자 관점이 아닌 수요자 관점에 초점을 둔다는 점에서 차이가 있다. 산발적으로 퍼져있는 개별 소비자의 지불 용의에 대응하고자 소비자가 지각하는 가치에 맞춰 다양한 가격을 책정한다. 구매하는 시간·장소·구매자 특성 등 다양한 기준을 통해 수요를 예측하며 각각의 접점에서 가격이 결정되는 것이다.

버라이어티 가격 전략의 유형

가격 결정의 권위자이자 『프라이싱』의 저자인 헤르만 지몬Hermann Simon은 가격을 한마디로 정의하면 '고객이 느끼는 가치'라고 말한다.[3] 똑같은 제품도 상황마다, 사람마다 느끼는 가치는 다르다. 예를 들어, 맑은 날의 놀이공원 티켓과 흐린 날의 놀이공원 티켓은 소비자가 지각하는 가치가 다르기 마련이다. 소비자가 판단하는 가치가 높을수록 수요는 증가하고, 수요가 증가하면 가격이 오른다. 결국 어떻게 가격을 다변화할 것인가 하는 문제는 소비자가 느끼는 가치로 환원된다. 그렇다면 소비자는 언제 같은 물건이라도 그 가치를 다르게 인식할까? 본서에서는 ① 상품을 구매하는 '시간', ② 상품을 구매하는 '채널', ③ 상품을 구매하는 '소비자 특성', ④ 상품을 판매하는 방식인 '옵션'을 기준으로 살펴본 후, ⑤ 이상의 다양한 요소를 종합적으로 고려하는 넓은 의미의 버라이어티 가격 전략, 이른바 '다이내믹 프라이싱dynamic pricing'에 대해 살펴본다.

1. 그때그때 달라요, 시간 버라이어티

조조할인의 예에서 봤듯이, 시간은 소비자가 지각하는 상품의 가치를 다르게 만드는 중요한 변수다. 시간 버라이어티는 일반적으로 가격 다양화 정책을 떠올렸을 때 가장 먼저 떠올릴 만한 대표 유형이라고 할 수 있다.

먼저 수요가 줄어드는 '비수기'에는 가격을 인하함으로써 수요를 늘릴 수 있다. 특히 수용력에 제약이 있는 오프라인 매장에서는 운영 효율성을 높이기 위해 시간별·계절별로 가격을 달리 설정하는 전략이 적극 활용된다. 레스토랑의 해피아워happy hour가 좋은 예다. 영국의 고급 레스토랑 '밥 밥 리카드Bob Bob Ricard'는 독특한 '변동 가격제flexible pricing'를 도입하여 성공을 거둔 사례다. 이 식당은 똑같은 메뉴를 월요일은 '오프 피크'로 25% 저렴하게, 화요일과 일요일은 '미드

피크'로 15% 저렴하게, 그 외의 요일에는 정가에 제공한다. 여기서 중요한 포인트는 이 다른 가격에 대한 정보를 철저히 비밀에 부친다는 점이다. 고급 레스토랑의 경우 손님을 대접하거나 기념일에 방문한다는 점을 감안해, 밥을 사는 사람의 체면을 지켜주고자 할인가를 메뉴판에 적어두지 않는 것이다. 대신 우연히 할인 시간대에 방문해 저렴하게 먹었다는 기분 좋은 느낌만 제공하여 소비자들에게 큰 사랑을 받고 있다. 이처럼 배려 넘치는 가격 전략을 제안할 때, 소비자들은 매력을 느끼게 되고 매출에도 기여할 수 있다.[4]

시간이 지남에 따라 가격이 저렴해지는 경우도 있다. 신상품 출시 초기에는 높은 정가를 책정하여 구매 욕구가 높은 소비자를 먼저 흡수하고 시간이 경과하면 점차 가격을 낮춰가며 다음 고객층을 흡수하는 식으로 가격을 조정하는 방식이다. 주로 기술력이나 차별성이 뛰어난 시장에서 활용하는데 언뜻 이해하면 '감가'로 생각하기 쉽지만, 개별 소비자가 가진 다양한 수준의 지불 용의인 수요곡선을 오랜 시간에 걸쳐 더듬어 내려가는 것에 가깝다. 이를 '스키밍skimming 전략'이라고 하는데 스키밍은 거품 혹은 액체 위에 뜬 기름을 '걷어낸다'라는 뜻이다.

애플이 대표적이다. 아이폰은 초기 출시 가격을 높게 책정하여 시장에 혁신적 제품이라는 시그널을 보내고 출시 초기에 얼리어답터와 충성 고객을 먼저 흡수한다. 수개월 후에는 가격을 단계적으로 낮추면서 추가적인 수요를 이끌어낸다. 실제로 2021년 10월 94만6,000원의 출고가로 출시됐던 아이폰13 미니 기종의 구매가는 2023년 8월 기준 출고가의 25% 수준인 약 23만 원으로 낮아졌다.[5] 이는 아이폰

시리즈의 새로운 출시를 앞두고 기존 기종의 마지막 수요층을 흡수하려는 것으로 설명할 수 있다.

　디지털 콘텐츠 영역에서는 시간이 지나면 상품이 아예 무료로 제공되는 '기다리면 무료Wait or Pay' 전략이 활용되고 있다. 예를 들어 모바일 게임에서 일정 시간을 기다리면 무료로 게임을 할 수 있지만, 기다리지 않고 당장 게임을 하고 싶다면 값을 치러야 한다. 웹툰과 웹소설에서도 이 전략은 적극 활용된다. 네이버 웹툰에서는 24시간을 기다리면 유료 웹툰 1회분을 무료로 볼 수 있다. 만약 콘텐츠가 마음에 들어서 기다리지 않고 바로 보고 싶다면 '쿠키'라 불리는 가상화폐를 충전해야 한다. 카카오웹툰은 기다리면 무료 정책이 좀 더 다양한데, 12시간, 1일, 2일, 3일 등 일정 기간을 기다리면 무료 이용권이 생기는 작품도 있고, 인기작의 경우에는 '3다무'라고 해서 3시간

출처: 네이버 웹툰, 카카오웹툰

▲▲▲　일정한 시간 간격을 두고 콘텐츠를 무료로 제공하는 '기다리면 무료' 전략. 기다리지 않고 웹툰을 곧장 보고 싶은 유저들은 이용권을 구매하고자 지갑을 열게 된다.

기다리면 무료인 것도 있다.

가격이 아예 실시간으로 변하기도 한다. 항공업이나 숙박업에서는 이용일이 가까워질수록 가격이 높아지다가, 막상 전날 같은 경우는 가격이 급격히 낮아지는 등 변동이 무척 심한데, 이제는 이러한 현상이 다른 산업으로도 확대되는 추세다. 사실 기업 입장에서 그때그때 가격을 바꾸는 것은 일종의 딜레마다. 이익을 늘릴 수는 있지만, 자칫 잘못하다간 가격의 안정성을 해치고 여론의 뭇매를 맞기 쉽기 때문이다. 일례로, 테슬라는 잦은 가격 조정으로 횟집의 '시가市價' 같다는 의미에서 '회슬라'라는 웃지 못할 별명까지 얻었다. 2022년에는 가격이 천정부지로 올라 "오늘 사는 게 제일 싸다"는 말이 나오기도 했었는데, 2023년 들어서는 시장 수요의 감소로 인해 가격을 계속 인하하는 전략을 펼치고 있기 때문이다. 계약 후 차량을 받지도 못한 상황에서 가격이 1천만 원이나 인하되는 황당한 사태가 벌어지자 중국 테슬라 매장에서는 계약 취소를 요구하는 구매자들의 항의가 빗발쳤고 시위로 이어지기도 했다.

2. 어디서 사셨어요? 채널 버라이어티

가격은 상품을 판매하는 채널에 따라서도 다르다. 똑같은 콜라라고 할지라도 편의점에서는 1,700원에 구매할 수 있지만 호텔 미니바에서는 5,000원을 주고 마셔야 한다. 하물며 아이스크림 가격도 파는 곳마다 제각각이다. 예를 들어, '메로나' 아이스크림은 편의점에서는 1,500원, 대형마트에서는 1,200원, 무인점포는 600원, 다이소에서는 1,000원에 구매할 수 있다.[6] 어떤 장소, 어떤 경로(구매 채널)로 구매하느냐에 따라 가격이 달라지는 것이다.

최근 신혼부부를 위한 온라인 카페에서는 "저 드디어 가전제품 졸업했어요!"라는 말을 쉽게 볼 수 있다. 발품을 팔아 가전을 좋은 가격에 구매하면 마치 졸업한 것처럼 뿌듯하고 후련하다는 의미에서다. 결혼을 앞둔 신혼부부들은 다양한 가전을 한 번에 구매해야 하는데, 백화점·마트·플래그십스토어 중 어느 매장에서 어떤 할인을 받느냐에 따라 가격이 천차만별이다. 그렇기 때문에 온라인 카페에서는 가장 저렴한 곳을 찾았다며 '성지'의 가격 정보를 공유하기도 한다. 이뿐만이 아니다. 해외여행을 간다면 숙소는 어디에서 예약해야 가장 저렴할까? 여행 고수들은 구글 맵스를 활용하는 '구글 맵 신공'을 추천한다. 아고다와 같은 여행 플랫폼에서 직접 예약하는 것보다 구글 맵스를 거쳐서 들어가면 더 많은 할인 혜택을 받을 수 있다는 신묘한 꿀팁이다.[7]

상황이 이렇다 보니 과거 e-커머스별로 최저가 판매처를 보여주던 가격 비교 서비스가 최근에는 생활 전반으로 확대되는 양상이다. 모바일 앱 '오일나우'는 한국석유공사와 제휴를 통해 전국의 주유소 정보를 실시간으로 수집한 뒤 운전자의 위치를 파악해 저렴한 주유소를 추천해준다. 그 밖에도 주변 헬스장 PT 가격을 비교하여 알려주는 '니짐내짐', 운전면허 학원들의 가격을 비교하고 예약해주는 '운전선생'까지, 다양한 영역에서 가격 비교 앱이 쓰이고 있다.[8]

채널 버라이어티 가격 전략에서 최근 가장 이슈가 되는 것은 제조사가 자사의 홈페이지 등을 통해 고객에게 직접 판매하는 'D2C Direct to Consumer'다. D2C 채널은 비용을 줄이고 소비자와의 접점을 늘릴 수 있다는 장점이 있어, 많은 제조사가 초기 비용을 감수하고서라도 자사의 직접 판매 채널을 구축하기 위해 노력하고 있다. 유통 경로가 복잡한 회사들은 기존 유통 파트너들의 반발로 D2C 정책을 적극적으로 펼치기 어려운 한계점이 있기는 하지만, 여전히 D2C는 브랜드 제조사에게 어필하는 가격 전략이다. 소비자 역시 동일 상품을 더 저렴한 가격으로 이용할 수 있다는 점에서 매력적이다.

D2C 채널을 통해 급격히 성장한 사례로 글로벌 스포츠 의류 브랜드 '룰루레몬'을 들 수 있다. 지금까지 스포츠 의류 업체들의 매출은 대부분 대형 유통 업체에 납품하는 방식이 주를 이뤘는데, 룰루레몬은 그 대신 자사의 온라인 채널을 강화해 판매를 확대해왔다. 그 결과 온라인과 오프라인을 통합한 직접 판매 비율이 90%를 상회하며, 현재 전체 매출의 40% 이상이 온라인 자사몰을 통해 발생하고 있다. D2C 채널이 가지는 또 하나의 장점은 고객들의 구매 패턴과 취향을 세밀하게 수집할 수 있다는 점이다. 고객에게 맞춤형 제품과 서비스를 제공하는 데 필요한 주요 정보를 얻을 수도 있고, 나아가서는 고객이 자사몰을 방문할 때마다 개인화된 의사소통을 가능하게 함으로써 브랜드와 고객 간의 강한 유대감을 형성할 수 있다.[9]

제조 업계에서는 최근 삼성전자가 D2C 전략에 적극적으로 나서는 모양새다. 2022년 12월 삼성전자는 자사몰 판매를 강화하기 위해 글로벌마케팅실에 D2C센터를 신설하고, 여러 국가에서 운영 중인 '삼성닷컴'을 통해 경쟁 유통 업체들의 가격 변동에 맞춰 가격을 조정하는 등 유연한 대응을 하고 있다. 그 결과, 삼성전자 가전 부문 매출의 온라인 비중이 2020년 처음으로 22%를 돌파한 이래 계속해서 증가하는 추세를 보이고 있다.[10] 심지어는 B2B 고객을 위한 전용 e 스토어도 전 세계 30개국으로 확대했는데, 2023년 1분기의 매출 또한 전년 동기 대비 2배 가까이 성장하는 기록을 보였다.[11]

3. 당신만을 위한 가격, 고객 버라이어티

세 번째 유형인 고객 버라이어티는 고객의 인구통계학적 특성과 구매 행동 등을 포함한 여러 가지 데이터를 활용하여 가격을 바꾸는 전략이다. 가격에 민감한 고객군에게 더 저렴한 가격을 제공하여 이들의 수요를 확보하는 사례는 자주 볼 수 있다. 학교 앞 카페에서 학생증을 내밀면 10% 깎아준다든지, 지역 주민에게 가격 할인을 해주는 것 등이 그 예다.

　기업에게 가장 중요한 타깃 고객은 역시 '신규 고객'일 것이다. 유치하기 가장 어렵지만 향후 지속적인 고객이 되어줄 가능성이 높기 때문이다. 특히 일단 가입하고 나면 지속적으로 구매가 이뤄지는 '구독 비즈니스'에서는 파격적인 가격을 제안해서라도 신규 고객을 유치하는 것이 매우 중요하다. 국내 음원 플랫폼 '멜론'에서는 신규 고객에 한해 무제한 듣기 이용권을 단 두 달간 '100원'에 제공하고 있는데, 소비자들 사이에서는 '멜론 100원 주고 듣는 방법' 등의 꿀팁으로 공유되기도 했다.[12] 이러한 파격적인 가격 전략은 음원 시장의 치열한 경쟁 속에서 월간 이용자 수를 더 많이 확보하기 위한 것이다. 오프라인 역시 마찬가지다. 동네 미용실이나 네일숍에서는 첫 방문 고객을 대상으로 동일 서비스를 할인가로 제공하는 경우가 많은데, 이를 활용해 첫 방문 할인만을 찾아다니는 '떠돌이 미용족'도 생

겨나고 있다.[13]

고객의 구매 정보가 빅데이터로 차곡차곡 쌓이는 e-커머스 업계에서는 고객 개개인에게 맞춘 '개인화 가격 전략'에 총력을 집중하고 있다. 컬리는 "○○님께만 드리는 쿠폰!"이라는 개인 메시지로 '시크릿 쿠폰'을 배포하고 있는데, 최근 방문이 뜸한 고객의 발걸음을 돌리는 데 유효한 전략으로 통한다. 이뿐만 아니라, 소고기 구매 이력이 많은 고객에게는 육류 할인 쿠폰을, 청소기 구매 이력이 있는 고객에게는 전자제품 할인 쿠폰을 보내는 등 적재적소의 타깃 전략을 펼치고 있다. 고객이 컬리 사이트에서 상품을 클릭하는 비율은 50%, 장바구니에 담는 비율은 8%, 구매하는 비율은 2% 남짓이라고 한다. 이에 컬리는 초개인화 맞춤 마케팅을 통해 이탈률을 줄이고 구매전환율을 높이기 위해 공을 들이고 있다.[14]

이처럼 기존 고객을 타깃으로 한 전략에는 자사 플랫폼 내의 고객 행동 데이터가 적극 활용된다. 여기서 고객의 방문 기록·장바구니 내역·결제 이력 등 자사몰 안에서 생성된 고객 데이터를 '퍼스트파티 쿠키'라 하는데, 최근 이를 활용한 가격 전략이 활발하다. 과거 사이트를 넘나들면서 사용자의 행동을 추적할 수 있던 '서드 파티 쿠키'가 개인정보보호법으로 인해 제한되기 시작하면서, 그 반작용으로 퍼스

퍼스트파티 쿠키
first-party cookies

기업이 자사의 플랫폼에서 고객과 상호작용하며 직접 수집하는 데이터를 뜻하며, 대표적인 항목으로 해당 웹사이트의 로그인 정보, 검색 내역, 장바구니 내역, 구매 여부 등이 있다.

서드파티 쿠키
third-party cookies

기업이 소유자가 아님에도 불구하고 제삼자의 플랫폼에서 활용할 수 있는 데이터를 뜻하며, 사용자가 애플의 사파리나 구글의 크롬 등 인터넷 활동을 하며 남긴 데이터를 마케팅에 활용하는 경우가 대표적이다.

트파티 쿠키의 중요성이 증대되고 있기 때문이다. 실제로 애플 사파리나 구글 크롬 등 글로벌 기업들은 웹브라우저에서 서드파티 쿠키를 제한하기 시작했고, 2024년에는 모든 서드파티 쿠키들이 제한될 것으로 예상된다.[15] 이에 대한 대안으로 퍼스트파티 쿠키를 기반으로 복잡하고 세분화된 고객관리를 선보이는 CRM Customer Relationship Management 마케팅이 다시금 주목받고 있다.

타사와의 제휴를 통해 개인별 가격을 달리하기도 한다. 대표적으로 금융사들은 '티맵 모빌리티'의 데이터를 활용해 다양한 혜택을 제공하고 있다. 그중에서도 관심도가 높은 곳은 단연 운전자 보험을 판매하는 보험회사다. 소비자가 평소 티맵의 내비게이션 기능을 구동한 상태로 특정 거리 이상을 주행하면 티맵은 운전 습관을 분석하여 안전운전 점수를 산출한다. 이 경우, 특정 점수 이상을 득점해 운전 습관이 양호하다는 판단을 받은 소비자는 보험료의 최대 13%를 할인받을 수 있다. 실제로 삼성화재·KB손해보험·현대해상 등 다양한 보험사들이 이를 활용한 타깃 특화 특약을 확대하고 있다. 심지어는 대출 시 신용 평가에도 티맵 데이터가 활용될 전망이다. 티맵 모빌리티와 신용 평가사 KCB가 제안하는 '티맵정보서비스'는 운전자 데이터를 활용해 금융사 신용 평가에 활용할 수 있도록 모델링한 정보다.[16]

바야흐로 모든 소비자가 서로 다른 가격을 제안받는 초개인화 가격 시대가 도래하고 있다. 이에 따라 관련 서비스도 강화되는 추세다. G마켓은 최근 상품을 검색할 때 개별 소비자를 기준으로 맞춤형 가격 비교를 통해 최저가 상품을 추천하는 '초개인화 가격 비교 서비스'를 도입했다. 비슷한 구매 행동을 보이는 고객이라 할지라도, 해당 고객이 가진 할인 쿠폰이 무엇인지, 멤버십은 가입됐는지에 따라 제 안되는 가격이 너무나도 다르기 때문이다. 그래서 이 서비스는 고객 이 적용할 수 있는 쿠폰을 모두 고려해 실질적인 'Real 최저가' 상품 을 가장 상단에 노출시킨다. 해당 서비스 도입 후 클릭 효율이 이전 대비 20% 올라가고 판매 고객의 상품 노출과 매출 증대에도 기여한 다고 분석된다.[17]

4. 쓴 만큼만 내세요, 옵션 버라이어티

경주에 위치한 '루나엑스'는 다소 특이한 골프장이다. 6홀짜리 코스 를 4개 갖추고 있어서 6·12·18·24홀 플레이가 가능하고, 로커와 샤워룸 역시 고객의 선택에 따라 이용할 수 있다. 캐디 없이 자동 카 트를 이용하며, 리셉션 카운터와 그늘집을 없애 가격을 크게 낮췄다. 한국레저산업연구소에 따르면 루나엑스는 전국에서 세 번째로 주말 라운딩 가격이 저렴한 골프장이다.[18] 하지만 코스 레이아웃이 재미 있고, 드론을 이용한 관리로 잔디의 상태 또한 매우 훌륭하다.

　루나엑스에서 주목할 점은 되도록 많은 사항을 고객의 선택으로 돌려 가격을 낮췄다는 것이다. 일반 골프장에서는 18홀 이용이 기본 이고, 보통 캐디는 물론 로커, 샤워장, 카운터, 그늘집 등의 부대시설 을 모두 갖추고 있다. 이처럼 기본 제품과 선택 사양을 모두 결합시 켜 판매하는 것을 '결합 가격Bundled Pricing'이라고 하고, 루나엑스의 경우처럼 개별 소비자가 원하는 사항을 선택하여 해당 비용만 지불 하는 '비결합 가격Unbundled Pricing'이라고 한다.

옵션 버라이어티 가격 전략은 비결합 가격정책의 일종으로서, 상품의 기능이나 사용 수준을 다양하게 옵션화하여 가격을 달리하는 전략이다. 그동안 소프트웨어 시장에서 널리 사용되어왔는데, 최근에는 다양한 산업으로 확장되는 추세다. 특히 불경기에는 필요한 만큼만 구매하고 싶어하는 소비자가 많아지기 때문에, 다양한 옵션을 제공하는 것만으로도 새로운 고객을 유인할 수 있고, 변화하는 소비자와 시장의 요구에 대응해 가격을 낮출 수 있다.

저비용 항공사들이 대거 진출하며 항공 업계에서도 옵션 버라이어티 가격 전략이 흔해지고 있다. 티켓의 기본요금은 낮추는 대신 위탁 수하물·조기 탑승·기내식을 이용하는 소비자에게는 그만큼의 추가금을 부과하고, 같은 일반석이라도 그 수준을 쪼개어 가격을 달리 적용하는 식이다. 예를 들어 아시아나항공에서는 같은 이코노미 안에서도 좌석 앞뒤 간격이 4인치(약 10센티미터) 더 넓은 '이코노미 스마티움', '비상구석'으로 불리며 앞 공간이 16센티미터 정도 더 긴 '레그룸' 좌석 등을 운영하는데, 미주나 유럽 같은 장거리 노선의 경우 스마티움 좌석은 편도 기준 대략 20만 원이 더 비싸다. 또한, 제주항공은 3,000~5,000원의 추가금을 내면 수화물이 더 빨리 나오는 '우선 수화물 서비스'를 제공하며, 유럽의 이지젯easyJet 항공사는 추가금을 내면 비행기에 가장 먼저 탑승할 수 있는 권한을 주기도 한다. 튀르키예 항공사는 좌석 예약 시 편도로 45유로의 추가금을 내면 '노키즈존'을 이용할 수 있다고 한다.[19]

호텔 업계에서도 재미있는 사례가 속출한다. 서울에 위치한 호텔 '글래드'는 딱 4시간 동안만 호캉스를 즐길 수 있는 '반차캉스 패키지'를 선보이고 있는데, 오전 반차(10~14시), 오후 반차(16~20시), 야간 반차(22~2시) 중 하나를 선택해 투숙할 수 있다. 서울 북한산 자락에 위치한 리조트 '파라스파라 서울'은 호텔 투숙이 부담스러운 소비자를 위해, 숙박 기능은 빼고 수영장이나 사우나 등 부대시설 기능만 즐길 수 있는 '숏캉스 패키지'를 제공한다. 서울에 있는 '워커힐 호텔 앤리조트' 역시 반나절 동안 스위트룸과 호텔 부대시설을 이용할 수 있는 패키지를 선보이고 있는데, 다른 패키지보다 특급 호텔을 저렴하게 이용할 수 있어 2021년 첫 운영을 시작한 뒤로 꾸준히 인기를 끌고 있다. '분초사회'에서 시간을 아끼는 첫걸음은 일단 시간 단위를 잘게 나누는 것이라고 설명한 바 있는데, 가격 역시 이 논리가 적용된다. 가격 책정의 옵션을 잘게 나눌수록 아낄 수 있는 가능성도 높아지는 것이다('분초사회' 참조).

"숟가락 교체 1,000원, 젓가락 추가 200원, 앞접시 교체/추가 1,000원"

옵션별 가격 전략은 대기업만의 전유물이 아니다. 서울의 한 식당에서는 숟가락·젓가락·앞접시 교체 비용을 메뉴판에 기재해 화제가 된 적이 있다. 이외에도 잔을 파손하거나 구토 등으로 매장을 오염시켰을 때의 추가 비용을 기재하기도 했는데, 이에 대한 소비자 반응은 엇갈렸다. 대다수 소비자들은 황당하다는 반응을 보였지만, 해당 식당의 단가가 공개되자 반전이 일어났다. 맥주와 소주 가격이 2,000원대인 것이 알려지자 "식당의 저렴한 음식 가격을 생각하면 합리적이다", "숟가락을 계속 떨어뜨리는 손님이 있으면 비용을 받

출처: 온라인 커뮤니티, 캐치테이블

▲▲▲ 숟가락 교체와 잔 교체 등의 서비스에 추가 '이용료'를 매기는 식당이 화제가 됐다. 해당 식당은 이용료를 받는 대신 기본 식음료 값이 매우 저렴하다는 것이 알려지며 소비자의 납득을 얻어냈다.

을 만하다" 등의 옹호 반응이 커졌던 것이다.[20]

이것이 옵션 버라이어티 가격 전략의 핵심이다. "그런 것까지 추가 비용을 받느냐?"는 고객 불만을 잠재우기 위해서는 핵심 역량을 유지하면서 기본 가격이 저렴해야 한다. 실례로, BMW는 2022년 열선 시트에 대해 월 구독료 2만4,000원을 청구해 논란이 된 적이 있다. 기본 기능까지 구독료를 받는 것은 지나친 상술이라는 비판이 거셌다. 이후 한국에서는 열선 시트를 기본 사양에 포함시키는 것으로 정리가 됐지만, 이러한 처사는 자칫하면 가격 인상을 위한 꼼수라는 비판을 받기 쉽다.

5. 모든 것은 가격으로 통한다, 버라이어티 가격 전략

지금까지 가격을 다양하게 책정할 수 있는 기준 요소로서 시간, 채널, 고객, 옵션을 들었지만, 이는 이해를 명확하게 하기 위한 설명이다.

　오늘날 실제 시장에서는 수요·원가·마진·경쟁사의 가격 동향은 물론이고 날씨·이벤트·유행 등 고려할 수 있는 모든 요소가 가격에 종합적으로 반영된다. 이처럼 가격이 다양한 요소를 반영하며 역동적으로 변하는 것을 이론적으로는 '다이내믹 프라이싱' 혹은 **'동적 가격'**이라고 부르는데, 종합적 의미의 '버라이어티 가격 전략'이라고 할 수 있다.

　버라이어티 가격 전략은 세계적 흐름이다. 대표적 사례인 아마존은 2012년부터 고객 수요·제품 원가·경쟁사 가격 등을 실시간으로 모니터링하여 가격을 끊임없이 변경하는 정책을 도입하고 있다. 이렇다 보니, 아마존의 상품 가격은 하루에 250만 번 바뀐다는 말까지 나온다.[21] 가격 민감도가 낮은 상품은 가격을 소폭 올려 마진을 확보하고, 가격 민감도가 높은 상품은 공격적으로 값을 낮춰 소비자에게 아마존이 싸다는 인식을 심고자 한다.[22] 차량 공유 업체 '쏘카'나 '우버' 역시 실시간 가격 알고리즘을 통해 시간과 거리·교통량·수요량과 같은 다양한 변수에 따라 가격을 책정해 이윤을 극대화하고 있다. 예를 들어 토요일 밤, 출퇴근 시간, 큰 행사가 있는 날에는 더 비싼 요금을 책정하는 식이다.

　국내에서도 많은 기업들이 버라이어티

동적 가격

동일한 제품 및 서비스에 대한 가격을 시장 상황에 따라 탄력적으로 변화시키는 가격 전략을 의미한다. 이를 통해 단순 가격 차별화를 넘어서 개별 상황에 최적화된 실시간 가격 책정이 가능해지고 있다.

가격 전략에 돌입하고 있다. 특히 매일이 가격 전쟁인 e-커머스 시장에서는 실시간으로 바뀌는 가격이 적극 활용되는 추세다. 대표적으로 쿠팡은 아마존을 벤치마킹하여 동적 가격을 도입하고 있는데, 타 플랫폼에서 가격을 낮추면 쿠팡에서도 가격을 따라 낮추는 식이다. 한편 소비자는 이런 가격정책에 대응하기 위해 가격 변동을 바로바로 알려주는 앱을 쓰기도 한다. 쿠팡 로켓배송의 상품 가격이 떨어지면 바로 알려주는 알림 앱 '폴센트'에서는 보유한 카드의 종류와 멤버십 여부 등을 체크하면 매일매일 변동되는 가격 정보를 알려주고, 원하는 가격에 도달하면 알림을 보낸다. SSG닷컴에서도 2023년부터 상품 가격을 매일 바꿔주는 가격 최적화 AI 서비스를 도입했다. 기존에는 셀러(판매자)가 일일이 가격을 조정했었는데, 서비스 도입 후에는 AI가 상품 특성·주문 데이터·외부 가격 데이터를 참고해 자동으로 최적화된 가격을 만든다.

▲▲▲▲ 온라인 쇼핑몰의 가격 변동이 잦다 보니 이를 바로바로 알려주는 앱도 등장했다. 보유한 카드의 종류와 반품 상품에 대한 선호도 등을 세밀하게 설정하여 알림을 받아볼 수 있다.

프로야구단 NC 다이노스의 티켓값은 모회사인 엔씨

소프트 NLP센터가 개발한 AI에게 맡겨서 화제다. 2022년만 해도 야구장 입장권의 종류는 주중/성인 옵션을 기준으로 여섯 가지였다. 그런데 AI가 도입된 이후로 티켓의 종류는 무려 85가지에 이른다. 가장 값이 싼 외야 133블록의 경우 1,800원이라는 금액을 내놓기도 했는데,[23] 서울 잠실야구장의 경우 가장 싼 어린이/주중 가격이 3,000원이라는 점을 감안하면 파격이 아닐 수 없다.

최근에는 오프라인 매장에서도 동적 가격이 시도되고 있다. 종이로 된 가격표를 수시로 교체할 필요 없이 언제든지 원하는 가격으로 변동할 수 있는 전자가격표시기ESL, Electronic Shelf Label 덕분이다. ESL은 무선 네트워크를 사용하여 진열대 가격과 바코드 등 매장의 상품 정보를 실시간으로 변경하여 표시해주는 자동화 시스템이다. 시장의 본격적 성장세에 힘입어 국내 ESL 판매 기업인 '솔루엠'은 2023년 2분기에 전년 동기 대비 영업이익이 111% 증가해 시장 기대치를 2배 상회하는 어닝 서프라이즈를 달성하며 역대 최대 실적을 기록했다.[24] 시장조사 기업 마켓앤마켓에 따르면 ESL 시장은 2023년부터 2028년까지 연평균 13.8%의 성장률을 나타낼 것으로 전망된다.[25]

버라이어티 가격 전략의 등장 배경

버라이어티 가격 전략의 활성화는 무엇보다도 달라진 시장 환경에 기인한다. 요약하면, IT 기술의 발달과 가격 정보에 대한 소비자의 접근이 수월해지고, 가치 소비의 힘이 커지면서, 수많은 변수를 실시간으로 계산해내는 AI의 가격 결정 기능이 작용하고 있는 것이다.

컨설팅 업체 BCG에 따르면, 글로벌 가격 결정권자 1,400명을 대상으로 설문조사를 실시한 결과 응답자의 70%는 인플레이션·경기 침체·시장 변동성 등의 불확실성이 중기적으로 이어질 것이라고 응답했으며, 63%는 수익과 물량 감소를 우려했다.[26] 시장의 계속된 불확실성으로 인해 가변적 가격 책정의 필요성이 증가하면서, 기업은 단순한 가격 인상과 같은 사후 대응이 아닌 수요 변화를 예측하고 신속하게 대응하는 가격 책정 모델로의 전환을 가속화하고 있다.

특히 최근에는 '○○플레이션'이라고 해서 각 영역마다 급격히 비용이 상승하고 있고, 이는 고스란히 가격 인상 요인으로 작용하고 있다. 하지만 일률적인 가격 인상은 기업에게도 부담이 크다. 가격이 오르면 소비가 줄고, 소비자들의 반발이 따르며, 정부에서도 물가 안정을 위해 인상 자제를 요청한다. 이러한 상황에서 가격 인상이 불가피하다면, 일률적인 인상이 아니라 소비자들이 납득할 수 있는 범위를 찾아내고, 나아가 가격을 인하할 수 있는 **'스위트 스폿'**을 찾아냄으로써, 고객과 함께 윈윈할 수 있는 가격정책이 필요해졌다.

전에 없던 상품의 출현도 버라이어티 가격 전략에서 주목해야 할 배경이다. 그동안 기업들은 가격을 설정할 때 경쟁사와의 가격 비교를 통해 시장의 평균 가격에 맞추는 경우가 많았다. 그러나 제품과

스위트 스폿 sweet spot
원래 스포츠 용어로 클럽, 라켓, 배트 등에서 공이 맞으면 가장 잘 날아가는 부분을 말한다. 경제 분야에서는 어떤 제품이 과거에 누리지 못했던 호황을 누리고 있을 때, 소비자가 구매에 매력을 느끼기 시작하는 가격대에 진입했을 경우, 혹은 기업에 대한 소비자의 친밀감이 극대화되는 시점이란 뜻으로 쓰이기도 한다.[27]

서비스가 지속적으로 상향 표준화되는 시장 상황에서 전에 없던 상품으로 새로운 수요를 창출하고자 하는 기업들이 많아지면서, 가격 책정에 골머리를 앓고 있다. 이때는 참고할 만한 경쟁사 가격도 없고, 무조건 원가 기반으로 책정하자니 이 또한 쉽지 않다. 소비자 역시 마찬가지다. 처음 이용하는 서비스에 대해 싼지 비싼지 판단할 경험이나 근거가 없다. 이 경우에는 리스크를 줄이기 위해서라도 이윤을 극대화하는 단일 가격보다 그때그때 달라지는 버라이어티 가격이 훨씬 유리하게 작동할 수밖에 없다.

특히 앞서 살펴본 버라이어티 가격 전략의 사례 중 상당수는 플랫폼 경제가 도래하면서 가능해졌다. 면밀히 계획된 버라이어티 가격은 단일 가격을 설정할 때보다 훨씬 더 많은 양의 자세한 정보를 필요로 한다. 즉, '소비자의 지불 용의를 얼마나 상세하게 알고 있는가'가 가격 다양화 정책의 전제 조건이다. 플랫폼 경제 시대를 맞이하며 기업은 소비자의 다양한 구매 행동들을 수치화하여 기록할 수 있게 됐으며, AI 기술의 발전으로 이제는 하나의 상품에도 수십 가지의 개인 맞춤형 가격을 제안하는 '가격 초개인화'의 시대가 가속화되고 있다.

전망 및 시사점

기록적인 인플레이션이 지속되면서 비용 절감에 나서는 기업들이 많지만, 맹목적인 비용 절감만으로는 현재의 위기 상황에 제대로 대처하기 어렵다. 오히려 이러한 환경에서 승리하는 기업들은 상품 수량을 조절하거나 요금을 분할하는 등 정교화된 가격정책을 수립하여 소비자에게 '가격과 상품 가치의 정당성'을 전달하는 데 집중한다. 그러나 이는 생각보다 쉽지 않은 일이다. 성공적인 버라이어티 가격을 선보이려면 어떤 준비가 필요할까?

가격 컨트롤 타워를 구축하라

헤르만 지몬은 저서 『프라이싱』에서 가격이 이익에 미치는 엄청난 힘을 강조하며 기업의 최고경영자가 가격 문제에 더 큰 관심을 기울여야 한다고 역설한다. 하지만 대부분의 기업들은 가격에 별다른 관심을 보이지 않는다. 세계가격책정전문협회PPS에 의하면, 〈포춘〉 선정 500대 기업 중 가격 결정 전담 부서를 별도 운영하는 기업은 전체 중 단 5% 이내라고 한다.[28] 이러한 결과는 가격이 기업의 매출과 직결되는 사실을 알고 있음에도 불구하고, 그저 느낌으로 가격을 대하는 기업이 아직도 많다는 사실을 보여준다.

뛰어난 가격 전략을 보이는 기업의 이면에는 늘 이를 중히 여기는 최고경영자가 있다. 특히 뛰어난 버라이어티 가격 전략을 선보이기 위해서는 시장 변화·소비자 반응·경쟁 업체·재고 수준 등 다양한 변수를 모니터링하여 즉각적으로 대응해야 하는데, 이를 위해서는 자사만의 '가격 컨트롤 타워'가 필요하다. 글로벌 컨설팅사 맥킨지는 '물가 상승기 다섯 가지 가격 전략'이라는 보고서를 통해 물가 상승기에는 가격 관련 의사결정 속도를 10배 가속해야 하며 끊임없는 실행과 성과 관리를 추적해야 한다고 조언한다.[29] 파일럿 테스트를 통해 성공할 확률이 높은 가격 전략을 미리 검증해보고 그에 따라 빠르게 전략을 수정하는 것 역시 컨트롤 타워의 역할이다. 여기에 최고 경영진과의 핫라인까지 구축된다면 더욱 빠른 의사결정이 가능해질 것이다.

롯데마트는 2022년부터 대표의 지휘 아래 별도의 '프라이싱팀'을 본격적으로 운영하고 있다. 이들은 상품 특성별 분석을 통해 물가를 집중적으로 관리하는 팀으로, 필요에 따라 실시간으로 가격 수준을 조정하거나 대안책을 찾고 있다. 예를 들어 삼겹살 가격이 오를 것으로 전망되면 수입 삼겹살 물량을 3배로 늘려 소비자에게 합리적인 가격으로 제공하는 식이다. 이처럼 '가격 컨트롤 타워' 구축은 급변하는 가격 전쟁에서 살아남기 위한 필수 사항이라 할 수 있다.

버라이어티 가격 전략에는 놀라운 힘과 어두운 민낯이 공존한다는 사실도 인지해야 한다. 우선 다양한 가격 설정은 기업의 수익성을 개선시키지만, 그만큼 고객의 '소비자 잉여'를 감소시키는 방향으로 작용할 수 있다. 소비자 잉여란 더 비싼 가격을 지불할 용의를 가졌던 고객들도 같은 가격에 구매를 함으로써 가질 수 있게 된 소비자의 이익인데, 가격을 세분화할수록 소비자 잉여가 줄어듦으로써 소비자 복지가 줄어드는 경향이 있다. 따라서 다양한 가격 전략을 어떻게 소비자 후생과 복지에 긍정적으로 작용할 수 있도록 설계하느냐가 버라이어티 가격 전략 성패의 핵심이 된다.

소비자가 납득할 만한 가치를 반영하라

작은 가격 차이에도 민감하게 반응하는 소비자들에게 성공적인 버라

▲▲▲ 지나치게 파격적인 가격정책도 능사는 아니다. 할인가나 초저가를 여러 번 접한 소비자는 가격 책정 기준이나 브랜드의 이미지에 의문을 품게 된다.

이어티 가격정책을 펼치기 위해서는 소비자가 납득할 만한 가격 차별이 필요하다는 점을 명심해야 한다. 『가격 차별의 경제학』의 저자 사라 맥스웰Sarah Maxwell은 소비자가 인정하는 '공정한 가격'이란 개인적 공정성과 사회적 공정성을 모두 만족시키는 가격이라고 지적했다. [30] 개인적으로 공정한 가격이란 개인의 기대를 만족시킬 만큼 싼 가격을 뜻하며, 사회적으로 공정한 가격이란 모든 이들에게 공평한 가격을 말한다.

유연한 가격정책에 의해 엄청나게 낮은 가격을 접한 소비자는 거기에 익숙해지며 또 다른 깜짝 가격을 기대하거나, 쿠폰 혹은 할인권을 받는 것을 당연하게 여기게 된다. 해당 초저가가 공정한 가격이라고 인식하게 되는 것이다. 그렇게 되면 나중에 정당한 가격을 받는 것이 어렵게 되고, 어떤 가격에 대해서도 "이것이 타당한 가격이냐"는 도전에 직면하게 된다. 할인 빈도와 희소성 문제를 연구한 결과에 의하면, 소비자는 할인을 자주 하는 회사의 상품에 대해 준거 가격reference price을 더 낮게 인식하며, 나아가 브랜드에 문제가 있을 것이라고 인식한다. [31] 이처럼 지나친 가격 변동은 고객의 브랜드 인식과 기대에 영향을 줄 수 있다.

소비자 입장에서 AI를 통한 가격 책정이 보편화되면 소비자의 최대 무기인 가격 비교가 사실상 무력화된다. AI가 소비자의 소득·성별·연령·인종 등에 따라 가격을 정할 경우 사회적 문제가 될 소지도 있다. 아마존은 지난 2000년 매출 신장을 위해 충성도가 높은 고객에게 가격을 올리고, 구매 이력이 없는 고객에게는 물건값을 낮춘 것이 발각돼 불매운동이 벌어졌으며 이에 대해 제프 베이조스 최고경영자가 직접 나서 사과한 적도 있다.[32]

그럼에도 사회적 규범과 윤리가 그어놓은 경계선 사이로 다양한 가격 체계들이 비집고 들어가는 현상은 현대 경제의 매우 특징적인 추세다. 가격 차별화가 단지 생산자와 유통자의 이윤을 극대화하는 방편에 그치지 않고, 소비자가 납득할 수 있는 가격을 제시함으로써 기업 성장과 소비자 복지의 조화를 달성하는 버라이어티 가격 전략의 확립이 필요한 시점이다. 무엇보다도 중요한 점은 가격에 '고객이 느끼는 가치'가 명확히 반영되어야 한다는 것이다.

서울대 경영대학 윤석철 명예교수는 '위대한 기업을 만드는 생존 부등식'을 다음과 같이 제시한 바 있다.[33]

제품의 원가 〈 제품의 가격 〈 제품의 가치

그렇다. 제품의 가격이 고객이 느끼는 가치에 미치지 못할 때, 그 기업은 장기적으로 생존이 어려워질 것이라는 점을 잊지 말아야 한다.

On
Dopamine Farming

도파밍

'호모 루덴스Homo Ludens(놀이하는 인간)'라는 말이 의미하듯이, 인간은 재미를 좇는 존재다. 놀고자 하는 욕망이 어제오늘의 일은 아니지만, 요즘 사람들의 재미 추구는 과거 어느 때에도 보지 못했던 특별함이 있다. 새롭고 재미있는 것을 경험할 때 분비되는 신경전달물질인 도파민을 모으려는 요즘 사람들의 행동을 '도파밍'이라는 말로 해석해보고자 한다. 도파밍은 도파민dopamine과 파밍farming을 결합한 말이다. 파밍이란 게임 용어로서 플레이어가 게임 캐릭터의 능력을 향상시키기 위해 농작물을 수확하듯 아이템을 모으는 행위를 말한다. 따라서 도파밍은 즐거움을 가져다줄 수 있는 도파민이 분출되는 행동이라면 뭐든 시도하고 모아보려는 노력을 의미한다.

도파밍 행동은 다양하다. 도파밍의 네 가지 유형을 살펴보면, 첫째, 랜덤 상황이 선사하는 재미 추구다. 우연함이 선사하는 가슴 두근거림을 경험하고자 사람들은 일부러 결과를 예측하기 힘든 순간으로 자신을 밀어 넣는다. 둘째, 상식을 벗어난 엉뚱한 상황에서 경험하는 일탈의 재미를 추구한다. 비일상적이고 과장된 행동을 할 때 따라오는 왠지 모를 통쾌함과 해방감이 이에 해당된다. 셋째, 도전 자체도 무의미하고, 결과도 알 수 없는 무모한 도전을 즐기며 재미를 경험한다. 마지막으로, 기괴하고 가학적으로 보이는 스트레스를 자초하고 그것이 해소되는 순간 찾아오는 반전의 쾌감을 누린다. 누군가에게는 스트레스인 행위가, 다른 이에게는 신선한 재미인 것이다.

도파민은 인간에게 행복감을 느끼게 해주지만, 새로운 자극에만 분비되기 때문에 시간이 지날수록 점점 더 자극적인 쾌락을 좇게 만든다. 이때 필요한 것이 세로토닌serotonin이다. 세로토닌은 마음을 편히 갖고 명상하고 다른 사람을 도울 때 나오는 호르몬이다. 자동차에 비유하면 도파민이 액셀러레이터라면 세로토닌은 브레이크다. 액셀러레이터가 없는 차는 움직이지 않지만, 브레이크가 없는 차는 사고가 난다. 둘의 조화가 필요하다. 진정한 행복에 이르기 위해서는 도파민이 이끄는 삶과 세로토닌이 이끄는 삶의 균형을 도모해야 할 것이다.

치토스 한 봉지를 땅에 묻기 위해 1,360킬로그램가량의 콘크리트관을 제작한 사람이 있다. 지난 2022년 11월, 스스로를 '밈 이티스드'라 칭하는 선데이 노바디Sunday Nobody가 벌인 일인데, 무려 5개월 정도 소요되는 제작 과정을 본인의 틱톡 계정에 공개하면서 이틀 만에 약 1천만 조회 수를 달성했다.[1] 만약 누군가가 그에게 "이걸 왜 하세요?"라고 묻는다면, 뭐라고 대답할까? "재미있으니까요" 정도의 대답이 되돌아올 것이다.

그냥 재미가 전부인 사람들이 있다. 큰 의미 없이, 별 목적 없이, 돈이 되지 않아도, 재미를 찾아 행하고 그것을 공유하는 사람이 늘고 있다. 인간은 '호모 루덴스Homo Ludens', 즉 놀이하는 존재로 태어났다. 인간은 본능적으로 재미를 좇는 존재다.

놀고자 하는 욕망이 어제오늘의 일은 아니지만, 요즘 사람들이 보여주는 재미 추구 행동에는 특별함이 있다. 가장 큰 변화는 사람들이 재미라고 느끼는 속성이 과거에 비해 훨씬 다양해지고, 그 지속 시간은 점차 짧아지고 있다는 점이다. 예컨대, 예전에는 일요일 저녁 온 가족이 TV 앞에 둘러앉아 시청하는 KBS 〈개그콘서트〉가 유일하게 재미있는 콘텐츠였다. 반면 요즘은 각종 플랫폼에 눈과 귀를 사로잡는 콘텐츠가 차고 넘친다. 게다가 콘텐츠의 길이는 계속 짧아지는 추세다. 15초 내외의 짧은 길이로 큰 성공을 거둔 틱톡은 물론, 대표적인 SNS인 인스타그램이나 유튜브도 각각 릴스와 쇼츠를 선보이며 짧고 재미있는 콘텐츠로 우리의 1분 1초를 가져가고 있다. 글로벌 크리에이터 전문 기업 콜랩아시아Collab Asia에 따르면, 유튜브가 2020년에 처음으로 1분 이내의 짧은 영상인 쇼츠를 선보인 이후, 유튜브 시청자 뷰의 약 80% 이상이 쇼츠에서 발생하고 있는 것으로 나타났다 (2023년 1월 기준). 또 유튜브 쇼츠 출시 이후, 한 시청자가 60초 분량의 쇼츠를 10번 이상 보는 빈도가 약 10분 길이의 유튜브 영상 한 편을 시청하는 경우보다 급격히 늘었다.[2] 자극적인 재미를 항상 손에 들고 다니는 세상이 됐다.

새롭고 재미있는 것을 경험할 때 분비되는 신경전달물질을 '도파민'이라고 부른다. 인간이 쾌락을 추구하는 존재인 것은 맞다. 그런데 요즘 사람들은 단지 도파민을 좇는 것에서 한 걸음 더 나아간다. 재미없는 순간을 단 1초도 견디지 못하는 것이다. 즉, 항상 도파민이 분비되고 있는 상태를 원한다. 『트렌드 코리아 2024』에서는 이처럼 사람들이 더 다양한 활동에서 재미를 추구하며, 재미와 한시도 떨어지길 원하지 않는 소비 행태를 일컬어 '도파밍' 트렌드라 부르고자 한다. 도파밍은 도파민의 오타가 아니다. 도파민dopamine과 파밍farming을 결합한 말이다. 파밍이란 게임 용어로서 플레이어가 게임 캐릭터의 능력을 향상시키기 위해 농작물을 수확하듯 아이템을 모으는 행위를 말한다. 따라서 도파밍은 즐거움을 가져다주는 도파민이 분출되는 행동이라면 다양한 시도를 마다하지 않는 노력을 뜻한다.

요즘 젊은이들 사이에서는 "도파민 돈다"는 말이 흔히 쓰인다. "재미있다", "엄청 흥미를 끈다", "기분이 확 좋아진다"는 것을 이렇게 표현하는 것이다. 연예계 기사 제목에도 자주 등장한다. "도파민 싹 돈다!…첫 방송부터 폼 미친 '스우파2'", "역대급 도파민…'나는 솔로' 16기, 논란·악플에도 승승장구하네", "도파민 끝판왕…'마스크걸' 공개 3일 만에 글로벌 TOP2 등극" 류의 기사 제목을 흔하게 접할 수 있다. 프로그램이 재미있고 반응이 좋다는 사실을 도파민으로 표현하는 것이다. 최근에는 젊은이들이 '도파민 중독 테스트'도 자주 하는데, 심각한 의학적 테스트는 아니고 그냥 온라인에서 재미로 보며, "나는 도파민 중독 1000000%가 나왔다"며 가볍게 공유하는 식이다. 도파민을 유희의 일종으로 생각하는 젊은 세대의 일면을 보여준다고 해석할 수 있다.[3]

『트렌드 코리아 2023』에서 자신의 취향에 맞는 한 분야에 깊이 파고드는 행위를 '디깅digging'이라고 명명한 바 있다. 자기가 좋아하는 일에 몰두하고 거기서 재미를 찾을 수 있는 행위라는 측면에서 디깅이 도파밍과 비슷한 부분이 없지 않지만, 디깅과 도파밍은 엄연히 다른 개념이다. 디깅이 재미가 있든 없든 특정 대상에 과몰입하는 경향이라면, 도파밍은 깊이 몰입하지 않더라도 재미만 얻을 수 있으면 된다. 디깅은 자아의 탐색이라는 구체적인 목적이 있지만, 도파밍은 '그냥', '굳이'와 같은 수식어가 중요하다. 특정한 목적이 없어도 재미있으면 그것으로 그만이다.

그렇다면 요즘 사람들은 어떻게 '도파밍'하고 있을까? 도파밍의 네 가지 유형을 살펴보면, 첫째, 사람들은 랜덤 상황에서 재미를 느낀다. 우연함이 선사하는 가슴 두근거림을 경험하고자 일부러 결과를 예측하기 힘든 순간으로 스스로를 밀어 넣는다. 둘째, 상식을 벗어난 엉뚱한 상황에서 일탈의 재미를 느낀다. 비일상적이고 과장된 행동을 할 때 따라오는 왠지 모를 통쾌함과 해방감이 이에 해당된다. 셋째, 큰 의미 없고 그 결과도 알 수 없는 무모한 도전 속에서 재미를 경험한다. 손에 땀을 쥐게 하는 스릴 넘치는 도전 속에서 엄청난 긴

	디깅	도파밍
핵심 개념	몰입	재미 추구
목적	취향 탐색, 취미 확장	특정한 목적 없음
대상	관심사 기반	본능 기반(끌리는 대로)
추구 방식	한 가지에 깊게 몰입	동시에 여러 가지를 즐김
동기	자기지향적	타인지향적

장감과 성취감을 동시에 만끽한다. 넷째, 기괴하거나 가학적인 행위를 통해 재미를 찾는다. 누군가에게는 불쾌한 스트레스가 될 수 있는 상황도 신선한 재미로 받아들이는 것이다.

도파밍의 네 가지 유형

1. 랜덤 상황이 선사하는 도파밍

"오늘 제가 회사에 입고 갈 옷은 무엇일까~요?"

최근 SNS에서는 '랜덤 코디' 놀이가 인기다. 당사자조차 내가 오늘 무슨 옷을 입을지 모르는 '#랜덤코디챌린지'는 사람들에게 우연한 즐거움을 선사한다. 이 챌린지의 주인공은 안대를 쓰고 본인의 오른쪽과 왼쪽에 놓인 두 가지 옵션 중 하나를 선택해야 한다. 상의·하의·액세서리·신발까지 차례대로 2개의 보기 중 하나를 랜덤으로 고르면 최종 코디가 완성된다. 때론 우연한 결과가 훌륭한 착장으로 완성되기도 하지만, 대부분 서로 어울리지 않는 엉뚱한 옷들이 매치되어 보는 이들의 웃음을 자아낸다. 독자들에게 세련된 코디를 제안하는 패션 잡지 〈코스모폴리탄 코리아〉의 에디터들도 랜덤코디챌린지에 동참하며, 엉뚱한 코디 결과를 인스타그램에 게시하기도 했다.[4]

도파밍의 첫 번째 유형은 이처럼 '결과를 예측할 수 없는 상황에서 느끼는 재미'다. 예기치 못한 깜짝 선물이 더 짜릿한 것처럼, 사람들은 결과를 알기 어려운 우연 속에서 두근두근 재미를 느낀다. 이성찬 정신의학과 전문의에 따르면, 인간의 뇌는 예측 가능한 일보다 예측 불가능한 일을 더 갈망하도록 설계되어 있다고 한다. 이러한 현상을 과학자들은 '보상 예측 오류reward prediction error'라 부른다.[5] 우리의 뇌는 다음 순간 혹은 미래에 어떤 일이 일어날지 예측하며 끊임없이 레이더를 가동하는데, 결과가 예측을 한참 벗어날 때 만족감이 더 커지며 도파민이 활성화된다는 것이다.

요즘 초등학생 사이에서 인기 있는 놀이가 하나 있다. 바로 '스쿱마켓Scoop market' 놀이다. 스쿱은 아이스크림을 덜 때 사용하는 작은 국자를 의미하는데, 스쿱마켓은 캐릭터 스티커·슬라임 파츠·크록스 자비츠·말랑이 등 작고 귀여운 문구류 제품이나 젤리·껌·사탕과 같은 간식을 커다란 상자에 담아두고 스쿱으로 퍼서 판매하는 것을 뜻한다.[6] 어떤 크기의 스쿱을 사용하는지, 몇 스쿱을 퍼 올리는지, 스쿱을 푸는 사람의 손 떨림은 없는지 등에 따라 내가 어떤 물건을 갖게 될지가 달라지기 때문에 마치 '랜덤박스'를 열어보는 듯한 재미가 있다. 스쿱마켓 놀이가 유튜브와 틱톡 등에서 확산되자, 아예 사람들은 이를 실제 거래에 활용하기도 한다. 특히 당근마켓·번개장터·중고나라 같은 플랫폼에서 인기다. 물건을 구매하는 사람은 택배 박스를 열어볼 때까지 내가 무엇을 샀는지 알 수 없다. 오직 한 스쿱, 두 스쿱처럼 구매 단위만 선택할 수 있다. 따라서 물건을 주문하는 순간부터 택배 박스를 뜯어보는 순간까지 기대감이 점점 더 커진다.

소비자의 취향이 중요한 식음료 시장에서도 랜덤 상황은 뜻밖의 재미를 선사한다. 미국 스타벅스 드라이브스루에서는 '랜덤 음료 주문 방식'이 재미를 더한다. 손님이 특정 음료를 지정해 주문하는 것이 아니라, 키오스크 너머에 있는 직원에게 "당신이 가장 좋아하는 음료로 달라"고 요청하는 것이다.[7] 내가 어떤 음료를 받게 될지 모른다는 점이 재미의 주요 포인트다. 두근거리는 마음으로 픽업대로 다가가면, 직원들은 그야말로 본인의 '최애 음료'를 손님에게 내어준다. 대충 적당히 인기 있는 음료를 추천해도 괜찮을 텐데, 직원들은 진심으로 본인이 가장 좋아하는 음료를 손님에게 추천한다. 때로는 직원과 손님 사이에서 좋아하는 음료에 대해 토론이 벌어지기도 한다. 손님들 역시 어떤 음료를 받게 되더라도 절대 기분 나빠하지 않고, 평소에 잘 마시지 않던 음료를 마시게 된 새로운 경험만으로 즐거움을 얻는다.

한국에서는 어떤 맛이 날지 전혀 예측하기 어려운 술을 판매하는 가게도 있다. 서울 성수역 근처에 위치한 술집 '무근본'은 소주·맥주·위스키·칵테일 등을 판매하는 자칭 '비전문점'으로('전문점'이 아닌 점에 유의할 것), 가게 인테리어에서부터 메뉴에 이르기까지 모든 면에서 근본이 없기에 위트가 넘친다.[8] 손님들이 술을 마시는 테이블은 한 통신사의 가두 매장에서 쓰던 스마트폰 유리 진열장이다. 이 가게의 시그너처 음료 이름은 '개쌈무근본칵테일'인데, 이름에서 느껴지는 그대로 바텐더가 그날그날 마음대로 손님에게 내어주는 술이다. 또 다른 메뉴인 '무근본 커스텀 칵테일' 역시 어떤 맛이 날지 예측할 수 없어 흥미롭다. 심지어 안주 중에는 '유튜브 보고 연습 중인 것', '야 이거 뭔데 맛있냐'라는 이름도 있다. 이름만 보고서는 어떤 음식이 나올지 전혀 예상할 수가 없다는 점이 재미의 포인트다.

2. 상식 밖의 엉뚱함에서 만끽하는 도파밍

2023년 8월, 여의도 한강공원에서는 매우 이색적인 DJ 파티가 열렸다. 원래 뮤직 페스티벌은 시끄럽기 마련이다. 그런데 이 DJ 파티에서는 그 어떤 소리도 들리지 않았다. 파티에 참여한 약 300명의 관객들이 파란 불빛이 나오는 헤드폰을 끼고서 조용한 가운데 신나게 몸을 흔들어대는 모습은 야릇한 풍경을 자아냈다. 축제의 이름조차도 '사일런트 디스코'다.[9] 페스티벌 옆을 지나가는 시민들의 눈에는 아무런 음악도 없이 열정적으로 축제를 즐기는 관객들의 모습이 다소 신기하게 보였을 수 있겠지만, 상식을 벗어난 기획 덕분에 이 이상하고도 재미있는 '무소음 DJ 축제'는 사람들의 비상한 관심을 모았고 주변에 거주하는 시민들에게도 호평을 받았다.

도파밍의 두 번째 유형은 이처럼 상식을 벗어난 엉뚱한 행동을 하며 느끼는 재미다. 남들 눈에는 이상해 보일 수 있지만, 평범하고 일

출처: 서울특별시 미래한강본부
유튜브 채널 'MBCNEWS'

▲▲▲ 여의도 한강공원에서 열린 사일런트 디스코. 참여자 모두 무선 헤드셋을 끼고 흥겹게 춤을 추는 파티로 주변에 소음 피해를 주지 않으며 마음껏 흥을 즐길 수 있다.

상적인 것에서 벗어난 일탈 행동을 하면서 사람들은 나름대로의 해방감과 즐거움을 느낀다.

파티 문화가 곧 중요한 사교의 장이 되는 미국에서는 최근 '색상 테마 파티color themed party'가 유행이다. 미국에서는 파티를 개최할 때 손님들이 입고 올 옷의 색상을 미리 지정하는 경우가 많다. 가령, '파란색'이 드레스 코드로 선정되면, 드레스와 구두는 물론이고, 행커치프·모자·귀걸이 등 모든 손님이 반드시 파란색 아이템으로 그날의 패션을 완성해야 한다. 그런데 요즘 유행하는 색상 테마 파티는 이런 상식을 벗어난다. 우선 파티 참석자 각자에게 색상이 겹치지 않도록 다양한 컬러를 미리 배정한다. 손님은 본인이 배정받은 색상으로 오늘의 의상을 준비하고, 머리부터 발끝까지 해당 색상으로 꾸며야 하는 점이 이색적이다.[10] 심지어는 본인이 가져갈 파티 음식까지도 색상을 맞춰 준비한다. 이 색상 놀이에 심취한 나머지, 머리카락을 아예 해당 색상으로 염색해버리는 사람들까지 있다.

최근에는 기업들도 이런 상식 밖의 재미에 동참한다. '슈퍼레이스 챔피언십'은 2006년부터 개최되고 있는 국내 최고의 모터스포츠 경기대회다. 단 0.001초를 단축하고자 엄청난 가격과 스펙을 자랑하는 슈퍼카들이 경기에 나서고 관중들도 손에 땀을 쥐며 경기에 몰입한다. 그런데 2023년 8월, 본격적인 경기가 시작되기 전에 진행하는 '식전 행사'가 본 경기만큼이나 화제가 됐다. 어마어마한 슈퍼카가 아닌, 길거리에서 흔히 볼 수 있는 파란색 택배 트럭 8대가 경주장인 스피드웨이 서킷을 질주한 것이다.[11] 낡은 택배 트럭들이 겨루는 박진감 넘치는 레이싱에 사람들은 환호하며 응원을 보냈다. 상식 밖의 재미를 선사하는 마케팅 활동으로 의외의 홍보 효과를 거둔 것이다.

3. 무모한 도전으로 즐기는 도파밍

도파밍의 세 번째 유형은 성공할 수 있을지 결과를 알기 어려운 무모한 목표에 도전하며 느끼는 재미다. 여기서 느끼는 재미는 두 가지다. 우선, 도전하는 과제 자체가 유머러스하다. "도대체 저런 도전을 왜 하지?"란 의문이 들 정도로 '무모한' 도전을 즐긴다. 다음으로, 도전이 성공할지 그 과정을 지켜보는 자체가 스릴 만점이다. 도전자가 아슬아슬하게 성공의 문턱에 다다르는 순간, 이를 지켜보는 관객들은 짜릿한 즐거움을 만끽한다.

에너지 드링크 회사 '레드불Red Bull'은 도파민을 한껏 분출시킬 수 있는 무모한 마케팅으로 성공한 대표적인 기업이다. 태국식 카페인 음료에 대한 거부감을 무너뜨리기 위해, 한계에 도전하는 익스트림 스포츠에 주목했다. 2007년 자회사 '레드불 미디어 하우스Red Bull

Media House'를 설립하며, 인간의 한계에 도전하는 대형 프로젝트를 적극적으로 후원하고 있다. 특히 2012년에는 인류 최초로 사람이 초음속으로 낙하하는 '레드불 스트라토스Red Bull Stratos'를 성공적으로 선보여 화제가 됐다. 오스트리아의 스카이다이버 펠릭스 바움가르트너 Felix Baumgartner가 우주복 차림을 한 채 39킬로미터 상공에서부터 지구를 향해 시속 1,357킬로미터로 자유낙하하는 모습을 800만 명의 사람들이 유튜브를 통해 동시 시청했다. 이는 당시 유튜브 라이브 방송 사상 역대 최대의 동시 시청자 수 기록이었다. 이 무모한 도전을 성공적으로 마무리한 레드불은 스포츠인의 무한 열정을 지원하는 긍정적 이미지에 힘입어 당시 약 400억 달러(한화 약 47조 원)의 광고 효과를 본 것으로 평가된다.[12] 이러한 이벤트를 통해 "레드불은 음료 회사가 아니라 미디어 회사"라는 찬사를 들으며, '스토리텔링story-telling'에서 한 걸음 더 나아간 '스토리두잉story-doing' 개념을 마케팅에 적용하고 있다.[13] 2023년 9월에는 서울시·서울관광재단과 함께 한강 양화대교에서 국내에서는 최초로 '클리프(절벽) 다이빙' 행사를 열기도 했다.[14]

이 외에도 다양하게 무모한 도전을 즐기며 재미를 만끽하는 사람들이 있다. 일명 '24시간 안에 시내버스만 타고 서울에서 부산 가보기'라는 도전도 그중 하나다.[15] 한 시내버스 동호회에서 시작된 이 이벤트는 24시간이라는 짧은 시간에 서울에서 출발해 부산에 도착해야 하는 도전으로, 제시간 안에 완주하기 위해서는 미리 계획한 코스에서 조금이라도 벗어나선 안 된다. 도전자 대부분은 강남역이나 서울역에서 자정쯤 여행을 시작한다. 여행 초반, 경기도 지역에 도착

▲▲▲ 유튜브에 "서울에서 부산까지 시내버스"
라고 검색하면 수십 개의 동영상이 뜬다.
빠르고 편안한 교통수단이 있음에도 불
구하고 이들이 이런 도전을 하는 이유는
단 하나, 그저 '재미있기' 때문이다.

해서는 아침 첫차를 기다
리며 PC방 같은 곳에서
쪽잠을 청하기도 한다. 급
행 버스를 놓치지 않으려
고 걷기에도 힘든 거리를
뛰어서 이동하기도 한다.
한국은 비교적 교통이 편
리하고 도로 환경도 좋은
편이지만, 여행이 길어질
수록 시간에 쫓기게 된다.
교통량이 많은 지방 도시
에서는 환승에 실패할까
봐 염려되어 한시도 긴장
감을 늦출 수 없다. 다수
의 도전자가 실패하는 가
운데, 자정을 단 2분 남기
고 결승선에 닿은 도전자
들과 이 모습을 영상으로 지켜본 사람들은 다 같이 안도의 한숨을 내
쉰다.

사람들이 무모한 목표에 도전하며 스릴을 즐기는 모습은 영상 콘
텐츠의 주제로도 종종 등장한다. 인기 유튜브 채널 '피식대학' 출연
진인 개그맨 정재형 씨의 도전이 대표적이다. 그는 2020년부터 수능
시즌이 되면 '정광용 선생님'이라는 부캐로 변신한다. 이 부캐의 특

징은 바로 수능이 진행되는 약 7시간 동안, 1분 1초도 쉬지 않는 '수능 응원 라이브 방송'을 진행한다는 점이다.[16] 수능 응원이라고 해서 특별히 하는 것은 없다. 마치 실제 수능 시험을 감독하듯 조용히 앉아 화면 앞을 지키는 것이 전부다. 영상을 시청하는 사람들은 그의 도전을 방해하고자 일부러 웃긴 댓글을 달기도 하는데, 웃음도 참고 졸음도 참으며 우직하게 앉아 긴 시간 도전하는 모습이 마치 실제 시험 감독관 같아서 보는 이에게 재미를 선사한다.

4. 기괴하고 가학적인 스트레스 뒤에 찾아오는 도파밍

도파밍의 마지막 유형은 고통과 공포를 선사하는 괴기한 경험 속에서 의외의 재미를 발견하는 것이다. 사람들은 놀이공원의 '귀신의 집'을 일부러 찾아가 무서움에 떨며 한껏 소리를 지르고 난 후 "재미있다"고 말한다. 잔인하고도 오싹한 '공포영화'를 보고 나서도 긴장감이 해소되는 느낌을 "재미있다"고 표현한다. 이에 대해 서울대병원 정신건강의학과 윤대현 교수는 "기쁘고 아름다운 것을 보아도 도파민이 분비되지만, 무섭고 황당하고 두려운 것을 볼 때도 도파민이 분비된다"고 설명한다.[17]

사람들이 즐겨보는 영상 중에는 'ASMR'이라는 장르가 있다. '자율감각 쾌락 반응Autonomous Sensory Meridian Response'의 줄임말인 ASMR은 사람의 뇌를 자극해 심리적인 안정을 유도하는 영상을 뜻하는데, 주로 바람이 부는 소리, 연필로 글씨를 쓰는 소리, 종이가 바스락거리는 소리 등을 반복적으로 들려주며 심리적 안정감을 제공한다.[18] 그런데 최근 'ASMR 영상은 평화로운 영상이어야 한다'는 고정관념을 깨는 신개념 영상이 등장하고 있다. 바로 '피지 뽑기·잔털 제거·여드름 압출·치석 제거' 등 기괴한 소재를 영상의 주제로 활용하는 경우다. 2023년 9월 기준 413만 명의 구독자를 보유한 ASMR 전문 유튜브 채널 '스마일밤'은 보고 있으면 묘하게 기분이 좋아진다는 의미의 '#OSV Oddly Satisfying Video'를 주요 테마로 영상을 제작한다. 그 중에서도 편도 결석 치료 영상은 2023년 9월을 기준으로 조회 수가 2,500만 회를 훌쩍 넘을 만큼 인기다. 괴기한 모습에 "이걸 왜 보나" 싶으면서도, 일단 한번 보면 멈출 수 없는 기묘한 재미에 빠져드는 것이다.

과격하고 가학적인 신체 활동에서 재미를 느끼는 사람들도 있다. 최근 전 세계에서 '뺨 때리기 대회 Slap Fight'가 새로운 스포츠로 확산되고 있다. 시작은 러시아였다. 2019년 '시베리안 파워쇼 Siberian Power Show' 부대 행사로 뺨 때리기 대회가 처음 열렸는데, 경기에 참여한 농부 출신의 바실리 카모츠키 Vasily Kamotsky의 영상이 유튜브에 퍼지면서 붐이 일었다. 이 열기가 미국으로 건너가 세계적 격투기 대회 UFC는 뺨 때리기 대회 브랜드인 '파워 슬랩'을 론칭하기도 했다. 이후 네바다주 체육위원회는 2022년 이 대회를 정식 스포츠로 허가했다. 2023년에는 미국 케이블 채널 TBS에서 '파워 슬랩'을 리얼리티 TV쇼로 제작해 방영하기까지 했다. 선수들의 손에서 나오는 괴력은 소형 트럭에 치이는 정도의 강도와 맞먹는데, 사람들은 이 잔인한 대회를 보며 죄책감과 쾌감을 동시에 느끼는 '길티 플레저 guilty pleasure'를 경험한다.[19]

스트레스를 도파민 분출에 활용하는 사람들도 늘고 있다. 요즘 인기있는 랩·힙합·댄스 장르는 상대방을 놀리고 야유하는 '디스diss 문화'를 공통적으로 가지고 있다. 디스는 '무례하다'는 뜻을 가진 영어 단어 'disrespect'의 줄임말로서, 상대의 약점을 공격하고 과오를 비난하는 등 상대의 정신을 무너뜨리는 행동을 의미한다. 디스 문화를 우리 사회에 처음 알린 것은 랩·힙합 오디션 프로그램 〈쇼미더머니Show Me The Money〉다. 프로그램에 출연한 래퍼는 다른 팀의 약점을 공격하는 '디스전戰'을 펼치는데, 여기에는 온갖 모욕적인 가사가 난무한다. TV에서 래퍼들이 욕을 하는 것을 보면 자신도 모르게 강한 심리적 긴장감을 느끼게 된다. 일반적으로 다른 사람의 면전에 욕을 하는 것은 금기시되기 때문이다. 욕설이 끝남과 동시에 긴장이 풀리면서 상대적으로 더 큰 안도감을 느끼게 되는데, 시청자들은 이런 감정을 "시원하다"고 느끼며 일종의 카타르시스를 경험한다.[20]

이후 〈스트릿 우먼 파이터(스우파)〉, 〈스트릿 맨 파이터(스맨파)〉'와 같은 댄서 크루 서바이벌에도 '디스 배틀'이 등장했다. 가령 '약자 지목 배틀'은 상대 팀에서 최약체라고 생각되는 댄서를 지목해서 춤으로 겨루는 것이다. '재미'가 가장 중요한 코미디 공연에서도 디스 문화가 존재한다. 마치 커피콩을 달달 볶듯 상대의 결함을 농담의 소재로 활용하는 것을 '로스팅Roasting'이라고 하는데, 이는 일종의 모욕 코미디Insult Comedy로 사회에 물의를 일으킨 정치인이나 연예인에 대한 비난이 주를 이룬다.[21] 시청자들은 이런 비난의 장면을 시청하며, 전술한 디스와 욕설의 역설에서와 같이 마음속 불편함이 해소되는 순간의 카타르시스를 느낀다.

우리가 도파밍에 빠지는 이유

도파밍에 빠진 사람들은 결과를 예측하기 어려운 랜덤 상황 속에서 의외의 결과를 재미로 받아들인다. 상식을 벗어난 엉뚱한 행동을 하거나 현실을 과장한 행동을 하며 일탈의 즐거움을 만끽한다. 별로 의미 없는 무모한 도전을 즐기며 성취감의 재미를 찾고, 가학적인 스트레스 속에서 해방감을 느낀다. 요즘 사람들은 왜 이토록 어이없는 재미, 즉 '도파밍'에 빠져있는 것일까?

먼저 '재미'를 대하는 우리 사회의 태도가 변하고 있다는 점을 지적할 수 있다. 미국의 사회학자이자 작가인 마사 울펜슈타인Martha Wolfenstein에 따르면, 청교도주의적 전통을 가지고 있는 과거 서구 사회와 유교적 전통을 가진 과거 한국 사회에서는 '재미'의 가치가 상대적으로 낮았다. 유희를 찾는 일은 시간을 낭비하는 것인 반면, 일과 직업은 생산적인 것으로 평가됐다. 재미는 그저 일을 하고 남는 여가 시간을 보내는 놀이 정도로만 인식됐다.[22] 하지만 시대가 변했다. 현대사회에서 일과 놀이 사이의 분명한 경계가 무너지면서, 재미와 생산성을 양분하던 시대가 막을 내리고 있다. 작업 공간에는 유희가 침투했고, 지친 일상에 위로를 건네는 놀이의 가치는 재평가됐다. 사람들은 재미가 선사하는 긴장감과 이완을 통해 살아있음을 느낀다. 부차적인 것으로만 여겨지던 재미가 이제 삶의 목표이자 삶을 더 풍요롭게 하는 필수 속성이 된 것이다.

나아가 사람들이 주로 사용하는 매체의 변화에 따라 재미의 방식이 변했다는 사실도 중요하다. 『재미의 본질』을 쓴 경성대 미디어학부 김선진 교수에 따르면, 생각을 전달하는 소통 방식이 변하면, 그에 따라 시대를 지배하는 사유 방식과 문화적 특성도 함께 변한다고 한다. 우리 사회는 글자로 생각을 전달하는 '문자언어'의 세계에서, 미디어로 생각을 전달하는 '영상언어' 세계로 발전했다.[23] 글로 이루어진 문자언어의 시대에는 재미 요소가 즉각적으로 드러나기보다는 단어와 문장에 은은하게 녹아들어 있다. 반면, 순간적이고 즉각적인 영상언어의 시대에는 재미가 좀 더 빠르고 직관적이어야 한다. 모든 콘텐츠가 '기-승-전-재미'로 끝나야 하며, 재미가 없으면 곧바로 채널이 돌아간다. 특히 쇼츠(유튜브)와 릴스(인스타그램) 등 각종 SNS에서 짧고 강렬하게 소비자의 눈길을 잡아끄는 숏폼 콘텐츠가 유행하면서, 소비자의 집중력은 더욱더 낮아지고 있다. 결국 사람들이 재미있다고 느끼는 놀이의 유형이 과거에 비해 훨씬 더 시각적이고, 본능적이며, 직관적이고, 강렬한 형태로 변화하게 된 것이다.

보다 근본적으로는 코로나19 팬데믹 이후 강화되고 있는 실적주의적 사고에 대한 피로 혹은 반발로 해석할 수 있다. 도파밍에서 중요한 단어는 '그냥'이다. 명확한 이유나 목표가 없다는 것이 핵심이다. 다양한 심리 테스트를 통해 자신의 특성을 진단해주는 것으로 인기 있는 웹사이트 '푸망'에서는 '갸생 테스트'가 인기였다. 갸은 그냥의 준말로서, 갸생이란 "인생, 그냥 대충 살자~"라는 뜻이다. 열심히 살자는 의미의 '갓생'과 대비되는 말이다. 진지하고 열심히 살아야 한다는 사회적 압박 속에서 '그냥'이라는 무의미로 재미를 향해 일탈하려는 지향이 구체화된 것이 도파밍이라는 해석이 가능하다.

코로나19 사태나 이태원 참사 같은 사회적 재난이 갸생 트렌드를 키웠다는 분석도 있다. 서울대 심리학과 곽금주 교수는 "그러한 재난 때문에 본인의 계획에 대한 어쩔 수 없는 실패가 계속되면서 목표를 세우는 일 자체에 대해 부정적인 감정이 생길 수 있다"고 진단한다.[24] 요컨대 갓생이 저성장과 코로나19 장기화 등을 경험한 젊은 세대가 불안을 줄여보려고 시도하는 자구책이라면, 도파밍은 부정적으로 강화된 성장에 대한 압박과 자기 검열에서 벗어나 이완된 일상에서 재미와 행복을 찾고자 하는 생존 전략인 것이다.

전망 및 시사점

산업적 대응

2022년 12월, 편의점 체인 CU는 업계 최초로 '편의점 특채 코미디언' 선발전인 'CU콘서트'를 개최했다. 이는 8명의 코미디언 출신 유튜버들이 스탠딩 코미디 대결을 펼쳐 최후의 1인을 가리는 서바이벌 프로그램이다. 우승자는 1,000만 원의 상금과 함께 CU의 운영사인 BGF리테일에 특채 코미디언으로 채용되어 각종 사내 행사를 진행하게 된다.[25] 또 다른 편의점 업체 GS25 역시 자사의 공식 유튜브 채널인 '이리오너라'에 코미디 콘텐츠를 강화하고 있다. 20대들이 재미있게 시청하는 '못배운놈들', '편의점미식회', '갓생기획' 등의 프로그램을 선보이고 있으며, 2022년 7월에는 구독자 수 100만 명을 돌파하며 유튜브 골드버튼을 획득하기도 했다.[26]

소비자에게 편리함을 제공하는 것이 가장 중요한 편의점 채널에서 이처럼 '재미'를 강조하는 이유는 무엇일까? 상품과 서비스가 상향 평준화되면서, 이제 기업들이 본업만 잘해서는 더 이상 경쟁력을 갖기 어려워졌기 때문이다. 규모가 큰 기업끼리도 경쟁해야 하지만, 기업보다 더 친근한 '나노 인플루언서' 개인 사업자와도 무한 경쟁해야 하는 시대다('디토소비' 참조). 이때 소비자의 마음을 확실하게 붙잡아둘 수 있는 속성이 바로 재미다. 나를 항상 웃게 하고, 나의 시간을 즐거움으로 가득 채우는 대상을 누가 싫어하겠는가?

기업들이 도파밍 트렌드를 활용해 소비자의 마음을 사로잡기 위해서는 기업의 작은 활동 하나하나에까지 '재미 요소'를 담아야 한다. 예컨대 롯데마트는 2023년 6월, 자사에서 판매하는 수박의 특성을 고객에게 전달하고자, 인디 밴드 '카키마젬'과 컬래버레이션한 노래 '수박송'을 선보였다.[27] "100% 당도 선별을 통한 11브릭스brix(당도의 단위) 이상의 고당도 수박"이라는 식의 개념으로 접근하지 않고, 이를 위트 있는 노래 가사로 담아내자 소비자들이 반응하기 시작했다. 롯데마트 공식 SNS 계정에 '수박송'을 공개한 지 이틀 만에 조회 수 1만 뷰를 넘은 것은 물론, 소비자들은 "당장 수박 사러 갑니다", "수박 먹고 싶게 만드는 노래"라며 즐거워했다. 재미 요소로 소비자를 끌어당긴 것이다.

앞으로 기업은 소비자에게 단지 재미를 전달하는 수준을 뛰어넘어, 소비자가 재미있는 활동에 동참할 수 있도록 제안할 수 있어야 한다. 브랜드 마케팅 회사 '코컬렉티브co:collective'의 창업자 타이 몬태규Ty Montague는 '스토리두잉'이란 개념을 제안했다. 이는 기업·제품 관련 스토리를 대중에게 알리는 '스토리텔링'에서 한 걸음 더 나아가, 스토리를 행동으로 옮기고 실천하는 것을 의미한다.[28] 앞서 소개한 레드불의 '우주 낙하 도전' 사례처럼, 레드불이라는 브랜드가 단지 에너지 음료를 파는 곳이 아니라, '인간의 한계에 도전하는 경험'을 판매한다는 메시지를 전달한 것이다.

조화를 이루는 삶

재미는 중요하다. "놀지 않고 일만 하면 바보가 된다All work and no play makes Jack a dull boy"는 유명한 미국 속담도 있다. 하지만 재미있게 놀고 행복하게 살기 위해 우리에게 도파민만 필요한 것은 아니다. 행복하고 즐거운 감정은 도파민과 세로토닌serotonin, 두 가지의 신경전달물질과 관계가 있다. 도파민은 짜릿한 재미와 밀접하게 관련된 신경전달물질이다. 경쟁에서 이기거나 복권에 당첨되는 것과 같은 예기치 못한 행운을 만났을 때 분비된다. 도파민이 분비되면 의욕이 넘치고 일도 신바람 나게 할 수 있다. 다만 지속 시기가 짧고 금방 익숙해져 사람들은 점점 더 강한 자극을 원하게 된다. 그래서 '중독 호르몬'이란 달갑지 않은 별명을 가지고 있다. 반면, 세로토닌은 작고 사

◀◀◀ 지속 가능한 행복을 위해서는 도파민과 세로토닌의 적절한 조화가 필요하다. 자극적이지 않은 행복, 그것이 바로 세로토닌이다.

소한 즐거움과 관련된 신경전달물질이다. 산책을 하고, 명상을 하고, 귀여운 동물 사진을 볼 때 분비된다. 세로토닌은 아무리 반복해도 지겹지 않은 행동과 관련되어 있다. 덕분에 '행복 호르몬'이라는 별명을 가지고 있다.[29]

지금까지 살펴본 것처럼, 우리 사회가 점차 더 짧고, 더 자극적인 도파민에 의해서만 좌지우지되는 사회로 변해가는 것이 아닌가 하는 우려의 목소리도 크다. 이미 많은 전문가들은 짧고 강렬하고 반복적인 재미를 추구하는 행동으로 인해, 우리의 뇌가 즉각적인 보상을 반복적으로 추구하는 **'팝콘브레인'**이 되어가는 것을 경계해야 한다고 주장한 바 있다.[30]

재미를 우선시하는 '도파밍' 트렌드는 도파민이 세로토닌을 압도해야 한다는 메시지가 아니다. 자동차에 비유하자면 도파민은 액셀러레이터고 세로토닌은 브레이크다. 액셀러레이터가 없는 차는 움직이지 않지만, 브레이크가 없는 차는 사고가 난다. 둘의 조화가 필요하다. 매일 순간순간을 신명나게 살기 위해선 도파민이 필요하다. 긴 호흡을 가지고 인생을 살아내려면 세로토닌이 중요하다. 진정한 행복에 이르기 위해서는 도파민이 이끄는 삶Dopamine-driven-life과 세로토닌이 이끄는 삶Serotonin-driven-life의 균형을 도모해야 할 것이다. 우리에게 필요한 것은 더 즐거운 일을, 더 자주 즐기며, 지속적으로 더 행복하게 살아가는 것이기 때문이다.

Not Like Old Daddies, Millennial Hubbies

요즘남편 없던아빠

최근 30대와 40대 초반 밀레니얼 세대 남성들의 가정생활과 성 역할에 대한 가치관이 극적인 변화를 보여주고 있다. 혼인 연령이 높아지고 생애미혼율도 치솟는 가운데 결혼이라는 어려운 길에 들어서기를 선택한 '요즘남편', 그리고 기성세대에게는 낯설기 그지없는 육아 마인드를 갖춘 '없던아빠'들이 속속 등장하고 있다.

우선 결혼의 길부터 멀고 험해졌다. 결혼을 계획하는 '예랑이(예비 신랑)'들은 "천리 혼삿길도 한 걸음부터"라는 각오로 차근차근 결혼을 준비한다. 스스로 외모와 경제력을 겸비해야 하는 것은 물론이고, 자녀 계획 여부나 취미와 취향의 일치 여부 등 여러 조건을 꼼꼼하게 따져 배우자를 물색한다. 근사한 프러포즈 이벤트를 마치고 결혼식을 올린 후 신혼살림을 차리면서 가장 이슈가 되는 것은 가계경제와 가사 노동의 분담이다. 맞벌이가 일상화되고 가사 노동 분담이 당연해지는 가운데, 아내의 소득이 높다면 기꺼이 가장의 역할을 넘기고 내조할 준비가 돼있다. 적극적인 자세로 가사를 분담하고, 본가와 처가를 잘 챙겨 '패밀리지(패밀리+마일리지)' 점수를 쌓아놓아야 원할 때 도움을 받을 수 있다. 아이를 낳게 되면 아빠로서의 역할 역시 더욱 늘어난다. 양육서를 함께 공부하고 유아용품을 직접 고르며, 자녀와 보내는 시간을 확보하기 위해 정시에 바로 퇴근하는 '6시 신데렐라'를 자처한다.

'요즘남편 없던아빠' 트렌드에는 역설이 있다. 이러한 변화가 '결혼할 결심'을 하는 데 부담으로 작용한다는 것이다. 여성은 일터로 남성은 가정으로 들어오면서, 아내와 남편 모두 일과 가정을 넘나드는 멀티 플레이어가 되고 있다. 이 때문에 결혼과 출산, 육아는 더욱 고난도의 일이 되고 아예 결혼과 출산을 포기하는 사람이 많아진다. 중요한 것은 이러한 변화를 개인적으로 동의하든 하지 않든, 젊은이들이 더 많이 결혼하고, 더 쉽게 아이를 낳아 기르고, 더 행복하게 살아갈 수 있도록 개인적 지지와 사회적 지원을 아끼지 않는 일이다. 어느 세대든 자신에게 주어진 여건 아래서 최선을 다해 행복을 추구한다. 결국 공동체의 존재 이유란 젊은 후속 세대의 이 노력을 응원하는 것에서 출발하는 것이 아닐까?

"전 결혼 생활도 일 같더라고요. 일처럼, 커리어처럼 해야 돼. 이걸 내가 결혼한 집이라고 해서, 여기를 그냥 내가 혼자 살듯이 와서 그렇게 행동하면 안 되는 곳인 것 같아요. 이것도 엄연한 내 커리어이고 여기서 최선을 다해서 여러 스토리를 써야 되는 것 같더라고요. 그래서 결혼 생활도 재밌게 했으면 좋겠어요."[1]

힙합 가수 빈지노 씨가 최근 한 인터뷰에서 자신의 결혼관을 언급한 것이 SNS에서 화제가 됐다. 그는 결혼 생활을 일처럼 생각한다고 했는데 '하기 싫지만 해야 한다'는 의미에서의 일이 아니라, '최선을 다해' 임해야 하는 '커리어' 같다는 의미에서였다. 대한민국에서 가장 인지도 높은 래퍼 중 한 명인 그가 8년간 만난 연인과의 결혼 생활 또한 최선을 다해야 하는 '일'이라고 말하고 있다. 결혼은 혼기가 차면 자연스럽게 하는 것이고 남성에게 가정생활은 일 다음이라 여겼던 사람이라면, 꽤나 낯선 생각일 수밖에 없다.

결혼과 가정에 대한 생각이 변하고 있다. 특히 남성들의 생각이 빠르게 바뀌고 있다. 매체에서 남성들을 표현하는 수식어도 사뭇 달라졌다. '한 가정의 가장'이라는 무거운 표현 대신, 아내의 직업 활동을 지원하는 '내조왕', 자신만의 살림 노하우 하나쯤은 겸비한 '살림남', 아이들과 놀아주는 것에 진심인 '딸바보·아들바보'와 같은 감성 어린 표현으로 대체되는 중이다.

화면 속 이야기가 아니다. 가장家長이란 응당 남편이 해야 하는 것이 아니라 상황에 따라 바뀔 수 있는 것이며, "남자는 이래야 한다"는 생각에 물음표를 던지는 남자들이 있다. 귀한 아들로 자랐지만 그만큼 귀하게 자란 딸들과 함께 학교와 직장을 다니며, 여성이 아내·엄마·딸·며느리이자 직장인으로 '워킹맘'이 되는 것처럼 남성 또한 일뿐만 아니라 남편·아빠·아들·사위의 멀티 역할을 해내야 함을 공감하는 것이다. 일이면 일, 육아면 육아까지 완벽하게 해내는 슈퍼대디를 꿈꾸기도 하지만 때로는 녹록지 않은 현실에 고군분투하는 남편, '요즘남편'*이다.

『트렌드 코리아 2019』에서는 밀레니얼 세대가 결혼하여 구성한 '밀레니얼 가족'을 키워드로 그들의 트렌드를 소개한 바 있다. 밀레니얼이라 불리는 Y세대는 1980~1994년 사이에 태어난 사람들을 이르는 말인데, 기성세대인 베이비붐 세대가 꾸린 20세기형 가족과는 다른 21세기형 가족의 모습을 보인다. 베이비붐 세대 부부가 남편은 바깥일을, 아내는 안살림을 맡아 가족을 위해 희생하는 것이 본분이라 생각했다면, 밀레니얼 부부는 부부가 힘을 합쳐 합리적·효율적으로 일을 처리하며, 가정은 희생의 장소가 아니라 개인으로서 행복과 성장을 추구하는 적정 행복의 공간이라 여긴다는 내용이다.

그런데 2024년의 시각으로 2019년에 묘사한 '밀레니얼 가족'의 모습을 다시 보면 미묘한 차이가 느껴진다. 밀레니얼 가족 키워드에서는 당시 인기 드라마 제목을 패러디한 '밥 잘 사주는 예쁜 엄마'를 중심으로 서술이 진행됐다. 여전히 여성에게 가사 노동과 가정 운영

● 맞춤법대로 하면 '요즘 남편'으로 띄어 쓰는 것이 맞다. 하지만 트렌드 키워드로서는 '요즘
   남편'으로 붙여서 사용한다. 요즘 남편은 일반명사이고, 붙여 쓴 '요즘남편'은 고유명사다.
   '없던아빠'도 마찬가지다.

의 방점이 놓여있었던 것이다. 하지만 '요즘남편 없던아빠' 트렌드에서는 이 방점이 여성과 남성 사이 균형점으로 이동하고 있는 모습을 보인다. 통계청에서 실시한 사회조사 결과를 봐도 이러한 변화를 실감할 수 있다. 2015년 대비 2021년, 사회 전반에서 "일을 우선시한다"는 응답이 줄어들고 "가정생활을 우선시한다"는 응답이 증가했다. 특히 30대 남성의 경우, 11.7%에서 23.7로 가장 극적인 변화를 나타냈다. 30대 남성과 30대 여성의 응답 차이는 2015년 8.2%p에서 2021년 1.7%p로 줄어들었다. [2]

청년 인구 3명 중 1명 정도인 36.4%만 결혼에 긍정적이라 말하는 시대다. [3] 최근 30~40대 초반의 밀레니얼 세대 남성들의 가정생활과 성 역할에 대한 가치관이 극적인 변화를 보여주고 있다. 혼인 연령이 높아지고 생애미혼율도 치솟는 가운데 결혼이라는 어려운 길에 들어서기를 선택한 '요즘남편', 그리고 기성세대에게는 낯설기 그지없는 육아 마인드를 갖춘 '없던아빠'들이 속속 등장하고 있는 것이다.

『트렌드 코리아 2024』에서는 변화하는 남성상과 결혼 문화, 가정생활을 조명하고자 밀레니얼 세대 신랑·남편·아빠에 주목해 새롭게 등장하는 남성들의 모습을 '요즘남편 없던아빠'로 지칭한다. 물론 이는 30~40대 초반의 밀레니얼 남성에게만 해당하는 것은 아니다. 지금부터 소개할 그들의 일상과 생각에 공감한다면 누구든 요즘남편이 될 수 있다. 요즘남편 없던아빠가 살아가는 모습을 차례로 따라가보자.

요즘남편으로 살아가기

> 요즘 신랑감 고르는 기준의 1순위는 외모고, 2순위가 경제력이죠. (신붓감 본인의) 사회적 지위가 올라가고 능력이 되잖아요. 심지어 "제가 능력이 있으니 벌어서 먹여 살려도 돼요"라고 하시는 그런 분도 있어요.
>
> — 결혼정보 업체 회원관리부 팀장

배우자를 찾을 때 "남성은 경제력, 여성은 외모가 중요하다"는 오랜 통념이 깨지고 있다. 국내에서 회원 수가 가장 많은 결혼정보 업체 '듀오'에서 20년 이상 근무한 매니저는 〈트렌드 코리아〉 팀과 함께한 자체 인터뷰에서 요즘 신붓감들이 선호하는 남성상에 대한 질문에 위와 같은 답변을 내놓았다. 결혼정보 업체를 찾는 여성들의 경제력이 높아지면서 이제 여성도 남성의 외모를 중요시한다. 만남의 과정도 바뀌었다. 소개팅 후 다음에 또 보고 싶다는 의사를 표현하는 '애프터 신청'이나 데이트 코스 제안을 여성이 먼저 하기도 하고, 집은 본인이 장만해뒀으니 결혼 상대만 있으면 된다는 여성도 심심치 않게 눈에 띈다. 바꿔 말하면 배우자를 고를 때부터 남성에게 요구되는 역할과 모습이 달라지고 있다는 뜻이다.

요즘 신랑의 결혼: 천리 혼삿길도 한 걸음부터

먼저 결혼에 이르기까지 신경 써야 할 것들이 많아졌다. 외모가 1순위 고려 사항이 된 것은 사회 전반적으로 외모에 대한 기준이 높아지는 현상과도 관련이 있지만('육각형인간' 참조), 배우자에게 바라는 것은 매력적인 외모만이 아니다. 2순위로 언급된 경제력은 사실 세 번째, 네 번째, 다섯 번째도 경제력이라 할 만큼 중요한 요소로 여겨진다. 경제력이란 소득 및 자산 정도뿐만 아니라 안정적인 직업, 부모님의 노후 대비 여부와도 연결되기 때문이다. 심지어 상대편 부모님의 노후 자금이 연금인지 부동산으로부터 얻는 월세 수익인지까지 꼼꼼히 체크하기도 한다.

라이프스타일에 대한 고려도 철저하다. 결혼과 출산이 나이를 먹으면 으레 하는 것이 아니라 개인의 가치관에 따른 선택이 되면서 만남 상대의 결혼 의향은 물론, 결혼 시기, 자녀 계획도 결혼 전 확인해야 하는 사항이 됐다. 부부가 취미 생활을 함께 즐기는 결혼 생활을 꿈꾸는지, 혹은 일명 '파이어FIRE족(경제적 자립을 통해 조기 은퇴를 지향하는 것)'을 꿈꾸며 저축과 투자에 힘쓸 것인지도 고려한다. 가족 문화에 대한 대비도 필요하다. 누나(시누이)가 많은지, 명절에 제사를 지내는 문화인지도 탐색 대상이 된다.

물론 신부를 고르는 작업도 까다롭기는 매한가지이다. 외모가 중요한 것은 물론, 남성 혼자 경제활동 하는 것으로는 자산을 형성하기 어렵다는 인식이 높아지면서 여성의 직업 안정성과 경제력도 중요하게 고려된다. 결혼정보 업체의 매니저에 따르면 "둘째 딸보다 외동딸을 선호하는 남성이 있을 정도"로 배우자 탐색 과정은 점점 까다로워지고 있다.[4] 더 완벽한 짝을 찾고 싶은 사람들이 많아지면서 결혼정보 업체를 찾는 2030세대는 물론, 1박 2일 액티비티형 매칭이나 직장 검증 후 가입 가능한 데이팅 앱 등 다양한 매칭 서비스도 등장하고 있다.[5]

다행히 짝을 찾았다면, 이제 기나긴 결혼 준비의 여정에 오른다. 역시 가장 어려운 일은 신혼집을 마련하는 것이다. 일반 직장인이 혼자서 집을 마련하는 것이 어려워지면서 '남자는 집, 여자는 혼수'라는 공식은 옛말이 됐고 대신 신랑 신부가 반씩 주택 비용을 마련하는 '반반 결혼'이라는 말이 등장했다. 결혼정보 업체 듀오에서 최근 2년 내 결혼한 신혼부부를 대상으로 조사한 바에 따르면, 결혼 비용 부담 비율은 남성이 60%(1억7,272만 원), 여성이 40%(1억1,467만 원) 정도이며 전체 결혼 비용의 84%가 신혼집 마련에 사용되는 것으로 나타났다. 결혼 준비에 있어서 둘이 "힘을 합친다"는 개념이 강해지면서, 해당 조사에서 신혼부부들은 가장 줄이고 싶은 품목으로 예단과 이바지 등을 들었으며, 그 비용을 혼수나 신혼여행처럼 의미 있는 데에 쓰기를 원한다고 응답했다.[6]

대신 최근 젊은이들 사이에서 중요해지고 있는 또 하나는 '프러포즈'다. 결혼식 날이 잡혀있는 사이라도 남성이 여성에게 '정식' 프러포즈를 하는 것이 중요한 의례로 여겨지고 있다. 새로운 프러포즈 문화는 '예랑이(예비 신랑)'가 가장 긴장하는 지점 중 하나다. 한 장의 사진으로 남겨질 감동적인 순간을 위해, 장소와 선물 선정으로 골머리를 앓는 것이다. 그런데 최근 예랑이들에게 위안 아닌 위안이 생겼다. 프러포즈를 받은 예비 신부가 청혼해줘서 고맙다는 의미에서 예비 신랑이 좋아할 만한 선물을 준비하는 '답 프러포즈' 문화가 생겨난 것이다. 결혼 준비와 관련된 이야기를 나누는 온라인 커뮤니티에서는 답 프러포즈 선물을 고민하는 예비 신부에게 시계·신발·와인셀러 등이 좋았다는 조언이 올라오기도 한다. "남녀가 달라야 하나?"

라는 의식은 결혼식 풍경에도 반영된다. 신랑이 먼저 입장한 후 신부 아버지가 신부를 신랑에게 넘겨주는 모습이나 신부가 눈물을 훔치는 장면을 기대했다면 반전을 기대해도 좋다. 이제는 신랑 신부가 함께 스포트라이트를 받으며 입장하거나, 부모님께 절을 하던 신랑이 눈물을 훔치면 신부가 옆에서 토닥이는 모습도 낯설지 않게 만날 수 있기 때문이다.

요즘남편의 역할 분담: 오늘부터 제가 안사람입니다

"연봉 10억 아내라면 이렇게 할 수 있음"

984만 조회 수(2023년 9월 기준)를 기록한 유튜브 쇼츠의 인기 영상 제목이다. 남편은 아내가 집 앞에 도착했다는 문자를 확인하자마자 문밖으로 달려나간다. 아내가 들고 있던 가방을 받아주고 아내가 향하는 동선마다 잽싸게 몸을 낮추며 뛰어가, 방문은 물론 냉장고와 전자레인지의 문까지 열고 닫아주며 아무 불편함이 없도록 한다는 내용이다. 댓글에는 "연봉 10억이라니! 자기 발로 걷는 것만으로 아내는 천사다"라는 찬양의 내용이 가득하다.

요즘남편에게 전통적인 가부장제란 역사 속 이야기가 됐다. 자본주의 키즈인 밀레니얼 세대가 꾸린 자본주의 가정에서 가장의 지위는 경제력이 결정한다. 남성이 경제활동을, 여성이 가사를 하는 것이라는 고정관념이 깨지고 가정 내 역학 관계가 다변화되고 있는 것이다. 아내를 '바깥양반'이라 칭하는 '장윤정-도경완 부부'나 스타 드라마 작가인 아내가 집필 활동에 전념할 수 있도록 내조에 힘쓴다는 '김은희-장항준 부부'가 동경의 대상이 되고, 아내가 능력이 있다면 기꺼이 내조를 맡겠다는 소신을 밝히는 남성들이 많아졌다. 맞벌이 부부의 경우, 아내의 소득이 더 높다면 남편이 육아휴직을 하는 것이 합리적 선택이라는 인식도 번지고 있다.

변화의 조짐은 통계로도 나타난다. 통계청의 2023년 1월 자료를 기준으로 보면 '가사'를 이유로 경제활동에 참여하지 않은 남성은 21만5,000명이다. 2003년 1월 이후 20년 만에 최고치로 현재 가사 전담 남성은 장기간 점진적으로 증가하는 추세다(외환 위기 직후 실직자 수가 급증하면서 1999~2003년 해당 수치가 일시적으로 높았다). 이에 더하여 '육아'를 이유로 경제활동을 하지 않는 남성은 1만7,000명인데 이는 1999년 통계 작성 이래 역대 최대치에 해당한다.[7] 물론 가사 및 육아를 위해 경제활동을 하지 않는 여성의 숫자에 비한다면 아직 30분의 1 수준이지만, 육아로 인한 비경제활동인구 자체가 크게 줄어들고 있는 와중에 육아 전담 남성이 증가하고 있다는 것은 주목할 만한 경향이다.

요즘남편의 필수 덕목: 눈치력

맞벌이인 요즘남편에게 가사 분담은 돕는 것이 아니라 당연한 일이다. 가사에 대한 태도 변화는 남성들의 언어에도 반영되어 있다. 결혼을 앞둔 예비 신랑이 먼저 결혼한 선배들에게 조언을 구할 때 자주 듣는 말인 "눈치껏 해야 한다"도 그런 예다. 가사 및 육아에서 '시키면 잘할 수 있다'는 수동적인 자세가 아니라 능동적이며 재빠른 판단을 통한 협조적 자세가 결혼 생활의 성공 요인이라는 것이다.

누가 어떤 일을 맡을지도 고정관념을 탈피한다. 합리성과 효율성을 추구하는 밀레니얼 가족답게 분담하는 기준은 대체로 "잘할 수 있는 사람이 잘하는 것을 맡는다"는 원칙을 따른다. 요리는 여성이 잘할 것이라는 고정관념도 버려야 한다. 요즘 여성 또한 이전과는 다르게 성장했기 때문이다. 남편이 요리를 즐긴다면 아내는 치우는 것을 담당하고, 남편이 더 꼼꼼한 성향이라면 가계부를 맡는 식이다.

요즘남편에게 요구되는 눈치력은 새로 꾸린 가족만이 아니라 원가족(본가·처가)까지 확장된다. 남편과 아내 모두 외동인 경우가 많아지면서 결혼 이후에도 원가족의 아들 노릇, 딸 노릇이 중요해졌기 때문이다. 시가와 처가와의 관계를 동등하게 챙겨야 하는 만큼, 챙겨야 할 가족은 2배가 된다. 각자 자기 부모님과의 소통을 따로 담당하는 것은 기본이며, 양가의 기분이 상하지 않도록 커뮤니케이션하는 남편의 능력이 그 어느 때보다 중요해졌다. 부모님과의 관계를 유지하는 것에는 매우 현실적인 이유도 있다. 요즘 부부들에게는 신혼집 마련이나 자녀 돌봄에 부모의 도움이 절실할 때가 많기 때문이다. 부모님과 근거리에 거주하며 도움을 자주 받는 것을 **'위성가족'**이라고 하는데, 부모보다 가난한 첫 세대라는 요즘남편들은 처가 근처의 위성가족을 마다하지 않는다.

소위 '패밀리지(패밀리+마일리지)'를 쌓

위성가족
부모와 자녀들이 도시에서 각각 핵가족 형태를 유지하며, 주로 부모 가정을 중심으로 자녀들이 근거리에 거주하는 가족 형태다. 독립된 생활이 보장되는 핵가족의 장점과 가족 구성원 사이에 경제적·정서적으로 긴밀한 관계를 유지할 수 있는 대가족의 장점을 결합한 형태인데, 조부모가 자녀를 대신해 손자, 손녀를 돌봐주는 경우가 많다. 한국 사회의 독특한 가족 형태라 할 수 있다.[8]

는 것은 눈치력의 정수라 할 수 있다. 부부간, 혹은 부모와 자식 간에 점수를 많이 따두면 마일리지처럼 써먹을 찬스가 생긴다는 의미이다. 예를 들어 남편이 혼자서 장인 장모를 모시고 흔쾌히 주말을 보냈다면, 다음 친구 모임에 나갈 때나 사고 싶은 물건이 생겼을 때 눈치 보지 않고 행동할 수 있는 '패밀리지'가 주어지는 식이다.

주변에서 부러움을 살 만큼 인정받는 요즘남편이 되고 싶다면 공략해야 할 지점도 달라진다. 돈을 잘 벌어다주는 남편보다 더 선망의 대상이 되는 것은 '아내 기를 살려주는' 남편이다. 2023년 9월 기준 142만 명의 구독자를 보유한 유튜브 채널 '취미로 요리하는 남자'는 집에서 수준급의 요리를 선보이는 영상으로 인기가 높다. 하지만 사람들은 단순히 요리를 잘하는 남자에 열광하는 것이 아니다. 이 채널에서 가장 인기 있는 동영상은 '아내의 직장 동료들이 집에 방문하면 벌어지는 일'이나 '요리하는 남자가 처가댁에 놀러 가면 벌어지는 일'처럼 가족과 지인을 위해 요리를 하는 내용이다. 그는 요리를 시작할 때 춤추기 전 음악을 요청하듯이 "비트beat 주세요"라며 즐거운 바이브를 뿜내는데, 이는 집에서의 요리가 어쩔 수 없이 해야 하는 일이 아니라 아내를 위해 솜씨를 발휘하는 로맨스의 발현이라는 느낌을 선사한다. 영상 댓글들을 보면 "현직 셰프인데 집에서는 대접해 준 적이 없다. 반성하고 간다"라거나 "아내분 기 살려주는 내조왕이다"라며 부러움과 칭찬 일색이다.

없던아빠의 등장

- 유치원 등원 버스를 기다리는 아파트 단지 앞
- 주말 아침 소아과
- 주말 백화점 문센(문화센터)
- 주말 놀이터

위 장소들의 공통점은 무엇일까? 바로 '아빠'들을 만날 수 있는 곳이다. 회사에 가 있는 동안 자녀와 시간을 보내지 못한 아빠들이 등원 및 등굣길·병원·문센·놀이터만큼은 전담으로 나서는 가정이 많아졌다. 이른 아침, 아버지가 출근하신다고 하면 어머니와 아이들이 조르르 달려 나와 배웅하고, 다시 아이들이 등원 버스에 오를 때면 어머니가 배웅을 나와 노란 버스에 손을 흔들던 풍경이 익숙했던 사람들에게는 아빠 홀로 아이의 손을 잡고 있는 풍경이 사뭇 낯설다. 육아는 엄마의 일이 아니라 부모가 함께하는 것이라는 요즘 아빠는 이전 세대 아버지에게서 찾아볼 수 없던, '없던아빠'로 거듭나고 있다.

아빠들의 변화는 일상적인 관심에서부터 출발한다. 채널A의 〈요즘 육아 금쪽같은 내 새끼〉와 같은 육아 관련 방송을 아내와 함께 시청하거나 '하정훈의 삐뽀삐뽀 119 소아과'처럼 유아 발달을 다룬 유튜브 채널을 구독해두고 틈틈이 SNS에서 '아기 안는 법'과 같은 정보성 콘텐츠를 검색한다. 유모차나 아기 띠 등 본인이 많이 사용하는 유아용품은 꼼꼼히 스펙을 따져보고 구매하며, 온라인몰에서 기

◀◀◀ 가사와 육아에 책임감을 가지고
최선을 다하는 '없던아빠'들이
출현했다. 가정 친화적인 아빠
의 모습은 이제 '지향점'을 넘어,
'당연한' 것이 됐다.

저귀와 분유 등 초특가 핫딜을 찾아 나선다. 직장이나 모임에서 만나
는 동료 아빠들과는 자녀들의 유치원과 초등학교 진학에 대해 뜨거
운 토론을 벌이기도 한다. 일상의 점진적 변화는 앱 사용 데이터에도
드러난다. 시장분석 서비스 와이즈앱·리테일·굿즈의 분석에 따르면
주요 육아 앱 사용자 중 남성 비중이 2021년 23.8%에서 2023년 6월
기준 28.3%로 증가한 것으로 나타났다.

요즘 아빠의 변화는 일터에도 영향을 미쳐 육아휴직을 신청하
는 아빠가 늘어나는 추세다. 최근 통계청 자료에 따르면 2021년 만
8세 또는 초등학교 2학년 이하의 자녀를 대상으로 육아휴직을 사용
한 사람의 수는 17만3,631명인데 이 중 24.1%는 남성으로 나타났다.
2020년 처음으로 육아휴직자 중 남성의 비율이 20%를 넘긴 후로
1년 사이에 1.5%나 늘어난 것이다. 남성 육아휴직자의 70% 이상이
대기업 종사자라는 아쉬움은 있지만, 이러한 방향성은 긍정적이다.[9]

없던아빠가 지향하는 모습은 미디어에도 반영되어 나타난다. 지금
으로부터 10년 전에 방영됐던 예능 프로그램 MBC 〈아빠! 어디가?〉
는 가족 단위의 캠핑을 유행으로 만들 만큼 큰 인기를 누렸다. 이전

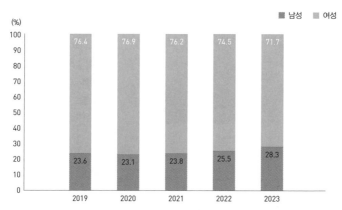

주요 육아 앱 사용자 성별 비중 변화

■ 남성 ■ 여성

(%)

	2019	2020	2021	2022	2023
여성	76.4	76.9	76.2	74.5	71.7
남성	23.6	23.1	23.8	25.5	28.3

– 한국인 Android+iOS 스마트폰 사용자 추정
– 2023년은 6월까지의 데이터 기준

출처: 와이즈앱·리테일·굿즈

에도 부모와 자녀가 함께 출연하는 예능 프로그램은 존재했지만 아빠를 전면에 내세운 컨셉으로 당시 화제가 됐다. 일만 열심히 하느라 어린 자녀와는 서먹한 아빠들이 외딴곳에서 하루를 나며 서로에 대해 알아가는 과정이 시청자들에게 웃음과 동시에 짠한 공감을 일으켰다. 그때 남성들이 지향했던 모습은 '프렌디(프렌드+대디)', 즉 군림하는 아버지에서 친구 같은 아빠가 되는 것이었다. 10년이 흐른 지금, 자녀와 놀아주는 것은 '좋은' 아빠의 모습이 아니라 '당연한' 아빠의 역할이 됐다.

없던아빠의 살림법: 장비빨로 재미 찾기

"저는 주변에 아기 키우면 인공지능 스피커 무조건 하라고 하거든요. 어느 방 불 켜달라, 꺼달라. 에어컨·세탁기·건조기 돌아가는 거, 예약 그런 것도 다 하는데. (…) 나가기 전에 (자동차에) 미리 시동 걸어달라고 해놓으면 에어컨 들어와서 안 덥고. 저는 그게 오히려 좀 육아템이라고 생각해요."

– 30대 남성, 생후 9개월 자녀를 둔 아빠

"'최대한 많은 걸 자동화하자'라는 생각을 하고 있어요. 그래서 저는 그 가전에도 관심이 많거든요. 스마트홈 이런 거에 관심을 가지고 최대한 많은 걸 작동하려고 하고, 그런 것에 재미를 붙이다 보니까 가사도 조금은 재미있어진 것 같아요."

– 30대 남성, 무자녀 맞벌이 부부

살림과 육아에 관여도가 커진 요즘남편 없던아빠들의 활약이 집안 풍경에도 반영되고 있다. 대표적인 모습이 스마트홈과 인공지능 스피커를 가사에 활용하는 것이다. 결혼 전이나 아이가 태어나기 전에는 크게 필요성을 인지하지 못했지만, 일상의 변화로 손 하나가 아쉬워지면서 가사의 자동화와 효율화를 꾀하고자 한다. 식세기(식기세척기)·건조기·로봇 청소기의 '삼신三神가전'을 필수로 구비하는 것은 물론, 전기 스위치를 모두 IoT(사물인터넷) 스위치로 교체하고 잠자고 있던 인공지능 스피커를 꺼내와 진정한 스마트홈을 구현한다. 전자제품 조작에 관심이 많은 남성일수록 가사의 효율화를 체감하면서 힘든 가사를 재미로 승화시키는 것이다.

남성들의 영향력은 대형 가전뿐만 아니라 소형 가전 시장에서도 확인된다. 다이슨 청소기를 판매하는 홈쇼핑 방송의 경우 2030대 남성이 같은 나이대의 여성에 비해 시청률이 2배 높다거나,[10] LG전자의 '코드제로 A9' 체험단 신청자 중 남성의 비중이 45%를 차지하는 등[11] 고성능 무선 청소기 시장에서 남성들의 높은 관심도가 확인된 바 있다. 최근에는 삼신가전에 이어 음식물 쓰레기, 일명 음쓰 처리기가 사신가전의 자리를 노리고 있다. 홈쇼핑 기업 GS샵에 따르면 남성 구매자가 가장 많이 사는 가전으로 TV, 청소기에 이어 음식물 쓰레기 처리기가 등장했다. 가정용 음식물 쓰레기 처리기 제조 기업 '모스트엑스'에서 2023년 1분기 판매 데이터를 성별과 연령대를 동시에 분석한 결과, 전체 구매자 중 가장 많은 비중을 차지한 집단은 40대 남성으로 여성 집단을 제친 것으로 집계됐다.[12]

없던아빠의 직장 생활: 6시 신데렐라

"아이가 생긴 후에는 '6시 신데렐라'가 됐어요."

오후 6시, 칼같이 퇴근하는 젊은 남자 직원이 있다면 저녁 약속에 서둘러 가는 것이 아니라, 아이가 태어나 육아를 위해 집으로 달려가는 없던아빠일 확률이 높다. 선물과 용돈으로 사랑을 표현했던 옛날 아빠들과 달리, 없던아빠는 자녀와 '시간'을 함께 보내는 것을 가장 중요하게 생각한다. 가뜩이나 바쁘게 살아가는 시기에 가족에게 시

간을 오롯이 주어야 하는 없던아빠들이야말로 '분초사회'의 주인공
이다. 시간뿐 아니라 관계도 재편된다. '6시 신데렐라'가 된 없던아빠
들의 사회적 관계는 과거 남성들에 비하면 당연히 좁아질 수밖에 없
다. 아직 한 살도 되지 않은 아이를 키우는 없던아빠의 인터뷰에 따
르면 출산 이후 여성은 조리원 동기나 문화센터를 같이 다니는 또래
엄마들과 인간관계의 확장을 경험하는 데 반해, 아빠들은 이른 퇴근
으로 인간관계의 축소를 경험한다고 한다.[13]

결혼한 남성에게 중요한 또 하나의 문제는 게임이다. 어릴 때부터
다양한 게임을 즐기며 자라온 남성들이, 결혼하고 아이가 생겼다고
해서 바로 게임을 끊을 수는 없는 노릇이다. 하지만 배우자에게 '권
장하지 않는' 취미로, 도박에 이어 2위에 뽑혔을 정도로 게임은 가정
에서 골칫거리다.[14] 과연 어떻게 이 딜레마를 해결해야 할까? 20년
전 게임기가 갖고 싶은 기혼 남성은 아내의 의사와 상관없이 게임기
를 구매했다. 10년 전 게임을 하고 싶은 기혼 남성은 아내 몰래 게임
기를 구매한 후 나중에 혼이 났다. 오늘날 없던남편은 아내에게 먼저
동의를 구하고, 이왕이면 PC 게임이 아닌 부부가 함께 즐길 수 있는
닌텐도나 플레이스테이션을 장만한다. 그리고 자녀가 태어난 후에는
게임기를 상자 속에 넣어둔 채 몇 달 몇 년이 흐르다가, 중고거래, 일
명 "당근으로 떠나보내는" 게 자연스러운 수순이다.[15]

어려워지는 '결혼할 결심'

이러한 변화는 사실 '정해진 미래'였다. 여성도 일을 하게 되면서 남성과 여성 모두 역할과 책임에 변화를 겪게 된 것이다. 2022년 자료를 기준으로 대한민국 인구의 경제활동 참가율은 남성이 73.5%, 여성은 54.6%이다. 약 20년 전과 비교하면 남성은 줄어들고 여성은 늘어나서, 2000년도에는 그 격차가 25.6%였던 것이 2023년에는 18.9%로 상당히 줄어들었다. 또한 전체 가구 중 맞벌이를 하는 가구의 비율이 46.1%인 것에 비해, 새로 가정을 꾸리는 연령대인 30대 가구의 맞벌이 비율은 54.2%로 절반을 넘는다(2022년 하반기 기준).[16]

경제학자이자 하버드대 교수인 클라우디아 골딘Claudia Goldin의 표현에 따르면 이러한 사회적 변화는 '젠더 대수렴The Grand Gender Convergence'이라 개념화할 수 있다. 이는 성 평등이 이루어졌다는 의미가 아니라 직업 활동·가사·양육 등 각자의 영역이 구분되어 있던 남성과 여성의 삶이 한 영역으로 수렴하면서 역할·기회·경험 등 여러 측면에서 유사성을 갖게 됐음을 의미한다.[17]

이로 인해 배우자를 찾는 까다로운 과정부터 결혼 생활 및 육아에 이르기까지 남성 혹은 여성에게 요구되는 역할이 나날이 더해지고 있다. 특히 여성에게는 전통적인 남성의 역할을, 남성에게는 전통적인 여성의 역할을 겸비하도록 요구하는데, 심리학적으로 표현하자면 누구나 '심리적 양성성'을 가져야 하는 것이다.

가정생활의 평등이라는 측면에서 보면 이러한 심리적 양성성은 바람직한 것일 수 있다. 하지만 지금까지 서술한 트렌드 변화가 결혼을 결심하려는 젊은 남성들에게 큰 부담으로 작용하는 측면도 없지 않다. 밀레니얼 세대 남성이 자라면서 학습해온 아버지 세대의 남성성과는 크게 다르기 때문에 변화가 부담스러울 수 있기 때문이다. 결혼하려는 여성들 역시 이런 마인드를 가진 '요즘남편'이 아니라면 결혼할 결심이 힘들어진다. 대한민국의 혼인 건수는 매해 눈에 띄게 줄어들고 있다. 통계청 자료에 따르면 2013년 32만3,000건이었던 혼인 건수는 10년도 채 지나지 않은 2022년에 이르러 19만 2,000건으로 40% 가까이 감소했다. 청년 인구가 줄어드는 것을 감안하더라도 빠른 속도다. 출생률 통계는 발표할 때마다 '역대 최저치'라는 보도가 이어진다. 2022년 출생 통계에 따르면 우리나라의 출생률은 0.78명이었으며 2023년 역시 상반기 출산율이 전년 동기 대비하여 감소한 것으로 나타나는 등 어두운 전망을 내놓고 있다.[18] 또한 19~34세 청년 응답자의 절반 이상(53.5%)이 "결혼을 해도 자녀를 가질 필요가 없다"고 밝혀,[19] 요즘남편이 없던아빠가 되는 것조차 쉬운 일이 아니라는 것을 짐작하게 한다.

점차 결혼과 출산이 줄어드는 이유에 대한 분석은 다양하다. 첫 번째로는 결혼 비용과 내 집 마련의 어려움 등 경제적인 장벽이 높다는 점이 꼽힌다. 그런데 요즘남편의 등장에서 또 다른 이유를 생각해볼 수 있다. 결혼에 관한 사회심리학을 연구하는 미국 노스웨스턴대 엘리 핀켈Eli Finkel 교수에 따르면 현대사회에서 결혼은 '모 아니면 도all-or-nothing', 즉 아주 행복하거나 아주 불행한 선택처럼 여겨지고 있다.[20]

결혼이 과거처럼 누구나 따라야 할 관습이 아니라 개인의 주체적 선택이 되면서, 결혼이라는 것은 지금까지와는 달리 매우 다양하고 심도 있는 고민이 필요한 하나의 선택 사항이 됐다. 안정적인 보금자리를 찾을 뿐만 아니라, 서로 간의 로맨틱한 사랑도 기반이 되어야 하고, 나아가 남편과 아내 중 한 명이라도 그저 가족을 위해 희생하는 것이 아니라 서로의 자아실현을 지지하고 독려하는 관계가 되어야 한다. 핀켈 교수는 이것을 매슬로우의 욕구 피라미드에 비유한다. 생존의 욕구를 채우면 안전의 욕구를 원하고, 나아가 소속-존경-자아실현의 욕구까지 추구하게 되듯 결혼에서도 점차 고차원의 욕구를 충족하기를 원한다는 것이다. 이 때문에 결혼을 통해 원하고자 하는 바를 이루는 것은 더욱 어려워졌으며 결혼 생활에 많은 시간과 노력을 들여야 한다. 오늘날 남편이자 아내로 사는 것이 그 어느 때보다 어려운 이유다.

나아가 젠더 대수렴이 남녀 간에 대칭적이지 않다는 문제도 있다. 여성들이 직업 활동에 나서고 독립성이나 강인함을 갖추는 것에 비해 남성들이 여성성을 수용하는 정도는 그에 미치지 못하는 것이다. 이는 이전부터 꾸준히 제기되어 온 가사 노동의 불평등 문제와도 연관될 수 있다. 통계청의 발표에 따르면, 2022년을 기준으로 부부 중에서 서로 가사를 공평하게 분담하고 있다고 응답한 비율은 남편과 아내 모두 20% 정도에 불과했으며, 2019년 자료에 나타난 맞벌이 부부의 가사 노동 시간은 남편이 54분, 아내가 3시간 7분으로 상당한 격차를 보였다.[21] 이에 대해 한 연구에서는 여성들이 남성성을 더하는 것은 긍정적으로 여기지만, 남성들이 여성성을 갖는 것은 추가되는 특성이 아니라 남성성의 위협으로 느끼기 때문이라고 해석하기도 했다.[22] 이러한 양성성의 미스매치는 상대 성별의 요구를 충족하지 못하여 결혼을 더욱 어렵게 만드는 하나의 요인이 된다.

전망 및 시사점

"여자라서 행복해요."

— 2000년도 LG전자 디오스 광고

"분위기 좀 만들 줄 아는 모든 멋진 이들에게."

— 2023년도 LG전자 디오스 광고

20년 전, 공전의 히트를 한 냉장고 광고의 문구는 "여자라서 행복해요"였다. 단 한 줄로 많은 것을 표현하는 카피에는 냉장고와 부엌이란 공간이 여성의 영역이라는 전제가 함축되어 있었다. 그로부터 20여 년이 흐른 지금, LG전자 디오스 오브제컬렉션의 광고는 분위기가 많이 다르다. 아내에게 저녁을 차려주는 '로맨틱 무드 메이커 편' 혹은 아이와 놀아주는 '판타스틱 무드 메이커 편' 등의 광고에는 이전과 달라진 새로운 모습의 남편과 아빠가 출연한다. 냉장고의 본질은 변하지 않았지만, 20년 세월의 강을 건너 그것을 사용하는 사람이 바뀐 것이다.

인류학에는 '문화의 냇물'이라는 표현이 있다. 시냇물이 흐르는 것처럼 문화는 정체된 것이 아니라 끊임없이 변화하고 있다는 의미다.[23] 우리는 시냇물 어딘가에 발을 담그고 지금 물이 어떤지 경험하지만, 사실 얼마간 지나고 나면 내가 속한 문화는 예전과 같지 않게 된다. 가장 보수적이고 쉽게 변하지 않을 듯한 결혼과 가정생활의 문화 역시 마찬가지일 것이다. 남성과 여성도 이전과는 달라졌다. 변화를 무시하거나 거부하려 해도 흐르는 냇물을 붙잡을 수는 없는 것처럼 우리는 사회 구성원으로서, 정책과 제도 혹은 상품 및 서비스를 기획하고 만드는 관점에서도 변화를 관찰하고 수용하려는 자세가 중요하다.

물론 요즘남편의 등장에 대해 조심스럽게 접근해야 할 부분이 있다. 성별의 경계가 흐려지고 일상이 변화한 모습을 함부로 일반화할 수 없다는 것이다. 현실에는 여전히 성별 간 격차가 존재하며, 때로는 성별에 따른 차이가 무조건 잘못된 것이라 말할 수 없을 때도 있다. 또한 사람마다 가치관 및 상황에 따라 전통적인 성 역할 분담을 지향하는 경우가 있으며, 당연히 이를 존중하는 것도 필요하다. 또한 가정의 형태가 다양해진다는 사실에도 주목해야 한다. 무자녀 부부, 비혼, 조손 가정 등 여러 가지 삶의 형태가 사회적 논의에서 소외되지 않아야 할 것이다.

그럼에도 불구하고 대한민국 사회에서 분명하게 공유하고 있는 문제의식이 있다. 태어나는 아이들이 너무 적다는 것이다. 그 해결책도 꽤 명확하다. "아이 키우기 좋은 사회를 만들어야 한다!" '요즘남편 없던아빠'의 시각에서 보자면 아직도 일상 곳곳에서 많은 변화가 필요하다. 소아과 앞에 아빠들이 줄을 길게 서 있음에도 여전히 병원에서 건네는 아이 상태 체크 표에는 '엄마'가 작성해달라는 문구가 적혀있다거나, 육아휴직을 신청하는 남성 직원들은 '상사의 반응'을 가장 첫 번째로 걱정한다. 요즘남편 없던아빠들의 각오만으로 어떻게 해볼 수 없는 것이 있다면 문화를 먼저 바꿔야 한다.

눈여겨볼 만한 조사 결과가 있다. 한반도미래인구연구원이 리서치 업체 엠브레인과 함께 조사한 결과에 따르면, 20~39세 미혼 인구 중 직장 만족도가 높은 사람들의 출산 의향은 60.2%로 나타난 반면, 직장 만족도가 낮은 사람들의 출산 의향은 45.2%로 확실한 차이를 보였다고 한다. 이때 직장 만족도를 높이는 요인은 자유로운 연차 사용(70.8%), 육아휴직 보장(63.0%), 출산 후 복귀 직원에 대한 공정한 대우(56.9%) 등이었다.[24] 결국 육아 친화적인 기업 문화는 일자리에 대한 만족도를 높이고 출산에 대해서도 긍정적으로 생각하게 만든다는 것이다.

최선을 다해 행복을 추구하는 젊은 세대를 응원하며

2023년 5월, SK온 직원의 아내가 초산으로는 국내 처음으로 네쌍둥이를 얻은 사실이 기사화돼 화제된 적이 있다. 주목해야 할 점은 네쌍둥이가 아니라, 남편이 이 회사로 이직하고 나서 그의 아내가 비로소 출산을 결심했다는 사실이다. 그의 아내는 "SK는 아이 낳고 키우기 좋은 회사라고 들었다"며 남편의 이직 후 임신을 위해 난임 병원을 찾았다고 한다. 실제로 SK온은 상사의 결재를 받지 않고 자유롭게 쓸 수 있는 휴가와 유연근무제를 통해 직원이 아내와 매주 병원에 동행할 수 있게 했으며, 의료비 지원을 통해 네쌍둥이 출산의 경제적 부담을 크게 덜어줬다.[25] 이 사례는 남편에 대한 지원이 출산과 육아에 얼마나 큰 기여를 할 수 있는지 잘 보여준다.

시장에서는 육아 대디를 위한 상품과 서비스가 더 적극적으로 기획될 필요가 있다. 일본에서는 2022년부터 일명 '산후 파파육아'라는 남성의 출산휴가 장려책을 시행한 이후 간편성을 내세운 영유아 식품이 인기를 얻고 있다. 늦은 밤이나 외출 시 분유를 타는 번거로움 없이 바로 섭취 가능한 '액체형 분유'나 퓌레, 또는 재료를 섞고 전자레인지로 1~2분만 가열하면 완성되는 죽 등이다.[26] 미국의 '파더크래프트Fathercraft'라는 작은 브랜드는 아빠들이 들고 다녀도 민망하지 않을 만한 기저귀 가방이 없다는 사실에 착안해 사업을 시작했다.[27] 백팩과 숄더백으로 양용 가능한 기저귀 가방을 만드는 것에서 더 나아가 이제는 유아용품 리뷰와 예비 아버지를 위한 온라인 수업도 제공한다.

'요즘남편 없던아빠' 키워드는 읽는 독자의 연령이나 성별에 따라, 또 아들 혹은 딸을 두었느냐에 따라, 그 반응이 천차만별일 듯하다. "당연한 얘기를 새로운 트렌드라고 썼다"는 젊은 세대의 반응부

출처: 파더크래프트

◀ ◀ ◀ 육아에 참여하는 아빠들이 늘어나면서 남성의 신체 특성을 적용한 유모차와 기저귀 가방도 속속 제품화되고 있다.

터 "그래도 남성이 가장인데 좀 심한 것 아니냐?" 혹은 "자기들 좋은 대로 살라고 하라"는 기성세대의 소감까지, 각자 어떤 경험을 해왔고 어떤 위치에 있느냐에 따라 가치판단을 다르게 할 여지가 많다. 하지만 중요한 것은 이러한 변화를 개인적으로 동의하든 하지 않든, 젊은 이들이 더 많이 결혼하고, 더 쉽게 아이를 낳아 기르고, 더 행복하게 살아갈 수 있도록 개인적 지지와 사회적 지원을 아끼지 않는 일이다. 어느 세대든 자신에게 주어진 여건 아래서 최선을 다해 행복을 추구한다. 결국 공동체의 존재 이유란 젊은 후속 세대의 이 노력을 응원하는 것에서 출발하는 것이 아닐까?

Expanding Your Horizons:
Spin-off Projects

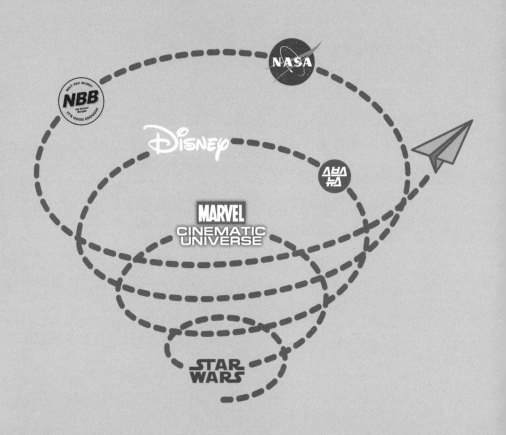

스핀오프 프로젝트

스핀오프spin-off란 사전적으로 누에고치에서 실을 잣듯이 '파생되다', '(원심력으로) 분리하다'라는 의미다. 스핀오프는 주로 콘텐츠산업에서 "어떤 특정한 원작에서 파생되어 나온 작품"을 지칭하며, 영화나 드라마에서 빈번하게 사용되는 개념이다. 마블 영화사의 〈어벤져스〉 시리즈와 같이 콘텐츠에도 '세계관' 개념이 도입되면서 스핀오프는 창작의 중요한 원천이 되고 있다. 이러한 스핀오프의 개념이 최근에는 브랜드, 기술, 조직 관리, 그리고 개인의 경력 개발 영역으로 확대되고 있는데, 이처럼 다양한 영역에서 스핀오프 개념이 확장하는 트렌드를 '스핀오프 프로젝트'라고 부르고자 한다.

브랜드 스핀오프는 기존의 브랜드 정체성을 유지하면서도 새로운 고객과 시장으로 확장하고자 할 때 널리 사용된다. 프리미엄 패션 브랜드가 젊은 소비자나 매스티지masstige(비교적 저렴한 프리미엄 상품) 시장을 위해 서브 브랜드를 출시하거나 혹은 일반 브랜드의 경우 기존의 인지도를 활용하면서 새로운 영역에 진출할 때 즐겨 사용한다. 기술도 스핀오프된다. 미국 국방성에서 우회 통신망으로 개발하던 아파넷ARPAnet이 오늘날 일상에서 없어서는 안 될 인터넷으로 진화한 것이 대표적이다. 기업도 스핀오프에 열심이다. 사내벤처나 사내독립기업CIC, Company-In-Company 등을 통해 새로운 기술·상품·비즈니스 모델을 육성하고, 성공 가능성이 높다고 판단되면 이후 이것을 분사分社시키는데, 네이버와 인터파크 등은 모두 스핀오프 기업의 대표적인 사례. 개인도 스핀오프해나갈 수 있다. 최근 직장인들 사이에서 '사이드 프로젝트'가 인기인데 이는 단순한 부업과는 다르다. 지금 하고 있는 일의 연장선상에서 자신의 새로운 경력으로 발전시킬 수 있는 자기계발과 적용의 시도를 사이드 프로젝트라고 부른다. 이를 통해 자신의 경력에 새로운 가치를 창출할 수 있는 삶의 스핀오프가 가능하다.

혁신적인 기술과 비즈니스 모델이 앞다퉈 등장하고 있는 오늘날, 이러한 변화에 조직이나 개인이 가장 유연하게 대처할 수 있는 방법이 바로 스핀오프다. 격변하는 트렌드에 대응하고 성장해나가려는 시도가 계속되는 한, 스핀오프는 새로운 비즈니스를 만들고 더 역량 있는 인재로 발전해나갈 수 있는 프로젝트로서 더욱 각광받게 될 것이다.

"당신이 꿈을 꿀 수 있다면 반드시 이룰 수 있다. 내 모든 것이 꿈과 생쥐(미키 마우스) 한 마리에서 시작했다는 것을 늘 기억하라(If you can dream it, you can do it. Always remember that this whole thing was started with a dream and a mouse)."

– 월트 디즈니

월트 디즈니 본인의 고백처럼, 콘텐츠 왕국 디즈니는 생쥐 한 마리로부터 시작됐다. 미키 마우스 캐릭터에서 출발해 만화, 애니메이

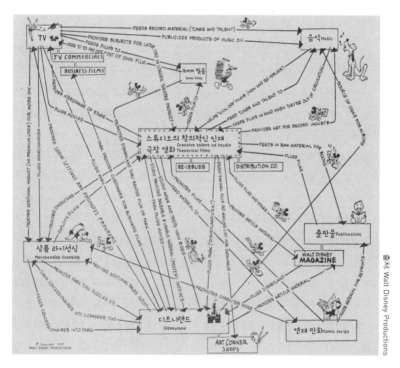

▲▲▲ 디즈니 시너지 맵. 캐릭터와 콘텐츠의 다양한 스핀오프가 처음부터 디즈니의 머릿속에 들어 있었음을 알 수 있다.

션, 영화, 테마파크에 이르기까지 다양한 영역으로 확장되어 현재의 디즈니 왕국에 이른 것이다. 창업자 월트 디즈니의 1957년도 메모를 보면, 디즈니가 다양한 콘텐츠를 펼치고 연결하면서 어떤 방식으로 기업과 브랜드를 성장시키고자 했는지 엿볼 수 있다. 디즈니 시너지 맵Disney synergy map 혹은 디즈니 레시피The Disney recipe로 불리는 이 메모는 미래 시장 트렌드를 정확하게 짚으면서, 회사의 독특하고 가치 있는 자산에 관한 통찰력과 함께 인접한 산업과의 연계성을 고려하는 교차적 시야cross sight를 잘 보여준다.[1]

미키 마우스와 그의 여자친구 미니 마우스, 애견 플루토, 그리고 도널드 덕과 구피까지…… 생쥐 한 마리를 시작으로, 디즈니는 그동안 수많은 캐릭터와 콘텐츠를 다양하게 스핀오프spin-off하면서 발전해왔다. 스핀오프는 사전적 의미로는 누에고치에서 실을 잣듯이 '파생되다', '(원심력으로) 분리하다'라는 뜻이지만, 콘텐츠 제작의 영역에서는 원작을 중심으로 작품이나 캐릭터가 파생되는 현상을 지칭한다.

이제 스핀오프 개념은 브랜드·기술·조직 관리 그리고 개인의 경력 개발 영역으로까지 확대되고 있다. 멀티플랫포밍multiplatforming 시대를 맞아 유통 플랫폼이 다변화되는 가운데, 상품과 브랜드 역시 콘텐츠처럼 다양한 스핀오프를 통해 강력한 세계관을 만들고 열정적인 팬덤을 확보해야 할 필요성이 더욱 커지고 있다. 각 영역의 기술이 폭발적으로 성장하는 오늘날, 특히 우주·군사 영역의 원천 기술은 소비자의 니즈에 맞춰 다양하게 변주되고 스핀오프된다. 무엇보다도 빠르게 변화하는 시장 환경 속에서 많은 조직과 개인에게 자신의 기본 콘텐츠나 업業을 기반으로 더욱 특화된 역량을 신속하게 분리하고 파생시키려는 노력이 더욱 절실해졌다. 『트렌드 코리아 2024』에서는 이처럼 다양한 영역에서 스핀오프 개념이 확장하는 트렌드를 '스핀오프 프로젝트'라고 부르고자 한다.

　비즈니스 모델을 완전히 전환하는 '피보팅pivoting'과는 달리, 스핀오프는 사업을 확장하고 결합하며 유연하게 변화시키는 일련의 프로젝트 활동이라는 취지에서 '프로젝트'라는 꼬리말을 붙였다. 『린 스타트업』의 저자 에릭 리스Eric Ries에 의하면, 피보팅이란 "창업가가 사업을 진행하는 과정에서 제품·전략·성장 엔진에 대한 새롭고 근본적인 경로를 구조적으로 수정하는 방향 전환"을 말한다.[2] 한마디로 사업 방향을 전사적·전면적으로 전환하는 것이다. 반면 스핀오프는 새로운 가능성을 다양하게 '씨 뿌리듯' 시도해보면서도, 핵심적인 비즈니스 영역은 그대로 유지한다는 점에서 근본적인 차이가 있다. 다시 말해 피보팅이 핵심 사업 방향의 전면적이고 전사적인 전환이라면, 스핀오프는 핵심 사업의 무게중심을 점진적으로 이동하며 사업을 다각화·유연화시키는 방법이다. 피보팅의 개념은 『트렌드 코리아 2021』에서 소개했는데, 당시는 코로나19가 오래 이어지면서 비즈니스 환경이 뿌리부터 흔들리는 비상 시기였다. 이런 환경에서 일부 산업군은 신속하고 근본적으로 사업 방향을 전환하는 피보팅이 시급했다. 하지만 코로나19 사태가 어느 정도 진정되고 인공지능을 비롯한 새로운 사업 기회가 대두하는 엔데믹 시대에는 사업 영역을 완전히 전환하기보다는, 핵심은 일단 유지하면서 다양한 시도를 가능하게 하는 스핀오프가 리스크가 적고 안정적인 전략이다. 스핀오프와 피보팅의 차이를 설명하면 다음 표와 같다.

	스핀오프	피보팅
전략	씨앗 뿌리기 전략	전사적 전환 전략
변화	핵심 역량과 사업 영역 유지	핵심 역량과 사업 영역 전환
특징	다양성·유연성 강화	적응 극대화
형태	비즈니스 모델 확장	비즈니스 모델 전환
지향 고객	브랜드·세계관에 열광하는 팬덤	새로운 수요에 반응하는 소비자
목적	연속적 변화	파괴적 혁신
편익	위험 분산과 실패 회피	위험 감수와 가설 실험

콘텐츠 스핀오프

전술한 바와 같이 스핀오프는 콘텐츠 영역에서 출발했으며, 지금도 해당 분야에서 가장 활발하게 이뤄진다. 여기서 스핀오프는 원작과 같은 세계관을 공유하면서 펼쳐나가는 새로운 이야기로서, '외전'이나 '번외'의 개념을 포함한다. 본편의 과거 이야기를 다루는 '프리퀄 prequel'과 이후의 이야기를 다루는 '시퀄sequel', 새로운 캐스팅으로 시작하는 '리부트reboot'까지 모두 넓은 의미에서 스핀오프의 범주에 포함된다. 영화 〈스타워즈〉 시리즈가 스핀오프의 대표적인 사례로, 1977년 첫 작품이 발표된 이후 다수의 시리즈가 제작되면서 지금까지도 세계적으로 강력한 팬덤을 꾸준히 양산하고 있다. 원작의 팬들이 자연스럽게 스핀오프의 팬덤이 되고, 스핀오프 작품을 먼저 접한 관객들 역시 원작에 대해 관심을 갖게 되면서, 결국 시리즈의 세계관 속으로 빠져들게 된다. 결과적으로 스핀오프를 통해 관객의 충성도는 더욱 깊어지고 넓어진다.

점차 콘텐츠가 제공되는 매체와 형태가 다양해지면서, 스핀오프는 영화·드라마·만화·애니메이션·게임 등 다양한 분야를 가로지르는 트랜스미디어trans-media로서의 특징을 갖게 됐다. 특히, 오늘날 주류 영화계는 프랜차이즈 스핀오프가 대세다. 이것은 디즈니와 같은 대형 미디어 프랜차이즈가 지식재산권ip이 있는 원작을 영화·드라마·소설·애니메이션·게임 등 다른 매체로 전개하는 사업 전략이다. 〈스타 트렉〉, 〈트랜스포머〉, 〈스타워즈〉 시리즈 모두 하나의 거대한 세계관을 공유하며, 우주가 팽창하듯이 끊이지 않는 이야기를 통해 스핀오프를 이어간다.

특히 마블 코믹스에서 시작한 〈어벤져스〉 시리즈는 영화와 드라마로 확장되면서 '마블 시네마틱 유니버스mcu'라는 세계관으로 확장했다. 즉, 마블 코믹스를 배경으로 하는 이 영화들은 마블 유니버스라는 하나의 세계관을 공유한다. 성공적인 스핀오프는 원작의 스토리텔링을 그대로 계승하면서도 본편에서는 경험하지 못한 새로운 세계로 팬들을 이끌게 된다. 2007년부터 제작되기 시작한 마블 시네마틱 유니버스 시리즈는 2023년 9월 기준 현재 총 32편의 영화가 개봉됐고 향후 15편의 작품이 계획되어 있다. 2008년부터 2021년까지 개봉한 27편의 총수익은 전 세계 박스오피스 기준으로 235억 달러에 달해 시리즈 영화 매출 순위 1위를 기록 중이다.[3]

▲▲▲ 원작 만화의 세계관을 계승하면서도 영상 콘텐츠의 특장점을 살린 '마블 시네마틱 유니버스'는 가장 성공한 콘텐츠 스핀오프 사례로 꼽힌다.

이처럼 콘텐츠 영역에서 스핀오프가 활발하게 일어나는 이유는 무엇일까? 먼저 기존의 인기 캐릭터나 콘텐츠에 기반하면, 흥행에 대한 리스크를 줄일 수 있다는 장점이 있다. 콘텐츠 제작비가 천문학적으로 치솟는 상황에서 투자자의 입장에서는 원금 회수를 위한 최소한의 안전장치를 선호하는데, 오랫동안 검증된 기존 콘텐츠가 그 역할을 해줄 수 있다는 것이다. 코로나19 팬데믹 이후 미디어 소비 행태가 크게 바뀌면서 관객들은 어느 정도 재미가 보장된 작품을 선호하게 됐다. 넷플릭스 같은 OTT 플랫폼이 확대되고 영화 관람료가 인상되면서, 극장 또한 관객 유입이 쉽지 않은 상황이다. 이렇다 보니 영화계도 검증된 내용과 캐릭터로 이미 확보한 팬을 불러들일 수 있는 프랜차이즈 작품 위주로 산업이 전개되고 있다.

더구나 콘텐츠를 소비할 수 있는 경로(디바이스)와 플랫폼이 많아지면서 하나의 콘텐츠나 캐릭터를 다양하게 활용할 수 있는 길이 열렸는데, 이를 원소스 멀티유즈OSMU, One Source Multi-Use라고 한다. OSMU는 디즈니의 대표적인 전략 중 하나로, 디즈니는 하나의 캐릭터를 게임·소설·웹툰·캐릭터·굿즈·테마파크 등에 다양하게 활용한다. 소비자들은 원작 콘텐츠를 다양한 방식으로 즐기면서 작품의 팬덤이 되고, 이를 통해 콘텐츠의 생명력이 계속 이어지는 효과가 발생한다. 궁극적으로 원전과 스핀오프 작품들의 이러한 네트워크가 하나의 '세계관'을 형성하게 되면, 지속적으로 젊은 층을 신규 소비자로 편입시키는 거의 영구적인 선순환을 만들어낼 수 있는 것이다.

브랜드 스핀오프

스핀오프의 개념은 기본적으로 콘텐츠의 파생작 등을 의미하지만, 기업의 상품이나 브랜드에서도 이러한 스핀오프의 방식이 차용되고 있다. 브랜드는 스핀오프 방식을 통해 타깃층을 넓히거나 브랜드 이미지를 유연하게 변화시켜, 브랜드의 확장성을 높이고 이미지의 노후화를 막을 수 있다.

특히 명품이나 프리미엄 패션 브랜드에서 젊은 MZ세대 소비자를 타깃으로 하거나, 다소 저렴한 프리미엄 상품을 뜻하는 매스티지 제품의 출시를 위해 세컨드 브랜드를 스핀오프하는 사례가 자주 관찰된다. 프라다는 '미우미우MIUMIU' 브랜드를 스핀오프하여 더욱 젊고 세련된 이미지를 구축했다. 메종 마르지엘라Maison Margiela는 'MM6'

라는 브랜드를 스핀오프했는데, MM6는 스트리트 감성을 더한 재기발랄한 이미지를 통해 MZ세대 소비자들에게 소구하고 있다. 클로에Chloé도 '씨 바이 클로에SeeByChloé'를 통해 보다 캐주얼한 감성을 강화했다. 영국 패션 브랜드 닥스DAKS는 '닥스10'을 출시하면서 기존 닥스 브랜드의 클래식하고 모던한 스타일에서 벗어나 보다 젊은 이미지로 포지셔닝하며 밀레니얼 소비자를 타깃으로 설정했다. 삼성물산 패션 부문의 여성 브랜드 구호가 밀레니얼 세대에 초점을 맞춘 '구호플러스'를 출시한 것도 같은 맥락이다. LF는 사내벤처 브랜드 '던스트'를 론칭했다. 던스트는 젊은 감성에 초점을 맞춘 스트리트 캐주얼 브랜드로서 빠르게 변화하는 패션 트렌드에 대응하기 위해 '씨티닷츠'라는 독립 법인으로 분사되기까지 했다.

프리미엄 브랜드가 아니더라도, 기존 브랜드의 인지도를 효과적으로 활용하면서 비즈니스 다각화를 꾀하는 기업들이 스핀오프를 활발하게 활용하고 있다. 저출산·고령화의 여파로 핵심 고객군의 양적·질적 변화를 맞고 있는 교육 기업 대교그룹은 기존의 교육 콘텐츠의 심화를 모색하면서도 시니어를 대상으로 데이케어, 방문 요양, 전문 강사 육성 및 파견, 인지 케어 콘텐츠 개발 등을 포함한 시니어 토털 케어 서비스 브랜드인 '대교뉴이프'를 론칭했다.[4] 신세계그룹의 가성비 PB 라인인 노브랜드는 2019년에 '노브랜드버거'를 스핀오프해 시장에서 좋은 반응을 얻었으며, 론칭 3년 4개월 만에 200호점 개점을 돌파했다. SPC그룹의 베이커리 브랜드 파리바게뜨는 샌드위치와 샐러드 등의 델리 제품군 전문 브랜드인 '델리셔스Deli-cious'를 스핀오프했다. 맥도날드는 미국에서 소규모 매장을 특징으로 하는 스핀오프 브랜드인 '코스맥스CosMc's'를 2024년 출점할 계획이라고 밝혔다. 코스맥스는 코로나19 이후에 배달 주문 수요가 크게 늘어나는 상황을 반영해, 매장 내 식사 공간을 줄이고 배달 서비스 위주로 운영될 예정이다.

기존 미디어의 다양한 스핀오프

미디어산업의 스핀오프도 활발하다. SNS의 발달로 인해 유튜브 크리에이터와 마이크로 인플루언서가 큰 영향력을 가지게 되고 전통 미디어인 TV 등 대중매체의 영향력은 상대적으로 약화되는 상황에서, 주요 방송사들은 기존의 전통적인 포맷과 스타일에서 과감하게 탈피해 다양한 미디어를 스핀오프하고 있다. MBC는 '14층 사람들'이라는 의미로 '14F(일사에프)'를 스핀오프했는데, 현재 14F는 유튜브, 페이스북, 인스타그램, 틱톡 등 다양한 채널을 통해 시청자와 소통한다. MBC는 181만 명의 구독자를 보유한 유튜브 채널 '14F' 외에도 브랜드에 얽힌 사람과 돈 이야기를 풀어내는 '소비더머니(구독자 59만 명)', 한국에 사는 외사친(외국사람친구)들의 다양한 생각을 콘텐츠로 풀어

▲▲▲ 짧고 유쾌하게 뉴스를 전달하는 MBC의 유튜브 채널 '14F'와 MZ세대를 타깃으로 삼은 중앙일보의 유튜브 채널 '듣똑라'. 기존 미디어의 성공적인 스핀오프 사례다.

내는 '별다리 유니버스(구독자 34만 명)'를 스핀오프해 운영 중이다. KBS의 '크랩KLAB'과 중앙일보의 '듣똑라(듣다보면 똑똑해지는 라이프)'는 모두 트렌드와 금융 등에 관심이 많은 젊은 세대를 타깃으로 뉴스를 쉽고 재미있게 가공해 다양한 채널로 소개하고 있다. 주요 채널인 유튜브의 구독자 수는 각각 48만 명, 40만 명에 달한다. CBS의 유튜브 채널 '씨리얼(구독자 34만 명)'은 정치·사회적 이슈를 보다 친근하게 풀어내며 큰 관심을 받고 있다. 이러한 사례들 모두 무거운 브랜드 이미지를 탈피하며 젊은 시청자를 새롭게 유입시키는 효과를 거두고 있다.

SBS는 '스브스뉴스'로 스핀오프했다. "뉴스에는 위아래가 없다"를 캐치프레이즈로 내건 스브스뉴스는 뉴스를 뉴미디어에 최적화된 콘텐츠에 가깝게 만들어 선보인다. 딱딱한 느낌의 고딕 서체에서 탈피해 보다 친근한 서체와 그래픽을 사용하는데, 스브스뉴스의 모체인 SBS디지털뉴스랩은 뉴스 콘텐츠를 큐레이션하고 플랫폼의 인터페이스를 담당하는 UI/UX 기획개발실을 따로 설립했을 정도다.[5] 스브스뉴스에서 제작한 웹예능 〈문명특급〉은 유튜브 채널 구독자가 194만 명에 이르며, 젊은 층에 직관적으로 다가선 성공적인 스핀오프로 평가받는다(각 유튜브 채널의 구독자 수는 모두 2023년 9월 기준).

이러한 미디어 스핀오프의 사례는 점점 늘어나고 있는데, 기존의 전통적인 채널 특성에서 벗어나 콘텐츠의 결을 차별화함으로써 새로운 소비층을 유입시키는 효과를 누릴 수 있기 때문이다. 나아가 시청자층의 다양한 취향에 대한 세분화된 접근을 통해 새로운 틈새시장을 개척하여 사업의 기회도 확장할 수 있다.

출처: 유튜브 채널
'스브스뉴스', '문명특급'

▲▲▲ 스브스뉴스의 로고 디자인은 기존 미디어의 딱딱한 느낌과는 거리가 멀다. 스브스
뉴스에서 제작하는 웹예능 〈문명특급〉은 MZ세대의 큰 사랑을 받으며 자체 굿즈까
지 출시했다.

브랜드의 스핀오프가 성공적으로 이뤄지면, 브랜드의 구성 요소가
더욱 다채로워지면서 새로운 브랜드 팬덤을 유입시키게 되고, 궁극
적으로 강력한 고객 로열티가 형성될 수 있는 선순환의 기반이 된다.
하지만 브랜드 스핀오프가 항상 성공을 거두는 것은 아니기 때문에
이로 인한 파급효과를 예측하고 분석하는 것이 중요하다. 돌체앤가
바나Dolce & Gabbana는 과거 'D&G(디앤지)'라는 합리적인 가격대의 세
컨드 브랜드를 론칭한 적이 있다. 그런데 소비자들은 D&G를 Dolce
& Gabbana의 축약어로 인식해서 별도의 브랜드가 아닌 동일한 브
랜드로 오인했다. 이 결과, 원 브랜드의 프리미엄 이미지에 부정적인
영향을 미쳤고 결국 실패 사례로 기록되며 사라져버렸다. 따라서 새
로운 스핀오프 브랜드를 만들 때는 기존 브랜드와의 연관성과 함께
그 차별성을 확실하게 구분하고, 기존 브랜드와 선순환 효과가 형성
될 수 있도록 해야 한다. 많은 브랜드가 타깃 소비자를 확장하여 스
핀오프하고 있는데, 이러한 과정에서 원 브랜드의 이미지가 훼손되
어서는 안 될 것이다. 대표적으로 명품 패션 브랜드 샤넬은 남성복

라인을 출시하지 않는다. 남성복 라인 출시로 인해 브랜드 이미지의 통일성과 희소성을 해칠 수 있기 때문이다. 상품과 브랜드 스핀오프에 있어서는 장기적인 관점에서 선순환적인 효과가 만들어질 수 있도록 세심하게 기획하고 실행해야 할 것이다.

기술 스핀오프

"당신이 생각하는 것보다 더 많은 우주가 당신 삶 속에 있습니다(There's more space in your life than you think)."

— NASA

기술 개발 영역에서도 스핀오프는 중요한 개념이다. 미항공우주국 나사NASA는 자신들이 보유한 우주 기술이 다양한 산업에 응용되어 제품화되는 것도 스핀오프라고 지칭한다. 대표적인 사례로 적외선 귀 체온계는 원래 나사에서 별의 온도를 측정하기 위해 개발했던 적외선 온도 측정 기술에 착안해 만들어진 것이다. 동결 건조식품도 우주 식품에서 유래했다. 우주 식량은 초저온의 진공상태에서 음식의 수분을 승화시키는 공법을 통해 형태와 식감을 유지하며 음식을 오래 보관할 수 있는데, 이후 라면 수프나 인스턴트 커피, 말린 과일 등에 이 기술이 활용됐다. 이 외에도 메모리폼은 장시간 비행하며 앉아서 일해야 하는 우주 비행사들의 의자를 개선하기 위해서 개발됐는데 이제는 침대 매트리스·베개·방석 등 의료나 가구를 비롯한 다

출처: spinoff.nasa.gov

▲▲▲ 나사는 1976년부터 지금까지 매년 홈페이지를 통해 스핀오프 기술의 사례를 자세히 소개하고 있다. 유튜브와 트위터 등의 SNS 채널도 별도로 운영하는데, 해마다 수십 건의 성공 사례가 업데이트된다.

양한 분야에서 활용되고 있다. 나사는 매년 프로젝트 개발과 관련되어 파생한 스핀오프 사례를 정리하여 홈페이지spinoff.nasa.gov에 정보를 제공하는데, 나사의 원천 기술을 바탕으로 개발되어 실생활에 쓰이는 제품의 사례가 1976년 이후 무려 2,000개가 넘는 것을 알 수 있다.[6]

우주 기술 외에 군사기술이 산업에 적용되는 경우도 많다. 현재의 인터넷은 미국 국방성에서 우회 통신망을 개발하며 등장한 군용 네트워크 아파넷ARPAnet이 응용된 것이다. 제2차 세계대전 직후에는 제트전투기의 엔진 기술이 적용된 여객기가 민간 항공 시장의 폭발적인 성장을 이끌었고, 레이더 전문 개발 기업인 레이시온Raytheon이 전자파와 관련된 연구 중 우연히 발견한 현상을 적용해 선보인 것이 바로 전자레인지다. 이외에도 우주개발, 무기 및 선박 통제를 비롯해 암호 해독에 사용하기 위해서 만든 컴퓨터도 국방 기술이 민간 기술로 이전된 대표적인 사례다.

일반 기업에서도 비슷한 유형의 기술 스핀오프가 일어난다. 대표적인 사례가 캐논Canon이다. 캐논은 본래 현미경을 제조하는 회사였는데 핵심 기술인 광학 정밀 기술을 활용하여 복사기와 프린터 등의 사무용 기기산업으로 사업을 진화시켜 갔다. 이러한 기술 스핀오프의 사례는 향후 인공지능 등 첨단 디지털 기술의 발달로 인해 더욱 활발하고 광범위하게 나타날 것으로 전망된다.[7]

조직 스핀오프

스타트업 창업이 경제의 새로운 활력소가 되면서 사내벤처 설립이 대기업 전반으로 확산하고 있다. 한국무역협회 국제무역통상연구원에 따르면 기업의 평균 존속기간이 1958년에는 61년 정도였지만 2027년에는 12년으로 무려 49년이나 줄어들 것으로 전망된다. 대기업의 경우 조직이 비대해서 실제 의사결정까지 더욱 긴 시간이 걸리는데, 빠르게 변화하는 사업 환경 속에서 신사업 발굴을 위한 유연한 조직문화를 만들기 어렵다는 점에서 위기에 더 쉽게 노출된다. 이러한 경직성을 보완하고자 여러 대기업에서 사내벤처를 제도적으로 시도하는 것이다. 사내벤처는 모회사의 인프라나 자금을 활용할 수 있는 덕에 다른 스타트업과의 경쟁에서 유리한 고지를 선점할 수도 있다. 나아가 직원들이 직접 제시한 아이디어를 사업화하면서 인센티브를 제공해 임직원의 업무 만족도를 향상시키고, 공정함을 갈망하는 MZ세대의 근로 의욕을 고취할 수도 있다.[8] 이렇듯 다양한 이유로 사내벤처를 통한 조직의 스핀오프가 크게 늘고 있다.

경제 위기와 급변하는 경영 환경에 대응하기 위해 기업 차원에서도 활발한 기업가적 활동이 요구되면서, 독립 조직인 사내벤처와 스핀오프는 기업의 잠재적 성장 전략을 실현하기 위해 더욱 필수적인 요건이 되고 있다. 내부 기업 벤처링ICV, Internal Corporate Venturing을 통해 기업들은 별도 부서를 설치하거나 사내 직원의 아이디어를 수집하고 선정된 팀에게 별도의 공간과 시간을 할애하여 아이디어를 사업화하도록 독려한다. 이후 성공할 경우에는 내부화하거나 별도 법인을 허가하여 분사시킨다.

이처럼 기업발 스핀오프 창업은 기업 내부에서 새로운 기회를 이용하여 경제적 가치를 창출하기 위해 사내 기업가 정신CE, Corporate Entrepreneurship을 중심으로 외부에 새로운 기업을 세우는 일종의 기업 벤처링 활동이다. 창업자가 이전에 근무했던 조직을 '배태 조직incubator organization'이라고 하는데, 배태 조직이 대학이나 공공 연구소인 경우에는 연구 기반 스핀오프 창업이라고 하며 기업인 경우에는 기업발 스핀오프 창업이라고 한다.[9]

2017년, 전 세계에 '포켓몬고' 열풍을 몰고 온 포켓몬고의 제작사 나이앤틱Niantic도 구글의 사내벤처에서 시작한 회사다. 구글의 부사장 존 행키John Hanke가 2010년 구글에서 나이앤틱을 꾸렸고 2015년에 분사했는데 2016년부터 포켓몬고로 큰 성공을 거두며 1년도 되지 않아 기업 가치가 4조 원을 넘길 정도로 성공했다. 이처럼 사내벤처는 단기간에 신규 사업을 키울 수 있는 효율적인 수단이다. 이베이eBay는 페이팔PayPal의 미래 전망이 밝다고 판단해 스핀오프 프로젝트로 독립시킴으로써 글로벌 회사로 성장시켰다. 2016년 피아트 크라이슬러Fiat Chrysler는 페라리Ferrari를 분사해서 이탈리아 럭셔리 스포츠카 제조 업체를 독립된 회사로 만들어 선택과 집중을 가능케 했다.

국내 대기업들도 사내벤처 육성에 많은 노력을 기울이고 있다. 삼성전자는 2012년부터 'C랩 인사이드'라는 사내벤처 육성 프로그램을 통해 스타트업을 발굴하고 있으며, 우수 사내벤처 과제가 스타트업으로 분사할 수 있는 스핀오프 제도를 실시하고 있다. 분사에 성공한 팀에는 최소 5억 원에서 최대 10억 원을 사업 자금으로 지원하며 독립 후 회사를 나가더라도 5년 안에 재입사할 기회를 부여한다.[10] 현대자동차그룹은 2000년부터 사내 스타트업 육성 프로그램인 '벤처플라자'를 운영해오고 있다. 2021년부터는 명칭을 '제로원 컴퍼니 빌더'로 바꾸고 자동차를 넘어 다양한 분야로 사업 선발 범위를 넓혔다. 선발된 스타트업은 최대 3억 원의 개발비를 지원받고 1년간의 제품·서비스 개발 및 사업화 기간을 거쳐 분사 또는 사내 사업화 여부가 결정된다. 분사 후 3년까지는 재입사할 수 있는 기회도 있다. 그동안의 프로그램을 통해 총 76개 팀을 선발했고 2023년 9월 기준 33개 기업이 독립 분사했다.[11] LG전자는 사내벤처 프로그램 '스튜디오 341'을 운영하고 있다. AI·스마트 홈·디지털 헬스케어·로봇·메타버스 등 다양한 미래 유망 산업 분야에서 창의적인 아이디어를 가진 국내 임직원이 그 대상인데, 최종 선발된 다섯 팀의 멤버들은 현업에서 분리돼 별도의 사외 오피스에서 사내벤처 업무에만 집중할 수 있다. 스핀오프를 결정한 팀에는 LG전자와 '블루포인트파트너스'가 팀당 최대 4억 원의 창업 자금을 공동 지원하는 것으로 알려졌다.[12]

기업이 스핀오프를 실행하는 이유는, 말 그대로 모험적 사업을 수행하면서 조직의 다양한 요소를 그들이 가장 잘하는 일에 집중하고, 성장 전망이 강한 사업 부문에 투자함으로써 더 큰 가치를 창출할 수 있기 때문이다. 이처럼 대기업의 사내벤처 활동은 큰 조직의 타성을 보완할 수 있는 효과적인 수단이다. 젊은 세대의 새로운 시각을 담은 아이디어를 통해 기업에서 고착된 시스템을 개혁하고 수정하는 선순환이 만들어지고, 신규 창업가들 역시 모기업으로부터 유연하고 다양한 지원을 받을 수 있는 장점이 있어, 시너지가 매우 크다.

개인 경력 스핀오프

스핀오프는 개인적 차원에서도 활발하게 이루어지고 있다. 본업 이외에 자신의 경력을 스핀오프하려는 직장인이 늘어나며, 많은 사람들이 일명 '사이드 프로젝트'에 본격적으로 뛰어들고 있다. 이 말은 원래 테크 분야에서 새로운 소프트웨어를 개발하는 것을 지칭했었는데, 그 의미가 확장되면서 이제는 비공식적으로 자신만의 프로젝트를 수행하며 결과물을 만들어내는 것을 지칭하게 됐다. 이를 통해서 개인은 추가 수입을 창출하거나 자신의 커리어에 도움을 주는 발판으로 삼는다. 사이드 프로젝트는 단순한 부업과는 다르다. 퇴근길에 용돈벌이로 음식 배달이나 대리운전을 한다고 해서 이를 사이드 프로젝트라고 부르지는 않는다. 개인적인 시간을 따로 내서 직장에서 하고 있는 업무와 관련된 분야나 별도의 관심 영역에서 성과를 추구하는 것이 사이드 프로젝트다. 사람들은 사이드 프로젝트를 통해 새로운 커리어를 만들어가는 기회로 삼을 수 있고, 직장에서 이루기 힘들었던 자기계발을 실천하며 성공적일 경우에는 창업이나 이직의 기회로 연결할 수도 있다.

사이드 프로젝트는 취미나 여가와도 다르다. 말 그대로 프로젝트로서 구체적으로 목표를 설정하고 체계적인 계획을 수립하고 차근차근 설정 목표에 도달하고자 하는 의지적인 활동이다. 따라서 남는 시간에 여가를 즐기는 것이 아니라 자신이 의도적으로 시간과 노력을 투입해야 하는 노동에 가깝다. 무엇보다 자신의 가치를 실현하기 위해 스스로가 원하고 하고 싶은 일을 실험하는 것에 중점을 둔다. 이처럼 사이드 프로젝트는 스스로 성장하는 것에 더 큰 가치를 둔다.[13]

코난테크놀로지가 소셜분석한 결과에 따르면, '사이드 프로젝트' 관련 언급량은 시간이 지날수록 증가하는 추세이며, 특히 매년 1월에 언급량이 높게 형성되는 것으로 나타났다. 또한 연관어 분석 결과, '경험', '공부', '개발' 등 회사 내에서 하는 업무 외에 자기계발을 위해 공부하고 경험을 쌓는 것을 목적으로 함을 알 수 있다. 부수입 확대가 아니라 자기 성장을 위한 방편으로 사이드 프로젝트를 수행하는 것으로 보인다. 사이드 프로젝트에 대한 긍정 언급 비율이 압도

'사이드 프로젝트' 관련 긍정어 및 부정어 언급 비율

순서	긍정어	언급량	부정어	언급량
1	좋다	2,804	안되다	58
2	재미있다	1,069	고민	57
3	추천	996	부족	52
4	성장	898	실패	44
5	빠르다	882	문제다	38
6	즐겁다	693	힘들다	38
7	행복	692	에러	29
8	성공	656	불안	28
9	관심	613	싫다	28
10	잘하다	573	스트레스	23

부정 8%

긍정 91%

기준: 2022.08~2023.07

출처: 코난테크놀로지

적으로 높고, '좋다', '추천', '성장' 등 감성어가 함께 언급되며, 사이드 프로젝트에 대한 만족감 또한 높게 형성되고 있다.

본업 이외의 부업을 지칭하는 용어는 많다. 사이드잡side job, 사이드긱side gig, 사이드 허슬side hustle 등의 표현을 비롯해, 본업이 끝난 후, 달빛 아래서 노력한다는 의미의 문라이팅moonlighting도 유사한 의미다. 이러한 부업은 당장의 수익에 집중하고 프로젝트의 주체가 아닌 피고용자의 입장에서 할 수 있는 일만 찾는 경향이 있다. 하지만 앞에서 설명했듯이 사이드 프로젝트는 단순한 부업이 아니라 장기적인 관점에서 사업성이 있는 비즈니스의 가능성을 찾는 일이다.[14]

전술한 스핀오프 기업들도 상당수는 사이드 프로젝트에서 시작됐다. 굴지의 플랫폼 기업 네이버는 삼성 SDS의 사내벤처에서 시작됐고, 트위터도 사내 해커톤에서 출발했으며, 당근마켓도 카카오 개발자들이 모여서 사이드 프로젝트를 진행한 결과물이다. 사이드 프로젝트를 실행해서 성공한 많은 사람들은 일단 본업을 유지하면서 진행하는 것이 중요하다고 강조한다. 스핀오프의 개념 자체가 본래 원작품을 해치지 않는 범위에서 실행되는 것처럼 사이드 프로젝트에서도 본업과의 병행을 강조한다. 사이드 프로젝트를 시작하면서 성급하게 본업을 버리는 것이 아니라 상당 기간 본업과 병행할 것을 권한다. 본업에서 쌓은 경력과 역량을 스핀오프하여 사이드 프로젝트를 실행하며 성공 가능성을 지속적으로 탐색하는 것이 무엇보다 중요하다.

이제는 많은 기업에서 사이드 프로젝트를 단순히 '딴짓'으로 치부하는 것이 아니라 오히려 이를 적극적으로 권유하는 모습도 보인다. 마이크로소프트는 공식적으로 사이드 프로젝트를 적극 장려한다. 마이크로소프트에서는 개라지garage 프로그램을 통해 수십 건의 사이드 프로젝트가 동시에 진행된다. 이를 통해 직원들은 스스로의 성장을 돕고, 이러한 결과물을 통해 마이크로소프트 본사의 발전에 직간접적으로 기여한다는 점을 인정한다.[15]

국내의 마케팅 에이전시 대학내일도 구성원들이 회사 안팎에서 사이드 프로젝트를 진행하는 것을 적극 장려한다. 자신의 장점을 잘 계발해야 개인과 더불어 조직도 성과를 낼 수 있다고 믿기 때문이다. 그래서 대학내일은 회사 내규 중 '사원은 회사의 허락 없이 겸직할 수 없다'는 조항을 삭제해 사이드 프로젝트나 N잡러를 공식적으로 금지하지 않고 있다.[16]

조직에 몸담은 개인이 자기 경력의 스핀오프를 위한 사이드 프로젝트에 몰두하는 것이 우리나라의 조직문화에서 얼마나 받아들여질 수 있을까? 직장인의 경력 스핀오프 트렌드는 향후 조직·인사관리에 큰 이슈로 대두할 것으로 보인다. 대부분의 조직은 구성원들이 본업에 충실해줄 것을 바라고, 취업 규칙 등을 통해 '겸업 금지', '영리 행위 금지'를 규정하고 있는 곳도 많다. 하지만 '자본주의 키즈'들은 이제 자신의 파이프라인(수입원)을 급여에서만 구하지 않고, 나아가서는 이직과 창업을 위한 자기 성장의 모멘텀을 갈구하고 있다. 사이드 프로젝트를 어떻게 회사와 구성원 모두에게 시너지가 날 수 있도록 관리해나갈 것인가? 조직과 개인 모두가 매우 어려운 고민에 맞닥뜨리고 있다.

전망 및 시사점

스핀오프를 위한 리브랜딩

요즘 사명社名을 바꾸는 회사들이 늘고 있다. 매일유업은 사명에서 '유업'을 떼는 것을 검토하고 있다. 저출산·고령화 시대를 맞이해 과거 유제품 중심의 사업 구조에서 핵심 사업의 변화를 시도하며, 대체유와 단백질 건강기능식품과 함께 커피 전문점 '폴바셋'이나 정통 중식 레스토랑인 '크리스탈제이드' 등의 외식 사업에도 중점을 두고 있기 때문이다. 특히 유소년 인구는 감소하고 고령 인구는 증가하는 상황에서 성인 영양식 시장을 개척하고 해당 부서를 다시 고객 맞춤형 평생 건강 관리를 지향하는 '매일헬스뉴트리션'이라는 자회사로 스핀오프시켰다. 사양 산업의 현실을 직시하고 미래의 유망 산업이 무

▲▲▲ 여러 기업들이 사명을 바꾸며 리브랜딩에 박차를 가하고 있다. 이렇듯 사명을 바꾸거나 단순화하는 움직임은 향후 다양한 분야로 사업을 확장하려는 스핀오프 전략의 사전 작업으로 볼 수 있다.

엇인지를 예측해 사업의 방향성을 다변화하려는 것이다.[17] 기아자동차 역시 전기차를 넘어서 혁신 기술의 모빌리티 기업으로 사업 영역을 확장하기 위해서 2021년 '기아KIA'로 사명을 바꿨다. 마켓컬리는 '컬리'로 사명을 변경하고 그 밑에 '마켓컬리'와 '뷰티컬리' 두 가지 카테고리의 서비스를 운영하기 시작했다. 기존에 마켓컬리를 운영하면서 신선식품 등 역량을 강화해온 만큼 이제는 뷰티, 생활용품 등 비非식품군으로도 사업을 확장한다는 전략을 보여준다. 삼양식품그룹이 '삼양라운드스퀘어'로, 롯데제과가 '롯데웰푸드'로 사명을 변경한 것도 비슷한 맥락에서 이해할 수 있다. 한마디로 사명 단순화는 향후 빈번하게 발생할 수 있는 스핀오프를 모母브랜드에 반영하려는 의도다.

이러한 트렌드는 세계적인 현상이다. 던킨은 도넛만 판매하는 곳이라는 인식에서 벗어나기 위해 브랜드명에서 과감히 '도넛'을 삭제했다. 스타벅스가 로고에서 'STARBUCKS COFFEE'를 삭제한 것도 이와 유사한 맥락이다. 변경된 브랜드 로고는 미래 사업 영역을 다양하게 포괄하기 위해 보다 심플하게 만드는 추세다. 다양한 산업과 영역을 넘나들며 스핀오프해나갈 수 있는 브랜드의 유연한 정체성flexible identity이 더욱 중요해지고 있는 것이다. '메타'로 사명을 변경한 페이스북과 PC를 넘어 사물 인터넷까지 사업 영역을 확장하는 인텔 역시 미래 신사업을 아우르기 위해서 리브랜딩rebranding에 속도를 내고 있다.[18]

전술한 모기업에서의 독립이나 분사가 좁은 의미에서의 스핀오프라면, 여기서 설명하는 브랜드의 컨셉 조정과 포지셔닝 재설정을 통한 리브랜딩도 넓은 의미에서의 스핀오프, 혹은 스핀오프를 위한 '가능성 열어두기'로 볼 수 있다. 이제 기업의 리브랜딩은 시대의 흐름에 따른 트렌드 변화에 대응하는 스핀오프를 위해 필수적인 사전 작업이 되고 있다. 스핀오프는 변화하는 시장 환경 속에서 브랜드의 다양성과 유연성을 강화하고 비즈니스 모델을 확장하는 전략이다. 또한 연속적 변화를 통해 위험을 분산하고 실패를 줄이는 전략이기도 하다.

스핀오프 남발의 문제점

물론 스핀오프가 만병통치약은 아니다. 영화건 브랜드건 신선하고 창의적이지 못한 기계적인 스핀오프는 대중과 소비자의 호응을 얻지 못한다. 스핀오프가 대중의 취향은 무시하고 일방적으로 공감을 강요한다면, 오히려 반감을 얻으며 실패로 이어질 수 있다. 미래의 시장 변화를 예견하고 서로 이질적인 요소를 창의적으로 결합하고 새로운 영역을 개척함으로써, 대중의 공감과 시장의 반응을 불러일으킬 수 있는 방법이 무엇일지 깊은 고민이 이루어져야 한다.[19]

기업, 특히 플랫폼 기업이 스핀오프할 때는 독과점이나 골목 시장 침해 등의 문제에 대한 깊은 주의가 필요하다. 특히 시장에서 지배적 위치에 있는 카카오나 네이버 같은 대형 플랫폼 기업들은 스핀오프를 통해 사업을 다각화하고 비즈니스를 확장하기에 매우 효과적이지만, 과도하고 무분별한 확장은 골목 상권 침식이나 독과점 문제에 대한 강력한 비판에 직면할 수 있으므로 세심한 고려가 필요하다. 네이버의 사례는 이러한 사회적 책임 경영이 대규모 IT 기업에게 매우 중요한 일임을 잘 보여준다. 네이버는 2012년 오픈마켓 형태의 '샵N' 서비스를 출시했는데, 당시 온라인 골목 상권을 침해한다는 논란이 일었다. 이에 네이버는 출시 2년 만에 샵N을 철수하고 입점 수수료 0원인 '스토어팜(현 스마트스토어)'을 선보였다. 포털 이용자 유치와 검색 데이터 확보를 위해 쇼핑 사업에 진출하는 것은 불가피하지만, 수수료 이익은 보지 않겠다는 선언에 가까웠다. 여기에 더해 네이버가 주도한 소상공인 온라인 창업 지원 프로그램이 더해지면서 네이버에는 수십만 명의 창업자들이 모여들었다. 판매 수수료가 사라지고 창업자가 몰리며 네이버의 쇼핑 사업이 활성화됐고, 이로 인해 네이버페이, 네이버플러스 멤버십 등의 네이버 생태계가 더욱 강화되는 계기가 됐다. 이렇듯 거대 플랫폼 기업은 사회적 영향력이 커진 만큼 중소 사업자와의 상생에도 더 비중을 두어야 한다.[20]

스핀오프를 할 경우에는 자신의 핵심 품질 요소USP, Unique Selling Point가 무엇인지 알고 이를 응용해야 할 것이다. 기업의 리브랜딩이든 개인의 사이드 프로젝트든, 스핀오프는 일종의 브랜드 확장brand extension이기 때문이다. 브랜드 확장을 할 경우에는 기존 제품의 핵심 품질과 연관성을 고려해 이후 상품이나 라인을 확장하며 시너지 효과를 일으킬 수 있도록 해야 한다. 개인도 마찬가지다. 개인의 스핀오프에서도 성공적인 브랜드 확장 전략처럼 개인 브랜드의 현재 역량의 특성과 위치가 어떠한지 점검하고 본업과의 선순환적인 피드백이 만들어질 수 있도록 스핀오프 계획과 실행 시에 전략적인 접근이 필요하다.

리타 맥그래스Rita McGrath 컬럼비아대 교수는 이렇게 변화와 연결의 속도가 점점 빨라지는 상황에서는 차라리 꾸준한 실험적 시도를 통해 빠르게 답을 찾아나가는 것이 중요하다며 이른바 '일시적 우위transient advantage' 전략을 제시한 바 있다. 더욱 복합적이고 유연한 전략적 자세가 중요하다는 것이다. 기업들의 전투가 난무하는 아레나arena(검투장)에서는 무엇보다 변화와 연결이 중요하다고 역설했는데, 결국 확장과 결합을 통해 다양성과 유연성을 강화하는 스핀오프 전략이야말로 이 전장에서 더욱 효과적인 전술이 될 것이다.[21]

스핀오프는 미세하게 변화하는 대중의 취향과 시장 상황 속에서 상품을 확장하고 변화시키며 자신을 세밀하게 조정하는 일종의 튜닝tuning 과정이다. 신상품과 신사업의 기회는 늘 거대 주류 시장의 미세한 균열 속에서 발생한다. 스핀오프야말로 시시때때로 쪼개지는 틈새시장의 기회를 포착하고 빠르게 대응할 수 있게 하는 최선의 전략이다. 스핀오프는 역동적이다. 부지런히 다양한 씨앗을 뿌리고 가능성을 탐색하며 기회를 여러 각도로 탐색하는 조직과 개인이 결국 미래를 선점하게 된다. 스핀오프는 앞으로도 오랫동안 장기적인 저성장과 상시적인 변화의 위기 속에서 지속적인 성장을 가능하게 하는 핵심 전략이 될 것이다.

You Choose, I'll Follow:
Ditto Consumption

디토소비

과잉의 시대다. 상품·정보 제공·구매 채널이 모두 폭발적으로 늘어나면서, 수많은 선택지에 직면하게 된 소비자들은 새로운 소비 방식을 선택하고 있다. 정보 탐색, 대안 평가 등 제대로 된 구매 의사결정 과정을 모두 생략한 채 그냥 "나도ditto" 하고 특정 사람·콘텐츠·커머스를 추종해 구매하는 것이다. 이처럼 특정 대리체proxy가 제안하는 선택을 추종하는 소비를 '디토소비'라고 명명한다.

디토소비는 과거 스타나 인플루언서를 맹목적으로 따라 하는 것과는 달리, 나의 가치관에 맞는 대상을 찾고 그 의미를 해석해서 받아들이는 주체적 추종의 모습을 띤다. 그래서 과거에는 다수가 좋아하는 대중적으로 유명한 스타를 찾아 몰려들었다면, 디토소비에서는 자신의 뾰족한 취향을 찾아 뿔뿔이 흩어지는 양상을 보인다.

디토소비자들이 가장 먼저 추종하는 것은 '사람'이다. 소셜미디어에서 팔로우하고 있는 인플루언서의 구매에 동조하는 것은 물론, 제조·판매 회사의 내부 직원이나 일반인 전문가가 추천하는 상품에 주저 없이 구매 버튼을 누른다. 두 번째 추종은 '콘텐츠'를 대상으로 이뤄진다. 좋아하는 웹툰 주인공의 스타일을 참고해 옷과 액세서리를 구매하고, 특정한 드라마나 영화에 등장하는 장소를 여행지로 정한다. 마지막 추종은 상품을 구매하는 경로, 즉 '커머스' 채널에서 일어난다. 고유한 취향과 안목으로 특정 제품군을 판매하는 '버티컬 커머스'에서 제안하는 상품을 중심으로 구매하는 것이다.

이처럼 디토소비가 늘어나는 것은 상품의 종류와 유통 채널이 다양해지고 품질도 상향 평준화되며 선택의 어려움과 실패의 두려움FOBO이 크게 증가했기 때문이다. 더구나 브랜드 충성도가 현격히 떨어진 시점에서, 제조사나 브랜드를 따지기보다는 내가 좋아하는 사람·콘텐츠·커머스를 추종하는 것이 훨씬 만족할 만한 휴리스틱(간단한 의사결정)이 된 것이다. 이러한 디토소비의 확산은 앞으로 브랜딩, 유통 전략은 물론 비즈니스 모델의 형성에도 큰 변화를 가져올 것으로 보인다. 단지 제품력만으로 승부하는 것이 아니라, 자사의 철학·관점·취향을 담은 '시그너처' 상품이나 브랜드가 디토소비의 파고를 헤쳐 나갈 수 있는 기함旗艦 역할을 해줄 수 있을 것이다.

"I've always loved you." — "Ditto."

뮤지컬로도 제작되어 큰 인기를 끌었던 1990년대 영화 〈사랑과 영혼〉에서 남자주인공 샘(패트릭 스웨이지 분)이 "항상 사랑했어"라고 말하자 여자주인공 몰리(데미 무어 분)는 "디토ditto"라고 대답한다. '나도 사랑한다'는 뜻이다. 인기 걸그룹 뉴진스의 노래 'Ditto'에서도 "Oh say it ditto"라는 표현이 등장한다. "너도 날 좋아한다 말해줘"라는 의미다. 이처럼 디토는 '나도' 혹은 '이하동문'이라는 의미다.

사랑 고백이 아니라 소비에서도 디토, 즉 "나도" 하는 식의 소비가 늘어나고 있다. 사실 구매는 매우 복잡한 의사결정을 필요로 한다. 무엇을 구매하겠다는 '문제의 인식'에 이어, 노출-주의-지각-기억-학습 및 태도 형성 등 인지 작용이 총출동하는 '정보의 탐색'이 따르고, 그렇게 골라낸 후보들에 대해 엄격한 '대안 평가'를 거쳐 구매를 실행하는, 매우 정교한 과정이다. 그런데 요즘 이런 복잡한 절차를 모두 생략하고, 그냥 특정 인물·콘텐츠·커머스를 추종해 "나도ditto" 하고 구매하는 소비 현상이 늘고 있다. 『트렌드 코리아 2024』에서는 이런 소비를 '이하동문' 혹은 '나도'를 의미하는 디토를 붙여 '디토소비'라고 명명한다.

요즘 소비자에게 옷을 구매하는 주된 방법이 무엇인지 물으면 생각보다 다양한 답변에 깜짝 놀라게 된다. 빈티지숍에서 구매하는 소비자, 해외 직구 사이트에서 구매하는 소비자, 좋아하는 인플루언서 브랜드에서 구매하는 소비자, 리셀resell 플랫폼에서 구매하는 소비자까지…… 사람들은 그 어느 때보다도 다양해진 선택지 앞에서 각자

전통적 의사결정	필요 인식 → 정보 탐색 → 대안 평가 → 구매

디토 의사결정	대리체(사람 · 콘텐츠 · 커머스)의 추종 → 구매

자신만의 방식으로 옷을 구매하는 소비의 모습을 보인다. 〈트렌드 코리아〉 팀이 진행한 소비자 좌담FGD 참석자들의 스마트폰에 깔려있는 쇼핑 관련 앱을 세어봤더니 30개에서 50개 사이였다(기본으로 세팅된 쇼핑 앱 포함). 이처럼 복잡한 소비 환경 속에서 소비자는 조금이라도 구매 결정의 노고를 덜기 위해 특정 사람·콘텐츠·커머스를 추종해 "나도" 하고 구매하는 소비 방식을 택하는 것이다.

예전에는 누군가의 도움을 얻더라도 주로 정보 탐색의 영역에서 구했다. 예컨대 모자를 사기로 결정한 후(필요 인식), 어느 브랜드가 핫하고 어떤 스타일이 유행이며 어디서 구매하면 좋을지에 관한 정보를 물었던 것이다. 하지만 디토 의사결정에서는 필요 인식 단계부터 추종이 이뤄진다. 모자를 사야겠다는 인식 자체부터 추종한다는 것이다. 이처럼 디토소비자는 다른 '대리체proxy'가 제안하는 제품에 대한 해석을 추종해 구매 의사결정 과정을 단순화한다. 소비자는 직접 수행해야 했던 구매 의사결정 과정을 대리체에게 맡긴 뒤, 자신의 취향과 관점에 부합하는 상품을 찾는 데 더욱 주력한다.

디토소비는 과거 스타나 인플루언서에 대한 맹목적인 따라 하기와는 다르다. 예전에는 그를 좋아하기 때문에 그가 광고하고 제안하는 것이라면 무엇이든 따라 한다는 맹종에 가까웠다면, 이제는 나의 가치관에 맞는 대상을 찾고 그 의미를 해석해서 받아들이는 주체적 추종의 모습을 띤다. 그래서 과거에는 다수가 좋아하는 대중적으로 유명한 스타를 찾아 몰려들었다면, 디토소비에서는 자신의 뾰족한 취향을 찾아 뿔뿔이 흩어지는 양상을 보인다. 이런 면에서, 디토소비는 수동적인 맹종이 아니라 주체적이고 능동적인 추종이다.

디토소비의 세 가지 모습

1. 사람 디토

디토소비자가 추종하는 첫 번째 대상은 사람이다. 예전에는 "어느 브랜드의 어떤 제품을 소유하고 있는가?"가 중요했다면, 요즘에는 "누가 사용하는 제품인가?"가 더 중요하게 작용한다. 제품이나 브랜드 자체가 가지는 상징성보다, 이제는 해당 제품이 준거집단, 즉 자신에게 영향을 주는 사람들 사이에서 어떤 의미로 해석되는지가 더 중요해졌기 때문이다.

요즘에는 중고거래에서도 "누가 파는 물건인가?"를 따진다. 단지 필요한 물건을 저렴하게 사는 것에서 한 걸음 더 나아가 그것을 파는 사람의 취향을 사는 것이다. 중고거래 앱에서 특정 셀러가 내놓는 물품이 '내 취향'이라고 판단되면, 이후 그가 판매하는 중고품 컬렉션을 계속 구입하는 식이다. 이러한 경향을 활용해 이탈리아에서 시작해 영국에서 자리 잡은 중고거래 플랫폼 '디팝Depop'은 판매 기능에 셀러의 인스타그래머블한 사진까지 제공하는 소셜미디어 기능을 가미했다. 셀러의 취향을 팔로우할 수 있도록 배려함으로써 영국 15~24세 전체 소비자의 3분의 1이 디팝에 등록돼 있다고 한다.[1]

디토소비자가 추종하는 그 '사람'은 자신만의 해석을 통해 제품을 선별하고 제품이 갖는 의미를 부여하는 역할을 한다. 이 부분이 기존의 팬덤 소비 또는 스타 마케팅과 사람 디토가 차별화되는 지점이다. 팬덤 소비나 스타 마케팅의 경우 소비자가 어떤 스타를 좋아해서 그가 사용하거나 광고하는 제품은 무조건적으로 구매했다면, 사람 디토에서는 그 사람의 라이프스타일이 "나의 가치관과 얼마나 일치하는가?" 하는 추종자의 주체적인 '해석'이 구매 과정에서 결정적인 역할을 한다.

> "패션은 돈으로 살 수 있지만 스타일은 돈으로 살 수 없다."

상품 자체보다 상품의 활용이 더 중요하다는 것을 보여주는 패션·스타일링·쇼핑 전문 유튜브 채널 '옆집언니 최실장'의 소개 문구다. 여기에서는 패션 상품을 적절하게 코디하고 매치하는 방법과 이를 위해 사야 할 '필수템'을 소개한다. 데님 돌려 입는 꿀팁, 슈트 입는 방법, 티셔츠 목걸이 꿀조합 등 구매한 상품을 활용할 수 있는 코디법·조합법·보관법은 물론 카테고리별 필수템까지, "산다 vs. 안산다"와 같이 이분법적이고 호탕한 화법으로 상품을 해석해준다. 스타일링 인플루언서는 많지만, 이처럼 구매 여부를 확고하게 대리 결정해주기 때문에 '옆집언니 최실장'을 팔로우하는 디토소비자는 머릿속의 수많은 선택지를 삭제하고 고민 없이 구매 결정을 내릴 수 있다.

사람 디토의 또 다른 유형은 특정 분야에 대해 많은 정보를 갖춘 전문가다. 패션 분야 외에도 약사, 전문의, 메이크업 아티스트, IT 전문가 등 모든 분야에 걸쳐 전문성을 바탕으로 상품을 추천해주는 콘텐츠가 인기를 얻고 있다. 소비자는 각종 SNS와 동영상 플랫폼을 통해 그 어느 때보다 쉽게 전문가를 만날 수 있게 됐으며, 일상 속 궁금했던 부분을 전문가에게 직접 물어볼 수 있게 됐다. 전문가는 산업군에 대한 높은 이해를 바탕으로 소비자의 니즈를 파악해 의사결정을 도와준다. 검색을 통해 얻는 불확실한 정보보다 온라인에서 활발하게 활동하는 스타 의사, 스타 메이크업 아티스트, 스타 스타일리스트 등의 전문가를 따르는 것이다. 맞춤형 건강관리 앱 '리터러시M'이 운영하는 '친절한 의사', 홍혜걸 박사의 '의학채널 비온뒤', 이재성 박사의 '식탁보감', 김소형 한의사의 '채널H' 등의 유튜브 채널이 건강 분야에서 주목할 만한 사례다.

"대디-오 샴푸, 해피 해피 조이 조이 헤어 컨디셔너, 수퍼 밀크 컨디셔닝 헤어 프라이머 조합은 향수 없이도 향기로운 최강 조합입니다."[2]

러쉬LUSH코리아의 직원이 유튜브에서 자사 제품의 조합법에 대해 설명하고 있다. 핸드메이드 뷰티 브랜드인 러쉬코리아는 각 지점의 직원들이 제품에 대한 소비자의 궁금증을 해결해주고, 상황별 추천 아이템을 소개하는 유튜브 채널을 운영한다. 사람 중심의 콘텐츠가 인기를 끌자 많은 기업이 내부 직원을 전문가로서 전면에 내세운 마케팅을 적극적으로 활용하고 있다. CU 직원이 매주 신상 제품을 리뷰해주는 '신상왔씨유(씨유튜브)', 올리브영 8년 차 MD가 직원들의 파우치를 엿보는 '훈디의 파우치 습격(올영TV)', 현대카드 직원이 사용하는 카드 종류와 소비 패턴 등을 공개하는 '현대카드 직원들은 어떤 신용카드를 쓸까(현대카드 뉴스룸)' 등 내부 직원 타이틀을 걸고 만든 유튜브 콘텐츠가 부상하고 있다. 이에 따라 SNS에서 큰 영향력을 가지는 내부 직원을 의미하는 '임플로이언서employee+influencer'라는 신조어까지 생겨났다. 임플로이언서는 회사 제품에 대한 전문성과 인간적인 면모로 디토소비자에게 큰 호응을 얻고 있다. 실제 "회사에 대한 신뢰할 수 있는 정보는 어디서 얻을 수 있는가?"라는 물음에 전 세계 소비자의 53%가 회사 직원이라고 응답했다.[3] 회사 차원의 공식적 홍보가 아니라, 그 내부인을 개인으로 의인화시켜 소비자의 반

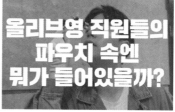

출처: 유튜브 채널 'Lush Korea', '올영TV'

▲▲▲ 러쉬코리아는 직접 매장에서 고객을 응대하며 노하우를 쌓아온 직원들을 통해 유튜브에서 자사의 다양한 제품을 소개하고 있다. 올리브영의 '파우치 습격' 콘텐츠를 맡은 '훈디' 역시 8년차 MD인 임플로이언서다.

응을 유도한다는 측면에서 기존의 광고와는 차이가 있다.

"제 인스타는 저의 취향으로 가득 채운 잡지책 같아요."

〈트렌드 코리아〉 팀 내부 인터뷰 중에서 나온 발언이다. '사람 디토'의 또 다른 유형은 비슷한 취향을 가진 사람에 대한 추종이다. 디토소비자는 자신과 비슷한 취향을 가진 계정을 팔로우한 다음, 거기 올라오는 사진을 보고 구매할 품목을 찾는다. 교류 목적으로 사용되던 SNS를 본인의 취향을 모아두는 잡지처럼 활용하는 것이다. 편집자가 일방적으로 기획하고 구성하는 시중 잡지와 달리, 디토소비자의 인스타그램은 본인의 취향을 바탕으로 직접 구성한 '나만의 잡지책'이다. 일반인부터 셀럽까지 본인과 비슷한 취향을 가진 사람이라면 그 누구라도 디토소비의 대상이 될 수 있다.

셀러브리티의 패션 스타일은 늘 대중의 관심사였다. 이제는 그들의 공식 SNS 계정과는 별도로, 관심 있는 특정 셀럽의 패션이나 메이크업 스타일 정보만을 따로 모아두는 인스타그램 계정이 생겨나며 디토소비자의 선택을 더욱 쉽게 하고 있다. 블랙핑크 제니의 스타일을 모은 'jendeukiestyles'나 레드벨벳 조이의 스타일을 볼 수 있는 'joysstyles_' 인스타그램 계정 등이 그 사례인데, 이는 소속사의 공식 계정이 아니라 해외 팬들이 만든 계정이다. 이러한 스타일링 계정은 무대의상·공항 패션 등 공식적인 자리에서 선보인 패션 스타일은 물론 개인 SNS에 올라온 일상 패션까지 해당 셀럽이 착용한 모든 아이템의 브랜드·상품명·가격 등의 정보를 알려준다. 팔로우하는 셀

◀ ◀ ◀ 블랙핑크 제니와 레드벨벳 조이의 스타일링 정보가 업데이트되는 인스타그램 계정. 팬들이 직접 운영하는 것으로, 셀러브리티의 패션을 탐색하고 싶은 디토소비자들 사이에 인기를 끌고 있다.

럽이 착용한 아이템이 궁금할 때 과거에는 "바지 정보 궁금해요!"라고 직접 댓글을 단 뒤 답글을 기다렸다면, 이제는 셀럽의 스타일링 계정을 팔로우해 손쉽게 정보를 얻을 수 있다.

'사람 디토'의 대상이 반드시 유명인이거나 인플루언서일 필요는 없다. 주변 사람들을 따라 하는 '일반인 디토'도 소비자의 구매 결정에 큰 도움을 주고 있다. 여행의 고수들은 자신의 여행경로부터 맛집까지 일목요연하게 정리한 지도 위 동선을 디토소비자가 따라 여행할 수 있도록 공유해준다. 맛집 찾기에서도 일반인 디토를 찾아볼 수 있다. '맛잘알(맛을 잘 아는 사람)' 사이에서는 네이버 지도나 카카오맵에 맛집을 표시해 놓은 '나만의 맛집 지도'가 필수다. 디토소비자는 지도 공유 기능을 통해 얻은 맛잘알의 취향이 담긴 맛집 지도를 따라 식당을 방문한다. 검색과 평점만으로 맛집 발굴에 실패한 소비자들이 신뢰할 만한 정보의 출처로 주변 사람들의 안목을 적극적으로 활용하는 것이다.

일반 소비자들이 따라오는 '사람 디토'가 되기 위해서는 어느 정도의 팔로워가 필요할까? 이 질문에 대해 각종 컨설팅 회사와 리서치 회사 간의 작은 견해차는 있었지만 대부분 1만 명 미만의 팔로워를 가지고 있는 '나노 인플루언서'로 답을 좁히고 있다.[4] 인플루언서는 팔로워 수에 따라 아래와 같이 다섯 유형으로 나눌 수 있는데, 팔로워 1만 명 미만의 '나노 인플루언서'면 충분하다는 것이다. 팔로워가 많으면 많을수록 좋은 것이 아니라 팔로워가 디토소비를 할 수 있도록 유도하는 영향력이 중요하기 때문이다.

컨설팅 회사 스트래티지strategy에 의하면 다음 그래프에서 보는 바와 같이 나노 인플루언서는 매크로 인플루언서보다 전체 구독자에 대한 전체 도달률은 낮지만, 영향력이나 관계성engagement은 훨씬 더 높다.[5] 나노 인플루언서는 매크로 인플루언서에 비해 뚜렷한 아이덴티티를 가지고 있어 팔로워에게 관련성 높은 콘텐츠를 제공할 뿐

팔로워 수에 따른 인플루언서의 다섯 가지 유형[6]

메가 인플루언서	100만 명 이상
매크로 인플루언서	50만 명 이상
미디엄 인플루언서	5~10만 명
마이크로 인플루언서	1~5만 명
나노 인플루언서	1만 명 미만

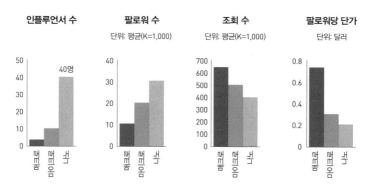

출처: Nano Influencers: your army of authenticity, strategy, 2019

만 아니라 팔로워와 더 긴밀한 관계를 맺을 수 있기 때문이다. 이러한 특징 덕분에 나노 인플루언서는 비슷한 취향을 가지고 있는 팔로워에게 '밀도 높은' 호응을 이끌어낼 수 있다. 디토소비의 중요한 동인은 유명세보다는 추종 대상과의 취향 적합도와 유대감이다. 따라서 같은 인플루언서라도 인지도 확산이 목적이라면 팔로워 수가 많은 매크로 혹은 메가 인플루언서를, 디토소비를 통한 구매전환이 목적이라면 나노 혹은 마이크로 인플루언서가 적합하다. 이에 광고주가 원하는 타깃과 일치하는 가성비 높은 유튜버를 찾아주는 국내 기업 버즈앤비의 '블링vling' 같은 서비스도 주목받고 있다.

2. 콘텐츠 디토

사람들이 추종하는 두 번째 대상은 콘텐츠다. "오늘 저녁에 뭐 먹지?" 같은 단순한 고민부터 "이번 휴가는 어디로 가지?"와 같은 제법 복잡한 고민까지, 사람들은 만화·드라마·영화 등의 콘텐츠에서 답을 찾으려는 모습을 보인다. 실내 활동의 증가로 콘텐츠 소비가 급증한 코로나19 시기 이후 이러한 현상은 더욱 두드러진다. 그 어느 때보다 높아진 콘텐츠에 대한 몰입이 화면 밖 현실에까지 영향을 미치는 것이다. 본래 콘텐츠의 용도가 단순히 보고 즐기는 대상이었다면, 디토소비자에게 콘텐츠는 소비에 실질적인 영향을 주는 요인이 되고 있다. 현실을 반영한 가상의 세계를 다시 현실에서 따라 하는 '콘텐츠 디토'가 어떻게 나타나고 있는지 알아보자.

> "저한테 〈유포리아〉는 룩북lookbook 같아요. 평소 드라마를 보다가 마음에 드는 패션 스타일을 보면 캡처해두는 편인데, 〈유포리아〉 한 편을 보면서 10장 이상을 캡처한 적도 있다니까요?"

전 세계 MZ세대의 마음을 사로잡은 HBO 드라마 〈유포리아Euphoria〉의 최고 관전 포인트는 바로 등장인물의 스타일링이다. 2019년 첫 방영 이후 '유포리아 룩'은 하나의 패션 장르로 굳어졌으며, 수년째 MZ세대의 스타일 참고서로 그 역할을 톡톡히 해내고 있다. 2023년 4월 공개된 CNN의 기사에 따르면, '#euphoriaoutfits'가 태그된 동영상이 틱톡에서만 수천 건에 이르며, 각종 SNS를 통해 2,800만 회가 넘게 재생된 것으로 나타났다. 유저들은 〈유포리아〉의 스타일링을 따라 한 자신의 패션을 공유하기도 하고, 주인공이 극 중에서 착용한 아이템들의 구매 정보 등을 공유하기도 한다.[7]

콘텐츠의 분위기를 따라 하는 콘텐츠 디토는 인테리어 관련 소비에서도 나타난다. 레트로 열풍에 힘입어 젊은 세대에게 다시 사랑받고 있는 1990년대 홍콩 영화가 대표적이다. 당시 홍콩 영화만의 쓸쓸하면서도 키치한 감성을 추종하는 디토소비자는 빈티지 소품과 가구, 플로럴 패턴, 타일을 이용해 마치 〈중경삼림〉이나 〈화양연화〉의 장면 속에 들어와 있는 듯한 착각을 일으키는 공간을 만들어낸다. 한편, 일본 영화 〈리틀 포레스트〉의 고즈넉하고 아기자기한 감성을 좋아하는 디토소비자는 리넨 소재의 커튼과 나무 식기, 작은 식물 등을 이용해 영화 속 분위기를 구현해낸다.

이처럼 소비자가 콘텐츠 특유의 분위기마저도 따라 할 수 있게 된 배경에는 디토소비를 도와주는 다양한 서비스 플랫폼이 있다. 라이프스타일 앱 '오늘의집'의 집들이 카테고리에는 영화를 모티브로 꾸민 공간들이 인기 게시물로 올라와 있으며, 유저들 사이에서는 공간을 꾸미기 위해 사용된 소품의 정보가 활발하게 공유되고 있다.

콘텐츠 디토가 가장 눈에 띄는 영역은 여행이다. 글로벌 예약 플랫폼 익스피디아Expedia가 2023년 진행한 조사에 따르면, 영화와 드라마가 소셜미디어를 제치고 여행 목적지를 결정하는 데 가장 큰 영향을 미치는 매체로 선정됐다. 전 세계 66%의 소비자가 영화·드라마의 촬영지를 여행 목적지로 고려했으며, 이 중 39%는 예약으로까지 이어졌다는 것이다. 여행 전문 크리에이터 김다영 씨는 그의 책 『여행을 바꾸는 여행 트렌드』에서 이 현상을 다음과 같이 설명한다.

넷플릭스 사상 가장 많은 시청자 수를 기록하게 된 넷플릭스 오리지널 드라마 〈오징어 게임〉은 세계 각국의 사람들이 여행 사이트의 검색창에 '한국'을 입력하도록 만들었다. 〈오징어 게임〉이 특별히 한국을 아름답게 소개하거나 긍정적으로 묘사한 것이 아니며, 심지어는 그 반대에 가까운데도 불구하고 말이다. 항공권 가격 비교 서비스 카약Kayak은 〈오징어 게임〉이 릴리즈된 2021년 9월 17일 이후 한국행 항공권을 검색하는 영국인의 수가 50% 이상 급증했다고 발표했다. 또한 구글의 검색 분석 도구인 구글 트렌드에서 10월 2주 차 검색 관심도 만점을 기록한 키워드는 다름 아닌 '제주도'였다. 〈오징어 게임〉 6화에 탈북자가 '가보고 싶은 여행지'로 해외 휴양지가 아닌 제주도를 꼽는 장면이 나왔기 때문이다.[8]

이처럼 영화나 드라마에 나오는 장소를 추종해 방문하는 것을 '세트-제팅set-jetting'이라고 부르는데, 이는 콘텐츠 디토의 전형적인 사례다. 세트-제팅이 여행 업계에서도 가장 큰 화두로 등장하면서, 콘텐츠와 관광을 결합한 패키지나 투어 상품도 잇따라 출시되고 있다. 사실 세트-제팅이 어제오늘의 일은 아니다. 하지만 콘텐츠 디토가 과거의 '촬영지 순례'와 다른 점은 단지 영화나 드라마의 촬영지를 방문하는 평면적인 여행에서 나아가 콘텐츠 속 '세계관'에 몰입하는 입체적 경험을 선사한다는 점이다.

콘텐츠 디토에서도 콘텐츠의 세계관에 대한 소비자의 적극적인 해석이 중요하다. 예를 들어 색감 천재라고 불리는, 영화 〈그랜드 부다페스트 호텔〉의 감독 웨스 앤더슨Wes Anderson의 신작 〈애스터로이드 시티Asteroid City〉가 공개되자 관객들은 영화를 따라서 감독 고유의 동화적 색감을 자신의 SNS 게시물에 적용하는 모습을 보였다. 과거에는 감상으로 끝났을 콘텐츠의 색감을 이제는 카메라 앱의 필터나 공유된 색감 보정법을 참고해 자신의 사진과 영상에 입힐 수 있게 됐다. 심지어 일부 디토소비자는 색감에서 나아가 폰트, 배경음악, 영상의 대칭 구도 등 감독 고유의 스타일을 담은 인스타그램 릴스를 업로드하기도 한다. 서점가에서는 웨스 앤더슨 감독과 그의 작품에 영감을 받은 팬이 그의 영화에 나올 것만 같은 전 세계 곳곳의 건축물과 특이한 장소를 찍은 사진집[9]을 출간했고, 앤더슨 감독의 팬들은 이 책을 중심으로 뭉치고 있다.

콘텐츠 디토는 실재 인물이 등장하는 콘텐츠에만 한정되지 않는다. 최근 애니메이션 및 웹툰·웹소설 콘텐츠 시장의 약진은 과거 일부 마니아층만이 향유했던 콘텐츠 디토 트렌드의 양상을 바꾸고 있다. 일례로 작품마다 군침 돋는 음식 묘사로 소비자의 구미를 당기는 스튜디오 지브리의 영화들은 "뭐 먹을까?" 고민하는 소비자에게 하나의 답이 된다. 예를 들어 SNS나 유튜브에 '하울의 움직이는 성 음식'이라고 검색하면 해당 애니메이션에 등장하는 요리를 만드는 레시피나 그 메뉴를 판매하는 레스토랑을 알려준다. 더 관심이 있다면, 스튜디오 지브리의 작품 속에서 가장 인기 있던 음식의 레시피를 모아 소개하는 각종 요리책을 펼쳐 드는 것도 한 방법이다. 이 역시 단순한 추종은 아니다. 과거에는 예컨대 요리 만화 〈식객〉에 나오는 음식점을 방문하는 것이 추종의 방법이었다면, 이제는 요리가 주 테마가 아닌 애니메이션 영화 속 음식을 따라 해 자신의 식탁에 완벽하게 재현함으로써, 해당 애니메이션의 세계관에 편입되고자 하는 것이다.

최근 인기를 끌고 있는 웹툰도 애니메이션 못지않다. 디토소비자는 웹툰 주인공의 패션이나 메이크업 스타일을 실생활에서 참고하는 자료로 활용한다. 뷰티 유튜버 안다ANDA는 '커버 메이크업' 콘텐츠를 주로 소개하는데, 안다 채널의 인기 콘텐츠 중 하나는 일명 '만찢메 (만화를 찢고 나온 메이크업)'로 알려진 웹툰 여자주인공 메이크업 따라 하기다. 평균 30만 회 이상의 조회 수를 기록하고 있는 '만찢메' 시리즈의 영상은 다른 여타 메이크업 콘텐츠와 마찬가지로 시청자가 따라 할 수 있는 메이크업 튜토리얼과 사용 제품에 대한 정보를 제공한다. 단순히 한 번 시청하고 끝나는 영상이 아닌 실제로 시청자가 메이크업을 따라 할 수 있도록 만든 영상이다. 메이크업 콘텐츠 외에도 웹툰 속 실제 패션 아이템 정보를 모아둔 영상, 웹툰 속 등장인물별 룩북 영상도 높은 조회 수를 기록하고 있다. 이처럼 2D 속 등장인물들이 실제 소비의 참고 대상으로 주목받자 '웹툰 인물 협찬'이라는 새로운 방식의 PPL도 생겨났다. 브랜드로부터 협찬을 받으면 작가가 웹툰 속 주인공이 협찬 제품을 입은 컷cut을 그려주는 방식이다. 콘텐츠가 그 형태를 가리지 않고 소비자의 현실 속 구매에 미치는 영향력이 점차 커지는 것을 체감할 수 있다.

3. 커머스 디토

사람들이 추종하는 마지막 대상은 유통 채널(커머스)이다. 요즘에는 대형 유통 채널인 백화점이나 마트보다 온라인·모바일 쇼핑을 선호하는 소비자가 많아졌는데, 온라인·모바일 쇼핑에서도 대형 종합몰 대신 특정한 카테고리의 상품만을 취급하는 전문몰을 찾는 소비자가 늘고 있다. 이러한 전문 영역 쇼핑몰을 수직적으로 특화했다는 의미에서 '버티컬 커머스vertical commerce'라고 부르는데, 이들은 해당 영역에 대한 자신만의 고유한 취향과 안목으로 제품을 선별하고 제안한다. 편집숍·셀렉트숍·취향숍·큐레이션숍 등 약간의 차이는 있지만, 모두 커머스만의 고유한 색채를 느낄 수 있는 기준과 맥락을 가지고 있다. 이런 버티컬 커머스에서 제안하는 상품을 추종해 구매한다는 의미에서, 세 번째 디토 소비를 '커머스 디토'라고 부를 수 있다.

#1 Ritual Tool:
작업에 들어가기 전에 치르는 자신만의 작은 의식이 있나요?

성수동에 위치한 트렌디한 문구 편집숍 '포인트오브뷰POV'의 매장에서 발견할 수 있는 메모다. 관점 또는 사고방식을 의미하는 'point of view'에서 이름을 따온 이곳에서는 매장 곳곳에 놓여있는 문구와 관련된 여러 관점을 경험할 수 있다. 특히 "작업을 위한 오직 하나의 도구를 선택해야 한다면 무엇인가요?", "작업 중 어느 과정부터 먼저 시작하게 되나요?" 같은 매장 내 질문에는 해당 질문과 관련된 토니 모리슨, 윌리엄 스타이런 등 유명 작가들의 문장이 함께 적혀있는데, 이를 통해 문구점에 구경 온 소비자를 단번에 글을 쓰는 창작자로 만들어준다. 적어도 매장 안에서만큼은 글에 진심인 작가들과 어깨를 나란히 하는 창작자가 되는 셈이다. 고작 지우개와 연필을 사면서 '이야기를 가공하는 원초적 도구'를 구매한다고 의미를 부여하는 시도가 흥미롭다. 디토소비자는 포인트오브뷰가 제안하는 창작자의 관점을 따라가며 문구에 담긴 해석과 감성을 구매하게 된다. 그 결과

다른 문구점에서도 구매할 수 있는 제품이어도 포인트오브뷰만의 색채가 곁든 문구라는 특별함에 가치를 두고, 소비자는 이 문구점의 선택을 따르는 디토소비를 한다.

포인트오브뷰가 소비자에게 창작자라는 역할을 줬듯이, 여행 숙소 예약 플랫폼 '스테이폴리오'에서는 소비자에게 쉼표 여행자라는 타이틀을 준다. 감성 숙소의 대표 주자로 통하는 스테이폴리오에서는 여느 플랫폼과는 달리 숙소에서의 경험을 큐레이션한다. "옛 감성을 재현한 정원을 바라보며 따뜻한 물에 발을 담가보세요. 비가 오고 눈이 쌓여가는 마당을 가만히 바라보며 사색에 빠져도 좋습니다. 바쁜 일상에 치여 생각하지 못했던, 느리지만 편안한 쉼을 경험해보세요"와 같이 고급 라이프스타일 잡지에서나 볼법한 감성적인 문구들이 숙소를 설명한다. "방 2개, 욕실 1개, 무료 와이파이"와 같은 속성 위

출처: 스테이폴리오

▲▲▲ 숙소 예약 플랫폼인 '스테이폴리오'는 '머무름만으로 여행이 되는 경험'을 지향하고 있다. 플랫폼 측에서 직접 숙소를 선정하고 체험한 뒤, 소비자들에게 그 정서를 고스란히 큐레이션해준다.

주의 딱딱한 설명과 달리 숙소에서 경험할 수 있는 정서를 묘사해주는 식이다. 숙소에 대한 스테이폴리오만의 해석은 공간 사진을 통해서도 드러난다. 충분한 감성과 휴식을 만끽할 수 있는 공간이라는 스테이폴리오의 제안에 따라 디토소비자는 여행을 계획한다. 여행 중에 잠잘 곳이 아니라 그곳에서의 감성을 제안하는 것이다. 숙소가 여행의 수단이 아니라 하나의 목적지가 되고 있는 최근 여행 트렌드가 잘 반영되어 있다.

커머스가 직접 고유한 취향과 안목을 전달하지 않더라도 이용자들끼리 커뮤니티를 형성해 디토소비를 할 수 있도록 환경을 제공하는 경향도 보인다. 온라인 패션 스토어 무신사가 운영하는 '무신사 스냅MUSINSA SNAP'은 무신사 앱에서 바로 들어가 볼 수 있는 '앱인앱' 형태로 운영되는데, 거리의 패션 피플, 입점 브랜드의 스태프와 모델 등 무신사가 선정한 '옷 잘 입는 일반인'들의 패션을 둘러볼 수 있다. 소비자가 판매되는 상품의 다양한 조합과 해석을 살펴본 뒤 커머스의 제안에 따라 구매할 수 있는 환경을 구축한 것이다. 여기서 주목할 점은 단지 누군가가 입은 옷의 '스타일' 자체를 넘어 '그 아이템 하나하나에 담긴 이야기'가 중요해지고 있다는 점이다. 다시 말해서 "그 사람의 스타일링이 멋있다"는 것을 넘어서서 "이 모자는 일본에 갔을 때 남자친구하고 싸우고 나서 샀던 아이템인데……" 하는 식의 스토리가 같이 따라온다. 소비자의 이야기가 커머스에 스며들고, 이런 이야기들이 하나씩 모여 해당 커머스의 '감성'을 형성해나가고 있다.

디토소비의 등장 배경

복잡해진 소비 환경과 불안한 소비자

사람들이 구매 결정을 내릴 때 가장 적절한 선택지 수는 몇 개일까? 쉬나 아이엔가Sheena Iyengar 컬럼비아대 심리학과 교수는 2000년 한 실험에서 한 매대에 6종의 잼을, 다른 매대에 24종의 잼을 진열한 뒤 손님의 반응을 살펴보았다. 실험 결과 6종의 잼을 진열한 매대의 판매율이 24종의 잼을 진열한 매대에 비해 10배 정도 높게 나타났다.[10] 소비자에게 필요 이상의 선택지는 오히려 선택을 방해하는 요소로 작용하는 것이다. 그러나 현대 소비자가 실제 구매 시 직면하는 선택지는 24개 정도가 아니라, 수천 개가 넘어간다. 예를 들어 운동화를 구매해야 하는 상황을 가정해보자. 포털 검색창에 운동화를 검색하면 소비자는 순식간에 1,800개 이상의 상품을 직면하게 된다. 상품 종류뿐만 아니라 검색어를 입력하는 유통 채널도 다양해졌다. 그 어느 때보다 시간이 중요해지고 효율을 중시하는 '분초사회'에서 역설적으로 소비 환경은 더욱 복잡해지고 있다. 이러한 선택 과부하 상황에서 소비자에게 주어지는 부담감은 가중된다.

　상품을 구매할 때 고려해야 하는 요인도 바뀌었다. 과거에는 제품의 품질과 가격이 구매를 결정짓는 주된 요인이었다면, 요즘 소비자는 제품이 갖는 감성이나 의미 등 검색으로는 파악하기 어려운 제품의 맥락까지 구매 고려 사항에 포함한다. 아무리 좋은 품질의 상품이 저렴한 가격에 제시됐더라도, 그 제품의 감성이 개인의 취향에 부합하지 않거나 동물 복지나 정치적 올바름 같은 개인의 가치관에 반하는 의미를 내포한다면 해당 제품은 구매 목록에서 여지없이 삭제된다.

　복잡한 소비 환경에 직면한 소비자의 부담은 '포보FOBO, Fear Of Better Options 현상'으로 나타난다. '포보'는 자신의 선택 외에 더 좋은 옵션이 있을 것을 우려해 결정을 연기하는 현상을 의미한다.[11] 최선의 결정을 하기 위해 방대한 양의 정보 탐색과 대안 평가를 해야 하지만, 개별 소비자들이 이러한 과정을 수행하기란 현실적으로 쉽지 않다. 이런 상황에서 소비자는 잘못된 선택을 하기보다는 애초에 선택하지 않는 쪽을 택하는 경향이 커지게 된다. 특히 효율이 중시되는 사회적 분위기에서는 사람들이 체감하는 실패의 기회비용이 더 크다는 점 또한 포보 현상을 부추긴다. 복잡한 소비 환경과 그 속에서 불안함을 느끼는 소비자는 최선의 선택을 하지는 못하더라도 최적의 선택을 하기 위해 새로운 구매 의사결정 방법을 모색하게 됐다. 그 결과 소비자는 자신을 대신해 구매 의사결정을 내려줄 대리물을 찾아 추종하는 '디토소비'를 대안으로 선택하는 것이다.

흔들리는 브랜드 충성도

"광고 다시 하고 싶습니다. 광고 문의는 안테나(소속사)로~"

2023년 7월 가수 이효리 씨가 자신의 인스타그램에 상업 광고에 출연을 재개하겠다는 의사를 밝혔다. 그러자마자 이 게시물에는 유통·여행·금융 등 영역을 불문하고 국내 굴지의 기업 및 공공기관에서 광고 모델을 제안하는 댓글이 줄줄이 달렸다. 이 사례는 광고주와 모델 간의 관계가 역전되고 있음을 상징적으로 보여준다. 이효리 씨는 이제 대중적인 스타라기보다는 자신만의 가치관을 통해 열정적인 디토소비자를 가지고 있는 인플루언서에 가까워지면서, 인기 그룹 핑클의 멤버일 때보다 훨씬 더 큰 영향력을 갖게 됐다. 디토소비가 확산되면서 생겨난 새로운 풍속도다.

유통 시장의 권력 이동이 활발하게 일어나면서, 오래된 마케팅의 규칙이 깨지고 있다. 인스타그램 등 소셜미디어의 등장은 소비자 상호 간의 연결과 소통을 가능하게 했다. 그 결과 소비자는 기존의 브랜드가 일방적으로 전달하던 수직적 마케팅 커뮤니케이션보다 온라인에서 수평적 관계를 갖고 만나는 사람들로부터 훨씬 더 큰 영향을 받게 됐다. 브랜드 역시 기존의 벽을 허물고 소비자들과 대등한 위치에서의 소통을 시도하고 있다.

'디토소비'의 등장은 이러한 시장의 권력 이동과 밀접한 관련이 있다. 배타적인 시장에서 브랜드의 이야기에 귀 기울일 수밖에 없었던 과거의 소비자와 달리 요즘 소비자에게는 다양한 출처로부터 다양한 선택지가 제안된다. 더군다나 품질이 상향 평준화되면서 브랜드 제품만을 고집해야 하는 이유도 사라졌다. 컨설팅 회사 맥킨지의 조사에 따르면 최근 소비자들은 전례 없는 속도로 기존에 사용하던 브랜드를 바꾸고 있다. 새로운 브랜드를 시도한 미국 소비자는 2020년 9월 33%에서 2022년 2월 46%로 무려 13%나 증가했다. 브랜드뿐만 아니라 유통 채널에 대한 충성도 역시 흔들리고 있다. 새로운 유통 채널로의 변경을 시도한 소비자도 2020년 9월 28%에서 2022년 2월

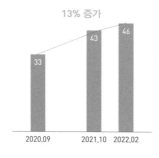

새로운 브랜드를 구매한 미국 소비자

13% 증가

33 · 2020.09
43 · 2021.10
46 · 2022.02

새로운 유통 채널에서 쇼핑한 미국 소비자

9% 증가

28 · 2020.09
36 · 2021.10
37 · 2022.02

출처: 맥킨지

37%로 9%의 증가 추이를 보였다.[12] 소비자가 구매를 결정할 때 브랜드보다 자신의 상황이나 취향 등 개인적 요인에 더 큰 가치를 두는 것이다. 제품과 유통 채널 모두의 브랜드 충성도가 흔들리고 있는 시점에서, '디토소비'의 유용함은 더욱 주목받고 있다.

전망 및 시사점

디토소비의 빛과 그늘

10년 전 '등골브레이커'라고 불리던 형형색색의 노스페이스 패딩이 차라리 '효자템(효자 아이템)'이었다는 웃픈(웃기지만 슬픈) 이야기가 학부모 사이에 농담처럼 전해지고 있다. 최근 명품 브랜드 앰배서더Ambassador들의 연령이 어려지면서 중고등학생들이 부모님께 명품을 선물로 요구하는 일이 많아지는 것이다. 노스페이스 패딩 3~4개와 맞먹는 명품의 가격 탓에 학부모들은 노스페이스가 유행했을 때가 좋았다는 자조 섞인 농담을 주고받는다고 한다.

디토소비는 소비자의 복잡한 의사결정 과정을 단순화할 수 있다는 이점을 주지만, 한편 소비자를 비합리적인 소비로 이끌 수 있는 위험도 있다. 위에 언급한 중고등학생들의 사례처럼 자신의 가치관과 경제적 여건을 충분히 고려하지 못한 무분별한 디토소비는 비합리적인 구매로 이어진다. 비단 청소년만의 문제는 아니다. SNS 속 과시 문화는 성인 소비자에게도 필요 이상의 소비를 야기한다. 특히 디토소비의 대상이 사람일 때는 특히 더 큰 주의가 필요하다. 소비자는 추종하는 사람과 자신의 상황에 대한 객관적인 판단을 바탕으로 주체적인 소비를 실천할 수 있어야 한다.

맹목적인 추종도 경계해야 한다. 몇 년 전 유튜브 뒷광고 논란으로 수많은 소비자가 팔로우하는 인물에게 배신감을 느꼈던 사건이 있었다. 이 사건은 상호 간의 신뢰 문제로 끝이 났지만, 추종 대상에 대한 지나친 신뢰와 저항 없는 디토소비는 소비자를 언제든지 위험에 빠트릴 수 있음을 시사한다. 디토소비의 추종은 단순한 팬심의 발로가 아닌 만큼, 소비의 일차 목적이 자신의 만족이어야 한다. 따라서 디토소비자는 소비에 앞서 추종 대상과의 유대감을 넘어 합리적으로 판단할 수 있는 주체적인 안목이 반드시 필요하다.

디토소비에 대한 산업적 대응
과거 소비자는 마트·백화점 혹은 종합 온라인 쇼핑몰 같은 대중적인 유통 채널에서, 되도록 많은 상품을 비교한 후 그중 품질이 가장 뛰어난 상품을 선택했다. 하지만 제품의 수와 유통 채널이 절대적으로 많아지고 제품력이 상향 평준화된 오늘날, 단지 품질이 뛰어나다는 이유만으로는 디토소비를 이끌어내기 힘들어졌다.

먼저 마케팅과 영업의 선택과 집중이 중요하다. 내 상품의 타깃 유저를 정확히 설정하고 거기에 맞는 마이크로 인플루언서와 버티컬 커머스 사이트를 개발해나가는 것이 첫 출발점이겠지만, 그 전제로서 이제는 제품력을 뛰어넘는 기업 혹은 브랜드만의 철학이 필요하다. 디토소비자가 진정 따르고자 하는 것은 단순히 물건이 아니라 추종하는 대상의 '관점'이기 때문이다. 소비자가 디토소비를 하는 기저에는 디토소비의 대상인 사람·콘텐츠·커머스가 제안하는 상품 해석에 대한 동의가 있다. 상품이 갖는 가치를 발견하고 상품에 의미를 부여하는 '상품 해석'이 이제는 구매에 큰 비중을 차지하게 된 것이다. 이러한 상황에서 브랜드는 디토소비자의 시선을 사로잡을 자사만의 차별화된 관점에 대한 고민이 필요하다.

그러한 고민의 선상에서 '시그너처 상품'의 중요성이 커진다. 시그너처signature는 원래 '서명'이라는 의미인데, 자신의 신원을 서명으로 표현하듯 해당 기업이나 브랜드가 내세울 수 있는 단 하나의 상품에 흔히 '시그너처 ○○'와 같은 표현을 쓴다. 디토소비가 활발해지는 트렌드에서는 다양한 소비자의 니즈에 맞는 상품을 골고루 출시하는 와중에도, 해당 기업의 정체성을 표현할 수 있는 시그너처 제품이 필요하다. 일부 기업에서는 시그너처 제품을 판매 수익을 포기하고 광고를 위한 제품으로 간주할 만큼 기업의 관점을 소비자에게 선명하게 표현하는 것에 주력하기도 한다. LG전자의 경우 이 '시그너처'를 아예 하나의 브랜드로 사용했는데, 브랜드를 개발할 때 "이 브랜드는 판매하는 상품이라기보다는 하나의 '광고'라고 인식하고 수익에 연연하지 말라"는 최고경영진의 주문이 있었다고 한다.[13]

브랜드가 구매에 미치는 영향력이 과거에 비해 퇴색된 오늘날 유통 시장에서 성공적인 시그너처 제품의 활용은 소비자에게 기업을 바라보는 새로운 시선을 제공하는 역할을 한다. 특히, 기업이 소비자에게 다가가는push 마케팅보다 소비자가 기업에 다가오는pull 마케팅이 대세인 만큼, 기업의 적극적인 마케팅 활동보다 제품을 통해 기업의 정체성을 직관적으로 전달하는 방법이 더 효과적일 수 있다. 시그너처 상품은 고객의 선택 피로도 줄여준다. 전술한 포보 신드롬 앞에서 결정에 어려움을 겪는 소비자들에게 '하나'의 시그너처를 제안함

출처: LIVE LG

▲▲▲ 시그너처 제품은 브랜드의 정체성을 확고하게 표현하는 중요한 역할을 한다. LG전자는 초프리미엄 가전제품 라인을 론칭하며 아예 브랜드명을 '시그너처'로 붙였다.

으로써, 고민하지 않고 의사결정을 할 수 있도록 도움을 줄 수 있다는 것이다.

제품과 서비스를 기획할 때 소비자가 쉽게 따라 구매할 수 있는 환경을 조성하는 것도 중요하다. 마이크로 인플루언서와 디토소비자들이 활발하게 소통할 수 있는 물리적·심리적 공간을 마련하는 등의 배려가 중요해졌다. 전술했듯이 디토소비는 상품 자체가 아니라 기업과 브랜드의 철학에 대한 고객의 해석 문제다. 그렇다면 이제 해야할 일은 분명해진다. 가장 기본이 되는 질문을 새삼 물어야 할 시점이 된 것이다. "우리 회사, 우리 브랜드의 철학은 무엇인가?"

ElastiCity.
Liquidpolitan

리퀴드폴리탄

사람들이 정주하는 '고정된 도시'에서 다양한 구성원들이 어우러지는 '유연한 도시'로 도시가 새로운 전환점을 맞이하고 있다. 이제 도시는 멈춰있지 않다. 지역만의 콘텐츠가 흐르고 라이프스타일에 따라 사람들이 이동하며, 그들이 서로 교류하면서 다양한 가능성을 축적하는 새로운 변화가 우리 앞에 펼쳐지고 있다. 『트렌드 코리아 2024』에서는 이런 도시의 유연한 변화를 '리퀴드폴리탄liqidpolitan'이라고 명명한다. 액체라는 뜻의 리퀴드liquid와 도시를 의미하는 단어인 폴리탄politan을 합쳐, 현대의 도시와 지역이 액체처럼 유연하고, 서로 연결되며, 다양한 변화를 보이는 가변체可變體라는 점을 강조한 명명이다.

리퀴드폴리탄은 대규모로 '짓는' 것이 아니라 창의적인 주체들을 '잇는' 일련의 프로젝트다. 특히 개성 있는 매력으로 사람을 불러 모으며 해당 지역을 대표하는 점포 '시그너처스토어', 도시를 재해석하며 새롭게 변모시키는 해당 지역 출신의 '지역 기업가', 해당 상권과 고객 분석을 통해 공간을 새롭게 탈바꿈하는 '도시 기획자', 지역에 거주하며 자체적으로 활력을 모색하는 '커뮤니티'의 역할이 중요하다.

사망자 수가 출생자 수보다 큰 인구의 '데드크로스dead-cross'를 넘긴 시점에서, 이제 인구 증가를 전제로 한 대규모 개발보다는 작은 실험을 통해 천천히 성장해나가는 '택티컬 어바니즘Tactical Urbanism'이 중요해졌다. KTX·SRT·GTX·UAM 등 지역 간의 기동성을 극대화시키는 교통의 발달과 유동적인 삶을 추구하는 '플로팅floating 세대'의 등장은 리퀴드폴리탄 개념의 지역개발을 더욱 중요하게 만든다.

이제 100개의 도시는 100개의 정체성을 가진 개성 있는 리퀴드폴리탄으로 다시 태어나야 한다. 끊임없이 변화하고 정체되지 않는 도시가 되기 위해서는 민과 관이 이인삼각할 수 있는 긴밀한 협업 체계가 긴요하다. 살기 좋은 도시를 만드는 것은 단순히 인구 소멸 지역을 살리는 것에서 나아가 '다양성'과 '창의성' 측면에서 성장판이 열린 도시를 만드는 일이다. 각자 다른 매력으로 다양성을 포용함으로써 가능성을 끊임없이 실험하는 작지만 강한 리퀴드폴리탄이 많이 등장하기를 기대한다.

서울 독산동 부모님 댁에서 어릴 때부터 살아온 A씨는 경기도 판교에 위치한 IT 기업에서 개발자로 일하고 있다. 주로 판교에서 식사하고 영화 보고 사람들을 만나는 탓에 독산동 집은 하숙집처럼 이용하게 됐다. 그는 서핑 매니아다. 주말마다 집에서 강원도 양양까지 서핑을 다니다가 최근에는 하남시 미사동 오피스텔로 혼자 이사를 했다. 양양에 훨씬 더 빨리 도착할 수 있기 때문이다. 얼마 전 회사가 양양 워케이션센터 근무를 허락해 지난 두 달 동안 양양에서 지내며 낮에는 근무하고 새벽과 저녁에는 서핑을 즐겼다. 다음 달이면 판교로 복귀하는데, 독산동 부모님 댁으로 갈지, 미사동 오피스텔로 갈지 고민 중이다.

A씨는 서울 사람일까, 경기도 사람일까, 강원도 사람일까? 관공서에서 보기에 A씨는 서울 사람이다. 오랫동안 주민등록이 독산동으로 돼있기 때문이다. 경제적 관점에서는 경기도 사람이다. A씨의 급여는 판교에서 지급되고 소비도 주로 그곳에서 일어나기 때문이다. 하지만 지난 2개월, 그리고 앞으로 주말 동안에는 강원도 사람이다. 양양에서 대부분의 시간을 보내기 때문이다. 다시 한번 생각해보자. A씨는 서울 사람일까, 경기도 사람일까, 강원도 사람일까?

교통이 편리해지고 사람들의 라이프스타일이 유동적으로 변하면서, 거주지와 인구 개념이 바뀌고 있다. A씨가 주말마다 서핑을 가는 양양을 예로 들어보자. 양양의 60세 이상 인구 비율은 45%이고 2030세대 인구 비율은 14%다. 총인구는 2만7,822명에 합계 출산율 0.88명으로, 정주인구定住人口의 개념으로 보면 양양군은 인구 감소 지역이고, 소위 '지역 소멸'의 위기에 처한 곳이다. 하지만 방문객 기준으로 보면 반전이 일어난다. 최근 서핑과 파티를 즐기는 젊은 층이 양양으로 몰려들면서 동네 전체가 북적이고 있다. 성수기 휴가철이었던 2023년 8월 31일 기준 일일 해수욕장 방문객 수는 4만5,482명으로, 그날 하루 양양에 여행 온 외지인이 거주인구의 1.6배가 넘는다.[1] 해당 지역에서 일정 시간을 보내거나 소비를 하는 '생활인구'를 기준으로 보면 양양은 그 어떤 도시보다 활기찬 곳이다. 그렇다면 양양은 인구 감소 지역일까, 인구 증가 지역일까?

사람들은 서울이 비대해진다고 말하지만, 사실 서울의 인구는 매년 감소하고 있다. '천만 도시'로 불리던 서울은 2016년 인구 1,000만 명이 무너진 이후 지속적인 감소 추세에 접어들어 2022년 942만 명으로 줄어들었다. 2022년 서울에서 유출된 인구는 8만 명이 넘는데, 이는 전국 17개 시도 기준 최대치다.[2] 그럼에도 서울의 소멸을 걱정하는 사람은 거의 없다. 매일 생활인구가 유입되는 도시이기 때문이다. 서울에 살지 않는 약 300~400만 명의 사람들이 서울에서 생산하고 소비한다.

이러한 사례는 우리가 그동안 가지고 있던 지역과 인구 개념을 다시 돌아보게 만든다. 지방 소멸의 위기를 극복하고 나아가 나라 전체를 균형 있게 발전시키기 위해서는 이제 새로운 관점이 필요하다.

인구 감소 시대, 도시가 새로운 전환점을 맞이하고 있다. 사람들이 정주하는 '고정된 도시'에서 도시의 다양한 구성원들이 어우러지는 '유연한 도시'로 지역의 트렌드가 바뀌고 있다. 다양한 사람들이 만들어내는 이 연결성과 유동성이 앞으로 도시 경쟁력을 결정짓는 핵심으로 부상할 것이다. 수도권과 비수도권, 혹은 대도시와 중소도시의 경직된 이분법을 넘어 각 지역 간 인구의 물 같은 '흐름'을 강조하는 새로운 패러다임이 필요하다.

이제 도시는 멈춰있지 않다. 지역만의 콘텐츠가 흐르고 라이프스타일에 따라 사람들이 이동하며 그들이 서로 교류하면서 다양한 가능성을 축적하는, 새로운 변화가 우리 앞에 펼쳐지고 있다. 『트렌드 코리아 2024』에서는 지역만이 갖고 있는 독특한 문화적 자본으로 사람들을 불러 모으고 다양한 사람들의 시너지가 흘러넘치는 도시의 유연한 변화를 '리퀴드폴리탄liqidpolitan'이라고 명명한다. 리퀴드liquid는 '액체'이고 폴리탄은 '도시'라는 의미로서, 현대의 도시와 지역이 액체처럼 유연하고flexible, 서로 연결되며connective, 다양한diverse 변화를 보이는 가변체可變體라는 점을 강조한 명명이다. 리퀴드폴리탄 개념을 통해 현대 도시의 변모하는 특징을 포착하고 지역 발전의 새로운 시각과 방법론을 모색하고자 한다. 인구 감소의 파고를 헤쳐나가고 있는 리퀴드폴리탄의 매력은 어디에서 오는지 살펴봄으로써 향후 도시 트렌드의 방향을 예측해보자.

정주도시에서 리퀴드폴리탄으로

리퀴드폴리탄 개념을 설명하기 위해서는 먼저 한 지역을 측정하는 단위인 '인구' 개념부터 살펴보아야 한다. 한 지역의 인구는 옆의 표에서 정리하는 바와 같이 다양하게 측정할 수 있다. 지금까지는 그중에서도 '정주인구'가 가장 중요했다. 정주인구란 상주지常住地(늘 거주

	개념	설명
기존 인구 개념	정주인구	상주지를 기준으로 조사된 인구로서 인구조사에서 가장 기본이 되는 인구. 조사 시점에 특정한 지역에 늘 거주하는 인구로, 일시적으로 체류하는 사람은 제외하며 반대로 일시적으로 부재중인 사람은 포함된다.
	현주인구	조사 시점에 해당 지역에서 머무르고 있는 인구. 다른 지역을 방문하지 않은 상주인구와 방문인구로 구분할 수 있다. 교통, 상하수도, 공해 등 특정 시점의 인구에 대한 재화 및 서비스와 관련된 인구이다.
	등록인구	주민등록지에 등록된 인구. 연금·교육·복지시설 등 행정 수요와 관련된다.
	주간인구 / 야간인구	상주인구에서 주간에 유출하는 통근·통학자를 빼고, 유입되는 통근·통학자를 더한 인구. 야간인구는 상주인구와 동일하다.
새로운 인구 개념	생활인구	정주인구＋특정 목적 체류자＋외국인. 생활인구는 정주인구뿐만 아니라 특정 지역에서 일정한 생활을 영위하는 인구를 포괄하는 개념이다.
	체류인구	주민등록 신고를 하지 않은 특정 지역에서 1박 이상 머무는 인구. 방문인구와 정주인구의 중간 정도의 개념이라고 할 수 있다.
	관계인구	지역과 관계를 지닌 외부인을 포함하는 인구. 지역 출신으로 도시에서 거주하다가 귀향한 U턴, 도시 출신의 지방 이주인 I턴, 지방 출신의 기타 지역 이주 그룹인 J턴을 아우른다.

출처: 언론 기사 일부를 참고해 정리[3]

하는 곳)를 기준으로 조사된 인구로서, 인구조사에서 가장 기본이 되는 개념이다. 인구조사 시점에 특정한 지역에 늘 거주하는 인구로, 일시적으로 체류하는 사람은 제외하며 반대로 일시적으로 부재중인 사람은 포함된다.

앞에서 설명한 대로 사회의 이동성이 높아지면서, 새롭게 등장하는 인구 개념도 있다. 특정 지역에서 1박 이상 머무는 체류인구, 지역과 관계를 지닌 외부인을 뜻하는 관계인구가 그것이다. 관계인구는 도시에서 거주하다가 귀향한 U턴, 도시 출신이 지방으로 이주하는 I턴, 지방 출신의 도시 거주자가 본인의 출신지가 아닌 기타 지역으로 이주하는 J턴을 아우르는 개념인데, 특히 최근 화제가 된 '고향사랑기부제'에 참여하는 기부자들도 관계인구로 볼 수 있다('10대 트렌드 상품' 참조). 하지만 가장 주목받고 있는 개념은 생활인구다.

생활인구는 정주인구뿐만 아니라 통근자·통학자·관광객 등 지역에 일정 시간 체류하는 사람까지 지역의 인구로 보는 새로운 개념이다. 여행을 온 외국인, 출근한 회사원, 치료를 받기 위해 병원에 입원한 환자 등도 생활인구에 해당한다. 이는 서울시가 2018년부터 추계하기 시작한 새로운 인구 모델로서, 2023년부터 시행하는 '인구감소지역 지원 특별법'에 명문화되어 있는 개념이다.

이 법이 기존의 정주인구나 등록인구를 기준으로 하지 않고 생활인구를 기준으로 하고 있다는 사실은 도시 개념이 변화하고 있음을 의미한다. 도시가 고체처럼 단단하지 않고 액체처럼 유연해지고 있다는 것이다. 서울처럼 정주인구는 줄더라도 생활인구가 늘어나면, 시간이 갈수록 더욱 활기찬 도시로 성장할 에너지를 얻을 수 있다. 사실 서울 안에서도 그동안 소외된 지역으로 불렸던 성수동은 갑자기 젊은 사람들이 몰리면서 가장 '힙한' 지역이 됐고, 반면 과거 청춘의 거리라고 불렸던 서울 도심의 일부 지역은 눈에 띄게 쇠락하고 있다.

정주인구에 기반한 도시를 정주도시라고 한다면, 생활인구에 기반한 도시를 리퀴드폴리탄이라고 볼 수 있다. 정주도시가 규격화되고 결과를 중시하는 도시계획의 산물이라면, 리퀴드폴리탄은 다양화·다핵화하는 과정을 중시한다. 리퀴드폴리탄은 공공과 지방자치단체가 '마스터플랜Master Plan'에 입각해 대규모로 개발하는 것이 아니라, 민간과 도시 콘텐츠 디벨로퍼들이 작은 실험을 통해 부분적·적응적으로 재생시켜 나간다. 이를 **'택티컬 어바니즘'**이라고 한다. 도시 재생도 정주도시에서처럼 뭔가를 '짓는 것'

택티컬 어바니즘 Tactical Urbanism(작은 실험)

처음부터 큰 예산을 들여 고정적인 환경을 조성하는 것이 아니라 적은 예산으로 임시적인 환경을 조성하고 활동해보면서 앞으로의 방향을 결정하는 방식의 전술적 도시계획 방법론이다.[4] 장기적인 비전을 세워놓고 그 비전을 달성하는 고전적인 도시계획의 방식이 아닌, 일단 행동을 취해보며 실험적 검증을 통해 합의를 이뤄나가는 방식으로, 끊임없는 피드백 과정이 발생하면서 양방 소통을 통한 도시계획이 가능하다는 장점이 있다.

정주도시와 리퀴드폴리탄 비교

	정주도시	리퀴드폴리탄
핵심 가치	안정감, 정착	유연성, 가변성
도시의 형태	규격화	다양화, 다핵화
도시계획의 방점	결과 중시	과정 중시
인구의 범위	주민등록상의 정주인구	관계인구, 생활인구
도시 재생의 주체	공공, 지자체	민간, 도시 콘텐츠 디벨로퍼
도시 재생의 방법	대규모 개발Master Plan	작은 실험Tactical Urbanism
도시 재생에 대한 접근	짓는 재생	잇는 재생
대표 현상	신도시 개발	원도심 재생

E

ElastiCity, Liquidpolitan

이 아니다. 리퀴드폴리탄에서는, 충남대 건축학과 윤주선 교수의 표현에 의하면, 전술한 여러 요소들을 '잇는 것'이다.

리퀴드폴리탄은 도시를 바라보는 관점이 변화함을 시사한다. 더불어 도시의 다양한 구성 요소 중 도시 내의 문화를 만드는 지역의 작은 브랜드·로컬 크리에이터·관계인구에 집중함으로써 보다 수요자 중심으로의 패러다임 전환을 의미한다. 물론 리퀴드폴리탄 개념이 향후 모든 도시 개발의 일반적인 모델이 되지는 않더라도, 그동안 공공 중심으로 효율화·규격화를 지향하던 도시 패러다임의 변화를 포착할 수 있다는 점에서 의미가 있다.

누가 리퀴드폴리탄을 만드는가?

앞에서 리퀴드폴리탄은 공공기관이나 지방자치단체가 대규모로 '짓는' 사업이 아니라, 여러 주체들이 작은 실험을 통해 '잇는' 프로젝트라고 설명했다. 그렇다면 누가, 무엇을 이어나가는 것일까? 리퀴드폴리탄에서는 시그너처스토어, 지역 기업가, 도시 기획자, 커뮤니티의 역할이 서로 원활하게 이어질 때 좋은 결과를 이룰 수 있다.

사람을 불러 모으는 시그너처스토어
먼저 해당 지역을 대표하는 자체적인 매력으로 사람을 불러 모을 수 있는 점포, 즉 시그너처스토어의 역할이 중요하다. 대형 쇼핑몰을 기획할 때, 해당 상권의 핵심이 되는 유명 점포를 흔히 앵커스토어라고 한다. 앵커anchor는 선박을 정박할 때 움직이지 않도록 잡아주는 닻을 말하는데, 특정 점포가 해당 상권에 사람들을 모을 수 있는 구심점이 된다는 뜻이다. 큰 몰이나 백화점에 입점하는 영화관·대형마트·프랜차이즈 커피숍 등을 앵커스토어라고 할 수 있다. 비슷한 맥락에서 특정 지역에 사람을 불러 모을 수 있는 매력 있는 점포를 시그너처스토어라고 부를 수 있다. 앵커스토어가 대형 프랜차이즈나 멀티플렉스 극장을 떠오르게 하기에, 독립된 작은 점포 하나도 그 역할을 할 수 있다는 뜻에서 '시그너처'라는 표현을 사용했다.

경북 칠곡군 왜관읍, 서울에서 차로 3시간이 걸리는 곳, 이 이름도 생소한 시골 마을에 연간 8만 명이 방문하는 수제 버거집이 하나 있다. 바로 발음도 어려운 'ㅁㅁㅎㅅ'(므므흐스라고 읽는다)다. ㅁㅁㅎㅅ는 농기계가 천천히 다니는 2차선 도로와 검은색 기와로 마감된 한옥들이 줄지어 있는 시골 마을에 '햄버거'라는 아이템 하나로 사람들을 불러 모은다.[5] 이곳은 늘 줄이 아주 긴데, 대기 시간 동안 인근 동네를 돌아보고 스탬프를 받아오면 할인도 해준다. 덕분에 이 일대의 생활인구가 덩달아 크게 늘었다.

도입부에서 예로 들었던 양양도 마찬가지다. 인구 소멸 지역으로 꼽혔던 양양이 서핑의 성지가 될 수 있었던 이면에는 '서피비치'라는 시그너처스토어의 역할이 절대적이었다. 서피비치는 2015년 박준규 대표가 주식회사 라온서피리조트를 설립하며 시작됐다. 특히 2017년 맥주 브랜드 코로나Corona가 개최한 '코로나 선셋 페스티벌'은 양양으로 젊은이들을 불러 모은 결정적 계기로 꼽힌다. 서피비치가 입소문을 타기 시작하면서 양양에 서퍼들이 모여들었고 서핑 관

▲▲▲ 양양군 하조대해수욕장 북쪽에 조성된 서핑 전용 해변 '서피비치'. 인구 소멸 위기에 처했던 양양은 전국에서 서퍼들이 모여드는 서퍼들의 성지가 됐다.

련 사업체 및 협동조합도 잇달아 자리를 잡았다. 지금은 전국 서핑 인구의 45%가 양양을 방문하고, 서핑 스쿨 40%가 양양 지역에 몰려 있다고 한다.[6]

시그너처스토어는 전통 시장에서도 중요한 요소로 부각되고 있다. 서울 광장시장의 새로운 놀이터로 떠오르는 '365일장'은 광장시장의 문화를 재조명하는 로컬 그로서리스토어를 표방한다. 이곳은 우선 외관부터 전통적인 시장의 문법을 탈피했다. 초록색의 네온 간판과 스테인리스 스틸 선반으로 이뤄진 내부 디자인은 젊은 세대의 발길을 멈추게 한다. 판매하는 상품도 내추럴 와인부터 치즈, 수제 캐러멜까지 트렌디함을 놓치지 않는다. 여기에 더해 전국에서 생산되고 있는 좋은 품질의 로컬 브랜드를 발굴하고 소개하는 플랫폼이기도 하다. 365일장은 그동안 먹거리 위주였던 시장의 콘텐츠를 보다 다변화시키기 위한 시도로 만들어졌다.

지역의 원도심 재생에서도 시그너처스토어의 역할이 큰데, 대표적인 사례가 제주 '아라리오뮤지엄 탑동시네마'다. 탑동은 제주의 원도심으로, 사람이 붐비던 서울의 명동 같은 곳이었다. 이후 행정기관이 이전하고 신도시가 생기면서, 사람들이 사라지기 시작하는 '원도심 쇠락'의 전형적인 모습을 보여줬는데, 최근 탑동은 '제주도의 LA'로 불리면서 제주 도시 재생의 1번지로 평가받고 있다. 컬렉터이자 예술가인 아라리오의 씨킴 회장은 다른 지역에 멀티플렉스 극장이 생기면서 문을 닫은 후 한동안 흉한 모습으로 있던 극장을 뮤지엄으로 바꿨다. 이곳에 '롱 라이프 디자인'을 추구하는 브랜드 '디앤디파트먼트', 업사이클링 브랜드인 '프라이탁'과 '숏숏리버스(코오롱 스포츠)', 그리고 버려진 목욕탕을 브랜드 팝업스토어와 쇼룸으로 활용하는 '프로젝트 목욕탕' 등이 들어서면서 거리 자체가 '재생'이라는 테마를 상징하는 장소가 됐다. 씨킴 회장이 제주도와 연관이 없는 인물이며, 유명 맛집이나 카페 같은 F&B Food and Beverage 분야가 아니라 '뮤지엄'이 시그너처스토어로 기능했다는 점이 이 사례가 다른 지역의 도심 재생과 구별되는 부분이다.

이처럼 최근 지역을 대표하는 강소 브랜드 혹은 로컬 상점들이 두각을 나타내면서 작은 동네가 주목받고 있다. 큰 범위의 도시보다 해당 시그너처스토어가 자리한 거리나 동네 등 작은 단위의 지명이 더 익숙해진다는 뜻이다. 예를 들면, 서울 성동구보다 성수동이 유명하고, 경의선숲길은 알지만 그것이 마포구에 있다는 사실은 모르는 식이다. 이에 대해 한 도시계획 전문가는 "서울 안에 서울이 100개 있는 느낌"이라는 표현을 쓰기도 했다. 이제 소비자들은 시-구-동으로 구성된 행정단위의 위계로 도시를 인지하는 것이 아니라, 시그너처 스토어를 기준으로 해당 동네, 혹은 거리만을 바로 인지하게 됐다는 의미다.

도시를 재해석하는 지역 기업가 local entrepreneur

앞서 언급한 365일장을 만든 321플랫폼은 광장시장에서 나고 자란 추상미 대표로부터 시작됐다.[7] 57년 동안 광장시장의 터줏대감이었던 빈대떡집의 손녀딸로 태어난 추 대표는 평범했던 직장 생활을 그만두고 시장으로 돌아왔다. 지역의 문화와 역사를 오롯이 담고 있는 시장에서 가능성을 발견했기 때문이다. 모두가 대형마트에 밀려 시장이 고전을 면치 못한다고 평가했지만 추 대표는 마트와의 경쟁보다 찾아가고 싶은 '시장만의 매력'을 만드는 것이 더 중요하다고 생각했다. 사람들이 시장의 매력을 경험할 수 있도록 다양한 콘텐츠를 시도한 끝에 광장시장은 젊은 사람들이 가장 많이 찾는 전통 시장으로 변화할 수 있었다.

기업가 정신을 발휘해 자신이 나고 자란 도시에 새로운 감성을 불어넣는 이들을 '지역 기업가 local entrepreneur'라 부를 수 있을 것이다. 대표적인 사례가 인천의 '개항로 프로젝트'다. 1883년 일본의 강압에 제물포를 개항했을 때 인천항에서 배다리삼거리까지 이어지는 1킬로미터 남짓의 길을 '개항로'라고 불렀다. 개항로는 과거 인천의 '핫플'이었지만, 관공서 이전과 주변 지역의 개발로 쇠락의 길을 걷게 된다. 인천에서 나고 자란 이창길 개항로 프로젝트 대표는 놀이터와도 같았던 동네가 저물어가는 데 안타까움을 느끼고, 기능을 다한 오래된 건물들을 발굴해 요즘 사람들이 좋아하는 콘텐츠로 채운다면 가능성이 있지 않을까 생각했다.[8] 2018년 '개항로 프로젝트'를 시작해 건축가·조경가·디자이너·기획자·요식업 종사자 등 15명이 함께 도시 재생 프로젝트를 진행 중이다. 이비인후과 의원이던 곳을 카페 브라운핸즈로 되살린 것을 시작으로 일광전구 라이트하우스·개항로 본부·메콩사롱·개항면·개항로통닭·개항백화 등 몇 년 사이에 20개가 넘는 새로운 공간들이 개항로를 채웠다. 개항로가 달라지고 있다는 소문이 퍼지자 서울, 인천, 송도 신도시 등에서 장사를 하던 가게들이 개항로를 주목하기 시작했고 최근에는 40여 곳의 가게가 새로 문을 열었다. 개항로 프로젝트를 포함해 개항로에서는 약 60개의 버려진 공간들이 되살아났다.[9]

부산 영도를 기반으로 도시를 재해석하는 알티비피얼라이언스 RTBP ALLIANCE의 김철우 대표도 부산에서 태어나 거기서 고등학교까지 다닌 토박이다. 영도는 조선업으로 유명한 지역이었지만 글로벌 금융 위기 이후 조선업이 퇴조하면서 도시도 함께 활력을 잃어갔다. 도시의 빈자리를 채울 무언가가 필요하다고 판단한 김 대표는 2014년 "돌아와요 부산항에Return to Busan Port"라는 뜻을 가진 '알티비피RTBP'를 세운다. 처음에 주목한 것은 '일'이었다. 메이커 스페이스와 코워킹 스페이스의 기능을 합친 '플랫폼 135'를 열었는데, 이곳은 뭔가 만들어보고 싶은데 공간이나 설비가 없는 사람들을 위한 공간이었다. 다음 관심사는 '여가'였다. 플랫폼 135 건너편 부둣가에 비어있던 창고를 개조해 '끄티GGTI'라는 문화 공간을 만들었다.[10] 2021년부터는 데이터에 기반한 지역 자산 콘텐츠화를 통해 19개 공간, 20여 개 브랜드를 론칭하는 '영도물산장려운동' 프로젝트를 전개하고 있다.

고객과 스토어를 연결해 경험 여정을 만드는 도시 기획자 local creator

사실 아무리 그 영향력이 크다고 하더라도, 시그너처스토어나 지역 출신 기업가가 혼자 힘으로 두각을 나타내는 것이 쉬운 일은 아니다. 해당 상권과 타깃 소비자의 특성을 분석하고 여러 플레이어들과 소비자를 연결시켜 해당 지역 안에서의 '경험 여정'을 만드는 기획자가 중요하다. 이들을 '도시 기획자 local creator'라고 부르는데, 최근 힙하게 뜨는 지역을 보면 공통적으로 이 도시 기획자들의 숨은 활약이 깃들어 있다.

연희동과 연남동을 기반으로 하는 도시 문화 콘텐츠 플랫폼 '어반플레이'는 오랫동안 활동해온 도시 기획자다. 처음에는 지방자치단체의 의뢰를 받아 지역 콘텐츠를 제작하는 일을 주로 했다. 이후 네이버와의 협업을 통해 소상공인과 창작자들을 지원하면서 콘텐츠 제작 노하우를 쌓아 연남동 일대의 지역 문화를 기록하는 작업인 '아는 동네'를 시작했다.[11] 어반플레이의 홍주석 대표는 건축가 출신이지만 건물을 짓는 것보다 사람에 관심이 많았다고 한다. 2015년 처음으로 진행된 '연희걷다'는 어반플레이의 이름을 알린 대표적인 프로젝트로 꼽히는데, 연희동 일대의 경쟁력 있는 공간을 세상에 알리자는 취지로 근처 카페·공방·갤러리 등 동네의 소상공인들을 모아 개최한 축제다. 2018년에는 연남방앗간과 연남장을 오픈하면서 로컬 크리에이터들을 위한 플랫폼으로서 입지를 굳혔다. 어반플레이는 맞춤형 콘텐츠 서비스를 지역에 적용하여 개발·운영하는 지역 매니지 먼트 모델 '바운드 프로젝트'를 개발해, 연희·연남 지역을 시작으로 수원·제주·광주 등으로 지역을 확장하고 있다.[12]

'글로우서울'도 주목 대상이다. 2015년 익선동에 오픈한 '글로우 키친'으로 지역개발의 가능성을 확인한 유정수 대표는 2018년 글로 우서울을 만들고 본격적으로 도시 기획자의 길로 뛰어들었다. 익선 동에서 성공한 후에는 종로구 창신동에 주목했다. 창신동은 위치상 으로 도심 한가운데 있지만, 낙산공원 성벽과 연결되는 특유의 가파

▼ ▼ ▼ 글로우서울은 창신동의 절벽 지대를 이 동네만이 가진 매력 으로 보고 이를 극대화해 공간 을 기획했다.

른 언덕 지형으로 접근성이 좋지 않은 지역이다. 노후 건축물 비율이 90%에 달하는 서울의 낙후 지역 중 하나이기도 하다. 그런데 최근 이곳에 MZ세대의 발길이 끊이지 않고 있다. 스타일을 무엇보다 중시하는 젊은이들이 운동화를 신고 해발 120미터의 언덕을 기꺼이 오르는 이유는 글로우서울이 창신동 주택가에 흩뿌리듯 배치한 매력적인 공간들 때문이다. 홍콩 뒷골목에 있을 법한 '창창'부터 한국식 프리미엄 도넛을 컨셉으로 하는 '도넛정수', 깎아지를 듯 아찔한 절벽의 속살과 산 아래 위치한 마을 풍경이 어우러진 태국 음식점 '밀림'까지 골목골목 숨겨진 보물을 찾는 재미가 있다. [13]

사람들을 잇는 커뮤니티의 힘

자기 지역이 되살아나는 과정에서 당사자들이 가만히 있을 수는 없다. 해당 지역의 커뮤니티 역시 중요한 역할을 한다.

충청남도 공주시를 가로지르는 금강의 지류 중에 제민천이라는 하천이 있다. 제민천 근처에는 지역 문화재인 충청감영이 있고, 도청·시청·세무서를 비롯해 공주사대 부설 고등학교 등 다수의 교육기관이 함께 위치해 있어 교육의 도시라 불리는 공주에서도 중심지였다. 하지만 금강 너머 북쪽에 신도시가 개발된 뒤로 제민천 주변을 걷는 발길은 점점 줄었다. 도시가 활력을 잃어가면서 제민천은 여름이면 모기가 들끓고 썩은 냄새가 나는 흉물로 변해가고 있었는데, 2018년 제민천 서쪽 너머 봉황동에 한옥 게스트 하우스 '봉황재'가 문을 열면서 변화가 시작됐다. 경기관광공사에서 일했던 권오상 대표가 커뮤니티 기반 지역 관리 회사 '퍼즐랩'을 세우고 마을스테이

프로그램을 시작했다. 퍼즐랩은 단순한 숙박에서 더 나아가 '업스테어스 코워킹스페이스'와 교육 공간 '금강관'을 운영해 창조 커뮤니티의 역할을 담당하고자 했다. 마을에 살아보는 경험을 제공하는 지역살이 프로그램과 함께, '지방 소도시에서 창업하기', '귀농·귀촌 준비하기', '도시 사람이 공주 원도심에서 숙박하며 일하는 워케이션 프로그램' 등을 운영하고 있다.[14]

이렇듯 지역 주민의 커뮤니티는 리퀴드폴리탄의 핵심이다. 앞서 소개한 알티비피와 어반플레이도 공유 오피스를 운영한다. 다양한 가치관과 취향을 가진 사람들이 교류하면서 만들어내는 시너지가 도시에 활력을 가지고 올 수 있다고 믿기 때문이다. 한국보다 먼저 인구 소멸에 따른 도시문제를 경험한 일본은 커뮤니티가 가진 연결성과 유연성에 일찍이 주목했다. 대표적으로 히로시마현 남동부에 위치한 항구 마을 오노미치시가 있다. 오노미치시는 조선소를 중심으로 한 제조업 도시였으나 조선업의 사양화로 쇠퇴의 길을 걷게 된다. 이후 해안가에 있던 도로에 주목하여 자전거 일주 도로를 만들고 복합 상업 시설 '오노미치 U2ONOMICHI U2'를 만들면서 사이클리스트들의 성지로 급부상했다.

우리가 주목해야 할 것은 그다음이다. 바로 디스커버링크 세토우치라는 기업이 운영하는 공유 오피스 '오노미치 셰어ONOMICHI SHARE'다. 이 회사는 오노미치 지역의 공간 재생 및 지역 문화자원을 활용한 사업을 전개하는 곳인데, 오노미치 셰어는 이주민들과 지역 커뮤니티가 교류하는 마당으로 기능한다. 두 주체가 느슨한 연대를 할 수 있도록 당일 이용 상품을 만들고, 독서 모임을 운영하며, 마을에 재

난이 닥쳤을 때는 문제를 논의하고 해결책을 강구하는 거점으로 사용하기도 했다.[15]

한국에서도 이러한 움직임이 포착되고 있다. 도시 재생 전문 액셀러레이터 '크립톤엑스'가 운영하는 제주도 탑동의 '리플로우'가 그 예다. 크립톤엑스는 20년 동안 창업가의 성장을 이끌어온 국내 최장수 액셀러레이터 회사 '크립톤'이 세운 자회사다. 결국 소멸 지역이 살아남기 위해서는 청년들의 일자리가 가장 중요하다고 보고 지역의 경제적·문화적·사회적 자본에 기반한 창업 생태계를 구축하는 것을 목표로 하고 있다. 리플로우는 표면적으로 워케이션 공간이지만 더 나아가 외부의 창조 계층과 지역민이 한 공간에서 일하고 쉬면서 만들어지는 창조적 긴장감에 주목한다. 서로 다른 지역에서 살아온 사람들이 커뮤니티에서 영감을 받고 새로운 관계를 형성함으로써 네트워크를 구축해나간다면 새로운 기회를 만들 수 있다고 생각하는 것이다. 더불어 지역의 문화를 경험할 수 있는 작은 프로그램들을 상시 운영함으로써 자연스럽게 지역에 대한 애정도 키울 수 있다고 보고 있다.[16]

리퀴드폴리탄의 등장 배경

한없이 추락하고 있는 대한민국 출산율을 생각하면 리퀴드폴리탄의 등장은 필연적이다. 저출산과 고령화가 빠르게 진행되면서 이미 2020년 사망자 수가 출생자 수를 앞지르는 '인구 데드크로스dead-cross'를 넘겼다. 2060년이면 65세 이상의 노인이 전체 인구의 절반을 차지할 것으로 전망되며, 2750년에는 한국의 인구가 0명이 될 것이라는 통계마저 있다.[17] 인구가 급격하게 증가하던 시기에는 대규모 마스터플랜을 통해 신도시를 짓거나 재건축을 진행하는 것이 효율적이었다. 일단 도시를 만들고 건물을 지으면 수요가 뒷받침됐기 때문이다. 이에 대해 충남대 건축과 윤주선 교수는 "지금까지 주식회사 대한민국의 사업 모델은 '인구'였다"고 말한다. 하지만 그 전제였던 인구가 감소하는 상황에서는 획일화된 재개발이 아니라 지역 특성에 따라 재해석하고 이에 걸맞은 콘텐츠를 다양하게 채워 넣는 노력이 절실해졌다.[18]

교통과 기술의 발달도 도시 패러다임의 변화를 이끈다. 그동안 정부는 꾸준히 교통망 계획을 실행해왔다. 고속철도 KTX와 SRT가 전국을 촘촘하게 연결하고 있는 가운데, 수도권 일대는 더욱 좁아질 전망이다. 2024년에는 수도권 광역급행철도GTX A노선이 개통을 앞두고 있고, GTX-B와 GTX-C노선도 착공 예정이다. 2027년에는 3조8,000억 원을 투입해 경부 지하고속도로 건설이 착공을 준비 중이다. 그 외에도 지자체마다 지하 도로·고속철도·공항 등 교통망 개선이 박차를 가하고 있다.[19]

앞으로 가장 주목해야 하는 것은 일명 '항공 택시'라 불리는 **도심항공교통**UAM이

UAM
Urban Air Mobility의 약자로, 도심 내 하늘을 날아다니는 이동 수단을 가리킨다. 항공 택시라고 불리는 전동수직이착륙기eVTOL를 활용해 지상에서 450미터 정도의 저고도 공중에서 이동하는 도심 교통 시스템으로 기체·운항·서비스 등을 총칭하는 개념이다. 도심의 교통 체증이 한계에 다다르면서 이를 극복하기 위해 상용화가 추진되고 있다.[21]

E
ElastiCity, Liquidpolitan

다. 2차원의 모빌리티 시장을 3차원으로 확장할 것이라는 기대를 받으면서 UAM의 가능성에 주목한 수많은 기업과 스타트업들이 활발히 투자를 진행 중이다. 인천국제공항을 제외한 국내 모든 공항을 운영하는 한국공항공사는 일찍이 UAM의 표준을 설립하고 버티포트(이착륙장) 건설과 교통관리 시스템 개발·운영에 참여하는 등 발 빠른 대응을 보이고 있으며, SKT는 미국의 대표적인 UAM 스타트업인 조비 에비에이션JOBY과 손잡고 경쟁력 있는 기체를 확보해 이르면 2025년에는 한국에서도 서비스를 선보일 계획이라고 한다.[20]

KTX·SRT·GTX·UAM 등 지역 간의 기동성을 극대화시키는 교통의 발달은 양날의 검이다. 빠른 이동을 가능하게 함으로써 사람들의 활동 반경을 넓혀 대도시 집중을 완화하고, 국내 여행 수요를 증가시켜 지역 발전의 기회를 높여준다. 전술한 생활인구의 폭을 넓혀줄 수 있는 것이다. 하지만 부정적 영향도 적지 않다. 반나절이면 전국 어디든 갈 수 있는 생활권의 확장이 대도시 주변을 잠만 자는 베드타운으로 만들고 소비는 오히려 서울에서 하게 하는 일명 '빨대효과'를 부추김으로써 지역경제에 더 나쁜 영향을 줄 수 있다. 서울에 있던 공공기관을 지방에 유치하는 사업의 효과 또한 반감될 수 있다. 광역 교통 인프라 확충과 함께 리퀴드폴리탄 개념에 기반한 지역개발이 반드시 동반돼야 하는 또 하나의 이유다.

마지막으로 노마드 라이프스타일이 익숙한 '플로팅floating 세대'가 등장하고 있다는 점도 주목해야 한다. 한곳에 고착하지 않고 여러 곳을 부유하는 유목 세대가 증가하고 있다. 코로나19가 종식되면서 '재택근무를 지속할 것인가'는 많은 회사들의 화두가 됐다. 재택근무가 일의 효율을 떨어트린다는 의견과 재택근무가 업무의 효율을 더 높일 수 있다는 의견이 팽팽하게 맞서고 있다. 그렇다면 앞으로 일하는 방식의 변화를 추동할 Z세대의 의견은 어떨까? 2022년 대학내일 20대연구소가 발표한 자료에 따르면, 취업 준비생의 66%가 회사를 선택할 때 '유연한 근무가 가능한지'를 고려한다고 답했다.[22] 더불어 임시적 노동을 뜻하는 긱gig 이코노미로 인한 프리랜서의 증가도 노마드 라이프를 확산시킬 것으로 예측된다. 원하는 시간에 원하는 장소에서 일하는 플로팅 세대가 도시의 소비 방식도 바꿔나갈 것이다.

전망 및 시사점

"끊임없이 변화하는 공간은 늙으면서 품위를 얻고, 정체되는 공간은 낡아 사람들에게 잊힙니다. 시장을 '전통'이라는 이름으로 정체시키면 안 돼요. 잘 늙되 낡지는 않아야 해요. 늙음과 낡음의 차이를 구분해야 합니다."[23]

앞서 언급한 321플랫폼을 이끄는 추상미 대표의 말이다. 끊임없이 변화하고 정체되지 않는 도시만이 잘 늙되, 낡지 않을 수 있다. 새로운 도시 패러다임으로서 리퀴드폴리탄 트렌드에 대응하기 위해 향후 우리는 어떠한 준비를 해야 할까?

100개의 도시는 100개의 정체성을 가져야 한다

평균실종의 시대다. 이제 도시도 평균적 라이프스타일에 근거한 표준화·프랜차이즈화가 아니라, 지역의 특색에 맞춘 커스터마이징이 필요하다. 100개의 도시는 100가지 각기 다른 색을 갖고 있어야 한다. 『서울 라이프스타일 기획자들』을 집필한 유지연 기자는 오늘날 각각의 도시가 갖는 지역별 느낌이 도드라지고 있다고 평가한다. 동네를 분류할 때 소득수준에 근거한 상하 계급의 수직적인 축만 있었다면 이제는 수평적인 축, 즉 도시가 가진 문화와 스타일로서의 '차이'가 생겨나고 있다. 이러한 경향성이 더 짙어진다면, 앞으로 소비자는 자신의 취향과 라이프스타일에 맞는 지역이 어디인지 찾아 나설 것이다. MBTI에 맞는 화장품을 사듯, MBTI에 맞는 도시를 여행하고 스타일이 맞는 도시에 살아볼 수도 있다. 따라서 앞으로는 우리 지역이 가진 고유한 문화 자본에 대해 집중해야 할 것이다. 보존하지 않으면 안 될 소중한 자료들을 기록하고 보관하는 작업을 '아카이빙 archiving'이라고 하는데, 최근 자치단체마다 도시 아카이빙에 많은 노력을 기울이고 있다. 이 역시 자기 정체성을 확보하기 위한 맥락으로 이해할 수 있다.

이처럼 자기만의 정체성과 콘텐츠가 중요해지는 리퀴드폴리탄 시대에는 시설보다 운영의 역할이 더욱 중요해진다. 최근 주목받고 있는 '1유로 프로젝트'가 좋은 사례다. 1유로 프로젝트는 원래 유럽에서 시작된 도시 재생 프로젝트다. 인구 감소로 방치된 집이나 건물을 정부가 민간에 1유로에 빌려주고, 공간을 빌린 사람들이 자비로 공간을 개발해 수익을 내는 방식이다.[24] 2023년 2월 서울 성동구 송정동에 국내 최초로 1유로 프로젝트가 문을 열었다. 1유로 프로젝트에서 주목해야 할 점은 지속 가능한 '운영'을 중요하게 생각한다는

▲▲▲ 방치되어 있던 서울 성동구의 한 빌라가 트렌디한 브랜드들이 모인 힙한 장소로 탈바꿈했다. 본래 유럽의 도시 재생 계획의 일환으로 출발한 '1유로 프로젝트'는 도심 속 낡은 공간을 무상으로 임대해주는 지역 상생 프로젝트다.

것이다. 예를 들어, 프로젝트 입주자를 모집할 때 이런 조건이 있다. "주 1회 무조건 커뮤니티 프로그램을 운영해야 한다", "연 2회는 지역 주민들을 위한 교육 프로그램을 해야 한다", "사람이 항상 상주해서 라이프스타일 제안을 직접 했으면 좋겠다" 등이다. 즉, 입주 브랜드 선정만큼이나 운영에 비중을 크게 둔 것이다.

민간과 공공의 이인삼각二人三脚

마지막으로 공공보다 민간 영역의 역할이 점차 더 중요해지고 있다. 상상력이 풍부하고 창의성이 뛰어난 민간이 주도했을 때 도시의 풍경이 다양해질 수 있기 때문이다. 리퀴드폴리탄이 시대의 변화를 수용하고 생활인구의 다양성을 포용하기 위해서는 민간 주도의 도시

기획이 더 적합하다. 인천대 도시행정학과 서종국 교수는 "지자체 등이 진행하는 관 주도 도시 재생은 빠르고 효율적으로 지역을 활성화할 수 있다는 장점을 갖지만, 점진적으로는 민간 주도 도시 재생이 늘어나야 도시 발전의 형태가 다양해지고 지역민이 배제되지 않을 수 있다"고 말한다.[25] 그동안 지역개발이 규모의 경제에 입각한 '관 주도'의 모델이었다면, 이제는 민간과 호흡을 맞추는 것이 필요하다. 두 사람이 한 쪽씩 다리를 묶고 함께 뛰는 '이인삼각' 경기처럼, 민관의 협력이 어우러질 때 리퀴드폴리탄은 번영해나갈 수 있다.

전라북도 군산시의 '영화타운'은 민관 협력의 좋은 모델로 꼽는다. 이 프로젝트는 공공 부문인 군산시와 건축공간연구원이 진행했지만, 민간 부문인 주식회사 지방이 주도적으로 운영을 이끌었다. 건축공간연구원은 민관 협력형 모델을 만들기 위해 '민간 컨소시엄'을 구성하고, 지역 관리 회사 지방을 설립해 기획·설계·운영을 주도할 수 있도록 기반을 구축했다. 프로젝트 초기부터 기획에 참여하고 현재 운영을 담당하고 있는 지방의 조권능 대표는 '주체성'과 '책임감'의 관점에서 민관 협력 구조가 중요하다고 말한다. 민간이 기획과 설계의 과정을 주도했을 때 주체적으로 자신들이 필요한 공간을 만들 수 있고, 책임감을 가지고 운영을 지속할 수 있다는 것이다.

그렇다면 공공은 어떠한 역할을 담당해야 할까? 재정을 지원하고 현장에서 발생할 수 있는 각종 문제들을 해결해줘야 한다. 예를 들어, 영화타운 프로젝트의 경우 시장에 있는 건물들을 리노베이션하다 보니 불법으로 지어진 공간이 많았는데, 건축공간연구원이 군산시와 민간 사이에서 중재 역할을 수행하며 해결 방법을 찾아나갔다

◀◀◀ 1930년대부터 운영되어온 전통 시장이지만 사람들의 발길이 점차 줄어들고 있었던 영화시장을 활성화하기 위해 민관이 협력해 '영화타운'을 조성했다. 오래된 시장 안에 다양한 개성을 지닌 가게들이 모여 조화를 이루고 있다.

고 한다. 또한 각종 청탁이나 비리가 발생하지 않도록 민간 업체를 선정하고 공정하게 관리하는 과정의 투명성 역시 공공 부문이 담당해야 할 매우 중요한 역할이다.

더불어 공공에서도 '트렌드 리터러시'를 키우는 노력이 필요할 것이다. 리터러시란 문자화된 기록을 통해 지식과 정보를 획득하고 이해할 수 있는 능력을 말하는데, 그 연장선에서 트렌드 리터러시란 변화하는 소비자의 니즈를 이해하고 흐름을 읽을 수 있는 감각이라고 할 수 있다. 이에 대해 전문가들은 이제 지방 공무원들도 크리에이터 혹은 마케터가 되어야 한다고 지적한다. 마치 기업에서 하나의 브랜드를 만들 듯 도시에 새로움을 불어넣을 때에도 섬세한 기획과 감각적인 설계, 그리고 일관적이고 지속적인 운영이 필요하다는 뜻이다. 지자체장이 바뀌거나 담당자가 새로 올 때마다 기획의 방향부터 콘텐츠까지 흔들리는 사례는 지양되어야 할 것이다.

혁신은 변방에서 일어난다

최근 기업들도 도시의 변화에 주목하기 시작했다. 초기에는 지방의 강소 브랜드와 컬래버레이션을 진행하거나 팝업스토어를 유치했다면, 이제는 도시를 기획하는 프로젝트 자체에 투자하는 등 적극적인 관심으로 확장되는 추세다. 대표적으로 2023년 7월 롯데호텔은 지역 공간 사업을 진행하는 로컬스티치와 업무 협약을 맺었다. 로컬스티치는 1인 창작자와 프리랜서 등의 지역 크리에이터를 위한 공유 주거·공유 오피스를 운영하는 기업으로, 롯데호텔이 쌓아온 산업 노하우와 마케팅 역량, 그리고 로컬스티치의 지역 공간 개발 역량을 결합해 시너지를 발휘할 예정이다.[26] 앞서 2019년에는 에너지 기업 SK E&S도 '로컬라이즈 군산'이라는 이름의 도심 재생 사업을 지원한 바 있다. 지역자원을 활용한 창업 지원 등 군산의 일자리 및 소득 창출을 목표로 한 이 프로젝트는 2019년 12억 원, 2020년 29억 원, 2021년 56.5억 원 등 코로나19의 위기에서도 매년 전년 대비 2배 가까운 성장을 이뤄냈다.

우리는 왜 리퀴드폴리탄에 관심을 두어야 할까? 도시가 유연해져야 다양한 라이프스타일이 등장할 수 있고 지역의 다양성은 한 사회의 '창의력'으로 이어지기 때문이다. 특히 지식산업으로 산업의 구조가 바뀌면서 새로운 인사이트를 충전받을 수 있는 문화적 자본이 중요해졌다. 전 세계의 많은 스타트업이나 IT 기업들이 도시의 다양성을 중요하게 생각하는 이유다.

결국 우리가 지향해야 할 도시의 방향성은 "이 도시가 얼마나 근사한 것을 보여주고 있는가?"보다는 "이 도시가 어떻게 움직이고 있는가?"로 도시를 정의하는 일이다. 활력 넘치는 리퀴드폴리탄을 만드는 것은 인구 소멸 도시를 살리는 것에서 나아가 '다양성'과 '창의성' 측면에서 성장판이 열린 도시를 만드는 일이다.[27] "혁신은 변방에서 일어난다"는 말이 있다. 각자 다른 매력으로 다양성을 포용함으로써 가능성을 끊임없이 실험하는 작지만 강한 리퀴드폴리탄들이 등장하기를 기대해본다.

Supporting One Another:
'Care-based Economy'

돌봄경제

돌봄은 인간을 인간답게 만든 인간의 가장 중요한 특성이다. 공동체를 만들어 서로가 서로를 돌볼 때 인간은 생존하고 사회는 유지될 수 있다. 돌봄이란 타인이 건강하게 생존할 수 있도록 도움을 제공하는 행위를 말하는데, 최근 돌봄의 개념이 극적으로 확장되고 있다. 장애가 없더라도 누구나 보살핌을 받을 수 있고, 가족이 아니더라도 누구든 돌볼 수 있는 시대가 됐다. 이에 돌봄이 단순히 복지 차원에서가 아니라 새로운 패러다임의 경제적 효과를 가져올 수 있다는 의미에서 『트렌드 코리아 2024』는 돌봄을 둘러싼 새로운 사회적·기술적 움직임을 '돌봄경제'라고 명명하고자 한다.

돌봄경제는 누가 누구를 어떻게 돌보느냐를 기준으로, ① 배려 돌봄, ② 정서 돌봄, ③ 관계 돌봄이라는 세 가지 측면으로 나눌 수 있다. 먼저 배려 돌봄은 환자·장애인·영유아·어린이·고령자 등 혼자서는 생활이 불편한 사람들의 신체적 어려움을 챙겨줄 수 있는 돌봄을 말한다. 둘째, 정서 돌봄은 신체적 불편함을 살피는 것을 넘어 마음까지 세심하게 보듬는 돌봄이다. 마지막으로 관계 돌봄은 약자를 '일방적으로' 돕는다는 개념이 아니라, 공동체 안에서 서로가 서로에게 기대고 돌봐주는 것을 말한다. 또한 가지 주목할 최근 경향은 기술의 역할이 커지고 있다는 점이다. 원래 돌봄은 사람이 사람에 대해서 하는 일이었는데, 최근 기술이 급격하게 발전하면서 돌봄 영역에서도 '언택트untact(비대면)' 서비스가 가능해지고 있다.

돌봄을 새로운 관점에서 바라볼 때다. '아이'를 돌보는 것은 '부모의 커리어'를 돌보는 것이고, '고령자'를 기술을 통해 보살피는 것은 그들의 '인간적 존엄성'을 지켜주는 일이다. '직원'을 배려하면 '조직의 미래'에 대한 투자가 된다. 날로 개인화되는 '분초사회'의 분주함 속에서, 우리는 모두 서로의 돌봄을 필요로 하는 존재가 됐다. 사람을 일으켜 세워 경제생활을 가능하게 하는 인프라로서, 돌봄경제는 이제 엄청난 정책적·산업적 파급효과를 가지는 현대의 가장 중요한 경제적 이슈가 될 것이다.

미국 전역을 돌며 매주 대회를 여는 미국 여자프로골프협회LPGA는 대회가 있을 때마다 골프장 근처에 이동형 어린이집을 운영한다. 아동 보육 전문 자격을 갖춘 직원 3명과 여러 자원봉사자들이 함께한다. 놀이기구와 장난감 등 각종 용품은 트럭으로 운반해 늘 같은 것을 쓰고, 어린이집 내부 시설도 유사하게 꾸민다.[1] 원거리 이동을 하더라도 아이에게 항상 비슷한 돌봄 환경을 만들어주기 위해서다. 자녀가 초등학생이면 박물관이나 동물원 등 외부 견학을 하는 프로그램도 있다. 선수별로 다른 경기 시간을 감안해 운영 시간도 오전 5시부터 오후 9시까지로 충분히 길다.[2] 아이들을 봐주는 이유는 엄마가 된 선수들의 '커리어'를 돌보기 위해서다. 이러한 투자를 통해 LPGA는 훌륭한 선수들을 계속 보유할 수 있고 인기도 유지할 수 있다. 실제로 출산 후에도 우승컵을 거머쥐는 선수들이 드물지 않다.

개체로서의 인간은 미약한 존재다. 어린 시절에는 부모의 극진한 돌봄이 없으면 살아남기 어렵고, 성인이 되어서도 혼자 생활하는 일은 불가능하다. 돌봄 기간이 길수록 종種의 지능이 높다고 한다. 까마귀의 새끼 돌봄 기간은 4~6주로 다른 새들에 비해 긴데, 이 때문에 간단한 도구를 사용하는 등 그 지능이 월등히 높다. 호모 사피엔스가 이토록 번성할 수 있었던 것은 다른 어느 종보다도 긴 돌봄 기간을 통해 뇌의 용적과 육체를 발달시킬 수 있었기 때문이다. 돌봄은 인간을 인간답게 만든 인간의 가장 중요한 특성이다. 공동체를 만들어 서로가 서로를 돌볼 때 인간은 생존하고 사회는 유지될 수 있다.

돌봄이란 나보다 약한 사람 혹은 주변 사람이 건강하고 잘 지낼 수 있도록 도움을 주는 행위를 말한다. 이러한 돌봄의 개념이 최근 극적으로 확장되고 있다. 건강이나 나이 때문에 자립하기 어려운 사람을 가족이나 주변 사람이 보살펴주는 것이 종전의 돌봄 개념이었다면, 이제는 장애가 없더라도 누구나 보살핌을 받을 수 있고, 가족이 아니더라도 누구든 돌볼 수 있는 시대가 됐다. 돌봄 활동이 가족의 경계를 넘어 사회적·기술적으로 확장되면서, 패러다임의 전환을 맞고 있는 것이다.

이제 어리거나 고령이거나 건강이 좋지 않은 사람만 돌봄의 대상이 아니다. 돌봄을 제공하는 사람과 받는 사람의 경계가 흐려지고 있다. 나의 무언가가 돌봄을 받고, 동시에 나는 또 다른 사람의 무언가를 돌봐주며, 그렇게 계속 이어진 연쇄적인 돌봄이 오늘날 가장 중요해진 사회적 역량이라고 할 수 있다. 이제는 건강한 상태를 유지하고 관리하는 일은 물론, 살아가는 데 필요한 노하우나 재무관리, 정서나 마음을 어루만져 주는 일도 '돌봄'이라는 이름으로 부른다. 누군가 인간다운 삶을 누릴 수 있도록 돕는 모든 행위가 돌봄의 범위에 포함될 수 있다.

서두에서 보듯 다른 여성 스포츠보다 미국 여자프로골프가 월등히 인기 있었던 숨은 이유 중의 하나는 스타 선수들이 결혼과 출산 이후에도 선수 활동을 계속할 수 있도록 대회 장소마다 어린이집을 운영했기 때문이라고 해도 과언이 아니다. 아이들에 대한 돌봄이 단순한 시혜나 편의가 아니라 엄청난 경제적 파급효과를 낳을 수 있음을 보여준다.

돌봄경제는 누가 누구를 어떻게 돌보느냐를 기준으로, ① 배려 돌봄, ② 정서 돌봄, ③ 관계 돌봄으로 나누어 살펴볼 수 있다. 먼저 배려 돌봄은 환자·장애인·영유아·어린이·고령자 등 혼자서는 생활이 불편한 사람들의 신체적 어려움을 챙겨줄 수 있는 돌봄을 말한다. 우리 사회가 복지국가를 지향하는 데 있어서, 앞으로 더욱 중요해질 분야다. 두 번째는 정서 돌봄으로서, 신체적 불편함을 살피는 것을 넘어 마음까지 세심하게 보듬는 돌봄이다. 마지막은 관계 돌봄이다. 약자를 '일방적으로' 돕는다는 개념이 아니라, 서로가 서로에게 기대고 돌봐주는 것을 말한다. 예를 들어 편의점 CU는 길 잃은 미아를 보호하고 신고해주는 제도를 오래전부터 운영해왔다. 이처럼 생활 속에서 사람들이 서로서로 돌볼 수 있는 공동체와 플랫폼을 형성해나가는 모습에서 돌봄의 새로운 형태를 찾을 수 있다.

또 한 가지 주목할 최근의 경향은 기술의 역할이 커지고 있다는 점이다. 원래 돌봄은 사람이 사람에 대해서 하는 일이다. 하지만 최근 기술이 급격하게 발전하면서 돌봄 영역에서도 '언택트untact(비대면)' 서비스가 가능해지고 있다. 이제 돌봄의 유형에 따라, 그 개념의 변화와 기술적 진화를 살펴보자.

배려 돌봄

한 사회의 수준을 보려면 그 사회가 약자들을 어떻게 보살피는지를 보면 된다고 했다. 식민 통치와 전쟁을 경험한 빈곤국 대한민국이 놀라운 경제성장을 거듭하면서 복지국가 개념이 강화되고, 그에 따라서 사회적 약자들에 대한 배려도 계속 확충됐는데, 이러한 돌봄을 '배려 돌봄'이라고 부를 수 있다.

배려 돌봄은 신체적 부족함을 돌보는 일을 기본으로 한다. 노인과 아이에게 집중된 전통적 보살핌, 그리고 아픈 사람을 보살피는 간병이 주된 분야다. 이 영역에서 돌봄의 사회화가 가속화되고 있으며 기술과의 접목도 활발하다. 고령화로 인한 노인 돌봄은 양적 수요가 늘어났고, 출산율 감소로 아이들에 대한 보살핌은 질적 디테일이 중요해졌다. 또 '분초사회'에서 모두가 바쁜 관계로 아픈 사람들을 일시적으로 간병하고자 하는 수요도 크게 늘고 있다.

가장 눈에 띄는 것은 돌봄 인력을 매칭해주는 서비스다. 고령자가 증가하는 것은 물론이고, 관련 산업 전반의 디지털 사용 역량이 강화되면서 최근 큰 폭의 성장을 보여주고 있다. 대표적으로 방문 요양 서비스를 제공하는 스타트업 '케어링'은 전사적 자원 관리 시스템ERP 등을 고도화해 요양산업에 산재한 비효율을 제거함으로써 '디지털 전환DT'을 가장 효과적으로 수행했다는 평가를 받고 있다. 이를 바

▲▲▲ 고령 환자와 영유아 돌봄도 이제 IT 기술의 첨단 매칭 서비스로 더욱 확대되는 추세다.

탕으로 2022년 기준 1,000억 원 이상의 기업 가치를 인정받아 예비 유니콘의 자리에 올랐다. 또 다른 시니어 케어 스타트업 '케어닥'은 2023년 매출 목표를 150억 원으로 잡으며, 시니어의 주거 환경 관리 및 정서 관리를 돕는 생활 돌봄 서비스와 전문 치료사가 직접 집으로 방문해 회복을 돕는 방문 재활 운동 등으로 비즈니스의 범위를 넓혀 가고 있다.[3]

아이 돌봄 연결 플랫폼 '맘시터'는 2022년 기준 연간 거래액이 2,400억 원으로 추산되는 국내 최대의 베이비시터 매칭 서비스다. 전국적으로 부모 40만 명, 시터 80만 명 회원이 서로 연결되어 있으며, 앱을 활용해 양자 간 투명한 정보공개와 돌봄일지 작성, 돌봄비 결제 등을 편하게 할 수 있도록 해 아이 돌봄을 양지화했다는 평가를 받고 있다.[4] 시장분석 서비스 와이즈앱·리테일·굿즈의 분석에 따르면, 맘시터의 앱 설치자 수는 2019년부터 꾸준히 증가해 코로나 19로 각종 보육 기관이 멈췄던 2021년 1분기까지 급증하다가, 이후

맘시터 앱 설치자 추이

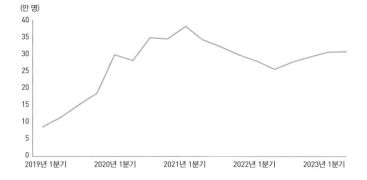

출처: 와이즈앱·리테일·굿즈

조금 주춤세를 보였으나 2022년 2분기를 기점으로 다시 늘어나고 있다.

이른바 '돌봄테크'의 발달은 이제 사람과 기술을 거의 일대일로 대체하는 역할을 하고 있다. 예를 들어 신체적 취약자가 스스로 자리에서 일어나 운동하는 것을 보조하고 신체 활동을 모니터링한다. 삼성전자는 세계 최대 전자제품 전시회인 CES 2023에서 무릎이나 발목에 착용하는 시니어용 웨어러블 로봇 'EX1'을 발표했다. 이 제품은 최근 '봇핏'이라는 이름으로 일반인들도 사용할 수 있는 근력 강화와 신체 관리 기능이 포함되어 출시될 것으로 알려졌다.[5]

국내 기업 올비트앤은 원격 돌봄 기능을 탑재한 프리미엄 보행 보조기를 판매하고 있다. 보행 보조기에 AI 디바이스를 장착해 이용자의 움직임 데이터를 기록하고 이를 가족이나 의사가 원거리에서도 모니터링할 수 있게 했다.[6] 실질적 보호자가 모바일 앱을 설치해 기기를 등록하면 보행 보조기의 현재 위치가 보이고, 미리 설정한 안전 구역을 벗어나면 알람이 울리기 때문에, 고령자는 외부 활동을 안전하고 자유롭게 할 수 있고 보호자는 원거리에서도 돌봄이 가능하다.

돌봄이 필요한 사람들의 옆에 같이 있어줄 수 없는 경우, 인간의 존재를 대체해줄 수 있는 기술도 시장에 선보이고 있다. 미국의 케어엔젤Care Angel은 인공지능을 활용한 음성인식 및 간호 서비스로, 전화를 거는 방식으로 돌봄을 수행한다. 매일 정해진 시간대에 인공지능이 고령자에게 전화를 걸어 취침 상태, 건강 상태, 약 복용 여부, 안부 등 다양한 질문을 하고 이에 대한 응답을 리포트 형식으로 자동 작성해 가족이나 의사에게 전달한다.[7]

재무관리에도 유사한 상품이 있다. 미국의 핀테크 기업 트루링크True Link에서 서비스 중인 비자 카드는 직불 카드 결제가 가능한 모든 곳에서 사용할 수 있는 선불카드다. 이 카드의 중요한 기능은 카드 사용자의 가족이 트루링크 사이트의 온라인 지출 모니터링 시스템을 통해 맞춤형 지출 규칙을 설정할 수 있다는 점이다. 예를 들어 약국이나 아마존닷컴에서의 결제는 허용하고, 카지노나 홈쇼핑 네트워크는 제한할 수 있다.[8] 또 자체적인 사기 감시 알고리즘을 통해, 노인을 대상으로 하는 금융 사기를 탐지하고 약탈적 결제를 선제적으로 차단해준다. 고령자의 지출을 무조건 제한하는 것이 아니라 경제적 자유를 보장하면서도, 금융 위험에의 노출을 방지해준다는 측면에서 시니어들의 경제활동 범위를 넓혀주고 있다.

목욕이나 배변 등 필수 불가결하지만 다른 사람이 일일이 돕기는 어려운 문제를 해결해주는 것도 기술의 몫이다. 배변 문제는 단순히 지저분한 골칫거리가 아니라 한 인간으로서 환자의 존엄성과 직결되는 문제다. 특히 일본에서는 신체 움직임이 쉽지 않은 사람들의 배변 문제를 해결하기 위해, 이동식 화장실, 탈취 용품, 방향제 시장 등의 기술 제품 비즈니스가 급성장하고 있다. 고령 인구가 폭발적으로 늘어나면서 스마트 기저귀도 주목받고 있다. 무선이나 비접촉 인식 센서를 탑재해 배뇨·배변 시 스마트폰 앱을 통해 교체 시기를 알려준다. 부모가 늘 곁에서 지켜보는 영유아와 달리 간병인의 손길이 필요한 고령자와 환자의 경우, 스마트 기저귀가 보다 효과적일 수 있다.

배려 돌봄의 영역은 신기술을 도입하는 것에서만 그치지 않는다. 전문 돌봄 인력에 대한 교육도 촘촘히 진행되고 있다. 서울시에서 발표한 '제2기 서울시 요양보호사 처우개선 종합계획(2022~2024)'은 약 600억 원의 예산을 들이는 사업으로, 정책 수혜자 확대, 전문 상담 핫라인 조성, 종사자들의 원활한 휴식과 교육 보장 등을 그 내용으로 하고 있다. 특히 중요한 것은 돌봄 종사자의 역량을 강화하는 방법의 하나로 신기술에 대한 직무 교육을 의무화하고 있다는 점이다. 단순히 기술 도입이 중요한 게 아니라 이를 배우고 적응하는 것이 더 중요하기 때문이다. 로봇이나 인공지능이 적용된 돌봄 기술이 돌봄을 받고 돌봄을 하는 주체 양쪽 모두에게 도움이 되기 위해서는 돌봄 관련 종사자들의 디지털 접근이 쉬워야 할 것이다.[9]

정서 돌봄

요즘 가장 중요하게 다뤄지고 있는 돌봄은 마음을 돌보는 일이다. 이를 '정서 돌봄'이라 부르고자 한다. 마음의 움직임은 단순히 의지로 조절할 수 있는 게 아니다. 가장 소중히 다루며 관심을 가져야 하고, 그래야 삶을 잘 살아가는 힘이 된다.

건강보험심사평가원의 2017~2021년 우울증과 불안 장애 진료 통계분석 결과에 의하면, 이 기간 우울증 환자는 35%, 불안 장애 환자는 32.3% 증가했다.[10] 특히 20대 환자의 증가율이 높아 전체의 19%를 차지하며 가장 높은 유병률 연령대를 보였다. 이는 실제로 환자가 늘어난 것도 있지만, 스트레스를 받는 청년층이 적극적으로 치료에 임하는 것으로도 볼 수 있다. 이들은 병원을 찾아 자신의 상태를 진단받고 정신적 취약성을 보강하기 위해 약물의 도움을 받고, 명상과 감사 일기를 쓰며, 이를 다른 사람들과 공유하면서 마음의 회복을 추구한다.[11]

고령자의 정서 돌봄도 중요하다. 고령이라고 해서 모두 약자는 아니다. 법제상 '노인'으로 분류되더라도 육체적으로는 건강한 경우가 허다하다. 이들은 스스로 판단할 수 있고 수행할 수 있음에도 불구하고, 직장에서의 은퇴 및 자녀들의 독립을 겪은 이후에 마땅히 다닐 곳이 없고 정서적 소속감도 약하다. 이들에게 있어 아직 건강한 체력과 좁아진 사회적 운신 폭의 불일치는 보통 마음 건강의 불안정으로 이어지기도 한다. 경제적·신체적으로 복지의 대상자는 아니더라도, 심리적 돌봄은 필요하다. 그러다 보니 이들의 마음을 살피기 위해 여러 방면에서 해결책이 나오고 있다.

'눈높이 교육'으로 유명한 대교그룹은 2022년 1월 '대교뉴이프'라는 시니어 라이프 솔루션 비즈니스를 시작해, 어르신의 눈높이를 맞추고 있다. 그동안 어린이 교육 기업으로서 쌓아온 노하우와 지식을 새로운 대상에게 접목해, 요양 보호사 교육원 운영, 전문 강사 육성 및 파견, 인지 강화 콘텐츠 개발 등 고령 인구의 삶 전반에 걸친 다양한 서비스를 제공한다. 분당·광명·목동 등의 지역에 데이케어센터도 운영하고 있다.

일명 '노치원(노인+유치원)'이라고 불리는 노인 대상 주간 보호센터도 늘어나고 있다. 미취학 아동들이 어린이집·유치원 등의 보육 기관을 이용하며 정부의 지원을 받는 것과 동일한 시스템으로, 낮 동안 고령자들을 돌봐주는 것이다. 예를 들어 송파구에 위치한 노인돌봄센터 '엄마를 부탁해'는 65세 이상의 고령자 중 장기 요양 보호 등급을 받은 경우에 입소가 가능한데, 공 던지기 등의 실내 체육·실버 인지 체육·음악 치료·미술 치료·재활용 공예·야외 사회성 연습 등 시니어 맞춤 프로그램을 제공한다. 매일 아침 근처 주택가를 차량으로 돌며 어르신들을 태워 오고, 점심과 간식을 급식으로 제공하며, 투약이 필요한 경우에는 투약 가이드를 해주는 등 말 그대로 주간晝間 돌봄을 해준다. 고령자 입장에서는 또래를 만나 이야기도 나누고 연령대에 맞는 다양한 활동을 하며 시간을 보내면서도 안전하게 보호받아 즐겁고, 가족들은 출근·집안일·육아·여가 활동 등 개인의 삶을 지속할 수 있다는 점에서 인기가 많다.

AI 스피커를 통해 노인의 고립감을 해소하고 효능감을 강화하는 방법은 이미 보편화됐다. SKT는 감정 카테고리의 단어 2,400개를 등록한 감성어 사전을 'NUGU' 스피커 시스템에 탑재하고, 스피커에 말을 거는 고령자들의 발화를 분석해 우울·고독·안녕감·행복감 네 가지 항목으로 감지한다. 이를 통해 혹시 정서적으로 어려움이 있다고 판단되면 심리상담을 제공하거나 지자체로 연결해준다. 이밖에

출처: SKT, Care Angel

▲▲▲ AI 스피커와 첨단 통신 기능이 만나서 시니어를 위한 돌봄 기능은 더욱 강화되고 있다. 말벗이 되거나 안부를 챙기는 등 이제 반드시 필요한 서비스로 부상했다.

KT와 네이버도 노인들을 위한 'AI 스피커 케어 서비스', '네이버클로바 케어콜'을 운영하고 있다. 기민한 대처가 쉽지 않고 홀로 사는 독거노인의 경우, 외로움을 달래는 말벗이 되거나 치매 예방을 위한 대화, 긴급한 응급상황에서 SOS 긴급구조 요청을 보내는 등 다양한 서비스를 제공한다. 실제, 한밤중 뇌경색 증상을 보인 독거노인이 AI스피커에 "살려줘"라고 말하자 바로 119에 전화를 걸고 앰뷸런스를 불러 생명을 구한 사례도 있다.

같은 역할을 로봇이 담당하기도 한다. 일명 '효돌이', '효순이'라고 불리는 '부모사랑 효돌' 인형은 주식회사 효돌이 개발한 7살 손주 컨셉의 인공지능 로봇이다. 인형 본체에 다양한 센서가 탑재되어 있어 터치를 하면 음성으로 반응하는 방식이다. 디지털 역량이 높지 않은 어르신들도 마치 손주를 대하듯 등을 토닥이거나, 손을 잡거나, 안아주는 것만으로도 사용이 가능하다.[12] 알음알음 알려지던 이 인형은 코로나19가 확산되면서 외출이 어려운 어르신들의 외로움을 살피기 위해 관공서에서 적극 도입을 시작하며 유명해졌다. 강원도·경상도·전라도·충청도·제주도 등 5개 지역의 토속 사투리를 사용할 수 있어 친근하고 편안한 느낌을 준

출처: 주식회사 효돌

24시간 부모님 곁에서 정서·생활·인지 건강을 도와주는 AI 반려 로봇 '부모사랑 효돌'

▲▲▲ 시니어들을 위한 반려 로봇 '효돌'. 주요 기능은 말벗이지만, 사용자의 건강 상태를 모니터링하고 복약 일정을 관리해주는 등 다각도의 돌봄 서비스를 제공한다.

다는 점도 효돌이 전국적으로 인기 있는 이유 중 하나다. 2023년 7월을 기준으로 국내에서 효돌을 사용하는 어르신들의 수는 약 7,500명에 달한다.[13]

최근 늘어나고 있는 은둔형 청소년도 주목의 대상이다. 최근 특수 청소 분야의 하나로 주목받는 것이 은둔 청소년들의 방을 치워주는 일이다. '광주광역시은둔형외톨이지원센터'는 우리나라 최초의 은둔형 외톨이 관련 공공기관으로서, '치유 프로그램'의 항목 중 하나가 '방 정리'라고 한다.[14] 은둔 청소년들과 대화로 상담을 하며 마음속의 응어리를 꺼내주는 것만이 아니라, 이들 방에 쌓인 쓰레기를 비워준다. 이를 통해 방치했던 삶도 함께 정리해 청소년에게 할 수 있다는 효능감을 심어주고자 한다. 청소를 매개로 청소년들의 마음을 돌보는 셈이다.

의류 형태로 만들어져 발달 장애인의 정서적 불안을 돌보는 제품도 나왔다. 소셜 벤처 돌봄드림의 스마트 조끼 '허기HUGgy'는 사람의 신체에 적절한 압력을 가해 부교감 신경을 자극함으로써 누군가가 안아주는 듯한 안정감을 주는 'DTP Deep Touch Pressure 효과'를 이용한 의류다. 구명조끼에서 아이디어를 얻어 공기를 주입하는 방식을 적용해 일상에서도 입을 수 있는 캐주얼 의류로 제작했다. 조끼는 착용자의 생체 정보를 바탕으로 감정 상태와 스트레스 지수를 모니터링하고, 이에 따라 공기 주입이 자동으로 작동한다. 허기를 입은 착용자들은, 학교에서 수업 참여도가 28% 증가했고 스트레스가 57% 감소했으며, 수업 시 필기 한 줄 쓰기도 어려워했던 아이들이 2장 정도를 작성할 만큼 집중했다고 한다. 또 잠이 들기까지 걸리는 시간도 줄어들어, 정서를 통해 장애를 보다 효과적으로 돌볼 수 있게 하고 있다.[15] 안아주기나 포옹은 심신의 안정을 불러오고 이는 신체 기능에 다양한 긍정 요인으로 작용한다. 〈이상한 변호사 우영우〉의 대사에는 자폐인의 심신을 안정시키기 위해 꼭 안아주는 느낌을 주는 '포옹 의자'가 나오기도 한다. 안아주는 느낌을 대신하는 스마트 조끼, 허기를 개발한 돌봄드림 대표는 앞으로 발달장애인뿐만 아니라 사람과의 접촉이 뜸한 고령자와 일반인들에게도 서비스를 확대해나갈 것이라고 밝혔다.

관계 돌봄

이제 보통 사람들의 일상도 돌봄의 대상으로 보편화되고 있다. 무언가가 부족해서 채워주는 게 아니라, 그냥 같은 인간으로서 서로 기대는 것이다. 흔히 쓰이는 '돌봄 공백'이라는 말은 영유아나 고령자만의 이슈만은 아니다. '분초사회'를 숨 가쁘게 살아야 하는 힘든 사람이라면 누구나 돌봄의 대상이 될 수 있다. 이에 '관계 돌봄'은 광범위한 적용이 이루어지며 지역사회 혹은 커뮤니티가 함께 관심을 가지는 사회적 의제로 발전하고 있다.

매일유업의 '우유안부' 캠페인은 매일 우유를 배달하고, 만약 우유가 쌓여있는 경우 그 개수에 따라 등급을 다르게 해 해당 가구의 위험 여부를 파악하는 캠페인이다. 배달 기사나 이웃들이 상황을 인지하고 먼저 행동을 취하기도 하고, 원칙적으로는 관공서에 알리게 되기 때문에 적절하고 안정된 돌봄으로 이어질 가능성이 높다. 연예인이나 인플루언서가 아닌 어르신 수혜자들이 직접 출연한 광고가 2022년 칸 광고제에서 은사자상을 수상하기도 했다.

중고거래 플랫폼으로 잘 알려진 당근마켓은 2023년 8월 리브랜딩을 단행하며 서비스명을 '당근'으로 조정했다. '당근'이 '당신 근처'의 줄임말이라는 것은 이미 잘 알려져있다. '당근마켓'이 근처에 사는 사람들을 위한 중고거래 장터를 지향했다면, '당근'은 이제 '근처에 산다는 이유 하나만으로' 쓰던 물건을 나누고, 맛있는 빵집을 알게 되고, 새로운 자전거 친구를 만드는 등 이웃과 조금은 가깝고 또 조금은 느슨하게 함께 사는 법을 매개하는 서비스가 되겠다는 의지를 나타낸다.

24시간 불을 밝히는 편의점 역시 관계 돌봄의 등대로서 그 존재감을 확대하고 있다. 편의점 CU는 지난 2017년부터 지역사회의 '파출소' 역할을 맡고 있다. 미리 지정된 경찰기관으로 연결되는 신고 버튼이 결제 부스 내부나 단말기에 부착돼 있어 위급 상황에 간편히 누를 수 있다. 편의점과 경찰의 협력 치안을 통해 길 잃은 아동이나 학대 아동을 긴급 보호하거나 범죄 위협 시 빠른 신고를 가능하게 해 동네의 안전망으로 자리 잡았다. 많은 지방자치단체들도 1인 가구의 돌봄 사각지대를 살피는 데 편의점을 활용하고 있다. 서울 영등포구는 지역 내 편의점과의 민관 협력을 통해 복지 사각지대의 위기 가구 발굴을 위한 주민 접점 홍보 활동을 강화한 적이 있으며, 경기 동두천시는 관내 편의점과 연계해 경제적 어려움으로 결식의 우려가 있거나 총체적인 위기에 직면한 저소득 가정을 발굴하는 정책을 펼쳤

▲▲▲ CU 점포의 인프라를 활용해 전국의 아동을 보호하고 돌보는 시스템, '아이CU'. 국내 편의점의 대표적인 공공 기능이다.

다. 경북 경산시는 편의점이 청년들의 접근성이 높다는 데 착안해 이들의 정신 건강을 살피고 극단적 선택 위험에 대한 선별 검사와 전화 및 내소 상담, 사례 관리 등의 행정 서비스를 홍보하는 장으로 활용하기도 했다.

최근 골목의 카페나 독립서점이 주민을 알아봐주고 지역사회의 거실로 기능하고 있는 사례도 등장하고 있다. 서울 용산구 한남동 남산맨션 1층에 있는 '보마켓'은 생활용품을 판매하고 간이 식당을 겸하며 따뜻한 마을 카페와 같은 친근한 분위기를 동시에 지향하는 '생활 밀착형 동네 슈퍼마켓'이다. 가까운 식료품점이 자전거나 차를 타고 어느 정도 나가야 하는 외떨어진 아파트 단지에 위치하고 있기에, 동네에서 보마켓은 누구나 오고 가며 들를 수 있는 사랑방 역할을 톡톡히 한다. 주민들의 모임 장소가 되기도 하고, 동네 강아지의 생일 파티가 열리거나, 주말 아침 가족들이 모여 브런치를 즐기는 공간이 되기도 한다.[16] 학교나 학원을 마친 아이들이 잠시 들러 간식을 사먹으면서 부모를 기다리는 것도 여기서는 얼마든지 환영이다. 동네의 맥락을 세심하게 반영한 지역 커뮤니티인 셈이다.

빨래방도 비슷한 역할을 할 수 있다. 2022년 5월 〈부산일보〉에서 6개월간 기획 기사로 진행했던 '산복빨래방'은 부산의 산복도로에 차려진 빨래방을 통해 주민들이 실제 빨래도 하면서 동시에 소통도 할 수 있는 공간을 마련했던 단기 프로젝트다. 이 지역은 6·25 전쟁 때 피란민들이 판잣집을 지어 살던 산 중턱으로, 산업화 시기에는 노동자들이 모였고, 시간이 지나 오늘날 마을에는 고령자들만 남았다. 2000년대 들어 예산 수백억 원을 투입해 집 고치기, 벽화 그리기 등의 공공사업을 진행하고 마을 복지관과 마을 커뮤니티센터 같은 시설들이 들어섰지만, 실제 주민들의 이용은 활성화되지 못했다. 그랬던 것을 청년 기자들이 산복빨래방 프로젝트를 통해 비록 6개월 동안의 한정된 기간이지만 마을 사람들이 빨래방을 거점으로 모여 이야기를 나눌 수 있게 했다. 단순한 만남의 장이 아니라 빨래라는 자연스러운 매개를 통해 서로의 대소사에 관심을 갖고 함께할 수 있는 자리를 마련해준 것이다. 이들 사례는 돌봄이란 어느 한쪽만이 돌봄을 받는 것이 아니라, 서로 기대서 하는 것임을 깨닫게 한다.

기업 내에서도 임직원들의 생활이나 가족 관계를 적극적으로 돌보려는 움직임이 활발해졌다. 지속적인 임직원 케어가 기업의 생산성과 경쟁력 제고로 이어져, 인재를 유지하고 유치하는 기업의 생존 전략 중 하나로 인식되고 있기 때문이다. 상담 프로그램 역시 필수 요건이다. 조직 관계의 안정감을 높이기 위한 '힐링 트립' 연수를 마련하거나(LG에너지솔루션), '마음 상담 토크 콘서트'를 열고(현대자동차

그룹), 사내 상담센터를 적극 운영하며(SK이노베이션의 '하모니아', SK하이닉스의 '마음산책'), 직원들의 마음 밭을 돌보는 명상인 '톡테라스'도 함께 진행한다(카카오). 편의점 CU를 운영하는 BGF리테일은 근로자 지원 프로그램EAP의 일환으로 온라인 상담 프로그램을 도입해 임직원들의 상담에 대한 접근성을 높였고,[17] 한화시스템은 심리상담을 직계 가족까지 확대 지원하고 있으며, 롯데건설은 직원과 배우자, 자녀까지 상담을 신청할 수 있도록 했다.

기업 내 조직 돌봄 노하우는 지역사회나 고객을 대상으로 확산되기도 한다. 롯데백화점은 센텀시티·잠실 등 4개 지점에 '리조이스'라는 상담소를 운영한다. 지역사회 주민이나 고객에게 합리적인 가격에 양질의 상담을 제공하고 있으며 미술 심리상담이나 아동 지능 검사 등 전 세대를 아우르는 프로그램을 운영한다. 또 전국 사회복지관과 연계하여 저소득층이나 취약 계층에 대한 전문 심리상담을 지원하며, 2022년에는 전국 10개 복지관에서 286명 참여자들의 일상을 돌봐주었다.[18] 이들은 모두 기업과 지역이 서로를 돌본 사례라 할 수 있다.

공공기관들도 구체적인 방안을 내놓고 있다. 전월세 사기가 큰 사회적 문제로 대두하고 부동산 계약 관련 정보가 부족한 청년층이 다수 피해를 본 가운데, 이와 관련한 공공 돌봄 정책도 등장했다. 2022년 여름부터 서울시가 무료로 시행하고 있는 '1인 가구 전월세 안심계약 도움서비스'는 대상 가구를 돕는다는 목적과 더불어 부동산 계약 생태계에도 도움이 된다는 호평을 받고 있다. 부동산에서도 소비자들에게 안전한 계약 진행을 하기 위해 철저히 준비하며 거래의 품질과 신뢰를 담보할 수 있게 되면서 부동산 업계가 쉽게 개선하지 못했던 거래 질서 확립에 긍정적인 효과를 주고 있다.

LH는 매입임대주택을 활용해 통합 돌봄 서비스가 가능한 주거를 추구하고 있다. 2022년 말, 서울 마포구와 함께 추진한 '서봄(서로돌봄)하우스'는 입주민에게 의료·복지·돌봄 서비스를 통합 제공해 주거의 안정성을 도모하는 특화 주택이다.[19] 빌라촌은 여러 가계가 그다지 넓지 않은 지역에 비슷한 니즈를 갖고 살아가는 구획임에도 불구하고, 아파트 단지에 반드시 있을 법한 관리 사무소가 없으며, 공동 이용 시설 자체가 없거나 관리가 부족하다. 이러한 상황에서 경기주택도시공사GH는 생활 인프라가 부족한 다세대·다가구 밀집 지역에 놀이터·경로당·유치원 등 돌봄 시설을 구축해주는 공간 복지사업을 시작했다. 그 첫 사업으로 GH는 55억 원을 투입해 2023년 8월 중순 경기 동두천시 생연동 빌라촌에 있는 빈집을 활용해 주거 복지 사각지대에 놓인 아동들의 돌봄 시설을 착공했다.[20]

전망 및 시사점

돌봄을 뜻하는 영어 단어는 'care'다. 이 단어의 어원은 caru로, 보살핌·관심·걱정·슬픔·곤경 등의 뜻을 가지고 있다. 케어한다는 것, 돌본다는 것은 살아있는 생명체의 취약함을 살펴야 하지만, 생명의 연약함과 직면하는 것이 힘들고 지치는 일이 될 수 있다는 이중적 의미를 동시에 품고 있는 셈이다.[21] 2022년 8월부터 2023년 7월까지 지난 1년간 '돌보는' 혹은 '돌봄' 연관어들의 감성어 분석을 살펴봐도 이러한 이중적 의미가 잘 드러난다. 연관어의 긍정률은 66%, 부정률은 34%며, '좋다', '행복', '사랑' 등 돌봄 행위 또는 서비스에 대해 만족감도 나타나나, '부담', '어렵다'처럼 심리·육체·재정 등 여러 방면에서의 힘듦 또한 토로하고 있었다.

돌봄은 경제문제다

돌봄은 이제 점점 더 경제적으로 그 가치를 인정받고 있다. 돌봄은 성장이 둔화된 우리 경제에서 모두를 지키고 더 나은 삶을 살게 하는 근본이 되고 있으며, GDP 반영을 비롯해 새로운 경제성장의 동력이 되는 경제순환에 가장 중요한 축으로 기여하고 있다. 돌봄이 실제 만들어내는 경제적 가치는 명확하다. 돌봄은 재화가 아닌 '사람'을 대상으로 하며, 생산이 아닌 '재생산'에 주력하는 활동이다.[22] 보통 도로나 전력망 등 경제활동을 가능하게 하는 기반 요소를 '인프라 infrastructure'라고 부르는데, 그렇다면 돌봄 역시 경제 기반 요소라 할 수 있다. 사회 구성원의 일상과 마음을 돌보고 약자를 도와주는 일은 더 활발한 경제활동을 가능하게 하는 기틀이 되기 때문이다.[23]

실제 최근 돌봄 서비스는 경제활동을 원활하게 하는 핵심으로 자리 잡았다. 2023년 들어 취업자 수가 증가한 분야는 '보건 복지업'으로, 이를 통계청에서는 돌봄 수요의 증가라 보고 있다.[24] 실제 보건업 및 사회복지 서비스업의 취업자 수 증가를 보면, 2023년 4월에는 14만8천 명, 5월에는 16만6천 명, 6월에는 12만6천 명, 7월에는 14만5천 명 등 취업 증가세가 둔화되는 가운데서도 돌봄 서비스가

'돌보는', '돌봄' 연관어의 긍정어·부정어 비중 및 언급량 순위

순위	긍정어(66%)	부정어(34%)
1	좋다	부담
2	행복	어렵다
3	건강하다	아프다
4	사랑	힘들다
5	안전	부족
6	즐겁다	죽다
7	따뜻하다	문제다
8	최선	위험
9	편안	불안
10	소중	고통

분석 키워드: 돌보는 AND 돌봄, 분석 채널: 커뮤니티·카페·블로그·뉴스, 분석 기간: 2020.08.01~2023.07.30

경제순환을 이끄는 핵심 분야가 되고 있음을 알 수 있다. 2023년 금리 인상으로 위축되고 있는 벤처 투자 업계에서 오히려 투자 유치 금액이 늘어난 기업들도 주로 돌봄 관련 생활 밀착형 스타트업이 다수를 차지했다. 예를 들어 요양 보호사와 노인을 연결해주는 플랫폼인 케어링과 유·아동을 대상으로 돌봄 선생님을 매칭해주는 서비스인 째깍악어는 각각 300억 원, 160억 원 규모의 투자를 유치한 것으로 알려져 관련 분야의 전망을 밝게 했다.[25]

가족 내에서의 돌봄도 사적인 도움이 아니라 경제적 가치를 인정받고 있다. 영국 보험사 선라이프SunLife가 조부모의 육아에 주목해 살펴본 결과, 일주일 평균 8시간 정도 손주를 돌본다고 가정해 계산

해보니 연간 4,027파운드(약 670만 원)의 가치가 있었다고 한다. 영국은 2011년부터 조부모가 12세 미만의 손주를 돌볼 경우, 이를 연금 가입 기간에 포함시켜 최대 5년을 더 연장하고 연금액도 늘려, 손주 돌봄에 대한 경제적 가치를 보전해주고 있다. 일본의 일부 지자체에서는 '손주 휴가'도 가능하다. 부모가 바쁘면, 조부모도 휴가를 내 아이를 돌볼 수 있도록 한 것이다.[26]

국내의 경우에도 돌봄 노동의 기회비용을 실제 금액으로 환산해 지급하거나 동일한 재정적 혜택을 준다. 서울시에서는 2023년 9월부터 조부모 등 4촌 이내 친인척에 아이를 맡기면 월 30만 원을 지원하는 서비스를 시작했다.[27] 조부모 육아를 시장가격으로 환산해준 것이다. 또 부모가 장기 요양 보험상의 일정 등급 이상에 해당되고, 자녀가 요양 보호사 자격증이 있는 경우에는 재가요양보험금을 수령할 수 있다. 자녀가 집에서 부모를 모시더라도 국가로부터 비용을 지원받을 수 있다는 점은 돌봄의 경제적 가치를 인정한다는 뜻이다.

나도 돌봄이 필요하다

돌봄을 새로운 관점에서 바라볼 때다. '아이'를 돌보는 것은 '부모의 커리어'를 돌보는 것이고, '고령자'를 기술의 도움을 받아 보살피는 것은 그들의 '인간적 존엄성'을 지켜주는 일이다. '직원'을 배려하면 '조직의 미래'에 대한 투자가 된다. 마음을 이해해주면 장애인도 사회에서 어울려 살아갈 수 있고, 동네 주민이 편하면 나 역시 편안한 날들을 누릴 수 있다.

돌봄의 사회화란 집 안에서 이루어지던 일들을 집 밖에서 해결하기 위해 비용을 들이는 것만을 의미하지 않는다. 누구나 돌봄의 대상이 되고 주체가 될 수 있다는 사실을 인식하는 것이다. 성별이나 지위와 상관없이, 개개인의 일상생활에서 돌봄의 개념이 골고루 나뉘어 있는 상황이야말로 돌봄의 사회적 역량이 높은 상태다.

그러기 위해서는 돌봄의 의무를 한정 짓지 않아야 한다. 법적인 '가족'의 범위를 넓힐 필요가 있다. 2021년 '가족다양성에 대한 국민 인식조사(여성가족부)'에서는 18~79세 시민 1,500명 중 68.5%가 가족의 요건으로 '혼인·혈연' 외에도 '주거와 생계의 공유'를 들었으며, 2022년 5월 발간된 국회입법처의 '가족 다양성의 현실과 정책 과제: 비친족 친밀한 관계의 가족 인정 필요성' 보고서에서는 친밀한 관계로서 생계를 함께 하는 사람들의 상호 돌봄과 보살핌의 가능성을 인정하자고 주장했다.

이미 해외에서는 돌봄 대상 가족 범위를 '마치 가족과 같이 친밀한 자'로 확대하고 있다. 미국 뉴저지·코네티컷·오리건·콜로라도주에서는 '가족과 같이 친밀한 자', 워싱턴주에서는 '근로자로부터 돌봄이 기대되는 자' 등을 유급 가족 돌봄 휴가에서의 가족 범주로 본다.[28] 스웨덴에서는 중한 질병을 앓는 '친밀한 관계에 있는 자'를 돌보게 될 경우 정부로부터 돌봄 수당을 받을 수 있는데, 이 대상에는 친구나 이웃도 포함된다. 캐나다는 노동자가 '중병을 앓거나 심각한 상해를 입은 자', 또는 '임종을 앞둔 누군가'를 돌보기 위해 일하지 못하면 임금의 55%를 보전해주고, 이때 "노동자가 그를 가족으로 여기고 있는지"가 돌봄 대상인지를 판단하는 유일한 기준이다. 질병, 사고와 같이 서로에게 돌봄이 필요한 상황이 닥쳤을 때 적절한 조력을 해줄 수 있다면 이를 가족으로 여기는 것이다.

　낸시 폴브레Nancy Folbre 매사추세츠대 경제학과 교수는 저서 『보이지 않는 가슴The Invisible Heart』에서, 자본주의를 이끌어 경제성장을 추동한 것이 자신의 이윤을 좇는 '보이지 않는 손'이었다면, 개인주의 사회에서 삶의 질을 결정하는 경제적 조건은 다른 사람을 돌보려는 '보이지 않는 가슴'이라고 지적한다. 이렇듯 삶의 지속을 추구하는 중요한 열쇠는 '돌봄'이다. 돌봄을 현실에서 어떻게 구현해나갈지에 대한 의지가 필요하다.

　돌봄의 영향력은 연쇄적이다. 제대로 된 돌봄을 받은 사람은 반드시 다른 사람도 잘 돌볼 수 있을 것이며, 이는 사회 전체의 건강함을 높이는 밑거름이 된다. 우리는 모두 돌보는 사람이고, 돌봄을 받을 자격이 있는 존재이다. 엄마도 엄마가 필요한 세상이다. 돌봄은 단순한 도움이 아니다. 바로 나의 문제다. 언젠가 가장 돌봄이 필요한 사람은 바로 내가 될 것이기 때문이다.

서문

1 잃어버린 00년의 서막?…D의 공포: CHINA / 매경이코노미, 2023.08.25.

2 美 연준마저 헷갈린다…Mona Lisa Economy / 매경이코노미, 2023.06.16.

1 • 2023 대한민국

평균이 사라진 자리

1 "보너스달, 보복소비 풀렸다" 日 백화점들 명품 매출 '쑥' / 파이낸셜뉴스, 2023.07.04.

2 "애매하면 죽는다" 초고가 초저가 양극단으로 몰리는 소비 / 조선일보, 2023.05.18.

3 현대백화점 내부 자료.

4 "애매하면 죽는다" 초고가 초저가 양극단으로 몰리는 소비 / 조선일보, 2023.05.18.

5 "연회비 50만원? 그래도 남는다"…판 커지는 '프리미엄 카드' 시장 / 매경이코노미, 2023.02.05.

6 고물가에 든든한 라면 한 그릇…'500원의 행복' / 경향신문, 2023.02.15.

7 고물가 현상에…초저가 PB 라면 '전성시대' / 아시아경제, 2023.05.18.

8 찬바람 부는 실리콘밸리…공실률 21% '사상 최고' / 한국경제, 2023.08.07.

9 The Biggest Holdouts on the Five-Day Office Week: Bosses / The Wall Street Journal, 2023.07.19.

10 "재택근무 기업들 사무실로 복귀" 서울 오피스 공실률 1.8% / 머니S, 2023.08.11.

11 즐겁게 일할 당신, 떠나라! '워케이션' 바람의 현주소 / 나이스경제, 2023.07.18.

12 GS25, 조식 정기구독 서비스 매출 6배 신장…새로운 복지 문화 선도 / 전자신문, 2023.07.19.

13 먹고 싶은 저녁식사에 향기까지 신경쓰는 회사 어디? / ZDNet Korea, 2023.05.14.

14 벤디스, 모바일 식권 서비스 앱 '식권대장' 리뉴얼 오픈 / 매일경제, 2023.07.19.

15 위펀, 또 다시 2배 성장 '국내 사무실 간식 서비스 스낵24' 입지 굳혀 / 서울경제, 2023.08.22.

16 직원들 마음에 쏙 들게…취향과 니즈 고려한 섬세한 복지제도 이모저모 / 서울경제, 2023.07.20.

17 "고등학교 첫 시험 망치면 자퇴" 늘어나는 고1 자퇴생들 / 조선비즈, 2023.05.26.

18 "퇴사 절차가 중요한 이유, 오프보딩 뜻 및 사례", 그리팅 블로그(blog.greetinghr.com/for-hr-offboarding-example).

19 수잔 애쉬포드, 『유연함의 힘』, 김정혜 옮김, 상상스퀘어, 2023.

새롭게 떠오르는 소비자들

1 "28세 정도 돼야 어른"…우리나라 청년들 '성인'으로 여기는 시기 늦어져 / 데일리안, 2023.02.23.

2 소비는 '뚝'…100만원 명품 아동복 매출은 '쑥' / 서울신문, 2023.05.03.

3 "여기 다 있대~" 'MZ 백화점' 된 다이소의 인기 비결 / 매거진한경, 2023.07.25.

4 의자 경품·10대 대상 공모전…잘파세대에게 판 깔아주는 편의점 / 한국일보, 2023.08.23.

5 AI프로필-아바타…플랫폼들 '잘파세대' 겨냥 킬러 서비스 잇달아 / 동아일보, 2023.08.17.

6 동네 무인매장 큰 손 '알파세대' 소비주체 우뚝 / 중기이코노미, 2023.03.29.

7 "엄카 말고 내 카드"…청소년 카드에 '기대 반 우려 반' / JIBS뉴스, 2023.08.11.

8 2년 뒤 兆단위 시장 열린다…불붙은 디지털교과서 선점 경쟁 / 한국경제, 2023.08.30.

9 "초등부터 대치동 학습법 배운다"…교육업계, '1대1 컨설팅' 눈독 / 이데일리, 2023.07.25.

10 슈퍼마다 "더달라" 아우성…먹태깡 맞불 '노가리칩'도 대박 조짐 / 아시아경제, 2023.09.06.

11 키링 리셀가가 47만원? 키링에 열광하는 어른들 / 매거진한경, 2023.06.01.

12 "패션은 돌고도는거야"…'복고열풍' 난리난 이 브랜드, 없어서 못팔지경 / 매일경제, 2023.09.02.

13 '올드카' 타고 차박 캠핑…"엄빠차 그대로? 'Y2K' 한 스푼" / 여성신문, 2023.09.09.

14 '꼬부랑 할머니' 옛말…키 크고 날씬해진 노인들 / 세계일보, 2023.04.07.

15 '워킹 시니어' 보편화…인턴십으로 인생2막을 열다 / 정보통신신문, 2023.04.21.

16 액티브 시니어 알바생 는다…올 상반기 70% 증가 / 이투데이, 2023.07.06.

17 "아들~ 임영웅 콘서트 예매 어떻게 해?" 시니어 문화관람 매출액 2배 넘게 뛰었다 / 헤럴드경제, 2023.05.21.

18 "라운드 갑니다. 지하철타고"…파크골프 전성시대 / 서울경제, 2023.05.15.

19 "블핑보다 임영웅"…트로트 콘서트 티켓매출 134%↑ / 한국경제, 2023.08.10.

20 매리언 울프, 『다시, 책으로』, 전병근 옮김, 어크로스, 2019.

21 "뒤돌아서면 까먹어" 디지털 시대 따라가다 진 빠지는 노년층 / 여성경제신문, 2023.09.03.

22 엘더라, 글로벌 세대 간 멘토링 프로그램 / 서울시50플러스포털, 2021.05.26.

리오프닝 이후의 공간 전략

1 공간의 40%를 체험 공간으로 럭셔리 업계의 '불황 타개 명품 전략' / 〈동아비즈니스리뷰〉, 360호, 2023.01.

2 Z세대 81.6%는 팝업스토어 여는 브랜드를 긍정적으로 평가한다. 왜일까? / 캐릿(careet.net/1070), 2023.04.27.

3 ① "쇼핑 공간? 아니 시간제한 놀이터"…'리테일 미디어'로 진화하는 팝업스토어 / 조선일보, 2023.01.04.

4 팝업스토어, 이제 다시 생각해 볼 때. / W.LETTER, 2023.09.07.

5 돌고 돌아 '오프라인'…고객 접점에 집중하는 유통가 / 뉴데일리경제, 2023.05.31.

6 이 팝업이 '밤샘 오픈런' 슬램덩크 뛰어넘었다고? / 뉴스1, 2023.05.21.

7 '경동시장 금성전파사' 가봤어?…'삼성 강남'도 문연다잖아 / 매일경제, 2023.06.23.

8 '한집 건너 커피 치킨집'…외식업계 '특화매장'으로 승부수 / 브릿지경제, 2023.09.10.

9 "숨겨진 공간에 담긴 정성"…교촌치킨 '교촌필방' 가보니 / 청년일보, 2023.06.11.

10 국립경주박물관, '불교조각실 개편'…역사, 전설, 정토 이야기와 함께 만나는 신라 불교조각의 아름다움 / 매일안전신문, 2022.12.13.

11 다시 태어난 조선의 하늘 지도…국립고궁박물관 과학문화실 개편 / 아시아투데이, 2022.12.28.

12 CU, 첫 플래그십스토어 '케이행성 1호점' 개점 / 조선비즈, 2023.04.03.

13 "핫플 맞네"◉·GS25 '도어투성수', 미래형 편의점 선도 / 생활경제, 2022.11.16.

14 풀무원, 무인매장 가맹사업 시작…판교에 직영점 '풀스마켓' 오픈 / 헤럴드경제, 2023.08.02.

15 "누구나 앉았다 가세요" hy 무인매장, '동네사랑방' 꿈꾸는 이유 / 헤럴드경제, 2023.09.09.

16 "직접 만져보고 입어봐야 산다"…'앱 밖으로 나오는' 패션 플랫폼 / 이코노미스트, 2022.11.29.

17 확산되는 '피지털' 혁신…발란과 번개장터의 경우 / THE PR, 2023.06.22.

18 국립광주박물관 온라인 놀이터 레드닷 본상 수상 / 전남매일, 2023.08.02.

19 비건 레스토랑, 팝업 핫플…'뉴 농심'의 이유있는 자신감 / 조선일보, 2023.02.16.

20 테마파크·박물관 같은 매장, 교육적 경험 선사해 활로 찾다 / 중앙일보, 2023.03.11.

21 온·오프라인 리테일의 변화 / 패션인사이트, 2023.07.04.

22 팝업스토어, 이제 다시 생각해 볼 때. / W.LETTER, 2023.09.07.

관계의 재해석

1 고슴도치 딜레마…가까이하기엔 너무 먼 당신 / 교육플러스, 2023.06.07.

2 7 Ways to Get Better at Small Talk—And Why You Should / TIME, 2023.06.01.

3 "거리두기로 친구들과도 서먹"…엔데믹에 '인간관계책' 다시 주목 / 서울경제, 2023.02.03.

4 '하트트래블 소개', 하트트래블 홈페이지(heart-travel.imweb.me).

5 "라면만 먹고가는 틴더 지겨워"…진지한 만남 찾는 데이팅앱들 / 매일경제, 2023.08.20.

6 카카오 CEO도 놀랐다…카톡 오픈채팅 사용자 76% 쑥 / 매일경제, 2022.07.26.

7 '취향 공동체'가 뜬다…왜 '관심사 기반 커뮤니티'로 모일까 / 시사저널, 2022.07.12.

8 당근마켓, 지역 기반 '모임' 신규 서비스 오픈 / 디지털투데이, 2023.07.31.

9 "너무 재밌어요"…5070 신중년들 이곳에 푹 빠졌다 / 한국경제, 2023.08.25.

10 "덕질 끝에 나를 발견했다"…가수 이승윤도 울어버린 그 뮤비 / 중앙일보, 2023.08.31.

11 인형, '경락 마사지'에 미용까지 해주는 1020 / 매거진한경, 2023.06.16.

12 '나의 최애인형을 더욱 예쁘게, 니니니솜종합병원의 인형수선 방법' / 클래스101
홈페이지(class101.net/ko/products/zZxCKmU6vRJ2gtbbVmoW).

13 카뱅, '최애적금'…사전 신청 10일만에 40만명 가입 / 머니투데이, 2023.04.18.

14 리디아 덴워스, 『우정의 과학』, 안기순 옮김, 흐름출판, 2021.

15 메타 스레드 열풍 시들? 롯데·신세계·현대백화점 '반말' 소통 젊은층에 다가서 / 비즈니스포스트,
2023.07.27.

16 "진입장벽 낮춰라"…'친근함'에 진심인 증권가 캐릭터 연대기 / 이투데이, 2023.01.07.

17 "이 코디, 투표해주세요" 무신사, 회원 커뮤니티 '패션톡' 론칭 / 헤럴드경제, 2023.05.08.

18 위와 동일

19 '팜 마케팅'에 빠진 이커머스…신규 고객·체류 시간 '쌍끌이' / EBN 산업경제, 2023.08.07.

20 '사이버 농사' 난리 났다는데…올팜·컬리팜 속속 등장 / 매일경제, 2023.08.06.

21 한섬, 브랜디드 콘텐츠 전략 적중…웹드라마 '어른애들' MZ 고객에 인기 / 미래경제, 2023.07.17.

22 광고와 영상콘텐츠의 화학적 결합: 브랜디드 콘텐츠의 현황과 전망, 〈방송트렌드&인사이트〉, 제17권,
2018년 4호, 2018.12.28.

23 마셜 매클루언, 『미디어의 이해』, 김상호 옮김, 커뮤니케이션북스, 2012.

불황을 극복하는 혁신의 힘

1 hy, '스트레스케어 쉼' 누적 판매량 1000만개 돌파 / 뉴시스, 2023.05.09.

2 거실에서도 TV로 비대면 진료…삼성·굿닥, 고령층 의료접근성↑ / 머니투데이, 2023.03.24.

3 진로이즈백 넘보는 새로…'단맛 뺀 소주' 경쟁 불 붙었다 / 머니투데이, 2023.02.15.

4 450만 인파 몰린 벚꽃축제에서 부상자 단 1명…사고 막아준 장비의 정체 / 인사이트, 2023.04.09.

5 폭우 때 우리 집 침수되나 검색 가능해진다 / 조선일보, 2022.11.23.

6 뇌파 측정 "삐~ 졸음 주의" 경고…센스 운전 돕는 '생체인식 센서' / 문화일보, 2022.05.02.

7 "AI로 학폭 감지해 신고"…사생활 침해-유출 우려 / 동아일보, 2023.05.10.

8 신한카드, 고객도 몰랐던 피싱 징후…AI가 잡는다 / 매일경제, 2023.03.01.

9 발등의 불이 된 'ESG 대응' / 이투데이, 2023.09.07.

10 CJ제일제당 복합 생분해 소재 플라스틱 공장 준공, 연간 1만1천 톤 생산 / 비즈니스포스트, 2023.01.19.

11 명분 좋고 돈벌이까지…'순환 경제' 주목 / 매경이코노미, 2023.08.17.

12 깨진 쌀·콩 비지 반전…몰랐던 '진가' 찾아내자 20만개 불티났다 / 중앙일보, 2023.04.16.

13 "축구공 보여요" 외친 순간…삼성 '시각보조기술' 빛을 보다 / 동아일보, 2023.05.11.

14 구글, 결국 사람 피부색 10가지로 나눴다…"AI 인종 편향 해결" 기대 / 디지털데일리, 2022.05.18.

15 "시각 장애인도 편하게"…점자 표기 확대하는 유통·식품업계 / 글로벌경제신문, 2023.03.06.

16 신제품 기획 앞서 늘 질문하라 "우리 소비자의 불편함은 무엇인가?" / 〈동아비즈니스리뷰〉, 363호, 2023.02.

17 삼성·LG 가전, 11월부터 상호 연동…IFA 2023서 공식 발표 / 전자신문, 2023.08.27.

18 목소리만 듣고도…AI가 치매·우울증·천식 진단한다 / 조선일보, 2023.01.12.

19 김위찬·르네 마보안, 『비욘드 디스럽션: 파괴적 혁신을 넘어』, 권영설 옮김, 한국경제신문, 2023.

〈트렌드 코리아〉 선정 2023년 대한민국 10대 트렌드 상품

1 무인편의점 3300개 돌파…2년새 6배 늘었다 / 전자신문, 2023.01.09.

2 삼성·LG도 뛰어든 키오스크 시장, 시장 규모는 '안갯속' / 비즈한국, 2023.07.10.

3 '무인화' 부추기는 노동계의 반복된 실수 / 한국경제, 2023.05.02.

4 8·10월, 무인점포엔 절도범들이 들끓었다 / 디지털타임스, 2023.08.08.

5 "글로벌 AI투자, 2025년엔 214조원 육박"…거품 등 우려도 / 연합뉴스, 2023.08.16.

6 1500원 도시락, 반값 광어회…초저가 전쟁이 시작됐다 / 조선일보, 2023.03.31.

7 고물가가 바꾼 트렌트…편의점, 대용량 생필품 '인기' / 아시아경제, 2023.03.10.

8 4년 평균 78.4%씩 성장 단백질시장 한판승부 '후끈' / 산업경제뉴스, 2023.04.07.

9 '식물성 단백질 음료' 新시장 탄생…유업체보다 식품기업이 '발빠르게' / 아시아타임즈, 2023.07.20.

10 기업들 "어르신 눈높이 맞춰라" 사업 확장 / 조선일보, 2023.07.01.

11 근육에 눈뜬 중장년…단백질시장 '벌크업' / 서울경제, 2023.06.26.

12 '단백질 식품' 대중화 3년새 3배 급성장…선호 제품은 세대차 / 동아일보, 2023.03.29.

13 '만능' 단백질이 진화한다…지금은 맛과 편의성 높인 '3세대' 단백질 시대 / 매경헬스, 2023.02.04.

14 유명 맛집 줄서기도 이젠 스마트하게…웨이팅 앱 '전성시대' / 한국경제, 2023.08.10.

15 맛집·숙박·액티비티까지…여행객 필수 어플은 바로 이것 / 이데일리, 2023.08.26.

16 유명 맛집 줄서기도 이젠 스마트하게…웨이팅 앱 '전성시대' / 한국경제, 2023.08.10.

17 위와 동일

18 2023년 콘텐츠 IP 비즈니스 전망은? 웹소설 소비 트렌드로 미리보기 / 오픈서베이, 2023.04.07.

19 웹툰·웹소설 30% 성장할 때 출판사는 1.4% 역성장했다 / 매일경제, 2023.04.27.

20 드라마에서 영화·예능·애니메이션까지…'K웹툰'의 변신 / 한겨레, 2023.01.31.

21 네카오가 집중한 이유 있었네…작년 한국 웹소설 시장 첫 1조원 돌파 / 아주경제, 2023.03.05.

22 Z세대는 왜 'Y2K'에 열광할까…"낯선듯 새로움, 너무 힙해" / 동아일보, 2023.08.12.

23 구찌티 대신 이 브랜드…'3세대 신명품' 발굴 나선 진짜 Z세대 / 헤럴드경제, 2023.01.14.

24 소니코리아 "노이즈 캔슬링 헤드폰 구매자 81%가 MZ세대" / 파이낸셜뉴스, 2023.06.21.

25 "피처폰 들고 디카로 사진 찍고"…Y2K에 열광하는 MZ / 조선비즈, 2023.08.22.

26 대기 시간만 1975분…오늘 안에 르세라핌 옷 살 수 있을까 / 한겨레, 2023.05.09.

27 '고향사랑기부제' 초반 흥행은 성공…사용처 발굴 과제 / 서울신문, 2023.02.10.

28 일본, 지방소멸 막기 위한 '고향납세' 15년…효과는? / KBS뉴스, 2023.03.25.

29 "1석 4조 고향사랑기부…기금 사업 진화 중" / 서울신문, 2023.09.04.

2 • 2024 트렌드

Don't Waste a Single Second: Time-Efficient Society 분초사회

1 〈트렌드 코리아〉 팀 자체 FGD 자료.

2 요한 하리, 『도둑맞은 집중력』, 김하현 옮김, 어크로스, 2023.

3 유튜브 채널 '강유미 좋아서 하는 채널'(www.youtube.com/watch?v=kY6H3sIJo_k).

4 "점심시간도 놓칠 수 없죠" 직장인 자기계발 열풍 이어져 / 조선에듀, 2023.04.19.

5 "미팅·면접 일정 조율시간 최대 80% 줄어" / 서울경제, 2023.08.17.

6 반자율 주행 이용자 절반 주행중 딴짓 / 미주중앙일보, 2022.10.13.

7 "앱 4개 동시 사용"…가벼워서 더 강해진 '갤럭시Z폴드5' / 뉴스핌, 2023.08.01.

8 OTT 구독 대신 유튜브 몰아보기…"고물가 시대, 시간도 아낀다" / 조선일보, 2023.02.20.

9 VOD 몰아보기 고객 10명 중 3명 2배속 이상 시청 / 매일경제, 2023.07.16.

10 〈MZ세대의 온라인 '선물하기' 기능 활용법〉, 대학내일20대연구소, 2022.10.05.

11 카카오맵서 버스이동 '초단위'로 본다…초정밀 위치정보 제공 / 한국경제, 2022.08.10.

12 〈Commercial Market Insights Report〉, National Association of REALTORS® Research Group, 2023.04.

13 "박현종 회장의 리로케이션 전략 통했다"…bhc 아웃백 매출 최대 2배 성장 / 청년일보, 2023.03.21.

14 "왜 식당 앞에서 줄 서요?"…'웨이팅 앱' 전성시대 / 아시아경제, 2023.01.17.

15 현대백화점, 압구정본점에 신개념 프리미엄 다이닝 홀 선봬 / ZDNet korea, 2023.07.04.

16 나우웨이팅 "BTS 팬 18만 시간 절약" / ZDNet korea, 2020.01.09.

17 2시간 반 시티투어가 '공짜'…싱가포르 이달부터 무료 환승투어 운영 / 이데일리, 2023.04.08.

18 요한 하리, 『도둑맞은 집중력』, 김하현 옮김, 어크로스, 2023.

19 리사 이오띠, 『8초 인류』, 이소영 옮김, 미래의창, 2022.

20 위와 동일

Rise of 'Homo Promptus' 호모 프롬프트

1 성우·배우·음악가·작가도 규제 호소, 생성 AI 저작권 현황 / 게임메카, 2023.07.27.
2 기업 해고사유 통계에 AI 첫 등장…美 5월 3900명 일자리 잃어 / ESG경제, 2023.06.02.
3 사회 시스템 변신 빨라야 AI시대 일자리 지킨다 / 중앙일보, 2023.07.04.
4 서승완·채시은, 『챗GPT가 쏘아올린 신직업 프롬프트 엔지니어』, 애드앤미디어, 2023.
5 사회 시스템 변신 빨라야 AI시대 일자리 지킨다 / 중앙일보, 2023.07.04.
6 '챗GPT 플러그인', 〈시사상식사전〉, 네이버 지식백과 검색.
7 인간처럼 사고하는 멀티모달(Multi Modal) AI란? / 삼성SDS 인사이트 리포트, 2022.10.21.
8 "말만 잘해도 월급 800만원" 국내 첫 뽑는 직장, 뭐길래 난리? / 헤럴드경제, 2023.03.15.
9 AI 그림은 위작? / 매일경제, 2023.08.23.
10 AI와 대화가 직업?…코딩 필요 없는 '프롬프트 엔지니어'가 뜬다 / 조선비즈, 2023.02.27.
11 프롬프트 엔지니어링은 직업이라기보다 역량이다 / ZDNet Korea, 2023.04.07.
12 프롬프트 엔지니어가 시사하는 점 / 뉴스핌, 2023.07.10.
13 기사 쓰고 작곡하고 PPT도…챗GPT 어디까지 써봤니 / 매경이코노미, 2023.03.31.
14 '챗GPT 신드롬'은 여기까지?…다운로드·방문자 수 첫 감소 / 조선일보, 2023.07.07.
15 "제2의 '세종 맥북 던짐' 사건 없다"…'전문가 AI' 표방한 엑사원 2.0 / 뉴스웍스, 2023.07.19.
16 김재인, 『AI 빅뱅』, 동아시아, 2023.
17 AI가 대본 쓴 미 드라마 대박, 인간 창의성·일자리 고민되네 / 중앙선데이, 2023.07.08.
18 위와 동일
19 사회 시스템 변신 빨라야 AI시대 일자리 지킨다 / 중앙일보, 2023.07.04.
20 창작자 vs 생성형 AI 저작권 문제, 국내 가이드라인은? / 데일리팝, 2023.08.10.
21 사회 시스템 변신 빨라야 AI시대 일자리 지킨다 / 중앙일보, 2023.07.04.
22 광고 카피도 AI가 쓴다…현대백화점 '루이스' 시스템 도입 / 한겨레, 2023.02.26.
23 10배 빠른데 가격은 10분의 1, 요즘 잘나가는 광고 감독은 AI / 조선일보, 2023.08.24.
24 광고 카피도 AI가 쓴다…현대백화점 '루이스' 시스템 도입 / 한겨레, 2023.02.26.
25 "숖대리, 광고시안 얼마나 걸려?"…"1분이요" / 매일경제, 2023.08.23.
26 김재인, 『AI 빅뱅』, 동아시아, 2023.

Aspiring to Be a Hexagonal Human 육각형인간

1 최범균, 『육각형 개발자』, 한빛미디어, 2023.
2 The Effortless Perfection Myth / Inside Higher Ed, 2019.01.28.
3 임영웅, 고진감래의 眞 트로피…할머니·어머니에 건네는 영상 100만뷰 '뭉클' / 텐아시아, 2021.10.07.
4 뉴진스에는 광야 같은 세계관이 왜 없을까 / 한겨레21, 2023.02.03.
5 재벌 일상이 궁금해? 이들의 SNS를 보라 / 이데일리, 2022.12.08.
6 Z세대는 왜 '올드머니 룩'에 빠졌나 / 조선일보, 2023.08.21.
7 이부진·임세령…재벌가 '올드머니룩' 뭐기에 Z세대 열광하나 / 서울경제, 2023.07.14.
8 "외모 vs 능력?", 네이버 카페 디젤매니아(cafe.naver.com/dieselmania/29953362), 2020.02.02.

9 우리도 외모 관심 많아!…커지는 남성 화장품 시장 / 매경헬스, 2023.08.17.

10 키 성장클리닉 방문 전 체크할 사항은? / 베이비뉴스, 2023.07.18.

11 뉴진스에는 광야 같은 세계관이 왜 없을까 / 한겨레21, 2023.02.03.

12 〈트렌드 코리아〉 팀 자체 인터뷰 자료.

13 "내 아이돌은 샤넬인데 네 아이돌은 겨우…"…아이돌 명품 앰버서더 '계급론' 확산 '논란' / 서울경제, 2023.08.12.

14 이공계 '블랙홀'된 의대…"의사만큼 못벌것" 너도나도 / 동아일보, 2023.02.16.

15 슈퍼카 주인에 "직업이 뭔가요?" 이 질문 하나로 큰돈 버는 청년 / 조선일보, 2023.05.02.

16 유튜브 채널 '조승연의 탐구생활'(www.youtube.com/watch?v=nRCdYzMmrxg).

17 유튜브 채널 '픽저장소'(www.youtube.com/shorts/2p7tw_Nzne0).

18 "오늘은 내가 영애" 졸업사진 찍으려 '로판 드레스' 입는 10대들 / 조선비즈, 2023.08.05.

19 5세대 걸그룹 걸걸오렌씨의 인기는 떨어질 줄 모르고 상승하는 중 / 트렌드어워드 플러스, 2023.08.14.

20 Lucky Girl Syndrome: Smug TikTok trend or life-changing positivity? / BBC, 2023.01.14.

21 맥락 없는데 웃겨…요즘 '대세' SNS 만화 캐릭터 / 한겨레, 2023.08.25.

22 윌 스토, 『지위 게임』, 문희경 옮김, 흐름출판, 2023.

23 지나친 타인과의 비교 '사회 비교', 부작용 생길 수 있어 / 시선뉴스, 2018.03.11.

24 윌 스토, 『지위 게임』, 문희경 옮김, 흐름출판, 2023.

25 임일모·조용래·김학렬, 자기 불일치와 심리적 불편감의 관계: 자기 불일치 이론의 경험적 검증, 〈신경정신의학〉, 34(5), 1995, pp.1416~1431.

26 김진식, 르네 지라르 모방이론과 새로운 심리학, 〈불어불문학연구〉, (107), 2016, pp.33~59.

27 부가 전부일까…강남서 28년 보고 겪은 정신과 의사의 기록 / 중앙일보, 2023.09.05.

28 소셜미디어 황혼기 / 중앙일보, 2023.09.05.

29 포토덤프? 야꾸? 나만 몰랐던 트렌드 모음 / 트렌드 레터, 2023.09.05.

30 위와 동일

31 또다시 문제가 되고 있는 대학생 자살 문제 / 청년의사, 2015.08.13.

32 인플루언서의 놀이터로 전락, "소셜미디어가 서서히 죽어가고 있다" / 조선일보, 2023.09.17.

Getting the Price Right: Variable Pricing 버라이어티 가격 전략

1 코카콜라,온도적응 자판기 개발 / 매일경제, 1999.10.30.

2 필립 코틀러, 『필립 코틀러의 마켓 4.0』, 이진원 옮김, 더퀘스트, 2017.

3 헤르만 지몬, 『프라이싱』, 서종민 옮김, 쌤앤파커스, 2017.

4 이동진 외, 『퇴사준비생의 런던』, 트래블코드, 2018.

5 "94만원→23만원, 이 가격 실화야?" 아이폰 '떨이' 됐다? / 헤럴드경제, 2023.08.25.

6 "600원? 1500원?" 고무줄 아이스크림값…가격 불신 커져 / 동아일보, 2023.07.11.

7 호텔 예약할 때 '구글맵 신공' 아직도 안 하니? / SBS뉴스, 2023.06.11.

8 비교 플랫폼 2.0시대 왔다…VC가 주유소 비교앱에 투자한 까닭 / 한국경제, 2023.06.25.

9 ONLINE 자사몰 성공 사례 – ①룰루레몬 디지털 시대 생존 전략 'D2C' 말하다 / 패션비즈, 2023.06.05.

10 D2C를 통한 브랜드 성장 전략 / 삼성SDS 인사이트 리포트, 2023.07.26.

11 삼성전자, 'B2B 고객 전용 e스토어' 30개국으로 늘려 / 조선비즈, 2023.04.04.

12 "월 이용료가 단돈 100원!" 이래도 줄어든다니, '국민앱' 어쩌다 이 지경 / 헤럴드경제, 2023.08.18.

13 "고물가에 이발도 부담"…'첫 방문 할인' 찾아다니는 '떠돌이 미용족' 증가 / 동아일보, 2022.11.10.

14 컬리의 온사이트 마케팅 전략…"실제 매출까지 가는 유저는 2% 남짓" / 블로터, 2023.07.05.

15 나만의 평생고객 만드는 법…저비용 고매출 '개인화 마케팅' / 한국경제, 2023.08.08.

16 '안전운전=고신용자' 대출평가에 티맵 데이터 활용된다 / 매일경제, 2023.04.03.

17 전항일 G마켓 대표 "온·오프 통합 구심축 될 것" / 머니S, 2023.08.15.

18 10억 넘는 회원권 9곳…초고가 시장 활활 / 매일경제, 2023.06.07.

19 "아기 울어서 못 자" 이런 비행 피하려면?…"돈 더 내면 노키즈존" / 머니투데이, 2023.08.30.

20 "숟가락 교체, 자릿세 받는 서울 술집?"…반응 엇갈리고 있다 / 아시아투데이, 2023.08.23.

21 AI가 실시간으로 가격도 바꾼다…아마존·우버 성공 뒤엔 '다이내믹 프라이싱' / 매경이코노미, 2021.08.03.

22 Dynamic Pricing이 확산되고 있다 / LG경영연구원, 2017.11.03.

23 프로야구 티켓 1800원! 김광현 선발이면? 올리지 뭐 / 조선일보, 2023.02.24.

24 솔루엠, 2분기 영업익 422억원 '껑충'…ESL 사업 2배 성장 / ZDNet Korea, 2023.08.08.

25 인건비 상승, 친환경 이슈로 ESL 시장 확대 예고 / 산업일보, 2023.07.01.

26 불확실성 속에서 B2B 기업이 주목해야 할 회복 탄력적 가격 책정 / BCG, 2023.07.26.

27 '스위트 스폿', 〈한경 경제용어사전〉, 네이버 지식백과 검색.

28 K. Mitchell, "The Current State of Pricing Practice in U.S. Firms" / opening speech Professional Pricing Society Annual Spring Conference, 2011.

29 Five ways to ADAPT pricing to inflation / McKinsey & Company, 2022.02.25.

30 사라 맥스웰, 「가격 차별의 경제학」, 황선영 옮김, 밀리언하우스, 2009.

31 민디 와인스타인, 「한정판의 심리학」, 도지영 옮김, 미래의창, 2023.

32 프로야구 티켓 1800원! 김광현 선발이면? 올리지 뭐 / 조선일보, 2023.02.24.

33 윤석철 한양대 석좌교수 / 매일경제, 2011.04.22.

On Dopamine Farming 도파밍

1 Meet the Artist Who Made a Sacred, 3,000-Pound Tomb for Some Flamin' Hot Cheetos / Yahoo, 2022.11.09.

2 "유튜브 전체 시청자 조회수 88%는 '쇼츠'에서 나와" / 아주경제, 2023.02.01.

3 "나도 혹시 도파민 중독?"…도파민에 빠진 2030 / 쿠키뉴스, 2023.07.02.

4 '코스모폴리탄 코리아' 인스타그램(instagram.com/cosmopolitankorea).

5 도파민의 두 얼굴, 욕망회로와 통제회로 / 정신의학신문, 2023.02.09.

6 "스쿱마켓 뜻? 요즘 유행따라잡기", 롤라마미영어저장소 네이버블로그(blog.naver.com/klovex2/223080159857), 2023.04.20.

7 틱톡 'starbuckswithqvise1'(tiktok.com/@starbuckswithqvise1/video/7250280401548119339).

8 "근본이 자꾸 생겨서 고민" 유병재도 팔로우한 성수 술집 무근본의 근본을 찾아서 / 허프포스트코리아, 2022.12.02.

9 "헤드셋 끼고 춤춰요"…한강서 열린 '무소음 DJ 파티' / MBC뉴스, 2023.08.15.

10 Color Party— Girls' Night Theme / At Home With Natalie, 2023.07.07.

11 EV 택배트럭이 서킷을 질주한 사연은..CJ대한통운 슈퍼레이스.. / 카가이, 2023.08.22.

12 '레드불'은 왜 에너지드링크를 파는 '미디어회사'라고 할까 / 아시아경제, 2019.07.22.

13 '스토리두잉'의 힘…레드불, 음료 회사에서 미디어 기업으로 / 머니투데이, 2022.09.25.

14 '레드불 절벽 다이빙', 서울 양화대교서 열린다 / 조선일보, 2023.09.08.

15 '강남→부산'까지 시내버스만 24번 갈아타고 가면 걸리는 시간 / 인사이트, 2021.10.11.

16 "하루 종일 이렇게 유튜브서 실시간으로 수능을 감독하는 사람이 있네요" / 위키트리, 2021.11.18.

17 공사장 카페, 흉가 캠핑…그들은 왜 흉하고 불편한 것에 빠졌나 / 조선일보, 2023.02.12.

18 'ASMR', 〈시사상식사전〉, 네이버 지식백과 검색.

19 빵 때리니 돈 나오네…'빵 때리기 대회' 성황 / 조선일보, 2023.04.08.

20 우리는 왜 '디스랩'에 열광하는가 / 동아사이언스, 2017.12.19.

21 최정윤, 『스탠드업 나우 New York』, 왓어북, 2018.

22 Martha Wolfenstein, The Emergence of Fun Morality, 〈Journal of Social Issues〉, 7(4), 1951, pp.15~25.

23 김선진, 『재미의 본질』, 경성대학교출판부, 2013.

24 "코로나·이태원 참사로 의욕상실…'강생족'으로 살래요" / 문화일보, 2022.12.23.

25 CU, 개그 콘서트 열고 특채 코미디언 뽑는다 / 뉴스핌, 2022.11.29.

26 "박재범이 왜 거기서 나와?" 유튜브서 불붙은 '편의점 대전' / 아시아경제, 2022.08.12.

27 롯데마트, 인디밴드 '카키마젬'과 콜라보한 '수박송' 선보여 外 / 로이슈, 2023.06.19.

28 '스토리두잉'의 힘…레드불, 음료 회사에서 미디어 기업으로 / 머니투데이, 2022.09.25.

29 "도파민과 세로토닌: 행복한 삶을 원한다면?" / 한국강사신문, 2021.10.09.

30 나도 혹시 숏폼 콘텐츠 중독? / 정신의학신문, 2023.08.01.

31 위와 동일

Not Like Old Daddies, Millennial Hubbies 요즘남편 없던아빠

1 유튜브 채널 '힙합엘이'(youtu.be/x_OfE3oZE2g?si=13LDUZFIaO4pOZTt).

2 〈2023 통계로 보는 남녀의 삶〉, 여성가족부, 2023.09.06.

3 청년 3명 중 1명만 '결혼 긍정적'…10년 전보다 20%p↓ / 여성신문, 2023.08.28.

4 〈트렌드 코리아〉 팀 자체 인터뷰 자료.

5 "라면만 먹고가는 틴더 지겨워"…진지한 만남 찾는 데이팅앱들 / 매일경제, 2023.08.20.

6 "결혼비용, 얼마나 필요할까? 〈듀오 2022 결혼비용 실태 보고서〉", 듀오 블로그(blog.naver.com/officialduo/222649922260), 2022.02.17.

7 아빠가 살림해요…전업주부 남성 21만명 돌파 / 중앙일보, 2023.02.23.

8 '위성가족', 〈시사상식사전〉, 네이버지식백과 검색.

9 작년 육아휴직 4명 중 1명은 아빠…그중 70%는 대기업 다니는 아빠 / 경향신문, 2022.12.21.

10 남성 소비자 취향 저격한 상 중심 청소기 '바이럴 마케팅 효과 높아' / 전자신문, 2017.08.08.

11 LG전자 '코드제로 A9' 체험단에 8만명 신청…남성이 45% / 연합뉴스, 2017.07.02.

12 "게임기인줄 알았는데" 40대 남자가 줄 서서 산다는 80만원짜리 기계 / 헤럴드경제, 2023.04.21.

13 〈트렌드 코리아〉 팀 자체 FGD 자료.

14 배우자 이 취미는 별로…2위 게임, 3위 낚시, 1위는? / 문화일보, 2023.08.30.

15 〈트렌드 코리아〉 팀 자체 인터뷰 자료.

16 지역별고용조사, 2022년 하반기(10월), 국가통계포털(kosis.kr) 참고.

17 엘리 J. 핀켈, 『괜찮은 결혼』, 허청아·정삼기 옮김, 지식여행, 2019.

18 이대론 출산율 0.6명대 추락 위기…'한국 소멸' 더 빨라진다 / 한국경제, 2023.08.30.

19 "결혼보다 비혼" / 비즈N, 2023.08.29.

20 엘리 J. 핀켈, 『괜찮은 결혼』, 허청아·정삼기 옮김, 지식여행, 2019.

21 남편 54분·아내 3시간7분…맞벌이 가사 노동 시간 격차 '여전' / 한국경제, 2023.07.11.

22 엘리 J. 핀켈, 『괜찮은 결혼』, 허청아·정삼기 옮김, 지식여행, 2019.

23 한상복·이문웅·김광억, 『문화인류학개론』, 서울대학교출판원, 1985.

24 직장 만족도 높을수록 출산 의향 높아…."저출산 해결에 기업 역할 중요" / 매거진한경, 2023.08.12.

25 이직 후 임신 결심했다는 SK온 직원, 네 쌍둥이 출산 / IT조선, 2023.05.10.

26 日 '파파육아' 증가…유아식품 시장 새 고객으로 / 헤럴드경제, 2023.01.13.

27 'DIAPER BAG', Fathercraft 홈페이지(fathercraft.com/dad-diaper-bag).

Expanding Your Horizons: Spin-off Projects 스핀오프 프로젝트

1 The Disney Recipe / Harvard Business Review, 2013.05.28.

2 에릭 리스, 『린 스타트업』, 이창우·송우일 옮김, 인사이트, 2012.

3 '마블 시네마틱 유니버스', 나무위키 검색.

4 시니어케어·물류·골프장 등 영역 깨는 교육업계 / 브릿지경제, 2023.08.21.

5 SBS, JTBC, MBC의 디자인 브랜딩 전략 / 고구마팜, 2022.12.26.

6 "지구로 내려온 우주 기술, 나사(NASA)의 스핀오프", 과학기술정보통신부 블로그(blog.naver.com/with_msip), 2019.03.13.

7 민군기술협력의 세 가지 방향 / 웹진 〈근두운〉(geunduun.com:10010/svcShowWebZinDetail.do?contentsSeq=608), 2020년 1월호, 2020.01.

8 "잘 키우니 M&A보다 낫네"…사내벤처에 꽂힌 대기업들 / 시사저널e, 2023.07.11.

9 양현봉·박종복, 기업발 스핀오프 창업 실태분석과 정책과제, 〈중소기업금융연구〉, 42(1), 2022, pp.61~90.

10 대기업의 사내벤처 열전…육성 프로그램 다양 / 중기이코노미, 2022.05.16.

11 현대차그룹, 사내 유망 스타트업 4개 분사…총 30개팀 독립 / 연합인포맥스, 2023.03.09.

12 LG전자, 사내벤처 선발 프로그램 '스튜디오341' 지원자 모집 / 조선비즈, 2023.05.30.

13 "사이드 프로젝트를 하고 싶다면 반드시 읽어야 하는 글", 웨이브온 블로그(waveon.io/blog/sideproject), 2022.11.09.

14 심두보, 『사이드 허슬러』, 회사밖, 2020.

15 위와 동일

16 권수인·이윤경, 팀원이 알아서 일하길 바란다면? 작게 시도해보는 13가지 방법 (기본편) / 퍼블리(publy.co/content/6862).
   권수인·이윤경, 팀원이 알아서 일하길 바란다면? 작게 시도해보는 13가지 방법 (심화편) / 퍼블리(publy.co/content/6879).

17 [유통街 사업다각화 바람] M&A에 사명 변경까지…식품업계 오너, 변화 이끈다 / 아주경제, 2023.02.06.

18 "'리브랜딩=새로움' 공식 매몰되면 실패"…세계관도 구축 / 조선비즈, 2022.05.09.

19 흑인 인어공주·그을린 백설공주…'월드 꼰대' 위기 맞은 월트 디즈니 / 텐아시아, 2023.06.18.

20 사업 확장만 폭주하는 카카오…컨트롤타워부터 갖춰라 / 머니투데이, 2021.09.06.

21 융합과 통섭…산업 경계 넘어 Arena로 간다 / 〈동아비즈니스리뷰〉, 179호, 2015.06.
   Transient Advantage / Harvard Budiness Review, 2013.06.

You Choose, I'll Follow: Ditto Consumption 디토소비

1 팬데믹에도 강한 중고 시장의 매력 소비의 흐름, 리세일에 올라타라 / 〈동아비즈니스리뷰〉, 326호, 2021.08.

2 유튜브 채널 'Lush Korea'(www.youtube.com/watch?v=md9eAf5QFsY).

3 〈2019 EDELMAN TRUST BAROMETER Global Report〉, Edelman, 2019.

4 What is influencer marketing? / McKinsey & Company, 2023.04.10.

5 위와 동일

6 Nano Influencers: your army of authenticity / strategy, 2019.02.25.

7 How the clothes in 'Euphoria' became a powerful storytelling device / CNN, 2023.04.17.

8 김다영, 『여행을 바꾸는 여행 트렌드』, 미래의창, 2022.

9 월리 코발, 『우연히, 웨스 앤더슨』, 김희진 옮김, 웅진지식하우스, 2021.

10 쉬나 아이엔가, 『선택의 심리학』, 오혜경 옮김, 21세기북스, 2012.

11 패트릭 맥기니스, 『포모 사피엔스』, 이영래 옮김, 미래의창, 2021.

12 How US consumers are feeling, shopping, and spending—and what it means for companies / McKinsey & Company, 2022.05.04.

13 "돈 못벌어도 좋다…제품 아닌 작품 만들어라" / 동아일보, 2019.01.16.

ElastiCity, Liquidpolitan 리퀴드폴리탄

1 "제2의 양양 만들자"…인구소멸地 살리기에 골몰하는 정부 / 조선비즈, 2023.08.18.

2 주민등록인구 3년 연속 감소…1인 가구, 1000만 육박 / 조선일보, 2023.08.22.

3 '생활인구', '체류인구', '관계인구'? / 춘천사람들, 2023.02.06.

4 임승현·김상경·이경환, 도시재생사업에 적용가능한 택티컬 어바니즘 기법 개발 및 적용 효과분석, 〈대한건축학회논문집〉, 39(3), 2023, pp.149~160.

5 ㅁㅁㅎㅅ : 한옥마을에 뜬 수제버거, 왜관에 연 8만 명을 불러오다 / 롱블랙(longblack.co/note/685), 2023.05.24.

6 한국리노베링, 〈지역은 어떻게 브랜딩 되는가〉, 행정안전부, 2022.

7 추상미 : 118년 광장시장, 빈대떡집 손녀가 핫플레이스로 만들다 / 롱블랙(longblack.co/note/720), 2023.06.14.

8 개항로프로젝트 이창길 대표 / 페이지프로젝트, 2021.09.02.

9 베낄 수 없는 매력, 버려진 공간 20곳을 핫플로 만든 사람 / 오마이뉴스, 2023.07.11.

10 뜻 있는 자, 이리로 오라…46억짜리 대담한 실험 / 오마이뉴스, 2023.07.20.

11 유지연, 『서울 라이프스타일 기획자들』, 책사람집, 2023.

12 오프라인 도시문화 콘텐츠 플랫폼 어반플레이, 총 76억 원 규모 투자 자금 유치 / 매일경제,
   2023.06.22.

13 채석장 절벽 위 놀라운 반전…창신동 절벽 골목 / 머니S, 2023.08.17.

14 어느새 유명해진 마을…"가끔 돈 들고 찾아오는 서울 청년들 불편" / 오마이뉴스, 2023.06.20.

15 한국리노베링, 〈지역은 어떻게 브랜딩 되는가〉, 행정안전부, 2022.

16 지속가능한 커뮤니티의 조건 지역 니즈 채워주는 '공간'에 있어 / 〈동아비즈니스리뷰〉, 369호, 2023.05.

17 2750년 인구 '0명' 대한민국, 대규모 이민 받는다 / 머니투데이, 2016.01.04.

18 '제2의 익선동' 대전 소제동 개발 논란 / 주간조선, 2019.09.26.

19 광역교통망 구축 프로젝트 곳곳에서 '속도' / 대한경제, 2023.02.06.

20 UAM, 호모어바누스를 공간에서 해방시키다 / 매일경제, 2023.07.16.

21 ④풀어드립니다…완전자율주행·UAM / 동아사이언스, 2023.09.07.

22 재택근무 vs 출근, Z세대의 선택은? / 대학내일20대연구소, 2022.08.26.

23 추상미 : 118년 광장시장, 빈대떡집 손녀가 핫플레이스로 만들다 / 롱블랙(longblack.co/note/720),
   2023.06.14.

24 "낡은 건물에 '새 숨'…골목 살리는 소통 공간 되죠" / 서울경제, 2023.08.15.

25 '제2의 익선동' 대전 소제동 개발 논란 / 주간조선, 2019.09.26.

26 공유숙박 품는 특급호텔, 대기업 소프트웨어 진출 가시화? / 숙박매거진, 2023.07.12.

27 매거진 B 편집부, 『매거진 B(Magazine B)』, No 58: Portland(한글판), 비미디어컴퍼니, 2017.

Supporting One Another: 'Care-based Economy' 돌봄경제

1 LPGA 엄마들은 아이를 어디에 맡길까 / 조선일보, 2023.06.20.

2 '아이 돌봄 시스템 30년' LPGA–'출산 후 36개월 휴가' JLPGA…KLPGA는? / JTBC GOLF,
   2023.04.03.

3 영유아부터 어르신까지…셀프 돌봄도 앱으로 / 서울신문, 2023.03.25.

4 정지예 맘편한세상 대표 "틈새 돌봄 부모–시터 빠른 매칭으로 풀겠다" / 여성신문, 2023.05.05.

5 입는 헬스케어 '봇핏' 출시 막바지…올해는 삼성전자 로봇원년 / IT조선, 2023.08.06.

6 저가형 판치는 주행보조차 시장…올비트앤, AI·인체공학 기술 담다 / 헤럴드경제, 2021.09.08.

7 김정근, 코로나19 팬데믹 시대 미국의 AI/로봇을 활용한 노인 돌봄 사례와 이슈, 〈국제사회보장리뷰〉,
   16, 2021, pp.16~26.

8 Benefits of Using True Link Visa® Prepaid Cards for Older Adults / True Link Team,
   2022.03.17.

9 최경숙, "디지털 기술과 돌봄: 현장의 시선을 중심으로" / 2023 CTMS 기획세미나 〈디지털 기술과
   돌봄〉, 2023.07.20.

10 우울한 20대, 우울증·불안장애 5년새 127%·86% 폭증 / 메디컬타임즈, 2022.06.24.

11 "유튜브 볼 시간에 명상"…MZ세대가 코로나 블루 극복하는 방법 / 머니투데이, 2023.03.15.

12 "할머니, 저랑 같이 음악 들어요"…말벗 돼주는 반려로봇 만든 '효돌' / 아시아경제, 2022.10.27.

13 'AI 반려로봇' 137곳 지자체·270여개 기관에 도입했죠…김지희 효돌 대표 / NBN뉴스, 2023.07.21.

14 광주에 전국 최초 '은둔형외톨이지원센터'가 생긴 이유 / 오마이뉴스, 2022.07.07.

15 돌봄드림 김지훈 대표, 돌봄 맞춤 솔루션 제공…"멘탈헬스케어로 유니콘 꿈" / 머니투데이, 2023.06.13.

16 라이프 스타일이 반영된 그로서리 마켓 : 보마켓 / HIGINO, 2022.03.04.

17 BGF리테일, 온라인 심리상담 서비스 '트로스트' 도입 / 메디컬리포트, 2019.03.26.

18 'RE:JOICE', 롯데백화점 홈페이지(lotteshopping.com/csr/activity/reJoice).

19 LH, 매입임대주택 활용…주거·의료·복지 등 통합 돌봄서비스 제공 / 전국뉴스, 2022.12.15.

20 "GH, 제1호 공간복지사업으로 동두천 아동돌봄센터 기공식 진행", GH 경기주택도시공사
블로그(blog.naver.com/gico12/223185344685), 2023.08.16.

21 더 케어 콜렉티브, 『돌봄 선언』, 정소영 옮김, 니케북스, 2021.

22 낸시 폴브레, '코로나19와 돌봄 위기 극복을 위한 돌봄경제 수립 및 실천 방안 - 코로나19와 돌봄경제'
기조발표 중, 2021 국제 돌봄경제 컨퍼런스 〈코로나19와 돌봄경제: 지속가능한 돌봄사회로의 전환〉,
2021.06.02.

23 김영옥, '코로나19와 돌봄 위기 극복을 위한 돌봄경제 수립 및 실천 방안 - 코로나19와 돌봄경제'
패널 발표 중, 2021 국제 돌봄경제 컨퍼런스 〈코로나19와 돌봄경제: 지속가능한 돌봄사회로의 전환〉,
2021.06.02.

24 4월 취업자 35만4천명↑…제조업은 2년 4개월 만에 최대 감소(종합) / 연합뉴스, 2023.05.10.

25 벤처투자 얼어붙었지만…6개 키워드엔 '깜짝 훈풍' 불었다 / 한국경제, 2022.10.20.

26 15억 '할마·할빠' 경제 급성장…미국 조부모, 연 340만원 쓴다 / 조선일보, 2023.04.29.

27 "엄마, 30만원 더 드릴게요"…'노년투혼' 조부모에 돌봄수당 / 매일경제, 2022.12.31.

28 "'선택된 가족' 인정, 국민 보호·사회 안정 위해 필요" / 한겨레, 2022.05.20.

Trenders날 2024

간호민 SBS 미디어넷, 강민수 주식회사 알체라, 강수란 서울우유협동조합, 강정롱 부산국제영화제, 강현주 (주)강원랜드, 고명애 (주)디자인블랍, 권대헌 넥슨게임즈, 권도형 아모레퍼시픽, 권은빈 삼성웰스토리, 권지원 (주)브레이브모바일, 김기홍 kt alpha, 김다영 오비맥주, 김도형 (주)자비스앤빌런즈, 김동우 한국재정정보원, 김민정 ITSC 한국지텔프, 김봉겸 그렙, 김성은 무신사, 김소연 RIDI, 김수진 포스코이앤씨, 김수환(Miguel) 삼성전자, 김승호 SK D&D, 김원호 롯데백화점, 김유빈 서울대학교, 김윤숙 일롬 컨텐츠기획팀, 김인진 (주)웰코스, 김정현 티맥스티베로, 김정현 LG U+, 김정훈 솔루엠, 김준수 현대백화점 패션사업부, 김지선 티몬, 김진훈 BGF리테일, 김태근 하나투어, 김태욱 언더에디션, 김현웅 티맵모빌리티, 김현일 LG생활건강, 김혜영 AK몰, 김희연 카카오스페이스, 노승아 KB증권, 노영훈 BGF리테일, 노우현 AK PLAZA, 마수미 호반프라퍼티(주), 문부열 동의대학교, 문소정 롯데ON, 문정희 LG전자 하이케어솔루션, 문현선 동부건설, 문혜영 CTC, 민영신 포스코이앤씨, 박도경 롯데홈쇼핑, 박성진 웹투게더, 박성현 이마트, 박이정 (주)풀무원, 박일석 현대백화점, 박준형 신세계프라퍼티, 박해림 쿠캣, 배수빈 여기어때컴퍼니, 배영국 SK이노베이션, 배주현 BUP, 변성업 아모레퍼시픽, 봉수아 BGF리테일, 손창우 현대엔지니어링, 송다영 멀츠코리아, 송헌 롯데마트, 송현아 한국전력공사, 신봄 GS칼텍스, 신지혜 삼성웰스토리, 심예영 디앤디프라퍼티솔루션(주), 안진경 삼성바이오로직스, 양형조 BC카드, 엄인영 (주)베가스, 오태근 LS전선, 우아영 서울대학교, 원슬기 Dell Technologies, 유소연 CTC, 유지웅 CJ올리브네트웍스, 유효림 CTC, 윤나라 동부건설, 윤여종 서울대학교, 윤은영 LG전자, 윤지운 티맥스티베로, 이동규 롯데마트, 이미래 (주)밀로우, 이미영 LG화학, 이보미 CTC, 이성은 주식회사 인공지능팩토리, 이송필 한국철도공사, 이수복 서울주택도시공사, 이수아 LG전자, 이승호 한국인터넷진흥원, 이승훈 J&H Realty, 이예진 (재)세종시문화재단, 이원일 삼성디스플레이, 이은혜 카카오스페이스, 이재원 Coex, 이재현 세라젬,

이정은 태나다 주식회사, 이정희 한샘, 이주영 국민대 GSGE, 이주왕 연세대MBA, 이주형 샘표식품, 이지아 BC카드, 이지현 한국휴렛팩커드(유), 이진 롯데쇼핑, 이진선 국토교통과학기술진흥원, 이태수 흙살림, 이한샘 (주)오뚜기, 이현엽 한국콘텐츠진흥원, 이혜림 국민연금공단, 임상훈 KIA, 임수현 티맥스티베로, 장동민 CTC, 전영주 중소기업유통센터, 전윤하 이수건설(주), 전현수 KT 융합기술원, 정강우 한살림, 정다울 롯데중앙연구소, 정미경 삼성 SDS, 정예지 CTC, 정은혜 롯데백화점, 정인욱 강원FC 프로축구단, 정지영 CTC, 정창용 KB증권, 정태선 K-Wave Media, 정화영 AK PLAZA, 조관희 서울대학교, 조동주 써브웨이, 조성훈 골프존커머스, 채영은 CTC, 최병길 신세계아이앤씨, 최송월 롯데중앙연구소, 최원영 LX하우시스, 최유정 롯데백화점, 최은정 신한은행, 최종철 충북도청, 최지연 메가존클라우드, 최형민 네이버, 최희경 LG전자 하이프라자, 하정수 삼성전자, 한동헌 스튜디오 나무, 한미선 LG전자 하이프라자, 한상일 포스코이앤씨, 허연주 CTC, 허재훈 현대L&C 디자인기획팀, 홍승태 SK(주) C&C, 홍영기 티알엔_쇼핑엔티, 황상윤 KCC컬러디자인센터, 황소현 동아출판(주), 황지희 애경산업, 황하영 CJ올리브영

진행

총괄 전미영 **행정·교정** 김영미 **프레젠테이션 제작** 전다현
10대 트렌드 상품 조사 박수현, 박지현 **자료 조사** 윤효원, 백지훈, 김나은
영문 키워드 감수 미셸 램블린Michel Lamblin, 나유리 **중국 자료 조사** 고정, 임은주

전미영　서울대학교 소비트렌드분석센터 연구위원. 서울대 소비자학 학사·석사·박사. 2009년부터 〈트렌드 코리아〉 시리즈 공저자로 활동하고 있다. 소비자행복과 소비자심리 분야에 관심이 많고, 서울대에서 소비자조사법과 신상품개발론 과목을 강의하고 있다. 삼성경제연구소 리서치애널리스트와 서울대 소비자학과 연구교수를 역임했으며, 현재 동아일보 '트렌드 NOW' 고정 칼럼니스트, 롯데쇼핑 ESG위원회 위원장, LG U+ MZ세대 자문위원, 하나은행 경영자문위원, 서울시·국토교통부·통계청 자문위원 등으로 활동하고 있다. 한국소비자학회 최우수논문상을 수상했으며, 『트렌드 차이나』, 『대한민국 외식업 트렌드 Vol.1』, 『나를 돌파하는 힘』을 공저했다. 다수 기업과 트렌드 기반 신제품개발 및 미래전략 기획 업무를 수행하고 있다.

최지혜　서울대학교 소비트렌드분석센터 연구위원. 서울대 소비자학 석사·박사. 소비자의 신제품 수용, 세대별 라이프스타일 분석, 제품과 사용자 간의 관계 및 처분행동 등의 주제를 연구하며, 서울대에서 소비트렌드분석 과목을 강의하고 있다. 워싱턴주립대학교Washington State University에서 공동연구자 자격으로 연수했으며, 『대한민국 외식업 트렌드 Vol.1』, 『더현대 서울 인사이트』를 공저했다. 삼성·LG·아모레·SK·코웨이·CJ 등 다수의 기업과 소비자 트렌드 발굴 및 신제품 개발 프로젝트를 수행했다. SBS 일요특선 〈트렌드 보고: 문화를 사고팝니다, MZ〉, SBS 스페셜 〈나도 돈 벌고 싶다〉 등에 출연했다. 동아 비즈니스 리뷰DBR 객원 편집위원, 피데스개발 '공간트렌드 수립을 위한 전문가 세션' 자문위원 등을 역임했다. 현재 인천시 상징물 위원회 자문위원을 맡고 있으며, 한국경제에 '최지혜의 트렌드 인사이트', 아시아경제에 '최지혜의 트렌드워치'를 연재하고 있다.

이수진　서울대학교 소비트렌드분석센터 연구위원. 서울대 소비자학 학사·석사·박사. 사회변화에 따른 소비지출의 변화 및 소비심리를 주로 연구하며, 서울대에서 소비자심리, 소비문화 과목을 강의하고 있다. 한국FP학회 최우수논문상을 수상했으며, 『대한민국 외식업 트렌드 Vol.1』, 『더현대 서울 인사이트』를 공저했다. 한국벤처혁신학회 연구이사, KBS 2TV 〈해 볼만한 아침 M&W〉–'이수진의 소비트렌드'의 고정 출연진, 매일경제TV 캐스터로 활동한 바 있다. 현재 현대·삼성 등 다수의 기업들과 소비트렌드 기반 미래 전략 발굴 업무를 수행하고 있으며, 〈트렌드 코리아〉 영문판 〈Consumer Trend Insights〉를 중심으로 대한민국 트렌드의 글로벌화 전략 방향에 관심이 많다.

권정윤　서울대학교 소비트렌드분석센터 연구위원. 서울대 소비자학 학사·석사·박사. 세대별 소비 특성, 가족과 소비, 물질소비와 경험소비 등의 주제를 연구하며 성균관대학교에서 소비자와 시장 과목을 강의하고 있다. 가전·여가·식품·유통 등 여러 산업군의 기업들과 소비자 조사를 수행해왔으며 전성기 매거진·CJ온스타일·삼성생명 등과 세대별·산업별 트렌드 도출 프로젝트를 진행했다. 『대한민국 외식업 트렌드 Vol.1』을 공저했으며 국방일보·섬유신문에 트렌드 칼럼을 연재하고 대구TBN 'Trend A to Z' 코너에 고정 출연 중이다. 현재는 소비자를 연구하는 방법론으로서 질적 연구에 전문성을 넓히고 있다.

한다혜　서울대학교 소비트렌드분석센터 연구위원. 서울대 심리학 학사, 소비자학 석사·박사. 소비자가 구매 시 느끼는 다양한 소비감정들과 데이터를 통한 소비행동 분석 등의 주제를 연구하며, 심리학적 관점으로 소비를 바라보는 데에 관심이 많다. 서울대학교 학문후속세대로 선발된 바 있고, 한국소비문화학회 우수논문상을 수상했으며, 『대한민국 외식업 트렌드 Vol.1』을 공저했다. YTN 〈뉴스라이더〉, 연합뉴스 〈출근길인터뷰〉 등에 출연했으며, 현재는 서울시 평생교육진흥원 웹진 〈라이프롱런〉의 'TREND' 섹션에 기고하며, KBS 1라디오 〈성공예감〉의 '트렌드팔로우'에 고정 출연하고 있다. 삼성·LG·SK·GS 등 다수의 기업과 소비트렌드 기반 신제품 개발 및 미래전략 발굴 업무를 수행하고 있다.

이준영　상명대학교 경제금융학부 교수. 서울대 소비자학 학사·석사·박사. 리테일·커머스 소비자 행동 및 고객경험 고도화 전략에 관심이 많다. LG전자 LSR연구소에서 글로벌트렌드분석, 신제품개발 등의 업무를 수행했으며, 현재 상명대학교 소비자분석연구소 소장과 한국소비문화학회 편집위원을 맡고 있다. 한국소비자학회, 한국소비자정책학회에서 최우수논문상을 수상했다. 저서로는 『코로나가 시장을 바꾼다』, 『1코노미』, 『케미컬 라이프』, 『소비트렌드의 이해와 분석』 등이 있다. JTBC 〈차이나는 클라스〉, KBS 1라디오 〈빅데이터로 보는 세상〉 등에 출연했다.

이향은　LG전자 생활가전&공조H&A 사업본부 상무. 영국 세인트 센트럴 마틴Central Saint Martins 석사, 서울대 디자인학 박사. LG전자에서 고객경험CX혁신과 관련된 상품기획을 담당하며 신사업모델 발굴, CX전략 수립, 제품/공간 서비스디자인 등 융합적 통찰력을 발휘하고 있다. 성신여대 서비스·디자인공학과 교수로서 학계와 업계를 오가며 다수의 기업 고객경험 및 상품기획 프로젝트를 수행했으며, Q1(상위 25%) SSCI 및 SCIE 국제 저명 학술지에 연구 논문들을 게재하기도 했다. 독일 iF디자인 어워드의 심사위원으로 선정됐으며, 현재 중앙일보에 '이향은의 트렌드터치'를 연재하고 있다.

이혜원　서울대학교 소비트렌드분석센터 책임연구원. 서울대 소비자학 학사·석사 및 박사과정 수료. 대한출판문화협회·다산북스·리더스북·카카오페이지 등에 재직하며 얻은 인사이트를 바탕으로 연령·시기·코호트에 따른 소비자들의 서로 다른 행동과 태도 등 세대론에 입각한 트렌드 예측과, 기술 변화로 인한 소비자 행태 변화에 관심을 두고 있다. 2020 kobaco 혁신 공모전에서 장려상을 수상했으며, LG전자·삼성전자·SKT·CJ오쇼핑·GS홈쇼핑·한국공항공사·한국토지주택공사·배달의민족 등의 소비자 트렌드 프로젝트에 참여했다. 최근에는 경제자본만으로는 설명할 수 없는 소비트렌드의 동인을 살펴보기 위해 확장된 문화자본에 대한 연구를 진행하고 있다.

추예린　서울대학교 소비트렌드분석센터 책임연구원. 서울대학교 소비자학 석사 및 박사과정 수료. 삶에 대한 목표와 의지를 적극적으로 소비에 반영하는 개인들의 의식적인 소비 절제 행동에 관심이 많다. 비정형 텍스트 데이터와 심층면담 분석을 통해 현상적 의미를 도출하는 '질적 연구'를 주로 수행하고 있으며, 2021년 한국생활과학회 동계연합학술대회 우수포스터논문상을 수상했다. 삼성전자·LG U+·SK·코웨이·배달의민족 등 다수의 기업과 소비트렌드 분석 프로젝트를 수행하고 있다.

전다현　서울대학교 소비트렌드분석센터 책임연구원. 서울대학교 소비자학과 석사 및 박사과정 재학. 패션 산업에 대한 전문성을 바탕으로 리테일 환경에서의 소비자 행동에 관심이 많다. 최근 디지털 리테일 환경에서의 자극과 소비자 정보처리를 주제로 연구를 수행했으며, 2019 한국의류학회KSCT 공모전에서 VMD 기획으로 1위를 수상했다. 『대한민국 외식업 트렌드 Vol.1』을 공저했으며, 현재 삼성·현대·SK 등 다수 기업과 소비자 트렌드 발굴 및 신제품 개발 업무를 수행하고 있다. 유튜브 채널 '트렌드코리아TV'를 총괄·기획하고 있다.

2025년 소비트렌드 예측과 『트렌드 코리아 2025』 발간을 위한 트렌드헌터그룹 'Trenders날 2025'를 모집합니다. 소비트렌드에 관심 있는 분이라면 누구나 'Trenders날'이 될 수 있습니다. 'Trenders날'의 멤버로 활동하면서 소비트렌드 예측의 생생한 경험과 개인적인 경력뿐만 아니라, 트렌드헌터 간의 즐겁고 따뜻한 인간관계까지 덤으로 얻을 수 있습니다. 아래의 요령에 따라 응모하시면, 소정의 심사와 절차를 거쳐 활동 가능 여부를 개별적으로 알려드립니다.

1. 모집개요

가. 모집대상 우리 사회의 최신 트렌드에 관심 있는 20세 이상 성인

나. 모집분야 정치, 경제, 대중문화, 라이프스타일, 과학기술, 패션, 뉴스, 소비문화, 유통, 건강, 통계, 해외 DB 조사 등 사회 전반

다. 모집기간 2024년 1월 31일까지

라. 지원방법 이름과 소속이 포함된 간단한 자기소개서를 pdf 또는 doc 파일로 첨부하여 trendersnal@gmail.com으로 보내주십시오.

마. 전형 및 발표 선정되신 분에 한하여 2024년 2월 29일까지 이메일로 개별 통지해드립니다.

2. 활동내용

가. 활동기간 2024년 3월 ~ 2024년 9월

나. 활동내용 트렌드 및 트렌다이어리 작성법 관련 교육 이수, 트렌다이어리 제출, 2025년 트렌드 키워드 도출 워크숍

다. 활동조건 소정의 훈련 과정 이수 후, 트렌다이어리 제출, 트렌드 키워드 도출 워크숍 참여

라. 혜   택 각종 정보 제공
〈트렌드 코리아〉 주최 트렌드 관련 세미나 · 워크숍 무료 참여
『트렌드 코리아 2025』에 트렌드헌터로 이름 등재
『트렌드 코리아 2025』 트렌드 발표회에 우선 초청
활동증명서 발급 등
(위의 활동내용은 사정에 따라 추후 조정될 수 있습니다.)

2025년 한국의 소비트렌드를 전망하게 될 책, 『트렌드 코리아 2025』에 게재될 사례에 대한 제보를 받습니다. 본서 『트렌드 코리아 2024』의 10대 키워드인 'DRAGON EYES'에서 아이디어를 얻었거나 해당 키워드에 부합하는 상품 · 정책 · 서비스 등을 알고 계신 분은 간략한 내용을 보내주시면 감사하겠습니다. 특히 본인이 속한 기업이나 조직에서 선보인 새로운 상품, 마케팅, 홍보, PR, 캠페인, 정책, 서비스, 프로그램 등의 소개를 희망하시는 경우에는 해당 자료를 첨부하여 보내주셔도 좋습니다.

1. 제보내용
- 『트렌드 코리아 2024』의 'DRAGON EYES' 키워드와 관련 있는 새로운 사례
- 2025년의 트렌드를 선도하게 될 것이라고 여겨지는 새로운 사례
- 위의 사례는 상품뿐만 아니라 마케팅, 홍보, PR, 캠페인, 정책, 서비스, 대중매체의 프로그램, 영화, 도서, 음반 등 모든 산출물을 포함합니다.

2. 제보방법 example.ctc@gmail.com으로 이메일을 보내주십시오.

3. 제보기간 2024년 7월 31일까지

4. 혜   택 채택되신 제보자 중에서 추첨을 통해 『트렌드 코리아 2025』 도서를 보내드립니다.

5. 제보해주신 내용은 『트렌드 코리아 2025』 집필진의 회의를 거쳐 채택 여부를 결정하며, 제보해주신 내용이 책에 게재되지 않거나 수정될 수 있습니다.

트렌드 코리아 2024

초판 1쇄 발행 2023년 10월 5일
초판 3쇄 발행 2023년 10월 9일

지은이 김난도 · 전미영 · 최지혜 · 이수진 · 권정윤 · 한다혜 ·
　　　　이준영 · 이향은 · 이혜원 · 추예린 · 전다현
펴낸이 성의현
펴낸곳 미래의창

편집주간 김성옥
편집진행 안대근 · 조소희
디자인 공미향
홍보 및 마케팅 연상희 · 이보경 · 정해준 · 김제인

등록 제10-1962호(2000년 5월 3일)
주소 서울시 마포구 잔다리로 62-1 미래의창빌딩(서교동 376-15)
전화 02-338-6064(편집), 02-338-5175(영업) **팩스** 02-338-5140
홈페이지 www.miraebook.co.kr
ISBN 978-89-5989-717-9 13320

※ 책값은 뒤표지에 있습니다.

생각이 글이 되고, 글이 책이 되는 놀라운 경험. 미래의창과 함께라면 가능합니다.
책을 통해 여러분의 생각과 아이디어를 더 많은 사람들과 공유하시기 바랍니다.
투고메일 togo@miraebook.co.kr (홈페이지와 블로그에서 양식을 다운로드하세요)
제휴 및 기타 문의 ask@miraebook.co.kr